Les cendres d'Angela

Frank McCourt

Les cendres d'Angela

Une enfance irlandaise

Traduit de l'américain
par Daniel Bismuth

Éditions J'ai lu

Titre original :

ANGELA'S ASHES
Publié par Scribner, New York

Ce livre est dédié à mes frères,
Malachy, Michael, Alphonsus.
J'apprends de vous, je vous admire
et vous aime

REMERCIEMENTS

Ceci est un petit hymne à la gloire des femmes.

R'lene Dahlberg attisa les braises.
Lisa Schwarzbaum lut les premières pages
et m'encouragea.
Mary Breasted Smyth, en sa qualité de romancière
raffinée, lut le premier tiers et le transmit à
Molly Friedrich, qui devint mon agent et pensa que
Nan Graham, directeur littéraire chez Scribner,
serait la personne idéale pour mettre le livre en route.
Et Molly a eu raison.

Ma fille, Maggie, m'a montré combien la vie peut être
une grande aventure, et d'exquis moments passés avec
ma petite-fille, Chiara, m'ont aidé à me remémorer
ce qu'est l'émerveillement d'un petit enfant.
Mon épouse, Ellen, m'a écouté lire et m'a soutenu
jusqu'à la dernière page.

Je suis béni parmi les hommes.

I

Mon père et ma mère auraient dû rester à New York où ils se sont rencontrés, mariés, et où je suis né. Au lieu de ça, ils sont retournés en Irlande lorsque j'avais quatre ans, mon frère, Malachy, trois, les jumeaux, Oliver et Eugene, à peine un, et que ma sœur, Margaret, était morte et enterrée.

Quand je revois mon enfance, le seul fait d'avoir survécu m'étonne. Ce fut, bien sûr, une enfance misérable : l'enfance heureuse vaut rarement qu'on s'y arrête. Pire que l'enfance misérable ordinaire est l'enfance misérable en Irlande. Et pire encore est l'enfance misérable en Irlande catholique.

Partout les gens se vantent et se plaignent des tourments de leurs jeunes années, mais rien ne peut se comparer à la version irlandaise : la pauvreté ; le père alcoolique, bavard et fainéant ; la mère pieuse et résignée, qui gémit près du feu ; les prêtres pompeux ; les maîtres d'école tyranniques ; les Anglais et les horreurs qu'ils nous ont infligées durant huit cents longues années.

Et tout ça trempés comme des soupes.

Loin dans l'océan Atlantique, des masses pluvieuses se rassemblaient pour remonter avec lenteur le fleuve Shannon et s'installer définitivement à Limerick. La pluie imprégnait la ville de la fête de la Circoncision à la Saint-Sylvestre. Elle créait une cacophonie de toux sèches, de râles bronchiques, de sifflements asthmatiques, de quintes caverneuses. Elle changeait les nez en fontaine, les poumons en nid à bactéries. Elle générait quantité de remèdes : pour réduire le catarrhe, on faisait bouillir des oignons dans du lait copieusement saupoudré de poivre noir ; pour décongestionner les voies, on préparait une pâte de farine bouillie et d'orties que l'on enveloppait, encore brûlante, dans un chiffon avant de se l'appliquer sur la poitrine.

Du mois d'octobre au mois d'avril, les murs de Limerick luisaient d'humidité. Les vêtements ne séchaient jamais : tweeds et manteaux de laine hébergeaient des choses vivantes et abritaient parfois de mystérieuses végétations. Dans les pubs, on inhalait la vapeur montant des corps et des habits mouillés en même temps que la fumée des cigarettes et des pipes mêlée aux aigres relents de *stout* et de whisky renversés, eux-mêmes enrichis de l'odeur d'urine venue des latrines extérieures où plus d'un homme allait vomir sa semaine de salaire.

La pluie nous menait à l'église — notre refuge, notre force, notre unique endroit sec. A la messe, aux bénédictions, aux neuvaines, on s'agglutinait en grappes compactes et humides, on somnolait pendant la psalmodie du prêtre, et la vapeur montait à nouveau de nos vêtements, se mêlant cette fois aux suaves effluves de l'encens, des fleurs et des cierges.

Limerick gagnait ainsi une réputation de piété, mais nous savions bien que ça n'était que la pluie.

Mon père, Malachy McCourt, naquit dans une ferme de Toome, comté d'Antrim. Comme son père avant lui, il eut une jeunesse orageuse et eut maille à partir avec les Anglais ou les Irlandais, ou encore avec les deux. Il combattit dans les rangs de l'ancienne IRA jusqu'au jour où, sa tête mise à prix à la suite d'une quelconque action d'éclat, il dut s'enfuir.

Quand j'étais enfant, je regardais mon père, ses cheveux clairsemés, ses dents gâtées, et je me demandais qui aurait bien pu donner de l'argent pour une tête pareille. J'avais treize ans quand la mère de mon père me confia un secret : Tout petiot, ton pauvre père est tombé sur la tête. Par accident, vois-tu, et il n'a plus jamais été le même depuis. Aussi, rappelle-toi que les gens tombés sur la tête peuvent être assez bizarres.

A cause du prix mis sur la tête sur laquelle il était tombé, on dut lui faire quitter l'Irlande à bord d'un cargo qui partait de Galway. A New York, où la Prohibition battait son plein, il se crut mort et envoyé en enfer pour ses péchés. Puis il découvrit les bars clandestins et exulta.

Après des années d'errance et d'ivrognerie en Amérique puis en Angleterre, il aspira à vivre en paix le reste de ses jours. Il retourna à Belfast — et trouva une ville explosant de toutes parts. Que la vérole plombe toutes leurs baraques ! s'exclama-t-il avant de s'en aller conter fleurette aux dames d'Andersonstown. Elles lui proposèrent des gâteries mais il refusa d'un geste et s'en tint à son thé. Il ne fumait plus, ne touchait plus à l'alcool, dès lors à quoi bon ? L'heure du départ avait sonné et il mourut au *Royal Victoria Hospital.*

Ma mère, Angela McCourt née Sheehan, grandit dans un bas quartier de Limerick avec sa mère, deux frères, Thomas et Patrick, et une sœur, Agnes. Elle ne connut jamais son père : il avait mis les voiles pour l'Australie trois ou quatre semaines avant sa naissance.

Après une soirée passée à boire de la *porter* dans les pubs de Limerick, le voici qui descend la ruelle d'une démarche incertaine en chantant sa chanson préférée :

Qui a jeté les blouses dans la tambouille de la mère
[Murphy ?
Vu que nul ne pipait mot, il monta au rififi :
C'est un sale tour d'Irlandais et je rosserais bien le dadais
Qui a jeté les blouses dans la tambouille de la mère Murphy.

Somme toute, il tient la grande forme et a l'idée de faire mumuse un moment avec le petit Patrick qui a juste un an. Oh, le mignon petit gars ! Il l'aime, son papa ! Il rigole quand Papa le lance en l'air ! Houp-là, petit Paddy, houp-là, tout là-haut en l'air dans le noir et qu'il fait noir, oh, crédieu, voilà que t'as loupé le môme à la descente et le pauvre petit Patrick atterrit sur la tête, gargouille un brin, pleurniche et puis devient tout calme. Grand-mère se traîne hors du lit, alourdie par l'enfant qu'elle porte dans son ventre, ma mère. Elle soulève avec peine le petit Patrick. Elle laisse échapper un long gémissement en voyant l'état de l'enfant et se tourne vers Grand-père. Fiche-moi le camp ! Ouste ! Si tu restes ici une minute de plus, je m'en vais chercher la hache, cinglé d'ivrogne ! Bon Dieu, tu m'enverras finir au bout d'une corde ! Fiche le camp !

En homme qu'il est, Grand-père ne se laisse pas démonter. J'ai le droit de rester chez moi, dit-il.

Elle se rue sur lui et le voilà terrifié par ce derviche tourneur qui porte un enfant amoché dans ses bras, et un autre, en pleine santé, qui gigote dans son ventre... Il quitte la maison en titubant, remonte la ruelle et ne s'arrête pas avant d'avoir atteint Melbourne, Australie.

Le petit Pat, mon oncle, ne fut plus jamais le même après ça. Il grandit un peu ramolli du cerveau, avec une jambe gauche allant d'un côté et le reste du corps de l'autre. Jamais il n'apprit à lire ni à écrire, mais Dieu le bénit d'une autre façon : quand il se mit à vendre des journaux à l'âge de huit ans, chacun put constater qu'il comptait mieux l'argent que le Chancelier de l'Echiquier en personne. Nul ne savait pourquoi on l'appelait Ab Sheehan « l'Abbé », mais tout Limerick l'aimait.

Les ennuis de ma mère commencèrent la nuit de sa naissance. Il y a ma grand-mère dans le lit, qui halète, suffoque en proie aux douleurs de l'enfantement, et prie saint Gerard Majella, le patron des futures mères. Il y a l'infirmière O'Halloran, la sage-femme, sur son trente et un. C'est le soir du réveillon, et Mrs. O'Halloran aimerait que l'enfant naisse au plus vite pour enfin se joindre aux fêtes et réjouissances. Vous allez pousser, à la fin ! dit-elle à ma grand-mère. Allez, on pousse ! Jésus, Marie, sacro-saint Joseph ! Si vous ne vous pressez pas un peu, cet enfant, il ne naîtra pas avant la nouvelle année, et de quoi j'aurai l'air avec ma robe neuve ? Et n'allez pas vous embêter avec saint Gerard Majella. Qu'est-ce qu'un homme peut faire pour une femme à pareil moment, même un saint ? Saint Gerard Majella ! Mon cul, oui !

Ma grand-mère se tourne alors vers sainte Anne, la patronne des naissances difficiles. Mais l'enfant refuse de paraître. Priez saint Jude, le patron des cas désespérés, dit l'infirmière O'Halloran à ma grand-mère.

Saint Jude, patron des cas désespérés, aidez-moi. Je suis désespérée.

Ma grand-mère grogne, pousse, et la tête du bébé apparaît, seulement la tête, ma mère, et c'est le coup de minuit, le nouvel an. La ville de Limerick explose en sifflets, trompettes, sirènes, fanfares, clameurs et chants. Bonne et heureuse année ! Que les vieilles rancœurs soient oubliées ! Et partout les cloches des églises sonnent l'angélus tandis que l'infirmière O'Halloran sanglote sur sa toilette gâchée : Cet enfant encore là-dedans et moi sur mon trente et un ! Vas-tu sortir, l'enfant, hein ? Grand-mère donne une forte poussée et l'enfant vient au monde, une ravissante petite fille avec des cheveux noirs tout frisés et des yeux bleus tout tristes.

Seigneur Dieu ! fait l'infirmière O'Halloran. Cet enfant est à cheval sur le temps, à naître ainsi la tête dans la nouvelle année et le cul dans l'ancienne, ou est-ce la tête dans l'ancienne année et le cul dans la nouvelle ? Vous devrez écrire au pape, madame, pour savoir en quelle année est née cette enfant. Quant à moi, je garderai cette robe pour l'an prochain.

Et l'enfant fut prénommée Angela eu égard à l'angélus qui sonna l'heure de minuit, la nouvelle année, la minute de sa venue, et aussi parce que, de toute façon, elle était un petit ange.

Aimez-la comme quand vous étiez enfant
Même si la voilà faible, âgée, le cheveu grisonnant.
Car jamais ne vous manque l'amour d'une mère
Tant qu'elle n'est pas portée en terre.

Angela apprit à lire, écrire et compter à l'école Saint-Vincent-de-Paul, et vers neuf ans son éducation était faite. Elle s'essaya à plusieurs métiers, femme de ménage, bonne à tout faire, employée de maison en petite coiffe blanche chargée d'ouvrir les portes, mais elle ne parvint jamais à accomplir la petite révérence d'usage et sa mère lui dit : Tu ne sais pas t'y prendre. Une vraie bonne à rien. Va donc en Amérique où il y a de la place pour les incapables de tout poil. Je te paierai le billet.

Angela arriva à New York juste à temps pour le premier jour d'actions de grâces[1] qui suivit le krach. Elle rencontra Malachy lors d'une sauterie donnée chez Dan MacAdorey et son épouse Minnie qui habitaient Classon Avenue, à Brooklyn. Malachy plut à Angela et Angela plut à Malachy. Ce dernier avait un air de chien battu, essentiellement dû aux trois mois qu'il venait de passer en prison pour vol de camion. Lui et son ami, John McErlaine, avaient cru ce qu'on leur avait dit dans le bar clandestin, à savoir que le camion était chargé jusqu'au toit de caisses de porc et de haricots en boîte. Ni l'un ni l'autre ne savait conduire : dès que les policiers avaient vu le véhicule zigzaguer par à-coups le long de Myrtle Avenue, ils l'avaient arrêté. La police avait inspecté la marchan-

1. Soit le dernier jeudi de novembre. (*N.d.T.*)

dise et s'était demandé pourquoi diable on voudrait voler un camion contenant, non pas du porc et des haricots, mais des caisses de boutons.

Entre une Angela attirée par l'air de chien battu et un Malachy esseulé après trois mois de prison, il était fatal qu'un tremblé de genoux se produise.

Un tremblé de genoux, c'est quand l'homme et la femme font ça debout contre un mur sur la pointe des pieds et qu'ils mettent tant de cœur à l'ouvrage que leurs genoux tremblent dans le feu de l'action.

Ce tremblé de genoux mit Angela dans un état intéressant, ce qui, bien entendu, fit jaser. Angela avait des cousines, les sœurs MacNamara, Delia et Philomena, respectivement mariées à Jimmy Fortune, originaire du Mayo, et à Tommy Flynn, de Brooklyn même.

Delia et Philomena étaient des femmes de forte carrure, dotées d'une poitrine volumineuse et d'un caractère entier. Lorsqu'elles croisaient le long des trottoirs de Brooklyn, les créatures de moindre envergure s'écartaient, on montrait du respect. Les deux sœurs savaient ce qui était bien et ce qui était mal, toute question douteuse pouvant être tranchée par la seule Eglise catholique, apostolique et romaine. Sachant qu'Angela, encore demoiselle, n'avait aucunement le droit de se trouver dans un état intéressant, elles décidèrent de prendre des mesures.

Elles en prirent. Jimmy et Tommy à leur traîne, elles se mirent en marche vers le bar clandestin d'Atlantic Avenue où l'on pouvait trouver Malachy le vendredi, son jour de paie — quand il avait du boulot. Le tenancier du clandé, Joey Cacciamani, voulut refuser l'entrée aux sœurs, mais Philomena l'avertit que, s'il souhaitait garder son nez en place et la porte sur ses gonds, il ferait mieux d'ouvrir car elles se trouvaient là en mission divine. Ah, dites donc, vous les Irlandais ! fit Joey. *Jeezoz!* Nous voilà bien !

A l'extrémité du comptoir, Malachy pâlit. Il gratifia les grosses poitrines d'un sourire jaune et proposa à leurs propriétaires de prendre un verre. Celles-ci résistèrent au sourire et dédaignèrent la proposition. C'est qu'on ignore de quelle tribu d'Irlande du Nord vous sortez, dit Delia.

Paraîtrait qu'il y aurait des presbytériens dans votre famille, ce qui expliquerait ce que vous avez fait à notre cousine, ajouta Philomena.

Eh quoi ! Eh quoi ! fit Jimmy. Ce n'est pas sa faute s'il a des presbytériens dans sa famille...

Toi, tu la boucles, dit Delia.

Tommy se mit de la partie : Ce que vous avez fait à cette pauvre malheureuse est infamant à l'égard de la race irlandaise, et vous devriez être honteux.

Oh, mais je le suis, fit Malachy. Je le suis.

Personne ne vous a demandé de l'ouvrir, dit Philomena. Vous avez causé assez de dégât avec votre baratin, alors fermez votre clapet.

Et pendant que votre clapet est fermé, fit Delia, on va veiller à ce que vous fassiez ce qu'il faut avec notre pauvre cousine.

Oh, tout à fait, tout à fait, dit Malachy. Il faut ce qu'il faut, et je serais heureux qu'on poursuive cette petite discussion autour d'un verre. Ma tournée, bien entendu...

Votre tournée, vous pouvez vous la mettre au cul, fit Tommy.

Notre petite cousine est à peine débarquée que vous lui tombez dessus, dit Philomena. C'est qu'on a des mœurs à Limerick. Des mœurs, ça vous dit quelque chose ? On n'est pas comme ces lapins sauteurs d'Antrim, un comté qui grouille de presbytériens,

Il n'a pas la trombine d'un presbytérien, fit Jimmy.

Toi, tu la boucles, dit Delia.

Une autre chose qu'on a remarquée, dit Philomena. Vous avez plutôt un drôle de genre.

Malachy sourit. Vraiment ?

Oui, vraiment, fit Delia. C'est l'un des premiers trucs qu'on a remarqués chez vous, ce drôle de genre. Et ça nous préoccuperait plutôt.

C'est ce petit sourire chafouin qu'ont les presbytériens, dit Philomena.

Oh, fit Malachy, c'est juste que j'ai un problème avec ma dentition.

Dentition ou pas dentition, drôle de genre ou pas drôle de genre, vous allez épouser cette fille, dit Tommy. Devant l'autel.

Oh, fit Malachy, c'est que je n'envisageais pas de me marier, savez-vous. Il n'y a guère de travail, et je ne serais pas en mesure de subvenir...

Vous marier, c'est ça que vous allez faire, dit Delia.

Devant l'autel, fit Jimmy.

Toi, tu la boucles, dit Delia.

Malachy les regarda partir. Je suis dans une sacrée panade, dit-il à Joey Cacciamani.

Sans blague ! fit Joey. Le jour où je vois des mignonnes comme ça en avoir après moi, je plonge vite fait dans l'Hudson !

Malachy considéra la panade où il se trouvait : il avait quelques dollars en poche, reliquat de son dernier boulot, et un oncle en Californie, à San Francisco ou à San Machin Chose. Est-ce qu'il ne ferait pas mieux de se tirer en Californie, hors de portée des sœurs MacNamara aux gros seins et de leurs croque-morts de maris ? Un peu qu'il ferait mieux ! Bon, eh bien, il allait se prendre une goutte d'Irish, histoire de célébrer et la décision et le départ. Joey servit, et l'alcool manqua détapisser le gosier de Malachy. Fichtrement Irish ! Il dit à Joey que c'était un breuvage alambiqué dans la distillerie du diable, Prohibition ou pas. Joey haussa les épaules. Qu'est-ce que j'en sais, moi ? Je verse, point. N'empêche, c'était mieux que rien, et Malachy allait s'en reprendre une larme. Et sers-toi, Joey. Et demande à ces deux braves Italiens ce qu'ils aimeraient boire. Et qu'est-ce que tu racontes ? Un peu que j'ai l'argent pour !

Il se réveilla sur un banc de la gare terminus du

Long Island Railroad, un flic taquinant ses bottes avec une matraque, le pécule pour son évasion envolé, les sœurs MacNamara prêtes à le dévorer tout cru dans Brooklyn.

A la Saint-Joseph, par une froide journée de mars, quatre mois après le tremblé de genoux, Malachy épousa Angela et, en août, l'enfant naquit. En novembre, Malachy s'enivra et décida qu'il était temps de déclarer la naissance de l'enfant. Il avait dans l'idée de l'appeler Malachy, comme lui-même, mais son accent d'Irlande du Nord et son marmonnement d'alcoolique plongèrent le fonctionnaire dans une telle perplexité qu'il se borna à inscrire *Mâle* sur l'acte.

Ce ne fut pas avant la fin décembre que Mâle fut emmené à l'église Saint-Paul pour y être baptisé et appelé Francis, comme le père de son père et l'admirable saint d'Assise. Angela voulut lui donner un second prénom, Munchin, en mémoire du saint patron de Limerick, mais Malachy objecta qu'il faudrait pour cela lui passer sur le corps. Nul fils de ses œuvres n'aurait un prénom évoquant Limerick. C'était suffisamment difficile de traverser l'existence avec un seul prénom. Ces noms à rallonge étaient une atroce habitude américaine et quel besoin d'un second prénom quand on avait déjà reçu celui de l'homme d'Assise ?

Il y eut un contretemps le jour du baptême, quand le parrain choisi, John McErlaine, s'enivra au bar clandestin et oublia ses responsabilités. Philomena intima à son mari, Tommy, d'être le parrain. L'âme de l'enfant est en péril, dit-elle. Tommy baissa la tête et maugréa : Très bien. Je serai le parrain, mais ce sera pas moi le responsable s'il tourne comme son père, à semer la discorde et à traverser l'existence avec le drôle de genre. Parce que si c'est ça, qu'il aille tout de suite voir John McErlaine au clandé. Le prêtre intervint alors : Autant pour vous, Tom, honnête homme que vous êtes, brave homme qui jamais ne met le pied dans une taverne clandestine. A ces mots, Malachy, justement tout frais sorti du clandé, se sentit insulté et voulut en débattre avec le prêtre, ajoutant ainsi un sacrilège à un autre. Enlevez ce collet, et nous verrons qui est l'homme! Il dut être retenu par les deux sœurs mamelues et leurs lugubres conjoints. Encore émue par sa récente maternité, Angela oublia qu'elle tenait le bébé et le laissa glisser dans les fonts baptismaux, occasionnant ainsi une immersion totale de type protestant. L'enfant de chœur qui assistait le prêtre plongea ses mains dans le bassin et restitua le nourrisson à la mère éplorée qui pressa son bien, tout ruisselant, contre son sein. Le prêtre rit; il déclara n'avoir jamais vu chose semblable, que l'enfant était désormais un petit baptiste en bonne et due forme qui pouvait quasiment se passer de ses services. Cette déclaration raviva la fureur de Malachy; il voulut sauter à la gorge du prêtre qui avait, en quelque sorte, traité l'enfant de protestant. Tout doux, l'homme, fit le prêtre, vous êtes céans dans la maison de Dieu, et quand Malachy répliqua: La maison de Dieu, mon cul, il fut expulsé de l'église et jeté dans Court Street car vous ne pouvez dire *cul* dans la maison de Dieu.

Après la cérémonie, Philomena dit qu'elle avait du thé, du jambon et du cake dans sa maison du coin de la rue. Du thé? fit Malachy, et elle répondit: Oui, du thé. Ou est-ce du whisky que vous voulez? Il dit que pour le thé c'était épatant mais d'abord il devait aller régler deux ou trois choses avec John McErlaine qui avait honteusement omis ses devoirs de parrain. Angela intervint: Tu ne cherches qu'une excuse pour te précipiter au bar clandestin, ce à quoi Malachy répondit: Dieu m'en soit témoin, boire est la dernière chose que j'aie à l'esprit. Angela se mit à pleurer. C'est aujourd'hui le baptême de ton fils, et il faut que tu ailles te saouler. Delia lui dit qu'il était un répugnant personnage. Mais aussi, qu'est-ce qu'on peut bien attendre de l'Irlande du Nord?

Malachy considéra ses interlocutrices. Il se balança d'un pied sur l'autre, enfonça sa casquette sur ses yeux, enfouit ses mains dans ses poches, dit : *Och, aye*, comme on fait aux confins du comté d'Antrim, tourna les talons et remonta Court Street à grandes enjambées vers le bar clandestin d'Atlantic Avenue où il était sûr d'être abreuvé gratis en l'honneur du baptême de son fils.

Chez Philomena, les sœurs et leurs maris mangèrent et burent pendant qu'Angela, assise dans un coin, allaitait l'enfant en pleurant. Après s'être gavée de pain et de jambon, Philomena gourmanda Angela : Voilà ce que ça rapporte d'être aussi sotte. A peine débarquée du bateau, tu t'entiches de ce timbré. Tu aurais dû rester célibataire, faire adopter l'enfant, et aujourd'hui tu serais une femme libre. Angela sanglota de plus belle et Delia attaqua à son tour : Oh, arrête ça, Angela, arrête ça. Tu n'as à t'en prendre qu'à toi-même de t'être mise dans le pétrin avec un ivrogne du Nord, un homme qui n'a même pas l'air d'un catholique, avec son drôle de genre... Je dirais que... que... Malachy a un côté presbytérien assez prononcé. Tu la boucles, Jimmy.

A ta place, dit Philomena, je ferais en sorte qu'il n'y ait plus d'autres enfants. Il n'a pas de travail, on peut le dire, et, vu comme il boit, il n'en aura jamais. Aussi... plus d'autres enfants, Angela. Est-ce que tu m'écoutes ?

Je t'écoute, Philomena.

Un an plus tard naquit un autre enfant. Angela l'appela Malachy comme son père et lui donna un second prénom, Gerard, celui du frère de son père.

Les sœurs MacNamara dirent qu'Angela n'était qu'une lapine et elles ne voulurent plus la fréquenter tant que la raison ne lui serait pas revenue.

Leurs maris furent d'accord.

Je suis sur un terrain de jeux de Classon Avenue, Brooklyn, avec mon frère, Malachy. Il a deux ans, j'en ai trois. On est sur le tapecul.

On monte, on descend, on monte, on descend.

Malachy monte.

Je me tire.

Malachy descend. Le tapecul heurte le sol. Malachy hurle. Il a la main sur la bouche et il y a du sang.

Oh ! mon Dieu ! Mauvais, le sang. Ma mère va me tuer.

Et la voici, qui traverse le terrain en essayant de courir. Son gros ventre la ralentit.

Qu'est-ce que t'as fait ? demande-t-elle. Qu'est-ce que t'as fait à l'enfant ?

Je ne sais pas quoi dire. Je ne sais pas ce que j'ai fait.

Elle me tire l'oreille. Rentre à la maison. Va au lit.

Au lit ? Au milieu de la journée ?

Elle me pousse vers le portillon. Allez.

Elle ramasse Malachy et part en se dandinant.

L'ami de mon père, Mr. MacAdorey, est devant notre immeuble. Debout au bord du trottoir avec sa femme, Minnie, il regarde un chien allongé dans le caniveau. Il y a du sang tout autour de la tête du chien. C'est la couleur du sang qui a coulé de la bouche de Malachy.

Malachy a du sang de chien et le chien a du sang de Malachy.

Je tire la main de Mr. MacAdorey. Je lui dis que Malachy a du sang comme le chien.

Oh, sûrement, Francis. Les chats en ont aussi. Et les Esquimaux. Tous le même sang !

Arrête ça, Dan, fait Minnie. Arrête de tourner le petiot en bourrique. Elle m'explique que le pauvre petit chien a été heurté par une auto et qu'il s'est traîné sur toute la moitié de la chaussée avant de mourir. Elle voulait rentrer chez elle, la pauvre petite créature.

Tu ferais bien de rentrer chez toi, Francis, dit Mr. MacAdorey. Je ne sais pas ce que tu as fait à ton petit frère, mais ta mère l'a emmené à l'hôpital. Rentre chez toi, le môme.

Est-ce que Malachy va mourir comme le chien, Mr. MacAdorey ?

Il s'est mordu la langue, fait Minnie. Il ne va pas mourir.

Pourquoi est-ce que le chien est mort ?

Son heure était venue, Francis.

L'appartement est vide et je me balade entre les deux pièces, la chambre à coucher et la cuisine. Mon père est parti voir pour un boulot et ma mère est à l'hôpital avec Malachy. J'aimerais bien manger quelque chose, mais il n'y a rien dans la glacière à part des feuilles de chou qui flottent sur la glace fondue. Mon père dit qu'il ne faut jamais manger des choses ayant séjourné dans l'eau à cause du moisi qui pourrait s'y trouver. Je m'endors sur le lit de mes parents et, quand ma mère me secoue, il fait presque noir. Ton petit frère va dormir un moment. Il a failli se trancher la langue. Des agrafes en veux-tu en voilà. Va dans l'autre pièce.

Mon père est dans la cuisine, buvant à petites gorgées du thé noir dans son grand mug en émail blanc. Il me prend sur ses genoux.

Dis, Papa, tu me la raconteras, l'histoire de Cou... Cou... ?

Cuchulain. Répète après moi : *Coo-hoo-lin*. Je te raconterai l'histoire quand tu diras bien le nom. *Coo-hoo-lin*.

Je le dis bien et il me raconte l'histoire de Cuchulain, qui avait un nom différent quand il était petit garçon : Setanta. Il a grandi en Irlande où Papa vivait quand il était petit garçon dans le comté d'Antrim.

Setanta avait un bâton et une balle, et, un jour, il frappa la balle et elle entra dans la gueule d'un grand chien qui appartenait à Culain et elle l'étouffa. Oh, Culain fut très fâché et il dit : Qu'est-ce que je vais faire maintenant sans mon grand chien pour garder ma maison, ma femme, mes dix petits enfants et tous les cochons, les poules et les moutons ?

Je suis désolé, dit Setanta. Je vais garder ta maison avec mon bâton et ma balle, et je prendrai comme nom Cuchulain, ce qui veut dire : le Chien de Culain. Il le fit. Il garda la maison et les régions alentour, et devint un grand héros, le Chien de l'Ulster en personne. D'après Papa, c'était un héros encore plus grand que les Hercule ou les Achille dont les Grecs se vantaient toujours, et il pouvait défier le roi Arthur et tous ses chevaliers en combat loyal, chose qu'on n'aurait de toute façon jamais pu obtenir d'un Anglais.

C'est mon histoire. Papa ne peut pas la raconter à Malachy ni à aucun enfant du rez-de-chaussée.

Il finit l'histoire et me laisse prendre une gorgée de son thé. C'est amer, mais je suis bien content d'être là, sur ses genoux.

Durant des jours, la langue de Malachy est gonflée et il peut à peine émettre un son, encore moins parler. Mais même s'il pouvait, personne ne ferait attention à lui car nous avons deux nouveaux bébés qui ont été apportés par un ange au milieu de la nuit. Oh ! Ah ! font les voisins. De bien beaux garçons, vraiment ! Et voyez-moi ces grands yeux !

Malachy est debout au milieu de la pièce et cherche à attirer les regards en montrant sa langue du doigt et en faisant : *Uck, uck !* Quand les voisins lui disent : Tu ne vois pas qu'on regarde tes petits frères ? il pleure jusqu'à ce que Papa lui tapote la tête. Rentre ta langue, fiston, et va jouer dehors avec Frankie. Allez, zou !

Une fois sur le terrain de jeux, je raconte à Malachy l'histoire du chien qui est mort dans la rue parce que quelqu'un lui a envoyé une balle dans la gueule. Malachy secoue la tête. Pas *uck* balle. Auto *uck* tuer chien. Il pleure parce que sa langue lui fait mal et qu'il peut à peine parler, et c'est terrible quand on ne peut pas parler. Il refuse que je le pousse sur la balançoire. Il dit : Toi *uck* tuer moi *uck* sur tapecul. Il trouve Freddie Leibowitz pour le pousser et il est tout content et joyeux quand il monte vers le ciel. Freddie est grand, il a sept ans, et je lui demande de me pousser. Non, dit-il, t'as essayé de tuer ton frère.

Je m'efforce de me débrouiller tout seul mais la balançoire bouge à peine et ça m'énerve car Freddie et Malachy rigolent de voir que je n'arrive pas à me balancer. Ils sont grands copains maintenant, Freddie qui a sept ans et Malachy qui en a deux. Chaque jour, ils se marrent bien et la langue de Malachy va mieux avec toutes ces parties de rigolade.

Quand Malachy rigole, on voit qu'il a de jolies petites dents blanches et on voit briller ses yeux. Il a des yeux bleus comme ma mère. Il a des cheveux dorés et des joues roses. Moi, j'ai des yeux marron comme Papa. J'ai des cheveux noirs et mes joues sont blanches dans le miroir. Ma mère dit à Mrs. Leibowitz du rez-de-chaussée que Malachy est l'enfant le plus heureux du monde. Frankie a le drôle de genre de son père, dit ma mère à Mrs. Leibowitz du rez-de-chaussée. Le drôle de genre, j'aimerais bien savoir ce que c'est, mais je ne peux pas demander vu que je ne devais pas écouter.

J'aimerais pouvoir me balancer jusque dans le ciel, tout là-haut dans les nuages. Comme ça, je serais capable de voler autour du monde entier et de ne plus entendre mes frères, Oliver et Eugene, pleurer au milieu de la nuit. Ma mère dit qu'ils ont toujours faim. Elle aussi pleure au milieu de la nuit. Elle dit qu'elle en a sa claque d'allaiter, de nous faire manger et de nous changer. Quatre garçons, c'est trop pour elle. Si seulement elle avait une petite fille tout à elle. Elle donnerait tout pour une seule petite fille.

Je suis sur le terrain de jeux avec Malachy. J'ai quatre ans, il en a trois. Il me laisse le pousser sur la balançoire parce qu'il n'est pas doué pour se balancer tout seul et que Freddie Leibowitz est à l'école. On doit rester sur le terrain de jeux parce que les jumeaux sont en train de dormir et que ma mère se dit claquée. Allez jouer dehors, fait-elle, et laissez-moi me reposer un peu. Papa est encore parti voir pour un boulot et il lui arrive de rentrer à la maison avec l'odeur de whisky en chantant toutes les ballades sur les malheurs de l'Irlande. Maman se fâche et dit que son Irlande, il peut se la mettre au cul. Il dit que c'est un beau langage à employer devant les enfants, et elle répond : T'occupe du langage, c'est de la nourriture sur la table que je veux et pas les malheurs de l'Irlande ! D'après elle, c'est bien triste que la Prohibition soit finie car maintenant Papa trouve à boire en proposant aux patrons des bars de balayer les salles et de soulever des tonneaux contre un whisky ou une bière. Parfois, il rapporte à la maison les restes du repas gratis : pain de seigle, bœuf salé et cornichons. Il pose la nourriture sur la table et se contente de boire du thé. Il dit que la nourriture cause un choc à l'organisme et il ne sait pas où on va chercher notre appétit. S'ils ont de l'appétit, répond Maman, c'est qu'ils crèvent de faim la moitié du temps.

Quand Papa trouve un boulot, Maman est toute joyeuse et elle chante :

Chacun peut voir pourquoi je voulais ton baiser,
Cela devait arriver et la raison est facile à trouver :
Se peut-il en vérité
Que quelqu'un comme toi
Puisse m'aimer — m'aimer, moi ?

Quand Papa rapporte à la maison le salaire de la première semaine, Maman est ravie de pouvoir payer l'adorable Italien qui tient l'épicerie, et de marcher à nouveau la tête haute car, comme elle le dit, il n'y a rien de pire au monde que d'avoir des dettes et d'être en reste avec qui que ce soit. Elle brique la cuisine, lave les mugs et les assiettes, enlève les miettes de la table, récure la glacière et commande un pain de glace tout frais à un autre Italien. Elle achète du papier hygiénique que nous pouvons emporter aux cabinets du rez-de-chaussée, et ça, dit-elle, c'est mieux que d'avoir les fesses noircies par les gros titres du *Daily News*. Elle fait bouillir de l'eau sur le poêle et passe la journée penchée sur une grande bassine en fer-blanc à laver nos chemises et chaussettes, les couches des jumeaux, nos deux draps, nos trois serviettes. Ensuite, elle va derrière l'immeuble étendre le tout sur des cordes à linge et nous pouvons regarder les vêtements qui dansent au vent sous les rayons du soleil.

Ce serait aussi bien que les voisins ne sachent pas ce qu'on possède chaque fois qu'on fait une lessive, dit-elle, mais il n'y a rien de tel que la douceur des vêtements qui ont séché au soleil.

Quand, le vendredi soir, Papa rapporte à la maison le salaire de la première semaine, on sait que le week-end va être merveilleux. Le samedi soir, Maman fera bouillir de l'eau sur le poêle, elle nous lavera dans la grande bassine en fer-blanc et Papa nous séchera. Malachy se tournera et montrera son derrière. Papa fera semblant d'être choqué et tout le monde rira. Maman fera du cacao brûlant et on aura le droit de veiller le temps que Papa nous raconte une histoire sortie de sa tête. Tout ce qu'on doit faire, c'est dire un nom, Mr. MacAdorey ou Mr. Leibowitz du rez-de-chaussée, et Papa fera que ces deux-là se retrouvent au Brésil en train de remonter un fleuve à la rame, pourchassés par des Indiens au nez vert et aux épaules rouge brique. Les soirs comme ça, on peut aller tranquillement au dodo, sachant que, le lendemain, il y aura un petit déjeuner avec des œufs, des tomates à la poêle, du pain pareil, du thé avec plein de sucre et de lait et, plus tard dans la journée, un grand repas avec des pommes de terre écrasées, des petits pois au jambon et une charlotte que Maman fait : des couches de fruits et de la délicieuse crème bien chaude sur un cake imbibé de sherry.

Lorsque Papa rapporte à la maison le salaire de la première semaine, et que le temps est au beau, Maman nous emmène au terrain de jeux. Elle s'assied sur un banc et bavarde avec Minnie MacAdorey. Elle raconte à Minnie des histoires sur les gens de Limerick, Minnie lui raconte les gens de Belfast, et elles rient car il y a de sacrés personnages en Irlande, au nord comme au sud. Puis elles s'apprennent des chansons tristes et Malachy et moi quittons balançoires et tapeculs pour les rejoindre sur le banc et chanter :

Dans un campement de nuit, un groupe de jeunes soldats
S'entretenaient des fiancées qu'ils avaient laissées là-bas.
Tous semblaient si gais sauf un tout jeune gars
Qui, lui, se tenait dans un coin, découragé et las.
Joins-toi donc à nous, fit l'un des conscrits,
Tu as bien toi aussi quelqu'un dans ta vie.
Mais Ned secoua la tête et répondit tout fier :
Il en est deux que j'aime, autant qu'un fils sa mère,
Et jamais d'aucune ne serai séparé un jour,
Car l'une, Dieu la bénisse, est ma mère,
Et l'autre, Dieu la chérisse, est mon amour.

Malachy et moi chantons cette ballade et Maman et Minnie rient aux larmes quand, au final, Malachy s'incline profondément et tend les bras vers Maman. Dan MacAdorey passe en rentrant du travail et il dit que Rudy Vallee[1] ferait bien de commencer à s'inquiéter de la concurrence.

1. Célèbre *radio crooner*, il interpréta notamment *Say It Isn't So* d'Irving Berlin en 1932. (*N.d.T.*)

De retour à la maison, Maman prépare du thé et des tartines de confiture ou des pommes de terre écrasées avec du beurre et du sel. Papa boit le thé et ne mange rien.

Au nom du ciel, dit Maman, comment peux-tu travailler toute la journée en te passant de manger ?

Le thé est bien suffisant.

Tu vas te ruiner la santé.

Je te le redis, la nourriture cause un choc à l'organisme.

Il boit son thé, nous raconte des histoires, nous montre des lettres et des mots dans le *Daily News*. Ou alors il fume une cigarette et regarde le mur en se passant la langue sur les lèvres.

Quand le boulot de Papa en arrive à la troisième semaine, il ne rapporte pas le salaire. Le vendredi soir, on l'attend et Maman nous donne du pain et du thé. L'obscurité descend et les lumières s'allument le long de Classon Avenue. Les autres hommes avec un boulot sont déjà chez eux et ils ont des œufs à dîner car vous ne pouvez pas prendre de viande le vendredi. On entend les familles qui discutent en haut, en bas, au rez-de-chaussée, tandis qu'à la radio Bing Crosby chante : *T'aurais pas une pièce, frangin*[1] ?

Malachy et moi jouons avec les jumeaux. On sait que Maman ne chantera pas *Chacun peut voir pourquoi je voulais ton baiser*. Assise à la table de la cuisine, elle parle toute seule — Qu'est-ce que je vais faire ? — jusqu'à ce qu'il soit tard et que Papa grimpe lourdement les marches en chantant *Roddy McCorley*. Il pousse la porte et nous appelle : Où sont mes troupes ? Où sont mes quatre guerriers ?

Laisse ces garçons tranquilles, dit Maman. Ils sont allés au lit à moitié affamés parce qu'il a fallu que tu te remplisses la panse de whisky.

1. *Brother, Can You Spare a Dime?* chanson composée par Jay Gorney et écrite par Yip Harburg pour la *revue* satirique *Americana* en 1932. (*N.d.T.*)

Il vient à la porte de la chambre à coucher. Debout, les garçons, debout ! Un nickel pour ceux qui promettent de mourir pour l'Irlande !

Au sein des forêts canadiennes on s'est rencontrés
Déferlant d'une même île inondée de clarté.
Vaste est la terre que nous foulons mais à toute heure
Aux nôtres toujours vont nos cœurs.

Debout, les garçons, debout ! Francis, Malachy, Oliver, Eugene ! Les chevaliers de la Branche rouge[1], les *Fenian Men*[2], l'IRA ! Debout, debout !

Maman est à la table de la cuisine, tremblante, les cheveux poisseux, le visage mouillé. Tu ne peux pas les laisser tranquilles ? fait-elle. Jésus, Marie, Joseph, ce n'est pas assez que tu rentres à la maison sans un sou vaillant ? Faut-il en plus que tu mènes les enfants en bateau ?

Elle vient vers nous. Retournez au lit.

Je les veux debout ! dit-il. Je les veux prêts pour le jour où l'Irlande sera libre d'une rive à l'autre !

Me pousse pas à bout ! dit-elle. Parce que si tu me pousses à bout il y aura bientôt jour de deuil dans la maison de ta mère !

Il rabat sa casquette sur son visage et s'écrie : Ma pauvre mère ! Pauvre Irlande ! Ah, qu'allons-nous devenir ?

Tu es fou à lier, fait Maman avant de nous redire d'aller au lit.

Le matin du quatrième vendredi du boulot de Papa, Maman lui demande s'il rentrera ce soir avec son salaire ou est-ce qu'il va encore tout boire ? Il nous regarde et secoue la tête vers Maman comme pour

1. Référence au *Tain Bo Cuailnge*, geste relatant les exploits de Cuchulain aussi appelée « cycle d'Ulster » ou « cycle de la branche rouge ». (*N.d.T.*)

2. Autre nom de l'*Irish Republican Brotherhood*, « branche armée » du mouvement nationaliste créée en 1858. (*N.d.T.*)

dire : Allons, tu ne devrais pas parler comme ça devant les enfants.

Maman ne le lâche pas. Je te le demande : vas-tu rentrer afin que nous ayons un petit quelque chose à dîner, ou est-ce que tu vas encore nous faire le coup de minuit, sans argent en poche, à chanter *Kevin Barry* et le reste des chansons cafardeuses ?

Il enfile sa casquette, enfonce ses mains dans ses poches de pantalon, pousse un soupir et lève les yeux au plafond. Je t'ai déjà dit que je rentrerais, fait-il.

Plus tard le même jour, Maman nous habille pour sortir. Elle installe les jumeaux dans le landau et hop ! nous voilà partis dans les longues rues de Brooklyn. Des fois, elle laisse Malachy s'asseoir dans le landau quand il est fatigué de trottiner à son côté. Elle me dit que je suis trop grand pour le landau. Je pourrais lui dire que j'ai mal aux jambes à force d'essayer de suivre son allure mais elle ne chante pas et je comprends que ce n'est pas le jour à me plaindre.

On arrive devant un grand portail où il y a un homme debout dans une cabane pleine de fenêtres. Maman parle à l'homme. Elle veut savoir si elle peut aller dedans, là où les hommes sont payés, et peut-être se faire remettre une partie du salaire de Papa afin qu'il n'aille pas tout dépenser dans les bars. L'homme secoue la tête. Désolé, ma bonne dame, mais si on faisait ça on aurait la moitié des ménagères de Brooklyn qui assiégeraient l'usine. Beaucoup d'hommes ont tendance à lever le coude mais on n'y peut rien tant qu'ils se présentent à jeun et font leur travail.

On attend de l'autre côté de la rue. Maman me laisse m'asseoir sur le trottoir, le dos appuyé contre le mur. Aux jumeaux, elle donne leur biberon d'eau sucrée, mais Malachy et moi devons attendre qu'elle ait l'argent de Papa et qu'on puisse aller chez l'Italien acheter du thé, du pain et des œufs.

Quand résonne la sirène, à cinq heures et demie, une troupe d'hommes en casquette et salopette passe le portail, la figure et les mains toutes noires d'avoir travaillé. Maman nous dit de bien guetter Papa car elle a peine à distinguer le trottoir d'en face tant sa vue est mauvaise. Il y a des hommes par dizaines, puis quelques-uns puis plus personne. Pourquoi vous n'avez pas pu le voir ? s'écrie Maman. Vous êtes aveugles ou quoi ?

Elle retourne vers l'homme dans la cabane. Vous êtes sûr qu'il ne resterait pas un homme à l'intérieur ?

Oui, ma bonne dame. Ils ont terminé. Je ne sais pas comment vous avez pu le louper.

On repart dans les longues rues de Brooklyn. Les jumeaux tendent leur biberon et réclament plus d'eau sucrée. Malachy dit qu'il a faim et Maman lui demande d'attendre un peu. On va toucher l'argent de Papa et on aura tous un bon dîner. On va passer prendre des œufs chez l'Italien, on fera griller du pain sur les flammes du poêle et on étalera de la confiture dessus, ah ça oui, et on sera tous bien au chaud.

Il fait sombre sur Atlantic Avenue et tous les bars autour de la gare terminus du Long Island Railroad sont illuminés et bruyants. On va de bar en bar à la recherche de Papa. Maman nous laisse dehors avec le landau pendant qu'elle va dedans ou bien elle m'envoie. Il y a des foules d'hommes bruyants et plein de mauvaises odeurs qui me rappellent Papa quand il rentre à la maison en sentant le whisky.

Ouais, le môme, c'est quoi que tu veux ? me fait l'homme derrière le comptoir. T'as rien à faire là, t'sais ça ?

Je cherche mon père. Est-ce que mon père est ici ?

Ecoute, le môme, comment j'le saurais ? C'est qui, ton dab ?

Il s'appelle Malachy et il chante *Kevin Barry*.

Malappris ?

Non, Malachy.

Malachy ? Et il chante *Kevin Barry* ?

Il interpelle les hommes dans le bar : Eh, les mecs, connaissez un Malachy qui chante *Kevin Barry* ?

Les hommes secouent la tête. L'un d'eux dit qu'il

connaissait un Michael qui chantait *Kevin Barry* mais il s'est tué à boire à cause de ses blessures de guerre.

Jeez, Pete, fait le barman, est-ce que j't'ai d'mandé de m'raconter l'histoire du monde ? Bon, dis voir, le môme : ici, on laisse pas les gens chanter. Ça fait du tort. Surtout les Irlandais. Tu les laisses en pousser une, la seconde d'après y a des coups qui volent. Et puis j'ai jamais entendu ce blase, Malachy. Nan, fiston, pas d'Malachy ici.

L'homme qui s'appelle Pete me tend son verre. Eh, le môme, prends un gorgeon, mais le barman dit : Qu'est-ce tu fous, Pete ? T'essaies de saouler l'môme ? Refais ça, Pete, et je m'en viens te botter le cul.

Maman essaie tous les bars autour de la gare avant de renoncer. Elle s'appuie contre un mur et s'écrie : Jésus, faut encore qu'on se tape toute la trotte jusqu'à Classon Avenue et j'ai mes quatre enfants qui crèvent de faim ! Elle me renvoie dans le bar où Pete m'a proposé le gorgeon pour voir si le barman ne remplirait pas les biberons avec de l'eau et peut-être un peu de sucre dans chaque. Les hommes au bar trouvent plutôt marrant que le barman doive remplir des biberons, mais il est costaud et leur dit de la fermer. A moi, il dit que les bébés devraient boire du lait, pas de l'eau, et quand je lui réponds que Maman n'a pas l'argent pour, il vide les biberons et les remplit de lait. Dis à ta mère qu'il leur faut ça pour les dents et les os. On boit de l'eau avec du sucre et tout ce qu'on chope c'est le rachitisme. Dis ça à ta mère.

Maman est contente du lait. Elle dit qu'elle est au courant pour les dents, les os, le rachitisme, mais bon, quand on n'a pas de quoi, on ne choisit pas.

Quand on est arrivés à Classon Avenue, elle va droit à l'épicerie italienne. Elle dit au marchand que son mari est retardé ce soir, qu'il fait sans doute des heures supplémentaires, et serait-il possible d'avoir deux ou trois bricoles vu qu'elle est sûre de le voir demain ?

Ma bonne dame, fait l'Italien, étant donné que vous réglez toujours votre ardoise tôt ou tard, vous pouvez prendre tout ce que vous voulez dans la boutique.

Oh, dit-elle, je n'en demande pas tant.

Tout ce que vous voulez, ma bonne dame, parce que je sais que vous êtes une honnête femme et que vous avez là une jolie marmaille.

On mange des œufs et du pain grillé avec de la confiture même si on a du mal à bouger les mâchoires pour mastiquer tellement on est fatigués par la marche dans les longues rues de Brooklyn. Les jumeaux tombent de sommeil après le repas et Maman les installe sur le lit pour changer leurs couches. Elle m'envoie au rez-de-chaussée rincer celles qui sont sales afin qu'on puisse les mettre à sécher et s'en servir demain. Malachy l'aide à torcher le derrière des jumeaux bien que lui-même soit prêt à tomber de sommeil.

Je me glisse dans le lit avec Malachy et les jumeaux. D'un œil, je vois Maman à la table de la cuisine : elle fume une cigarette, boit du thé et pleure. J'ai envie de me lever pour lui dire que bientôt je serai un homme, j'aurai un boulot là où il y a le grand portail, je rentrerai à la maison chaque vendredi soir avec de l'argent pour les œufs, le pain à griller et la confiture, et qu'elle peut donc se remettre à chanter *Chacun peut voir pourquoi je voulais ton baiser*.

La semaine d'après, Papa perd le boulot. Ce vendredi soir-là, il rentre à la maison, jette son salaire sur la table et lance à Maman : Es-tu contente, maintenant ? Tu as rôdé autour du portail à te répandre en plaintes et en accusations. Résultat : ils m'ont viré. Ils cherchaient un prétexte et tu le leur as fourni.

Il prend deux trois dollars sur son salaire et ressort. Il rentre tard en chantant à tue-tête. Les jumeaux pleurent, Maman les fait taire et elle-même pleure un bon bout de temps.

On passe des heures sur le terrain de jeux quand les jumeaux sont en train de dormir, quand Maman est fatiguée et quand Papa rentre à la maison avec l'odeur de whisky en chantant à tue-tête sur Kevin Barry qui se fit pendre un lundi matin, à moins que ce ne soit Roddy McCorley :

Quand l'étroite rue il gravit,
Souriant, jeune et hardi,
Autour de la corde de chanvre qu'il porte au cou
Les boucles dorées de ses cheveux se nouent.
Pas une larme ne point dans les yeux
Bleus, à la fois si gais et si lumineux,
De Roddy McCorley qui va à son trépas
Sur le pont de Toome en ce jour-là.

Quand il chante, il fait le tour de la table comme s'il défilait, Maman crie et les jumeaux hurlent avec elle. Sortez, Frankie et Malachy, dit-elle. Vous ne devriez pas voir votre père comme ça. Allez au terrain de jeux et restez-y.

Nous, ça nous embête pas d'aller au terrain de jeux. On peut jouer avec les feuilles qui s'amassent sur le sol et on peut se pousser l'un l'autre sur les balançoires, mais bientôt l'hiver arrive à Classon Avenue et les balançoires sont tellement gelées qu'elles ne bougent même plus. Que Dieu vienne en aide à ces pauvres gamins qui n'ont pas un gant à se partager, dit Minnie MacAdorey, ce qui me fait marrer parce que je sais que Malachy et moi on a quatre mains à nous deux et que ce serait idiot d'avoir un seul gant. Malachy ne comprend pas pourquoi je me marre : il ne comprendra rien à rien avant d'avoir quatre ans, bientôt cinq.

Minnie nous invite. Elle nous donne du thé et du porridge avec de la confiture dedans. Mr. MacAdorey est assis dans un fauteuil avec leur nouveau bébé, Maisie. Il lui tient le biberon et chante :

Tapez dans vos mains, tapez dans vos mains,
Jusqu'à ce que Papa ait retrouvé son chemin,
Avec une galette dans sa poche
Rien que pour Maisie la mioche.
Tapez dans vos mains, tapez dans vos mains,
Jusqu'à ce que Papa ait retrouvé son chemin,
Car Papa a plein de sous
Et Maman point du tout.

Malachy essaie de chanter cette chanson-là mais je lui dis : Arrête, c'est la chanson de Maisie. Il commence à pleurer et Minnie fait : Là ! là ! Tu peux chanter la chanson. C'est une chanson pour tous les enfants. Mr. MacAdorey sourit à Malachy et je me demande quel est ce monde où n'importe qui peut chanter la chanson de n'importe qui d'autre.

Ne te renfrogne pas, Frankie, ajoute Minnie. Ça t'assombrit le visage et Dieu sait qu'il est déjà assez sombre. Un de ces jours, tu auras une petite sœur et tu pourras lui chanter cette chanson. *Och, aye*. Bien sûr que tu auras une petite sœur.

Minnie a raison et le souhait de Maman est exaucé. Bientôt arrive un nouveau bébé, une petite fille, et ils l'appellent Margaret. Nous aimons tous Margaret. Elle a les cheveux noirs, frisés, des yeux bleus comme Maman, et elle agite ses petites mains et gazouille comme les petits oiseaux dans les arbres de Classon Avenue. D'après Minnie, il y avait fête au ciel le jour où on a fait cette enfant. D'après Mrs. Leibowitz, on n'a jamais vu au monde de tels yeux, un tel sourire, un tel bonheur. Elle me réchouit, dit-elle.

Quand Papa revient d'avoir vu pour un boulot, il prend Margaret dans ses bras et chante pour elle :

Une nuit de pleine lune, dans un recoin obscur,
Un farfadet je découvris.
Bonnet pourpre, manteau de verdure,

Et, près de lui, un cruchon de whisky.
Tic-toc tic-toc faisait son marteau
Sur un tout petit croquenot.
Oh, je ris de le savoir enfin pris,
Mais le lutin riait aussi.

Il la promène dans la cuisine et lui parle. Il lui dit qu'elle est adorable avec ses cheveux noirs tout frisés et les yeux bleus de sa mère. Il lui dit qu'il l'emmènera en Irlande, qu'ils iront se promener dans les vallons d'Antrim et nager dans le Lough Neagh. Il trouvera bientôt un boulot, ah ça oui, et elle aura des robes de soie et des souliers à boucle d'argent.

Plus Papa chante pour Margaret, moins elle pleure et, comme les jours passent, elle commence même à rire. Regardez-le qui essaie de danser avec cette enfant dans ses bras, lui avec ses deux pieds gauches ! fait Maman. Elle rit et nous rions tous.

Les jumeaux pleuraient quand ils étaient petits et Papa et Maman faisaient : *Whisht ! Hush !* puis ils leur donnaient à manger et retournaient dormir. Mais quand c'est Margaret qui pleure, ça fait comme si chacun se sentait tout seul dans la pièce et Papa saute vite du lit pour la prendre dans ses bras et se mettre à danser lentement autour de la table de la cuisine en chantant pour elle et en roucoulant comme une maman. Quand il passe devant la fenêtre où brille le réverbère, on peut voir des larmes sur ses joues et c'est étrange car il ne pleure jamais pour personne à moins qu'il n'ait bu et alors il chante *Kevin Barry* et *Roddy McCorley*. Là, il pleure sur Margaret et il ne sent pas la boisson.

Il est gaga de cette gamine, dit Maman à Minnie MacAdorey. Il n'a pas bu une goutte depuis sa naissance. J'aurais dû avoir une petite fille bien plus tôt.

Oh, elles sont adorables, pas vrai ? fait Minnie. Les petits garçons sont bien beaux, eux aussi, mais il vous fallait une petite fille rien que pour vous.

Ma mère éclate de rire. Rien que pour moi ? Seigneur, si je ne l'avais pas allaitée, je n'aurais jamais pu m'approcher d'elle vu comment il veut la tenir jour et nuit !

Tout de même, c'est adorable de voir un homme sous le charme de sa petite fille. Mais tout le monde est sous son charme, n'est-ce pas ?

Tout le monde.

Les jumeaux sont capables de se tenir debout, de marcher, et ils ont tout le temps des accidents. Ils ont mal au derrière parce qu'ils sont toujours mouillés et merdeux. Ils se mettent des saletés dans la bouche, des bouts de papier, des plumes, des lacets, et ensuite ils sont malades. Maman dit que nous la rendons tous dingue. Elle habille les jumeaux, les met dans le landau, et Malachy et moi les emmenons au terrain de jeux. Le froid est passé et les arbres ont des feuilles vertes tout au long de Classon Avenue.

On pousse le landau à toute vitesse sur le terrain de jeux et les jumeaux rient et font *Gou-gou* jusqu'au moment où ils ont faim et se mettent à pleurer. Il y a deux biberons remplis d'eau sucrée dans le landau et ça les tient tranquilles un moment, jusqu'à ce qu'ils aient faim à nouveau et là ils pleurent si fort que je ne sais pas quoi faire parce qu'ils sont si petits et j'aimerais pouvoir leur donner toutes sortes de trucs à manger pour qu'ils recommencent à rire et à faire leurs gargouillis de bébés. Ils adorent la bouillie que Maman prépare dans une casserole, du pain écrasé dans du lait avec de l'eau et du sucre. Du pain perdu, Maman appelle ça.

Si je ramène maintenant les jumeaux à la maison, Maman va m'engueuler parce que je ne la laisse pas se reposer ou que je réveille Margaret. On doit rester sur le terrain de jeux jusqu'à ce qu'elle passe la tête par la fenêtre et nous appelle. Je fais des grimaces marrantes aux jumeaux pour qu'ils arrêtent de pleurer. Je pose un bout de papier sur ma tête, je le laisse tomber, et les voilà partis pour rigoler un bon moment. Je pousse le landau vers Malachy qui joue sur les balançoires avec Freddie Leibowitz. Malachy essaie de tout raconter à Freddie sur comment Setanta est devenu Cuchulain. Je lui dis d'arrêter de raconter cette histoire, que c'est mon histoire. Il ne veut pas s'arrêter. Je le pousse et il chiale : *Ouaeuh! Ouaeuh!* Je le dirai à Maman ! Freddie me pousse et tout devient sombre dans ma tête et je lui tombe dessus à coups de poing, de genou et de pied jusqu'à ce qu'il gueule — Eh, arrête, arrête ! — et moi je n'arrête pas parce que je ne peux pas, je ne sais pas comment ça se fait, et, de toute façon, si j'arrête, Malachy continuera de me prendre mon histoire. Freddie me repousse et s'enfuit en gueulant : Frankie a essayé de me tuer ! Frankie a essayé de me tuer ! Je ne sais pas quoi faire parce que je n'avais jamais essayé de tuer quelqu'un avant et maintenant il y a Malachy qui crie sur la balançoire : Me tue pas, Frankie ! et il a l'air si affolé que je l'entoure de mes bras et l'aide à descendre de la balançoire. Il se serre contre moi. Je raconterai plus ton histoire. Je parlerai plus à Freddie de Cou... Cou... J'ai envie de rire mais je ne peux pas car les jumeaux sont en train de pleurer dans le landau et il fait sombre sur le terrain de jeux et à quoi bon essayer de faire des grimaces marrantes et de laisser tomber des choses de votre tête alors qu'ils ne peuvent pas vous voir dans le noir ?

L'épicerie italienne est de l'autre côté de la rue, et je vois des bananes, des pommes, des oranges. Je sais que les jumeaux peuvent manger des bananes. Malachy adore les bananes et moi j'aime bien ça aussi. Mais il faut de l'argent : les Italiens ne sont guère connus pour filer des bananes, et surtout pas aux McCourt qui ont déjà une ardoise chez eux.

Ma mère me dit tout le temps : Ne quitte jamais, jamais, ce terrain de jeux, sauf pour rentrer à la maison. Mais là, qu'est-ce que je fais avec les jumeaux qui braillent de faim dans le landau ? Je dis à Malachy que je reviens dans une minute. Je m'assure que personne ne regarde, je chope quelques bananes à l'étalage de l'épicerie italienne et je descends Myrtle Avenue à fond de train, loin du terrain de jeux, je fais le tour du pâté de maisons et je rapplique par l'autre côté, où il y a un trou dans la clôture. On pousse le landau dans un coin sombre et on pèle les bananes pour les jumeaux. Il y a en tout cinq bananes et on s'en met plein la lampe dans le coin sombre. Les jumeaux salivent tellement en mastiquant qu'ils se collent de la banane partout sur la figure, les cheveux, les vêtements. Tout à coup, je me rends compte qu'on va me poser des questions. Maman voudra savoir pourquoi les jumeaux sont tout barbouillés de banane. Où est-ce que tu as eu ça ? demandera-t-elle. Impossible de lui parler de l'épicerie italienne du coin de la rue. Un homme, il faudra que je dise.

C'est ça que je dirai. Un homme.

Puis arrive le truc étrange. Un homme est au portillon du terrain de jeux. Il m'appelle. Bon Dieu, c'est l'Italien ! Eh, fiston, viens voir ! Eh, c'est à toi que je cause ! Viens voir

Je vais le voir.

C'est toi le môme aux petits frères, hein ? Aux jumeaux ?

Oui, monsieur.

Pardi. J'ai là quelques fruits. J'te les donne pas, j'les balance, vu ? Alors, pardi, tu les prends. T'as là des pommes, des oranges, des bananes. T'aimes ça, les bananes, non ? J'ai l'impression que tu les aimes les bananes, hein ? Ha ! ha ! Je sais que t'aimes les bananes. Tiens, prends-les donc. T'en as une chouette mère chez toi. Ton père ? Ben, tu sais, il a le problème qu'ont beaucoup d'Irlandais. Donne-leur une banane à ces jumeaux. Et fais-les taire. J'les entends jusque de l'autre côté de la rue.

Merci, monsieur.

Jeez. Poli, le môme, hein ? Où t'as appris ça ?

Mon père m'a toujours dit de dire merci, monsieur.

Ton père ? Ben dis donc.

Papa est assis à table, occupé à lire le journal. Il dit que le président Roosevelt est quelqu'un de bien et que chacun en Amérique aura bientôt un boulot. De l'autre côté de la table, Maman donne le biberon à Margaret. Elle a cet air dur qui me fiche la frousse.

Où est-ce que tu as eu ces fruits ?

C'est l'homme.

Quel homme ?

L'Italien. C'est lui qui me les a donnés.

As-tu volé ces fruits ?

C'est l'homme, fait Malachy. L'homme a donné les fruits à Frankie.

Et qu'est-ce que tu as fait à Freddie Leibowitz ? Sa mère était ici. Une femme adorable. Je me demande ce qu'on ferait sans elle et Minnie MacAdorey. Et toi, il a fallu que tu t'en prennes à ce malheureux Freddie.

Malachy se met à sautiller partout. L'a pas fait ! L'a pas fait ! L'a pas essayé de tuer Freddie ! L'a pas essayé de tuer Malachy !

Whisht, Malachy, *whisht !* fait Papa. Viens voir ici. Et il prend Malachy sur ses genoux.

Va au rez-de-chaussée dire à Freddie que tu regrettes, dit ma mère.

Mais Papa me demande : As-tu envie de dire à Freddie que tu regrettes ?

Non.

Mes parents se regardent. Freddie est un bon garçon, dit Papa. Il ne faisait que pousser ton petit frère sur la balançoire. N'est-ce pas ?

Il essayait de me piquer mon histoire de Cuchulain.

Allons bon. Freddie n'a rien à faire de l'histoire de Cuchulain. Il a sa propre histoire. Des centaines d'histoires. Il est juif.

C'est quoi, juif ?

Papa rigole. Juif, c'est... Les Juifs sont des gens qui ont leurs propres histoires. Ils n'ont pas besoin de Cuchulain. Ils ont Moïse. Ils ont Samson.

C'est quoi, Samson ?

Si tu descends parler à Freddie, je te raconterai Samson. Tu peux dire à Freddie que tu regrettes, que tu ne le feras plus jamais, et tu peux même lui demander pour Samson. Tout ce que tu voudras du moment que tu parles à Freddie. Tu vas le faire ?

Le bébé pousse un petit cri dans les bras de ma mère et Papa sursaute, laissant tomber Malachy par terre. Elle va bien ?

Evidemment qu'elle va bien, répond ma mère. Elle digère. Grand Dieu, quel paquet de nerfs tu fais !

Ils sont à parler de Margaret et m'ont oublié. Ça m'est égal. Je vais aller au rez-de-chaussée pour demander à Freddie des trucs sur Samson, pour voir si Samson est aussi bien que Cuchulain, pour savoir si Freddie a sa propre histoire ou s'il veut encore me piquer Cuchulain. Malachy veut m'accompagner maintenant que mon père est debout et n'a plus de genoux.

Oh, Frankie, Frankie, entre, entre ! fait Mrs. Leibowitz. Et le petit Malachy ! Et dis-moi, Frankie, qu'est-ce que tu as fait à Freddie ? Tu as essayé de le tuer ? Freddie est un bon garçon, Frankie. Il lit son livre. Il écoute la radio avec son papa. Il balance ton frère sur la balançoire. Et toi qui essaies de le tuer ! Oh, Frankie, Frankie ! Et ta malheureuse mère avec son bébé malade !

Elle n'est pas malade, Mrs. Leibowitz.

Oh que si elle est malade. Pour un bébé malade, c'est un bébé malade. Je m'y connais en bébés malades. Je travaille à l'hôpital. Tu ne vas pas m'apprendre, Frankie. Allons, entrez, entrez. Freddie ! Freddie ! Frankie est là ! Montre-toi ! Frankie ne veut plus te tuer. Ni toi ni le petit Malachy. Avec un beau prénom chuif comme ça, on prendra bien une tranche de cake, hein ? Pourquoi qu'ils t'ont donné un prénom chuif, hein[1] ? Bon allez, verre de lait, tranche de cake. Que

1. Malachie : « Mon Ange » en hébreu. (*N.d.T.*)

vous êtes maigres, les garçons ! Un appétit d'oiseau, ces Irlandais !

On se met à table avec Freddie, on mange du cake, on boit du lait. Mr. Leibowitz est dans un fauteuil à lire le journal, à écouter la radio. Des fois, il parle à Mrs. Leibowitz et je ne comprends rien aux sons bizarres qui sortent de sa bouche. Freddie, il comprend. A un moment, quand Mr. Leibowitz fait les sons bizarres, Freddie se lève et lui apporte une tranche de cake. Mr. Leibowitz sourit à Freddie et lui tapote la tête. Freddie sourit à son tour et fait les sons bizarres.

Mrs. Leibowitz secoue la tête en nous regardant, Malachy et moi. Ouille ! qu'ils sont maigres Elle dit si souvent *Ouille !* que Malachy rigole et fait *Ouille !* et les Leibowitz éclatent de rire et Mr. Leibowitz dit des mots qu'on arrive à comprendre : Quand sourient les *ouilles* de l'Irlande[1]. Mrs. Leibowitz rit tellement que son corps est secoué, elle se tient le ventre et Malachy refait : *Ouille !* parce qu'il sait que ça fait marrer tout le monde. Je fais : *Ouille !* à mon tour mais personne ne rit et je pige que *Ouille !* est à Malachy comme Cuchulain est à moi et Malachy peut bien avoir son *Ouille !*

Mrs. Leibowitz, mon père a dit que Freddie avait une histoire préférée. *Sam... Sam...*

Samouille ! fait Malachy. Tout le monde rit à nouveau mais pas moi car j'ai oublié ce qui vient après *Sam*.

Sam-son, marmonne Freddie à travers son cake et Mrs. Leibowitz lui dit : Ne parle pas quand tu manches, et là c'est moi qui rigole parce que c'est une grande personne et elle dit *manche* au lieu de *mange*. Malachy rit parce que je ris et les Leibowitz se regardent et sourient. Ce n'est pas Samson, dit Freddie. Mon histoire préférée, c'est celle de David avec le géant, Goliath.

1. Référence à une chanson irlandaise très populaire, *When Irish eyes are smiling* (Olcott-Graff, Jr-Ball) « Quand sourient les yeux de l'Irlande ». (*N.d.T.*)

David l'a tué net avec une fronde, d'une pierre en pleine tête. Il lui a fait sauter les cervelles.

La cervelle, fait Mr. Leibowitz.

Oui, Père.

Père. C'est comme ça que Freddie appelle son père tandis que j'appelle le mien *Papa*.

Le chuchotement de ma mère me réveille. Qu'est-ce qui se passe avec l'enfant ? Il est encore tôt et il ne fait pas très matin dans la chambre mais on peut voir Papa près de la fenêtre avec Margaret dans ses bras. Il la berce en soupirant.

Est-elle mal... malade ? demande Maman.

Oh, elle est toute calme et un peu frisquette.

Ma mère sort du lit et prend l'enfant. Va chercher le docteur. Vas-y, pour l'amour de Dieu, et mon père enfile son pantalon par-dessus sa chemise, pas de veste, des chaussures, pas de chaussettes en ce jour glacial.

On attend dans la chambre, les jumeaux endormis au bout du lit et Malachy remuant à côté de moi. Frankie, je veux de l'eau. Maman se balance dans son lit avec le bébé dans ses bras. Oh, Margaret, Margaret, mon petit amour à moi... Ouvre tes beaux yeux bleus, ma petite choute...

Je remplis une tasse d'eau pour Malachy et moi quand ma mère se met à se lamenter : De l'eau pour ton frère et toi... Oh, c'est bien de l'eau, n'est-ce pas ? Et rien pour ta sœur... Ta malheureuse petite sœur... Est-ce que tu t'es demandé si elle avait une bouche, elle aussi ? Est-ce que tu t'es demandé si elle avait envie d'une goutte d'eau ? Oh, non... Allez, buvez donc votre eau, ton frère et toi, comme si de rien n'était... C'est une journée normale pour vous deux, hein ? Et les jumeaux qui dorment à poings fermés comme s'ils n'avaient aucun souci alors que leur malheureuse petite sœur est malade, là dans mes bras. Malade dans mes bras... Oh, doux Jésus qui êtes aux cieux...

Pourquoi est-ce qu'elle parle comme ça ? Aujourd'hui on ne dirait pas que c'est ma mère qui parle. Je veux mon père. Où est mon père ?

Je retourne au lit et commence à pleurer. Pourquoi tu pleures ? Pourquoi tu pleures ? demande Malachy jusqu'à ce que Maman s'en reprenne à moi : Ta sœur est malade dans mes bras et tu es là à geindre et à pleurnicher. Si je dois venir jusqu'à ce lit, je vais t'en donner, moi, des raisons de pleurnicher.

Papa est de retour avec le docteur. Papa a l'odeur de whisky. Le docteur examine le bébé. Il le presse, lui lève les paupières, tâte son cou, ses bras, ses jambes. Il se redresse et secoue la tête. Elle est partie. Maman récupère le bébé, le serre contre elle, se tourne contre le mur. Le docteur veut savoir des choses. S'est-il produit quelque accident ? Quelqu'un a-t-il laissé tomber le bébé ? Les garçons ont-ils joué trop rudement avec elle ? Y a-t-il eu quoi que ce soit ?

Mon père secoue la tête. Le docteur dit qu'il doit emmener l'enfant pour examen et Papa signe un papier. Ma mère supplie pour passer encore quelques minutes avec son bébé mais le docteur dit qu'il n'a pas toute la journée. Quand Papa essaie de saisir Margaret, ma mère se recule contre le mur. Elle a l'air d'une folle, ses cheveux noirs frisés sont plaqués sur son front, il y a de la sueur partout sur sa figure, ses yeux sont écarquillés, son visage brille de larmes, elle n'arrête pas de secouer la tête et de gémir — Ah, non, ah, non — jusqu'à ce que Papa parvienne à lui prendre doucement le bébé des bras. Le docteur enveloppe complètement Margaret dans une couverture et ma mère s'écrie : Doux Jésus ! Vous allez me l'étouffer ! Jésus, Marie, Joseph, aidez-moi ! Le docteur s'en va. Ma mère se retourne vers le mur sans plus faire un geste ou un son. Les jumeaux sont réveillés, ils crient leur faim mais Papa est planté au milieu de la chambre, les yeux fixés au plafond. Son visage est blanc et il tape des poings sur ses cuisses. Puis il s'approche de notre lit et pose sa main sur ma tête. Sa main tremble. Francis, je sors chercher des cigarettes.

Maman reste au lit toute la journée, presque sans bouger. Malachy et moi remplissons les biberons des jumeaux avec de l'eau et du sucre. Dans la cuisine, nous trouvons une moitié de miche toute moisie et deux saucisses froides. Nous ne pouvons pas prendre du thé parce que le lait a tourné dans la glacière où la glace a fondu de nouveau et chacun sait qu'il est impossible de boire du thé sans lait sauf si votre père vous en donne de son mug pendant qu'il vous raconte les histoires de Cuchulain.

Les jumeaux ont encore faim mais je sais que je ne peux pas leur donner de l'eau sucrée jour et nuit. Je mets le lait tourné à bouillir dans une casserole, j'y écrase un peu de la miche moisie et j'essaie de leur faire manger ce pain perdu-là dans une tasse. Ils font la grimace et courent au lit de Maman en pleurant. Elle garde le visage tourné vers le mur et ils rappliquent vers moi, toujours en larmes. Ils refusent de manger le pain perdu jusqu'à ce que j'aie enlevé le goût du lait tourné à force de rajouter du sucre. Maintenant ils boulottent, sourient et se barbouillent la figure de pain perdu. Malachy en veut et si lui peut manger ça eh ben moi pareil. On est tous assis par terre à boulotter le pain perdu, à mâchonner de la saucisse froide et à boire l'eau de la bouteille de lait que ma mère garde dans la glacière.

Après avoir mangé et bu, on doit aller aux cabinets du rez-de-chaussée mais on ne peut pas y entrer car Mrs. Leibowitz se trouve à l'intérieur, fredonnant et chantonnant. Attendez, les mimis ! Attendez, les kikis ! dit-elle. Il n'y en a pas pour deux secondes. Malachy tape des mains et fait une ronde tout seul en chantant : Attendez, les mimis ! Attendez, les kikis ! Mrs. Leibowitz ouvre la porte des cabinets. Voyez-moi ça ! Déjà un petit acteur ! Alors, les mimis, comment va votre mère ?

Elle est au lit, Mrs. Leibowitz. Le docteur a pris Margaret et Papa est parti chercher des cigarettes.

Oh, Frankie, Frankie ! J'avais bien dit que c'était une enfant malade.

Malachy s'agrippe la culotte. Faut que j'fasse pipi ! Faut que j'fasse pipi !

Eh bien va déchà faire pipi. Faites pipi, les garçons, et puis nous allons voir votre mère.

Après qu'on a fait pipi, Mrs. Leibowitz monte voir Maman. Oh, Mrs. McCourt ! Ouille ouille ouille, mes kikis ! Voyez-moi ça ! Voyez-moi ces chumeaux ! Tout nus ! Qu'est-ce qu'il y a donc, Mrs. McCourt ? Elle est malade, la petite ? Allons, dites-moi quelque chose. La malheureuse ! Tournez-vous donc un peu, madame. Dites-moi quelque chose. Ouille ouille ouille, parlez d'un bazar ! Dites-moi quelque chose, Mrs. McCourt.

Elle aide ma mère à s'asseoir contre le mur. Maman semble plus petite que d'habitude. Mrs. Leibowitz dit qu'elle va apporter de la soupe et elle me demande d'aller chercher de l'eau pour laver le visage de ma mère. Je trempe une serviette dans l'eau froide et je lui tapote le front. Elle presse ma main contre ses joues. Doux Jésus, Frankie ! Doux Jésus ! Elle ne veut plus me lâcher la main et j'ai la frousse car je ne l'ai jamais vue comme ça. Elle répète *Frankie !* parce que c'est ma main qu'elle tient, mais c'est à Margaret qu'elle pense, pas à moi. Ton adorable petite sœur est morte, Frankie ! Morte ! Et où est ton père ? Elle laisse tomber ma main. J'ai dit : Où est ton père ? Parti boire. Voilà où il est. Il n'y a pas un sou dans cette maison. Il n'arrive pas à dégoter un boulot mais, de l'argent pour boire, ça il en trouve, de l'argent pour boire, de l'argent pour boire, de l'argent pour boire. Elle jette sa tête en arrière, la cogne contre le mur et hurle : Où est-elle ? Où est-elle ? Où est ma petite fille ? Oh, Jésus, Marie, Joseph, aidez-moi cette nuit ! Je vais devenir folle, ah ça oui, je vais devenir complètement folle !

Mrs. Leibowitz revient à toute allure. Madame, madame, que se passe-t-il ? La petite fille. Où est-elle ?

Ma mère hurle à nouveau : Morte, Mrs. Leibowitz ! Morte ! Sa tête retombe et elle se balance d'avant en arrière. Au milieu de la nuit, Mrs. Leibowitz. Dans son landau. J'aurais dû veiller sur elle. Au monde depuis sept semaines et la voilà qui meurt au milieu de la nuit, seule, Mrs. Leibowitz, toute seule dans ce landau !

Mrs. Leibowitz tient ma mère dans ses bras. Chut, maintenant, chut. Il y a des bébés qui partent comme ça. Ce sont des choses qui arrivent, madame. C'est Dieu qui les reprend.

Dans le landau, Mrs. Leibowitz. Près de mon lit. Si j'étais allée la prendre, elle ne serait pas morte, si ? Dieu n'a pas besoin de petits bébés. Qu'est-ce que Dieu ferait des petits bébés ?

Je n'en sais rien, madame. Je ne suis pas très savante en Dieu. Prenez de la soupe. De la bonne soupe. Pour vous redonner des forces. Vous, les garçons. Trouvez des bols. Je vais vous servir de la soupe.

C'est quoi, des bols, Mrs. Leibowitz ?

Oh, Frankie. Tu ne sais pas ce qu'est un bol ? Pour la soupe, kiki. Tu n'as aucun bol ? Eh bien prends des tasses pour la soupe. J'ai mélangé de la soupe aux pois et de la soupe aux lentilles. Pas de chambon. Ils aiment le chambon, les Irlandais. Pas de chambon, Frankie. Allez, madame. Prenez votre soupe.

Elle met une cuillère de soupe dans la bouche de ma mère et essuie ce qui lui coule sur le menton. Assis sur le plancher, Malachy et moi buvons dans des mugs, puis on fait souper les jumeaux à la cuillère. C'est délicieux, brûlant et plein de goût. Jamais ma mère ne fait de soupe comme ça et je me demande s'il y aurait une chance que Mrs. Leibowitz puisse jamais être ma mère. Freddie pourrait être moi, il aurait ma mère et mon père aussi et puis il pourrait avoir Malachy et les jumeaux comme frères. Margaret, il ne peut plus l'avoir parce qu'elle est comme le chien qui se trouvait dans la rue et qu'on a emporté. Je ne sais pas pourquoi elle a été emportée. Ma mère a dit qu'elle était morte dans son landau et ça doit être pareil que se faire heurter par une auto vu qu'à chaque fois on vous emporte.

J'aimerais bien que la petite Margaret puisse être là pour la soupe. Je pourrais la lui donner à la cuillère, comme Mrs. Leibowitz en ce moment avec ma mère, et elle ferait des glouglous et rirait comme elle faisait avec Papa. Elle ne pleurerait plus, ma mère ne serait pas au lit jour et nuit, Papa me raconterait les histoires de Cuchulain et je n'aurais plus envie que Mrs. Leibowitz soit ma mère. Mrs. Leibowitz est chouette mais je préférerais avoir mon père qui me raconte les histoires de Cuchulain, Margaret qui gazouille et Maman qui éclate de rire quand Papa danse avec les deux pieds gauches.

Minnie MacAdorey vient pour aider. Sainte Mère de Dieu, Mrs. Leibowitz, ces jumeaux empestent jusqu'au septième ciel !

Je ne connais point de Mère à Dieu, Minnie, mais ces chumeaux ont bien besoin d'un bon décrassage. Il leur faut des couches propres. Où sont les couches propres, Frankie ?

Je ne sais pas.

Ils portent des loques en guise de langes, fait Minnie. J'en prendrai quelques-uns à Maisie. Frankie, tu leur enlèves ces loques et tu les jettes.

Malachy déloque Oliver et je me débats avec Eugene. L'épingle de nourrice est coincée mais finalement, comme il n'arrête pas de gigoter, elle se défait, le pique à la hanche et il se met à hurler pour que Maman vienne. Heureusement, Minnie est de retour avec une serviette, du savon et de l'eau très chaude. Je l'aide à nettoyer la croûte de merde et elle me laisse balancer du talc sur la peau en feu et à vif des jumeaux. Elle dit que ce sont de bons petits gars et qu'elle a une grosse surprise pour eux. Elle va au rez-de-chaussée et rapporte une casserole de pommes de terre écrasées pour nous tous. Il y a plein de sel et de beurre dans les pommes de terre et je me demande s'il y aurait une chance que Minnie puisse être ma mère pour que je puisse tout le temps manger comme ça. Si je pouvais avoir Mrs. Leibowitz et Minnie comme mères en même temps, je m'enverrais de la soupe et des pommes de terre écrasées à n'en plus finir.

Minnie et Mrs. Leibowitz s'asseyent à table. Mrs. Leibowitz dit qu'il faut faire quelque chose. Ces enfants sont livrés à eux-mêmes. Où est donc le père ? J'entends Minnie chuchoter qu'il est parti rapport à la boisson. Mrs. Leibowitz dit que c'est terrible, terrible, comment les Irlandais boivent. Minnie dit que son Dan à elle ne boit pas. Il ne pique jamais au truc et il lui a raconté qu'à la mort du bébé ce pauvre homme, Malachy McCourt, a écumé comme un fou les deux avenues, Flatbush et Atlantic, puis qu'il s'est fait sortir de tous les bars autour de la gare terminus du Long Island Railroad et même que les flics l'auraient bien mis au gnouf s'il y avait pas eu la mort de cet adorable petit bébé.

Il a ici quatre adorables petits garçons, conclut Minnie, mais ça ne lui apporte aucun réconfort. Cette petite fille avait déclenché quelque chose en lui. Vous savez qu'il n'a même pas bu après sa naissance, ce qui tient du miracle.

Mrs. Leibowitz veut savoir où sont les cousines de Maman, les grosses dames aux maris qui filent doux. Minnie les trouvera et leur expliquera que les enfants sont négligés, livrés à eux-mêmes, les fesses en feu et tout et tout.

Deux jours plus tard, Papa revient de sa chasse aux cigarettes. C'est le milieu de la nuit mais il nous fait quand même sortir du lit, Malachy et moi. Il sent la boisson. Il nous fait tenir au garde-à-vous dans la cuisine. Nous sommes des soldats. Il nous dit que nous devons promettre de mourir pour l'Irlande.

Promis, Papa, promis.

Et tous ensemble pour *Kevin Barry* :

Un lundi matin à Montjoie[1]
Tout en haut de la potence
Kevin Barry livra sa jeune existence
Pour en la liberté avoir eu foi.
Ce n'était qu'un gars de dix-huit printemps
Et nul n'ira nier sans faute
Qu'en allant ce matin-là à son tourment
Il garda la tête bien haute.

On cogne à la porte, c'est Mr. MacAdorey. Malachy, pour l'amour du ciel, il est trois plombes du matin. Vous réveillez tout l'immeuble avec votre chorale.

Oh, Dan, j'apprends juste aux garçons à mourir pour l'Irlande. Vous pouvez leur apprendre à mourir pour l'Irlande pendant la journée, Malachy.

C'est que c'est urgent, Dan. Urgent.

Je sais, Malachy, mais ce ne sont que des enfants. Des bébés. Maintenant, allez au lit comme un brave homme.

Au lit !? Et qu'est-ce que je vais fabriquer au lit, Dan ? Son petit visage est là jour et nuit, ses cheveux noirs tout frisés et ses yeux bleus adorables. Doux Jésus ! Qu'est-ce que je vais faire, Dan ? Est-ce que c'est la faim qui l'a tuée, Dan ?

Bien sûr que non. Votre dame l'allaitait. C'est Dieu qui l'a reprise. Il a ses raisons.

Encore une ballade, Dan, avant qu'on aille au lit.

Bonne nuit, Malachy.

Allons, les garçons ! Chantez !

Parce qu'il aimait la terre natale
Parce qu'il aimait le vert

1. Mountjoy, prison de Dublin. (*N.d.T.*)

Il embrassa d'un martyr le destin fatal
D'un air joyeux et fier.
Fidèle jusqu'à la fin, oh! jusqu'à la fin,
Il s'y engagea, dans l'abrupt chemin.
Et le jeune Roddy McCorley va à son trépas
Sur le pont de Toome aujourd'hui de ce pas.

Vous mourrez pour l'Irlande, n'est-ce pas, les garçons ?

Oui, Papa.

Et nous retrouverons tous votre petite sœur au ciel, n'est-ce pas, les garçons ?

Oui, Papa.

Mon frère dort debout, le visage collé à un pied de la table. Papa le soulève, titube à travers la chambre et le couche près de ma mère. Je grimpe au lit, et mon père, encore habillé, s'étend à côté de moi. J'espère qu'il va m'entourer de ses bras mais il continue de chanter *Roddy McCorley* puis il parle à Margaret — Ô mon petit amour aux cheveux frisés et aux yeux bleus, je te vêtirai de soie et t'emmènerai au Lough Neagh — jusqu'à ce qu'il fasse jour à la fenêtre et que je tombe de sommeil.

Cette nuit-là, Cuchulain me rend visite. Sur son épaule, il y a un grand oiseau vert qui chante sans cesse *Kevin Barry* et *Roddy McCorley* et je n'aime pas cet oiseau-là parce que du sang coule de son bec quand il chante. D'une main, Cuchulain tient *Gae Bolga*, cette lance si énorme que lui seul peut la lancer. De l'autre main, il tient une banane qu'il offre tout le temps à l'oiseau qui fait que faire *couac couac* et cracher du sang sur lui. On se demande pourquoi Cuchulain supporte un oiseau pareil. Si jamais les jumeaux avaient craché du sang sur moi quand je leur ai offert chacun une banane, je crois bien que je les aurais assommés avec.

Le matin suivant, mon père est à la table de la cuisine et je lui raconte mon rêve. Il dit qu'il n'y avait point de bananes jadis en Irlande et, quand bien même, Cuchulain n'en aurait jamais offert une à cet oiseau-là car c'était celui qui était venu d'Angleterre pour l'été et s'était perché sur son épaule alors qu'il se trouvait à l'agonie, arc-bouté contre une pierre, et quand les hommes d'Erin — d'Irlande, donc — avaient voulu le tuer, ils avaient eu peur, puis ils avaient vu l'oiseau boire le sang de Cuchulain et avaient alors été certains de pouvoir l'attaquer sans danger, ces foutus satanés couards. Aussi devras-tu te méfier des oiseaux, Francis. Des oiseaux et des Anglais.

Maman reste couchée presque toute la journée, le visage tourné vers le mur. Si elle boit du thé ou mange quoi que ce soit, elle dégobille dans le seau rangé sous le lit et je dois aller le vider puis le rincer dans les cabinets au rez-de-chaussée. Mrs. Leibowitz lui apporte de la soupe et un drôle de pain tout tarabiscoté. Maman voudrait en faire des tranches mais Mrs. Leibowitz se marre et lui dit : On tire, c'est tout. Malachy appelle ça du pain à la tire mais Mrs. Leibowitz lui fait : Non, c'est du pain challah, et elle essaie de nous apprendre à prononcer ça. Elle secoue la tête. Ouille ouille ouille, vous les Irlandais ! Vous vivrez éternellement mais vous ne prononcerez jamais challah comme un Chuif.

Minnie MacAdorey apporte des pommes de terre avec du chou et, des fois, un morceau de viande. Ah, les temps sont durs, Angela, mais cet homme adorable qu'est Mr. Roosevelt trouvera un emploi pour chacun et votre mari aura du travail. Le malheureux, ce n'est pas sa faute s'il y a la Crise. Jour et nuit il en cherche, du travail. Mon Dan a bien de la chance, quatre ans en ville et il ne boit pas. Il a grandi à Toome avec votre mari. Certains boivent. D'autres, non. La plaie de l'Irlande. Maintenant mangez, Angela. Il faut vous reconstituer après votre perte.

Mr. MacAdorey dit à Papa qu'on peut trouver du

travail avec la WPA[1] et quand Papa a du travail il a aussi de l'argent pour la nourriture et Maman quitte le lit pour laver les jumeaux et nous faire à manger. Quand Papa rentre à la maison en sentant la boisson il n'a plus d'argent et Maman hurle après lui jusqu'à ce que les jumeaux pleurent et que Malachy et moi filions au terrain de jeux. Ces soirs-là, Maman s'en retourne au lit et Papa chante les tristes ballades sur l'Irlande. Pourquoi ne va-t-il pas la prendre dans ses bras pour l'aider à s'endormir comme il faisait avec ma petite sœur qui est morte ? Pourquoi ne chante-t-il pas une chanson de Margaret ou une autre chanson qui sécherait les larmes à Maman ? Il nous sort toujours du lit, Malachy et moi, pour qu'on se tienne au garde-à-vous en chemise et qu'on promette de mourir pour l'Irlande. Un soir, il a voulu faire jurer aux jumeaux de mourir pour l'Irlande mais ils ne savent même pas parler et Maman lui a hurlé après : Espèce de vieux cinglé ! Tu ne peux pas foutre la paix aux enfants ?

Il nous donnera un nickel pour acheter de la crème glacée si nous promettons de mourir pour l'Irlande et nous promettons mais ne voyons jamais la couleur du nickel.

Nous avons de la soupe grâce à Mrs. Leibowitz, des pommes de terre écrasées grâce à Minnie MacAdorey, et elles nous montrent comment s'occuper des jumeaux, comment leur laver le derrière et comment laver les loques après qu'ils y ont bien mis leur merde. Mrs. Leibowitz appelle ça des couches, Minnie appelle ça des langes mais peu importe comment elles les appellent vu que les jumeaux y mettent de toute façon leur merde. Si Maman reste au lit en même temps que

1. *Works Progress Administration*. Dans le cadre du New Deal instauré par Roosevelt, cette agence gouvernementale, créée en 1935, confia des travaux d'intérêt public à des milliers de chômeurs. (*N.d.T.*)

Papa sort voir pour un boulot, on peut faire ce qu'on veut toute la journée. On peut coller les jumeaux sur les petites balançoires du parc et les balancer jusqu'à ce qu'ils aient faim et commencent à pleurer. L'Italien m'appelle de l'autre côté de la rue : Eh, Frankie, ramène-toi. Fais gaffe en traversant c'te rue. Ils ont encore faim, ces jumeaux ? Il nous donne des morceaux de fromage, des bouts de jambon et des bananes mais je ne peux plus manger de bananes vu comment l'oiseau crachait le sang sur Cuchulain.

L'homme dit qu'il s'appelle Mr. Dimino, et c'est sa femme, Angela, qui est derrière le comptoir. Je lui explique que c'est le prénom de ma mère. Sans blague, le môme ! Ta mère s'appelle Angela ? Si je me doutais que les Irlandais ils avaient des Angela ! Eh, Angela, sa mère s'appelle Angela ! Elle sourit. C'est marrant, dit-elle.

Mr. Dimino me pose des questions sur Papa, Maman, et qui c'est qui nous fait la cuisine. Je lui réponds que nous avons à manger grâce à Mrs. Leibowitz et Minnie MacAdorey. Je lui raconte tout sur les couches, les langes, comment ils sont merdeux dans les deux cas, et il se marre. T'entends ça, Angela ? Dieu merci, t'es italienne, Angela ! Dis voir, le môme, va falloir que je cause à Mrs. Leibowitz. Vous devez bien avoir de la famille qui peut s'occuper de vous. Dès que tu aperçois Minnie MacAdorey, tu lui dis de passer me voir ici. Vous êtes livrés à vous-mêmes, les mioches.

Deux grosses femmes sont à la porte. Qui es-tu ? demandent-elles.

Je suis Frank.

Frank ! Et quel âge as-tu ?

J'ai quatre ans et bientôt cinq.

Tu n'es pas très développé pour ton âge, dis-moi ?

Je ne sais pas.

Ta mère est là ?

Elle est au lit.

Qu'est-ce qu'elle fait au lit en plein jour par une belle journée comme ça ?

Elle dort.

Bon. Nous allons entrer. Il faut qu'on parle à ta mère.

Elles passent devant moi et entrent dans la pièce. Jésus, Marie, Joseph, quelle odeur, là-dedans ! Et qui sont ces enfants ?

Malachy court tout sourires vers les grosses femmes. Quand il sourit, on voit qu'il a de jolies dents blanches et droites et on voit le bleu brillant de ses yeux, le rose de ses joues. Tout ça fait sourire les grosses femmes et je me demande pourquoi elles n'ont pas souri quand elles me parlaient.

J'suis Malachy, dit Malachy, et voici Oliver et voici Eugene, ils sont jumeaux, et là-bas c'est Frankie.

Ma foi, tu n'es guère timide, hein ? dit la grosse aux cheveux châtains. Je suis Philomena, la cousine de votre mère, et voici Delia, la cousine de votre mère également. Je suis Mrs. Flynn, elle c'est Mrs. Fortune, et c'est comme ça que vous nous appellerez.

Grand Dieu ! fait Delia. Ces jumeaux sont tout nus. Vous n'avez donc aucun vêtement pour eux ?

Ils sont tout merdeux, répond Malachy.

Delia aboie : Tiens donc ! Voilà ce qui arrive ! Mal embouché comme tout, ce qui n'a rien d'étonnant avec un père du Nord. N'emploie pas ce mot-là. C'est un gros mot, un juron. Sinon tu pourrais bien te retrouver en enfer.

C'est quoi, enfer ? demande Malachy.

Tu le sauras bien assez tôt, répond Delia.

Les deux grosses femmes s'asseyent à table avec Mrs. Leibowitz et Minnie MacAdorey. Philomena dit que c'est terrible ce qui est arrivé au petit bébé d'Angela. On est au courant de tout et il y aurait de quoi se demander, n'est-ce pas, ce qu'ils ont fait du petit corps. Vous pourriez vous le demander, je pourrais me le demander, mais Tommy Flynn, lui, il ne s'est pas posé la question. Tommy a dit que ce Malachy du Nord a touché de l'argent pour ce bébé.

De l'archent? fait Mrs. Leibowitz.

Oui, de l'argent, répond Philomena. Ils prennent des corps de n'importe quel âge, ils font des expériences dessus et n'en rendent pas grand-chose. D'ailleurs, qui voudrait récupérer des morceaux de bébé puisqu'on ne peut pas les enterrer en terre bénite dans cet état-là?

Mais c'est terrible! s'exclame Mrs. Leibowitz. Jamais un père ou une mère ne donnerait son bébé pour une chose pareille!

Bien sûr que si, fait Delia. Quand ils crèvent la soif. Ils donneraient leur propre mère quand ils ont la pépie. Alors, un bébé mort en si bas âge, vous pensez bien!

Mrs. Leibowitz secoue la tête et se balance sur sa chaise. Ouille, fait-elle. Ouille ouille ouille. Le pauvre bébé. La pauvre mère. Dieu merci, mon mari n'a pas ce que vous appelez — comment déchà? La pépie? Oui, la pépie. Ce sont les Irlandais qui ont la pépie.

Pas mon mari, dit Philomena. Je lui foutrais sur la gueule s'il rentrait à la maison avec la pépie. Bien sûr, le Jimmy de Delia a la pépie. Chaque vendredi soir, on le voit qui file au bar.

Commence pas à insulter mon Jimmy, fait Delia. Il travaille. Il rapporte son salaire à la maison.

Tu ferais mieux de l'avoir à l'œil, dit Philomena. La pépie pourrait bien s'emparer de lui et tu te retrouverais avec un autre Malachy du Nord sur les bras.

Occupe-toi de tes foutues affaires! fait Delia. Jimmy est irlandais, lui, au moins, et pas né à Brooklyn comme ton Tommy.

Et Philomena n'a pas réponse à cela.

Minnie tient son bébé dans ses bras et les grosses femmes disent que c'est un bébé adorable, bien propre, pas comme cette marmaille d'Angela qui grouille de partout dans cet endroit. Philomena dit qu'elle ne sait pas où Angela a pris ces sales habitudes car la mère d'Angela était irréprochable. C'était si propre chez elle qu'on aurait pu dîner sur son sol.

Là, je me demande pourquoi on aurait envie de dîner sur un sol quand on a une table et une chaise.

Delia dit qu'il faut faire quelque chose pour Angela et ces enfants que voilà car ils sont vraiment piteux, ah ça oui, au point qu'on aurait honte d'être de leur famille. Il faut écrire une lettre à la mère d'Angela. C'est Philomena qui va s'y mettre car autrefois un instituteur de Limerick lui a dit qu'elle avait une belle main. Delia doit expliquer à Mrs. Leibowitz qu'avoir une belle main veut dire avoir une écriture soignée.

Mrs. Leibowitz va au rez-de-chaussée pour emprunter le stylographe de son mari sans oublier du papier et une enveloppe. Puis les quatre femmes se remettent à table pour faire une lettre destinée à la mère de ma mère :

Chère Tante Margaret,

Je prends le stylo pour t'écrire cette lettre et j'espère qu'elle te trouvera, comme elle nous laisse, en parfaite santé. Mon mari Tommy se porte bien, il continue à travailler, et le mari de Delia, Jimmy, se porte bien, il continue à travailler, et nous espérons que ce courrier te trouvera bien portante. Je suis très navrée de t'apprendre qu'Angela ne se porte pas bien vu que le bébé est mort, cette petite fille appelée, comme toi, Margaret, et Angela n'a plus été la même depuis, à rester couchée avec le visage tourné vers le mur. Pour ne pas arranger les choses, nous pensons qu'elle attend encore un événement et ça commence à bien faire. A la minute où elle perd un enfant, il y en a un autre en route. On ne sait pas comment elle s'y prend. Elle est mariée depuis quatre ans, cinq enfants et un autre en train. Cela te montre ce qui peut arriver quand on épouse quelqu'un du Nord car là-haut ils ne se contiennent pas, cette horde de pro-

testards tous tant qu'ils sont. Lui va soi-disant chercher du travail chaque jour mais nous savons qu'il passe tout son temps dans les bars et qu'il se fait quelques dollars en balayant les salles et en soulevant des tonneaux avant de dépenser illico l'argent en boisson. C'est terrible, Tante Margaret, et nous pensons tous qu'Angela et les enfants seraient bien mieux dans son pays natal. Nous n'avons pas l'argent pour acheter nous-mêmes les billets car les temps sont durs, mais tu seras peut-être en mesure de voir de ton côté. Dans l'espoir que cette lettre te trouve en bonne santé, comme elle nous laisse, grâces en soient rendues à Dieu et à Sa Sainte Mère,

Je demeure ta nièce affectionnée
Philomena Flynn (née MacNamara)
ainsi que, et surtout, ta nièce
Delia Fortune (née MacNamara itou, ha ha ha).

Grand-mère Sheehan a envoyé de l'argent à Philomena et à Delia. Celles-ci ont acheté les billets, déniché une cantine de marin à la Société de Saint-Vincent-de-Paul, loué une camionnette pour nous amener à l'embarcadère de Manhattan, nous ont mis sur le bateau, ont dit : Bon voyage et bon débarras, puis s'en sont allées.

Le bateau s'est éloigné du quai. C'est la statue de la Liberté, a dit Maman, et là c'est Ellis Island par où entraient tous les immigrants. Puis elle s'est penchée par-dessus bord, a vomi, et le vent de l'Atlantique a tout rabattu sur les gens joyeux, nous compris, qui admiraient la vue. Les passagers ont juré et se sont éloignés, des mouettes sont arrivées de tout le port et Maman est restée courbée, inerte et pâle, sur le bastingage.

II

Une semaine plus tard, nous sommes arrivés à Moville, comté de Donegal, où nous avons pris un car pour Belfast, puis, de là, un autre car pour Toome, comté d'Antrim. Nous avons laissé la cantine dans une boutique et avons entamé les trois bons kilomètres de montée vers la maison de Grand-père McCourt. Il faisait sombre sur la route, l'aube pointant à peine sur les collines lointaines.

Papa a porté les jumeaux dans ses bras et ils se sont mis à brailler de faim à tour de rôle. Maman s'arrêtait toutes les cinq minutes pour se reposer sur le muret de pierre qui longeait la route. A un moment, nous nous sommes assis avec elle et avons observé le ciel qui virait au rouge puis au bleu. Les oiseaux ont commencé à pépier, à chanter dans les arbres, et, à l'approche de l'aurore, nous avons vu d'étranges créatures dans les champs, debout, qui nous regardaient. C'est quoi, Papa ? a demandé Malachy.

Des vaches, fiston.

C'est quoi, des vaches, Papa ?

Des vaches, ce sont des vaches, fiston.

Nous avons repris la route qui allait s'éclairant et il y a eu d'autres créatures dans les champs, des créatures à fourrure blanche.

C'est quoi, Papa ? a demandé Malachy.

Des moutons, fiston.

C'est quoi, des moutons, Papa ?

Mon père lui a hurlé dessus : Vas-tu cesser tes questions à la fin ? Les moutons sont les moutons, les vaches sont les vaches et ça, là-bas, c'est une chèvre. Une chèvre, c'est une chèvre. La chèvre donne le lait, le mouton donne la laine, la vache donne tout ce qu'elle a. Qu'est-ce que tu veux savoir d'autre, nom de Dieu ?

Et Malachy a glapi de frayeur car jamais Papa n'avait parlé ainsi, jamais il ne s'était adressé à nous avec brusquerie. Il pouvait nous faire lever au milieu de la nuit et nous faire promettre de mourir pour l'Irlande mais jamais il ne hurlait comme ça. Malachy a couru vers Maman qui lui a dit : Là ! là ! Ne pleure pas, mon chéri ! Il y a simplement que ton père est fatigué de porter les jumeaux et que c'est difficile de répondre à tant de questions quand on trimbale des jumeaux à travers le monde.

Papa a posé les jumeaux sur la route pour tendre les bras vers Malachy. Alors, les jumeaux se sont mis à pleurer et Malachy s'est agrippé à Maman en sanglotant. Les vaches ont meuglé, les moutons ont bêlé, la chèvre a chevroté, les oiseaux ont piaillé dans les arbres et le bip-bip d'une automobile a percé ce tintamarre. Seigneur Dieu ! s'est exclamé le conducteur. Qu'est-ce que vous faites sur cette route-là à cette heure-là un dimanche matin de Pâques ?

Bonjour, mon père, a dit Papa.

Mon père ? ai-je demandé. C'est ton père, Papa ?

Ne lui pose donc pas de questions, a fait Maman.

Non, non, c'est un prêtre, a expliqué Papa.

C'est quoi, un... ? a commencé Malachy, mais Maman lui a plaqué une main sur la bouche.

Le prêtre avait des cheveux blancs et un col blanc. Où allez-vous ? a-t-il demandé.

On monte chez les McCourt de Moneyglass, a répondu Papa, et le prêtre nous a pris dans son auto. Je connais les McCourt, a-t-il dit, une famille respectable, de bons catholiques dont certains vont communier chaque jour. Ma foi, j'espère vous voir tous à la messe, surtout les petits ricains qui ne savent pas ce qu'est un prêtre, que Dieu nous assiste !

Quand nous arrivons devant la maison, ma mère va pour lever le loquet de la grille. Non, non, pas par là, fait Papa. Pas l'entrée principale. La porte sur la rue ne sert qu'aux visites du prêtre ou aux enterrements.

Nous contournons la maison et parvenons à la porte de la cuisine. Papa pousse le battant et voici Grand-père McCourt, qui boit du thé dans un grand mug et Grand-mère McCourt, occupée à faire frire quelque chose.

Vous êtes là, fait Grand-père.

Ben oui, fait Papa. Il montre ma mère du doigt. Voici Angela, dit-il. Grand-père dit : Vous devez être claquée, Angela. Grand-mère ne dit rien, elle retourne à sa poêle à frire. Grand-père nous fait traverser la cuisine et nous arrivons dans une grande pièce avec une longue table et des chaises. Asseyez-vous et prenez du thé, dit-il. Ça vous dirait-y, du *boxty* ?

C'est quoi, du *boxty* ? demande Malachy.

Papa se marre. Des galettes, fiston. Des galettes de pommes de terre.

Nous avons des œufs, dit Grand-père. C'est dimanche de Pâques et vous pouvez avoir tous les œufs que vous voulez.

On prend du thé, du *boxty*, des œufs à la coque, et on tombe tous de sommeil. Je me réveille dans un lit avec Malachy et les jumeaux. Mes parents sont dans un autre lit, près de la fenêtre. Où suis-je ? Il commence à faire sombre. Ce n'est pas le bateau. Maman ronfle en faisant : *Pishhhh*, Papa en faisant : *Roôôôôom*. Je me lève et vais donner un petit coup à Papa. J'ai envie de faire pipi. Utilise le pot de chambre, dit-il.

Quoi ?

Sous le lit, fiston. Le pot de chambre. Il y a des roses dessus, et des demoiselles qui gambadent dans le vallon. Fais pipi là-dedans, fiston.

Je lui demanderais bien de quoi il s'agit au juste car même si je n'en peux plus ça me fait drôle de faire pipi dans un pot avec des roses et des demoiselles qui gambadent. On n'avait rien de ce genre à Classon Avenue où Mrs. Leibowitz chantonnait aux cabinets tandis qu'on s'agrippait la culotte dans le couloir.

Maintenant c'est Malachy qui doit utiliser le pot de chambre mais lui veut s'asseoir dessus. Non, tu ne peux pas faire ça, fiston, dit Papa. Faut que t'ailles dehors. A peine il a dit ça que je dois y aller moi aussi, m'asseoir. Il nous emmène au bas de l'escalier et nous fait traverser la grande pièce où Grand-père est assis à lire près du feu et Grand-mère somnole sur sa chaise. Il fait sombre dehors mais la lune brille assez pour qu'on puisse voir où on va. Papa ouvre la porte d'une toute petite maison où il y a un siège avec un trou au milieu. Il nous montre à Malachy et à moi comment s'asseoir sur le trou et comment s'essuyer avec des carrés de papier journal accrochés à un clou. Puis il nous demande d'attendre le temps qu'il y aille aussi. Il ferme la porte et pousse des grognements. La lune est tellement brillante que j'arrive à voir tout au bas du champ les choses appelées vaches et moutons et je me demande pourquoi elles ne rentrent pas chez elles.

Quand nous revenons à la maison, nous trouvons d'autres personnes dans la pièce avec mes grands-parents. Voici vos tantes, dit Papa. Emily, Nora, Maggie, Vera. Votre tante Eva est à Ballymena avec des enfants comme vous. Mes tantes ne sont pas comme Mrs. Leibowitz et Minnie MacAdorey : elles hochent la tête mais ne nous font pas de câlin et ne sourient pas. Et lorsque Maman arrive dans la pièce avec les jumeaux et que Papa dit à ses sœurs : Voici Angela et voici les jumeaux, elles se contentent de hocher à nouveau la tête.

Grand-mère va à la cuisine et bientôt nous avons du pain, des saucisses et du thé. La seule personne qui parle à table, c'est Malachy. Il montre les tantes avec sa cuillère et leur redemande leurs prénoms. Quand Maman lui dit de manger sa saucisse et de se tenir tranquille, ses yeux s'emplissent de larmes et Tante Nora se penche pour le consoler. Elle fait : Là ! là ! et je me demande pourquoi tout le monde fait *Là ! là !* quand Malachy pleure. Je me demande ce que *Là ! là !* veut dire.

C'est tranquille à table jusqu'à ce que Papa dise : Ça barde en Amérique. Grand-mère dit : *Och, aye.* J'ai lu ça dans le journal. Mais ils disent que Mr. Roosevelt est quelqu'un de bien. Si tu étais resté, tu aurais peut-être du travail à l'heure qu'il est.

Papa secoue la tête et Grand-mère continue : Je ne sais pas ce que tu vas faire, Malachy. Les choses sont pires ici qu'en Amérique. Il n'y a point de travail ici et Dieu sait que nous n'avons pas de place dans cette maison pour six personnes de plus.

Je pensais trouver à m'employer dans les fermes du coin, dit Papa. On pourrait dénicher un petit logement.

Où habiteriez-vous dans l'intervalle ? demande Grand-mère. Et comment subviendrais-tu aux besoins de ta famille sans parler des tiens ?

Oh, je pourrais m'inscrire au chômage, je suppose.

Tu ne peux pas débarquer d'Amérique et t'inscrire comme ça au chômage, dit Grand-père. Ils te feront attendre un moment et qu'est-ce que tu feras pendant ce temps-là ?

Papa ne répond rien et Maman regarde le mur droit devant elle.

Vous seriez mieux dans l'Etat libre, dit Grand-mère. Dublin est grand et il y a sûrement du travail là-bas ou dans les fermes alentour.

Et puis tu as droit à de l'argent de l'IRA, dit Grand-père. Tu as payé de ta personne et ils ont distribué de l'argent aux hommes dans tout l'Etat libre. Tu pourrais aller à Dublin et demander qu'on t'aide. Nous t'avancerions le prix du car jusqu'à Dublin. Les jumeaux se mettraient sur tes genoux et tu n'aurais rien à payer pour eux.

Och, aye, fait Papa tandis que Maman fixe le mur les larmes aux yeux.

Après avoir mangé, nous sommes retournés au lit et, le lendemain matin, toutes les grandes personnes étaient assises en rond avec l'air triste. Bientôt un homme est arrivé en automobile et nous avons refait la route avec lui jusqu'à la boutique qui avait notre cantine. On a hissé la cantine sur le toit d'un car puis nous sommes montés dans le car. Papa a dit que nous partions pour Dublin. C'est quoi, Dublin ? a demandé Malachy, mais personne ne lui a répondu. Papa a pris Eugene sur ses genoux et Maman a pris Oliver. Papa a regardé les champs et m'a dit : C'est là où Cuchulain aimait aller en balade.

Et où c'est que Cuchulain a envoyé la balle dans la gueule du chien ?

Un peu plus loin.

Malachy a crié : Regardez ! Regardez ! et nous avons regardé. C'était une grande nappe d'eau argentée et Papa a dit qu'il s'agissait du Lough Neagh, le lac le plus étendu d'Irlande, le lac où Cuchulain allait nager après ses belles batailles. Cuchulain était tellement ardent que, lorsqu'il plongeait dans le Lough Neagh, celui-ci bouillait et chauffait durant des jours la campagne environnante. Un jour, nous reviendrons ici tous ensemble et nous irons nager comme Cuchulain. Nous pêcherons des anguilles et les ferons frire à la poêle, pas comme Cuchulain qui, lui, les sortait à main nue du lough et les gobait toutes frétillantes car l'anguille est sacrément vigoureuse.

C'est vrai, Papa ?

Comme je te le dis.

Maman n'a pas regardé le Lough Neagh par la vitre. Sa joue reposait sur le haut de la tête d'Oliver et elle fixait le plancher du car.

Bientôt le car roule dans un endroit où il y a des grandes maisons, des automobiles, des chevaux qui tirent des carrioles, des gens à bicyclette et des centaines d'autres qui marchent. Malachy est excité. Papa, Papa, où il est le terrain de jeux ? Où elles sont les balançoires ? Je veux voir Freddie Leibowitz !

Allons, fiston, tu es à Dublin maintenant, loin de Classon Avenue. Tu es en Irlande, à une sacrée trotte de New York.

Après l'arrêt du car, la cantine est descendue et posée par terre dans la gare routière. Papa dit à Maman qu'elle peut s'asseoir sur un banc le temps qu'il aille voir l'homme de l'IRA dans un endroit appelé Terenure. Il explique qu'il y a des toilettes dans la gare pour les garçons, qu'il ne sera pas longtemps parti, qu'il aura de l'argent à son retour et qu'on aura tous de quoi manger. Il me demande de l'accompagner et Maman fait : Non, j'ai besoin de lui pour m'aider. Mais quand Papa dit : C'est moi qui vais avoir besoin d'aide pour transporter tout cet argent, elle rit et me fait : D'accord, vas-y avec ton papa.

Ton papa. C'est qu'elle est de bonne humeur. Si elle dit *Ton père*, ça veut dire qu'elle est de mauvaise humeur.

Papa me tient par la main tandis que je trottine à son côté. Il est bon marcheur, ça fait loin jusqu'à Terenure et j'espère qu'il va s'arrêter pour me porter comme il l'a fait avec les jumeaux à Toome. Mais non, il cavale et ne parle pas sauf pour demander aux gens où se trouve Terenure. Au bout d'un moment, il dit qu'on y est, à Terenure, et qu'il nous faut maintenant trouver Mr. Charles Heggarty de l'IRA. Un homme avec un bandeau rose sur un œil nous dit : Vous êtes dans la bonne rue, Charlie Heggarty habite au 14, que Dieu le bannisse ! Puis, regardant Papa, il ajoute : Je vois que vous êtes un homme qui a payé de sa personne.

Ça oui, j'ai payé de ma personne, fait Papa.

Moi aussi j'ai payé de ma personne, et qu'est-ce que ça m'a valu à part un œil en moins et une pension qui ne suffirait pas à nourrir un canari ?

Mais l'Irlande est libre, fait Papa, et c'est là une grande chose.

Libre, mon cul, dit l'homme. Je pense que nous étions mieux sous les Anglais. Enfin, bonne chance à vous, monsieur, car je crois savoir pourquoi vous êtes venu ici.

Une femme ouvre la porte du 14. J'ai peur, dit-elle, que Mr. Heggarty ne soit occupé. Papa lui explique qu'il est venu à pied du centre de Dublin avec son petiot de fils et qu'il a laissé sa femme avec leurs trois autres enfants à l'attendre à l'endroit des cars. Alors, si Mr. Heggarty est aussi occupé que ça, eh bien on va attendre là sur les marches qu'il ait fini.

Un instant plus tard, la femme revient pour dire que Mr. Heggarty a un petit moment de libre — et par ici je vous prie. Mr. Heggarty est assis à un bureau près d'une belle flambée. Que puis-je pour vous? demande-t-il. Papa va se planter devant le bureau et dit: Je reviens juste d'Amérique avec une femme et quatre enfants. Nous n'avons rien. J'ai combattu dans une colonne mobile durant les troubles et j'espère qu'à présent vous pouvez m'aider en ces temps de nécessité.

Mr. Heggarty prend le nom de Papa et tourne les pages d'un grand livre posé sur son bureau. Il secoue la tête. Non, point trace ici de vos services.

Papa fait un long discours. Il raconte à Mr. Heggarty comment il a combattu, où et quand, comment on a dû le sortir clandestinement d'Irlande parce que sa tête était mise à prix, comment il élève ses fils dans l'amour de l'Irlande.

Mr. Heggarty se dit navré mais il ne peut pas distribuer de l'argent à chaque homme qui vient traîner ses guêtres ici en prétendant avoir payé de sa personne. Souviens-t'en, Francis, me dit Papa. C'est ça, la nouvelle Irlande. De petits hommes sur de petites chaises avec des petits bouts de papier. Voici l'Irlande pour laquelle des hommes sont morts.

Mr. Heggarty dit qu'il examinera la demande de

Papa et veillera à le tenir informé du résultat. Il veut bien nous donner de quoi retourner en bus au centre-ville. Papa regarde les pièces dans la main de Mr. Heggarty et dit : Pourriez en remettre un peu et ça ferait le prix d'une pinte.

Oh oh ! C'est boire qui vous intéresse, hein ?

Prendre une pinte et boire, ça fait deux.

Vous voudriez repartir à pied et faire marcher le gamin parce que vous avez envie d'une pinte ?

Marcher n'a jamais tué personne.

Quittez cette maison sur-le-champ ou j'appelle un garde. Et soyez sûr que vous n'aurez jamais de mes nouvelles. Nous ne sommes pas là pour subventionner la famille Guinness.

La nuit tombe sur les rues de Dublin. Des enfants rient et jouent sous les réverbères, des mères appellent des perrons, des odeurs de cuisine nous arrivent tout le long du chemin. Par les fenêtres, nous voyons des gens à table, en train de manger. Je suis fatigué et affamé et je voudrais bien que Papa me porte mais je sais que ce n'est pas la peine de lui demander maintenant vu comment son visage est tendu et figé. Je le laisse me tenir la main et cours pour rester à sa hauteur jusqu'à ce qu'on atteigne l'endroit des cars où Maman attend avec mes frères.

Ils sont tous endormis sur le banc, ma mère et mes trois frères. Quand Papa apprend à Maman qu'il n'y a pas d'argent, elle secoue la tête et sanglote : Oh, Jésus, que va-t-on faire ? Un homme en uniforme bleu arrive et lui demande : Que se passe-t-il, ma petite dame ? Papa lui explique que nous sommes en carafe à la gare routière, que nous n'avons ni argent ni endroit où loger et que les enfants ont faim. L'homme dit qu'il a maintenant fini son service et il va nous emmener au dépôt de police où de toute façon fallait qu'il aille au rapport et ils verront ce qu'on peut faire.

L'homme en uniforme nous dit qu'on peut l'appeler *garde*. C'est comme ça qu'on appelle les policiers en Irlande. Il nous demande comment on appelle les policiers en Amérique, et Malachy répond : Flic. Le garde lui tapote la tête et dit qu'il est un petit futé de ricain.

Quand on arrive au dépôt de police, le brigadier nous dit qu'on peut y passer la nuit. Il est désolé mais n'a que le plancher à nous offrir. On est jeudi et les cellules sont remplies d'hommes qui, après avoir bu leur allocation chômage, ont refusé de sortir des pubs.

Les gardes nous donnent du bon thé brûlant avec d'épaisses tranches de pain tartinées de beurre et de confiture et on est tellement contents qu'on va courir autour du dépôt pour jouer. Les gardes disent qu'on fait une sacrée bande de petits amerloques et qu'ils nous ramèneraient bien au pays mais je dis : Non, Malachy dit : Non, les jumeaux disent : Non, Non, et tous les gardes se marrent. Les hommes en cellules tendent les bras et tapotent nos têtes, ils sentent comme Papa quand il rentre à la maison en chantant sur Kevin Barry et Roddy McCorley qui vont au trépas. Crédieu, vous les entendez ? font les hommes. Ça te jacte comme de foutues étoiles de cinoche ! Z'êtes tombés du ciel ou quoi ? Les femmes en cellules à l'autre bout du dépôt disent à Malachy qu'il est mignon tout plein et que les jumeaux sont des amours. Une des femmes me parle : Approche, mon chou ! Une douceur, ça te dirait ? Je hoche la tête et elle dit : Très bien, tends ta main. Elle sort de sa bouche un truc collant et le pose dans ma main. Voilà pour toi, dit-elle. Un chouette bout de caramel au beurre. Mets-le dans ta bouche. Je n'ai pas envie de mettre ça dans ma bouche car c'est collant et tout mouillé de sa bouche à elle mais comme je ne sais pas ce qu'on est supposé faire quand une femme en cellule vous offre du caramel collant je vais pour le mettre dans ma bouche lorsqu'un garde arrive, reprend le caramel et le renvoie à la femme. Vas-tu laisser le môme, putain d'ivrognesse ! dit-il, et toutes les femmes se marrent.

Le brigadier donne une couverture à ma mère et la

voilà qui dort de tout son long sur un banc. Nous autres avons droit au plancher. Papa s'assied le dos au mur, les yeux ouverts sous la visière de sa casquette, et il fume quand les gardes lui donnent des cigarettes. Le garde qui a renvoyé le caramel à la femme dit qu'il est du Nord, de Ballymena, et il cause avec Papa des gens qu'eux deux connaissent là-bas et dans d'autres endroits comme Cushendall et Toome. Le garde dit qu'il prendra sa retraite un jour puis il ira vivre sur les rives du Lough Neagh et passera ses journées à la pêche. Des anguilles, dit-il, plein d'anguilles. Crédieu, je n'aime rien tant qu'une friture d'anguilles ! Je demande à Papa : C'est Cuchulain ? et le garde rit tellement qu'il devient tout rouge. Sainte Mère de Dieu, z'avez entendu ça ? Le gamin veut savoir si je suis Cuchulain ! Un petit amerloque et ça sait tout sur Cuchulain !

Non, répond Papa, ce n'est point Cuchulain mais un brave homme qui ira vivre sur les rives du Lough Neagh et passera ses journées à la pêche.

Papa me secoue. Debout, Francis, debout. Il y a du boucan dans le dépôt. Un garçon lave le sol en chantant :

Chacun peut voir pourquoi je voulais ton baiser,
Cela devait arriver et la raison est facile à trouver :
Se peut-il en vérité
Que quelqu'un comme toi
Puisse m'aimer — m'aimer, moi ?

Je lui dis que c'est la chanson de ma mère et qu'il doit arrêter de la chanter mais il se contente de tirer sur sa cigarette et s'éloigne et je me demande pourquoi il y a des gens qui se croient obligés de chanter les chansons des autres. Les hommes et les femmes sortent des cellules en grognant et en bâillant. La femme qui m'a offert le caramel au beurre s'arrête et dit :

J'avais un coup dans le pif, le môme, ne m'en veux pas de t'avoir tourné en bourrique, mais le garde de Ballymena lui lance : Dégage, vieille pute, avant qu'on te boucle à nouveau !

Allez-y, bouclez-moi, dit-elle. Dehors, dedans, qu'est-ce que ça fait, sale connard de cul bleu ?

Enveloppée dans la couverture, Maman est assise très droite sur le banc. Une femme aux cheveux gris lui apporte un mug de thé. Mais si ! fait-elle. Je suis la femme du brigadier et il m'a dit que vous aviez peut-être besoin d'aide. Ça vous dit un bon œuf mollet, ma petite dame ?

Maman secoue la tête. Non.

Allons, ma petite dame ! Vraiment, vu votre état, vous devriez prendre un bon œuf.

Mais Maman secoue encore la tête et je me demande comment elle peut dire non à un œuf mollet alors qu'il n'y a rien de meilleur au monde.

Très bien, madame, fait la femme du brigadier. Du pain grillé, alors, et quelque chose pour les enfants et votre pauvre mari.

Elle retourne dans une autre pièce et bientôt arrivent du thé et du pain. Papa boit son thé mais nous donne son pain et Maman dit : Vas-tu manger ton pain, pour l'amour de Dieu ! Ce n'est pas en tombant d'inanition que tu nous seras utile ! Il secoue la tête et demande à la femme du brigadier s'il lui serait par hasard possible d'avoir une cigarette. Elle lui apporte la cigarette et dit à Maman que les gardes du dépôt se sont cotisés pour payer nos billets de train jusqu'à Limerick. Il y aura une automobile pour charger notre cantine et nous déposer à la gare de Kingsbridge. Vous serez rendus à Limerick en trois ou quatre heures.

Maman sort ses bras de la couverture et serre la femme du brigadier. Que Dieu vous bénisse, vous, votre mari et tous les gardes, dit-elle. Je ne sais pas ce que nous aurions fait sans vous. Dieu sait combien il est doux de revenir parmi les siens !

C'est le moins qu'on pouvait faire, dit la femme du

brigadier. Vous avez là de bien beaux enfants et comme je suis moi-même de Cork je sais ce que c'est de se retrouver à Dublin sans deux ronds pour faire la paire.

Papa est assis à l'autre bout du banc, fumant sa cigarette, buvant son thé. Il reste comme ça jusqu'à ce que l'automobile vienne nous emmener dans les rues de Dublin. Papa demande au chauffeur si ça l'embêterait de passer par la GPO[1] et le chauffeur fait : C'est un timbre que vous voulez ou quoi ? Non, répond Papa. J'ai entendu dire qu'ils ont élevé une nouvelle statue de Cuchulain pour honorer les hommes qui sont morts en 1916 et j'aimerais la montrer à mon fils ici présent qui a une grande admiration pour Cuchulain[2].

Le chauffeur dit qu'il n'a aucune idée de qui était ce Cuchulain mais ça ne l'embête pas de faire une petite halte. Il viendrait même bien voir pourquoi on fait tout ce foin car il n'a pas mis le pied dans la GPO depuis son enfance, quand les Anglais ont failli la détruire avec leurs canons qui tiraient de la Liffey. Il dit que nous verrons les trous des obus sur toute la façade et qu'on devrait d'ailleurs les y laisser, histoire de rappeler aux Irlandais ce qu'est la perfidie anglaise. Comme je demande à l'homme ce que c'est, *perfidie*, il répond : Demande à ton père, et je voudrais bien mais déjà on s'arrête devant un grand bâtiment avec des piliers et c'est la GPO.

Maman reste dans l'automobile tandis que nous suivons le chauffeur dans la GPO. Tenez, dit-il. Le voilà, votre Cuchulain.

Et je sens des larmes qui viennent car enfin je pose les yeux sur lui, Cuchulain, qui se trouve là sur son socle dans la GPO. Il est doré, il a de longs cheveux, sa tête est penchée en avant et il y a un grand oiseau perché sur son épaule.

1. *General Post Office*, c'est-à-dire la grande poste de Dublin. (*N.d.T.*)

2. Cette statue d'Oliver Sheppard fut élevée en 1929. (*N.d.T.*)

Bon, au nom de Dieu, c'est quoi toute cette histoire ? fait le chauffeur. Que fabrique ce bonhomme avec les cheveux longs et l'oiseau sur son épaule ? Et aurez-vous la bonté de m'expliquer, monsieur, ce que ceci a à voir avec les hommes de 1916 ?

Papa répond : Cuchulain lutta jusqu'à la fin comme les hommes de la semaine de Pâques. Ses ennemis craignaient de l'approcher avant d'être assurés de sa mort, laquelle fut certaine quand l'oiseau se posa sur lui et but son sang.

Ma foi, dit le chauffeur, c'est une triste époque pour les hommes d'Irlande s'ils ont besoin d'un oiseau pour leur apprendre qu'un homme est mort. Je crois qu'on ferait mieux d'y aller maintenant ou nous le raterons, ce train pour Limerick.

La femme du brigadier avait dit qu'elle enverrait un télégramme à Grand-mère afin qu'elle nous attende à la gare de Limerick et elle était bien là sur le quai, Grand-mère, avec des cheveux blancs, le regard aigre, un châle noir et sans un sourire pour ma mère ni aucun d'entre nous, pas même pour mon frère Malachy dont le grand sourire découvrait les jolies dents blanches. Maman a désigné Papa du doigt en disant : Voici Malachy, et Grand-mère a hoché la tête avant de détourner les yeux. Elle a appelé deux jeunes gars qui traînaient autour de la gare et leur a donné de l'argent pour qu'ils portent la cantine. Les gars allaient nu-pieds, tête rasée et morve au nez, et nous les avons suivis à travers les rues de Limerick. J'ai demandé à Maman pourquoi ils n'avaient pas de cheveux et elle a répondu que leurs têtes étaient rasées afin que les poux n'aient pas de cachette. C'est quoi, un époux ? a demandé Malachy. Pas un époux, a fait Maman. Un pou. Vous allez arrêter ça ? a fait Grand-mère. C'est quoi ce charabia ? Les jeunes gars marchaient d'un bon pas comme s'ils avaient eu des chaussures, ils sifflaient, riaient, et Grand-mère leur a dit : Arrêtez de vous fendre la pipe ou vous allez faire tomber cette cantine et c'est elle qui sera cassée ! Ils ont arrêté de siffler et de rire et nous les avons suivis dans un parc où il y avait une haute colonne, une statue au milieu et un gazon si vert qu'il vous éblouissait.

Papa portait les jumeaux, Maman portait un sac d'une main et tenait la main de Malachy de l'autre. Comme elle s'arrêtait toutes les cinq minutes pour reprendre son souffle, Grand-mère lui a dit : Tu fumes encore ces sèches ? Elles seront ta mort. Il y a assez de phtisie à Limerick sans que les gens fument des sèches par-dessus le marché et puis c'est une nigauderie de riches.

L'allée qui traversait le parc était bordée de centaines de fleurs aux différentes couleurs. Les jumeaux tout excités les ont montrées du doigt en couinant et tout le monde a ri, tout le monde sauf Grand-mère qui a un peu rabattu son châle sur son front. Papa s'est arrêté et a mis les jumeaux à terre pour qu'ils puissent s'approcher des fleurs. Il a dit : Les fleurs ! et les jumeaux ont couru de-ci de-là, montrant les fleurs et essayant de dire : Les fleurs ! L'un des gars qui portaient la cantine a fait : Bon Dieu, ils sont américains ? et Maman a répondu : En effet. Ils sont nés à New York. Tous les garçons sont nés à New York.

Bon Dieu, ils sont américains, a dit le jeune gars à son compagnon. Ils ont posé la cantine pour mieux nous dévisager et nous les avons dévisagés à notre tour jusqu'à ce que Grand-mère dise : Vous allez rester ici toute la journée à zieuter les fleurs et à vous reluquer en chiens de faïence ? Alors, nous sommes tous repartis, nous sommes sortis du parc, avons descendu une étroite ruelle puis une autre jusqu'à la maison de Grand-mère.

Il y a une rangée de petites maisons de chaque côté de la ruelle et Grand-mère habite dans l'une de ces petites maisons. Sa cuisine a un poêle en fonte noire, tout brillant et luisant, avec un feu qui rougeoie à travers la grille. Il y a une table le long du mur sous la fenêtre et, en face, un buffet avec des tasses, des soucoupes et des vases. Le buffet est toujours verrouillé et Grand-mère garde la clef dans sa bourse car on ne doit pas utiliser ce qui se trouve dedans sauf si quelqu'un meurt, rentre de l'étranger, ou s'il y a un prêtre en visite.

Sur le mur côté poêle est accroché le portrait d'un homme avec de longs cheveux bruns et des yeux tristes. Il montre du doigt sa poitrine qui a un grand cœur d'où s'échappent des flammes. C'est le Sacré-Cœur de Jésus, nous dit Maman, et moi je demande : Pourquoi le cœur de l'homme est en feu ? Et pourquoi Il ne jette pas de l'eau dessus ? Grand-mère fait : Ces enfants ne savent donc rien de leur religion ? et Maman lui explique que c'est différent en Amérique. Grand-mère dit que le Sacré-Cœur se trouve partout et qu'il n'y a point d'excuse à cette sorte d'ignorance.

Sous le portrait de l'homme au cœur brûlant se trouve une étagère avec une bougie qui tremblote dans un verre rouge et, tout à côté, une statuette. Maman nous raconte : C'est le petit Jésus, l'Enfant de Prague, et si jamais vous avez besoin de quelque chose, faites-Lui une prière.

Maman, est-ce que je pourrais Lui dire que j'ai faim ? demande Malachy, et Maman porte son doigt à ses lèvres.

Grand-mère s'affaire dans la cuisine en marmonnant. Elle prépare du thé et demande à Maman de couper la miche de pain sans tailler trop épais. Maman s'assied à table en soufflant fort et dit qu'elle coupera le pain dans une minute. Papa prend le couteau, il commence à trancher le pain et on voit bien que ce n'est pas du goût de Grand-mère. Elle le regarde de travers mais ne dit rien même s'il fait des tranches épaisses.

Comme il n'y a pas assez de chaises pour tout le monde, je m'assieds avec mes frères sur les marches de l'escalier pour y prendre le thé et le pain. Papa rejoint Maman à table et Grand-mère s'assied sous le

Sacré-Cœur avec son mug de thé. Que Dieu me tombe dessus si je sais ce que je vais faire de vous aut', dit-elle. Il n'y a pas de place dans cette maison. Pas même pour un seul de vous aut' !

Malachy fait : *Vous aut', vous aut'*, puis il commence à glousser et je fais : *Vous aut', vous aut'*, et les jumeaux font : *Vous aut', vous aut'* en même temps et on rit tellement qu'on a du mal à manger notre pain.

Grand-mère nous fait les gros yeux. De quoi vous riez, vous aut' ? Il n'y a rien de risible dans cette maison. Vous feriez mieux de vous tenir correctement, vous aut', avant que je vous attrape l'un après l'aut' !

Elle n'arrête plus de dire : *Vous aut'*, et voilà Malachy pris de fou rire à en cracher son pain et son thé avec la figure toute rouge.

Malachy et le reste de la bande, vous arrêtez ça ! fait Papa. Mais Malachy ne peut pas, il continue à rire jusqu'à ce que Papa dise : Viens voir ici. Il retrousse une des manches de Malachy et lève la main pour lui taper le bras.

Vas-tu te tenir correctement ?

Les yeux de Malachy s'emplissent de larmes et il hoche la tête en répondant : Oui, Papa, car jamais Papa n'a levé la main comme ça avant. Sois un bon garçon et va te rasseoir avec tes frères, fait Papa. Puis il rabaisse la manche de Malachy et lui tapote la tête.

Ce soir-là, la sœur de Maman, Tante Aggie, est rentrée à la maison après sa journée de travail à la filature. Elle était aussi corpulente que les sœurs MacNamara et elle avait des cheveux rouge feu. Elle a poussé une grande bicyclette dans la chambrette derrière la cuisine puis est venue prendre son dîner. Elle habitait chez Grand-mère car elle s'était disputée avec son mari, Pa Keating, qui, un jour qu'il était pris de boisson, lui avait lancé : T'es qu'une grosse vache grasse, retourne chez ta mère ! C'était ce que Grand-mère avait raconté à Maman et c'était pour ça qu'il n'y avait pas de place pour nous chez Grand-mère. Outre elle-même, elle avait Tante Aggie à la maison, plus son fils Pat, mon oncle, qui était dehors à vendre des journaux.

Tante Aggie s'est plainte haut et fort quand Grand-mère lui a annoncé que Maman devrait dormir avec elle cette nuit-là. Oh, vas-tu fermer ton clapet, oui ? a fait Grand-mère. C'est seulement pour une nuit, tu n'en mourras pas et puis si ça ne te plaît pas tu peux toujours retourner chez ton mari où tu devrais d'ailleurs être au lieu de venir m'envahir ici. Jésus, Marie, sacro-saint Joseph ! Regardez-moi cette maison : toi, Pat, Angela et sa flopée d'Américains. Est-ce que je connaîtrai un peu de paix dans mes vieux jours ?

Elle a étendu paletots et frusques sur le plancher de la chambrette et nous avons dormi dedans avec la bicyclette. Papa est resté sur une chaise dans la cuisine. Il nous a emmenés aux cabinets de l'arrière-cour chaque fois que nécessaire puis, au cours de la nuit, il a fait taire les jumeaux qui pleuraient à cause du froid.

Le matin, Tante Aggie est venue prendre sa bicyclette en nous disant : Z'allez faire attention, oui ? Z'allez vous ôter de mon chemin ?

Dès son départ, Malachy s'est mis à répéter : Z'allez faire attention, oui ? Z'allez vous ôter du chemin ? et j'ai entendu Papa rire dans la cuisine jusqu'au moment où, Grand-mère descendant l'escalier, il a dû demander à Malachy de se taire.

Ce jour-là, Grand-mère et Maman sont sorties et ont trouvé un meublé d'une pièce dans Windmill Street où Tante Aggie avait un appartement avec son mari, Pa Keating. Grand-mère a payé le loyer, dix shillings pour deux semaines. Elle a donné à Maman de l'argent pour acheter à manger, nous a prêté une bouilloire, une casserole, une poêle à frire, des couteaux et cuillères, des pots à confiture en guise de mugs, une couverture et un oreiller. Elle a dit qu'elle ne pourrait désormais faire plus, que Papa devrait se bouger le cul, trouver un boulot, s'inscrire au chômage, aller demander la charité à la Société de Saint-Vincent-de-Paul ou se renseigner pour le Secours.

La pièce comportait une cheminée où on pouvait faire bouillir de l'eau pour notre thé, voire nous faire cuire un œuf en cas d'enrichissement soudain. Nous avions une table, trois chaises et un lit — le plus grand que Maman avait jamais vu. Ce soir-là, nous avons été bien contents d'avoir le lit, tant ces nuits passées par terre à Dublin et chez Grand-mère nous avaient crevés. Ce n'était pas grave de nous retrouver à six au lit : nous étions ensemble, loin des grand-mères et des gardes, Malachy pouvait faire : *Vous aut', vous aut', vous aut'*, et on pouvait rire autant qu'on voulait.

Papa et Maman se sont couchés à la tête du lit, Malachy et moi au pied, les jumeaux où ils ont pu trouver de la place. Malachy nous a fait rire à nouveau en répétant *Vous aut', vous aut', vous aut'* puis *Ouille ouille ouille* avant de tomber de sommeil. Maman a fait le petit ronflement — *Pishhhh, pishhhh* — qui nous disait qu'elle dormait. Le clair de lune me permettait de voir jusqu'en haut du lit : Papa était encore éveillé et, chaque fois qu'Oliver pleurait dans son sommeil, il se penchait pour le prendre dans ses bras. *Whisht*, faisait-il. *Whisht*.

Tout à coup, Eugene s'est redressé en hurlant et en se grattant de toutes ses forces. Ah, ah, Maman, Maman ! Papa s'est redressé. Quoi ? Que se passe-t-il, fiston ? Eugene a continué de crier et, quand Papa a sauté du lit pour allumer la lampe à gaz, nous avons vu les puces : elles sautaient, bondissaient, se cramponnaient à notre chair. Nous leur avons tapé dessus à tour de bras mais elles sautillaient de corps en corps, sautillant et nous mordillaient. Nous avons gratté nos morsures jusqu'au sang. Nous avons bondi du lit, les jumeaux criant toujours et Maman gémissant : Oh, Jésus, on n'aura donc jamais de repos ? Papa a versé de l'eau et du sel dans un pot à confiture et a tamponné nos morsures. Le sel brûlait mais il a expliqué qu'on s'en trouverait bientôt mieux.

Maman s'est assise près de la cheminée avec les jumeaux sur ses genoux. Papa a enfilé son pantalon, a fait glisser le matelas du sommier et l'a traîné dans la rue. Il a rempli d'eau la bouilloire et la casserole, a mis le matelas debout contre le mur, l'a martelé avec une chaussure et m'a demandé d'arroser le sol sans arrêt à l'endroit où tombaient les puces pour les noyer. La lune de Limerick était si brillante que je la voyais se refléter par fragments dans l'eau et j'avais envie de ramasser ces fragments de lune mais comment l'aurais-je pu avec ces puces qui sautaient sur mes jambes? Papa continuait de taper avec la chaussure et j'ai dû retraverser la maison en courant pour aller au robinet de l'arrière-cour remettre de l'eau dans la bouilloire et la casserole. Regarde-toi, a dit Maman. Tes chaussures sont trempées et tu vas attraper la mort. Quant à ton père, sans la moindre chaussure à son pied, ce sera sûrement la pneumonie.

Un homme en bicyclette s'est arrêté et a voulu savoir pourquoi Papa battait ce matelas. Sainte Mère de Dieu! s'est-il exclamé. Jamais entendu parler d'un remède pareil contre les puces. Savez-vous que, si un homme pouvait sauter comme une puce, un seul bond le transporterait à mi-chemin de la lune? Bon, je vous dis ce qu'il faut faire: quand vous rentrerez ce matelas, collez-le à l'envers sur le sommier, ça embrouillera ces petites emmerdeuses. Elles ne sauront plus où elles sont et s'en prendront au matelas ou bien les unes aux autres, ce qui est encore le meilleur des remèdes. Une fois qu'elles ont mordu quelqu'un, elles ont la frénésie, comprenez, car il y a d'autres puces à la ronde, qui ont elles aussi mordu des gens, et l'odeur du sang devient trop forte pour elles et leur fait perdre la tête. Elles sont une sacrée plaie et je suis bien placé pour le savoir, vu que j'ai grandi à Limerick, au cœur d'Irishtown, et là-bas les puces étaient tellement nombreuses et effrontées qu'elles s'asseyaient sur le bout de votre botte pour discuter avec vous de la douloureuse histoire de l'Irlande. On raconte qu'il n'y avait point de puces dans l'Irlande de jadis, qu'elles y furent introduites par les Anglais afin de nous faire perdre complètement la boule, ce dont, soit dit en passant, je crois les Anglais fort capables. Et n'est-ce pas très singulier que saint Patrick ait chassé les serpents d'Irlande et que les Anglais aient introduit les puces ? Durant des siècles, l'Irlande fut une terre merveilleusement paisible, plus aucun serpent, pas une puce en vue. Vous pouviez flâner aux quatre coins de la verte Irlande sans crainte des serpents et dormir du sommeil du juste sans puces pour vous déranger. D'autant qu'ils étaient inoffensifs, ces serpents, ils ne venaient pas vous embêter sauf si vous les acculiez, et puis ils s'engraissaient aux frais d'autres créatures, de celles qui vivent sous les fourrés ou ce genre d'endroits, alors que la puce, elle, vous suce le sang matin, midi et soir car telle est sa nature et elle ne peut pas s'en empêcher. J'ai entendu dire comme un fait avéré que les régions infestées de serpents n'ont pas de puces. L'Arizona, par exemple. Vous entendrez toujours causer des serpents de l'Arizona mais quand est-ce que vous avez jamais entendu parler de puces en Arizona ? Bonne chance à vous. Faut que je me garde de rester planté là car si l'une d'elles s'insinuait dans mes vêtements, autant que j'invite toute la famille à la baraque. Elles se multiplient plus vite que les Hindous !

Vous n'auriez pas une cigarette, des fois ? a demandé mon père.

Une cigarette ? Oh oui, bien sûr. Tenez. J'ai moi-même la santé quasi ruinée par les sèches. Cette vieille toux à fendre l'âme, vous savez. Si forte qu'elle manque chaque fois me mettre à bas de la bicyclette. Cette toux, je la sens s'activer dans mon plexus solaire et me remonter par les entrailles avant de m'engourdir le casque.

Il a gratté une boîte et s'est allumé une cigarette avant de présenter l'allumette à Papa. Pardi ! a-t-il dit. On est sûr d'attraper la toux quand on habite Limerick vu que c'est la capitale de l'angine de poitrine, et qui dit angine de poitrine dit phtisie. Cela étant, si tous les gens qui ont la phtisie à Limerick devaient mourir, ce serait une ville fantôme. Remarquez que moi, je n'ai pas la phtisie. Non, cette toux-là est un cadeau des Allemands. Il s'est interrompu, a tiré sur sa cigarette et a été pris d'une quinte. Sacristi ! Excusez le langage mais ces sèches finiront par m'avoir. Ma foi, je m'en vais vous laisser maintenant à votre matelas mais souvenez-vous de ce que je vous ai dit : embrouillez les petites emmerdeuses.

Il s'est éloigné en zigzag sur sa bicyclette, la cigarette pendillant à ses lèvres, la toux secouant son corps. Les hommes de Limerick parlent trop, a dit Papa. Viens, nous allons remettre ce matelas en place et voir s'il y a encore du sommeil à grappiller pour cette nuit.

Maman était toujours assise près de la cheminée, les jumeaux endormis sur ses genoux et Malachy couché en chien de fusil à ses pieds. A qui parlais-tu ? a-t-elle demandé. On aurait vraiment dit Pa Keating, le mari d'Aggie. Il m'a semblé reconnaître la toux. Il l'a contractée en France à force d'avaler des gaz pendant la guerre.

Nous avons dormi le reste de cette nuit-là et, le matin venu, nous avons vu où les puces avaient fait bombance : notre chair était constellée de mouchetures roses et luisait du sang de nos égratignures.

Maman a fait du thé et du pain grillé pendant que Papa tamponnait de nouveau nos morsures avec l'eau salée. Puis il a ressorti le matelas, optant cette fois pour l'arrière-cour. Par une journée aussi froide, les puces allaient sûrement geler sur place et une bonne nuit de sommeil nous attendait tous.

Quelques jours après notre installation dans la pièce, Papa me tire de mes rêves par une bourrade. Debout, Francis, debout ! Enfile tes vêtements et fonce chez ta tante Aggie ! Ta mère a besoin d'elle ! Dépêche !

Maman gémit dans le lit et son visage est tout blanc. Papa fait lever Malachy et les jumeaux, puis les assied par terre devant le feu éteint. Je traverse la rue dare-dare et frappe à la porte de Tante Aggie jusqu'à ce que mon oncle Pa Keating arrive en toussant et en grommelant. Quoi ? Qu'est-ce qu'il y a ?

Ma mère gémit dans le lit. Je crois qu'elle est malade.

Maintenant c'est Tante Aggie qui arrive en grommelant. Vous faites rien qu'embêter le monde depuis que z'êtes venus d'Amérique.

Ne t'en prends pas à lui, Aggie, ce n'est qu'un enfant qui fait ce qu'on lui a demandé.

Tante Aggie dit à Oncle Pa de retourner au lit, qu'il doit aller au travail le matin, pas comme un du Nord qu'elle ne nommera pas. Non, non, fait-il, j'y vais. Angela n'est pas bien.

Papa me dit : Assieds-toi là-bas avec tes frères. Je ne comprends pas ce qui se passe avec Maman car tout le monde chuchote et j'arrive juste à entendre Tante Aggie disant à Oncle Pa : L'enfant est perdu, file chercher l'ambulance, et Oncle Pa sort aussitôt. Puis Tante Aggie fait remarquer à Maman : On peut dire ce qu'on veut de Limerick, mais l'ambulance est rapide. Elle n'adresse pas une parole à mon père, jamais un regard.

Papa, fait Malachy, est-ce que Môman est malade ?

Ça va aller, fiston. Il faut qu'elle voie le docteur.

Je me demande quel enfant est perdu puisqu'on est tous ici, un, deux, trois, quatre en tout, aucun enfant perdu nulle part, et pourquoi qu'ils ne peuvent pas me dire ce qu'a ma mère ? Oncle Pa revient, suivi de près par l'ambulance. Un homme entre avec une civière et, après qu'ils ont emmené Maman, il y a des taches de sang sur le plancher près du lit. Quand

Malachy s'est mordu la langue, il y a eu du sang, et le chien dans la rue a eu aussi du sang et il est mort. J'ai envie de demander à Papa de me dire si Maman sera partie pour toujours comme ma sœur Margaret mais il s'en va avec Maman et ce n'est pas la peine de demander quoi que ce soit à Tante Aggie de peur qu'elle vous colle une torgnole. Elle essuie les taches de sang, puis nous dit de retourner au lit et d'y rester jusqu'à ce que Papa revienne à la maison.

C'est le milieu de la nuit et on est tous les quatre bien au chaud au lit à dormir quand Papa rentre et nous dit que Maman se remet, qu'elle est bien installée à l'hôpital et sera bientôt revenue à la maison.

Quelque temps plus tard, Papa va à la Bourse du Travail pour l'allocation chômage. Il n'y a aucun espoir pour un manœuvre à l'accent d'Irlande du Nord de trouver un boulot à Limerick.

A son retour, il apprend à Maman que nous toucherons dix-neuf shillings par semaine. Elle dit que c'est juste suffisant pour qu'on crève tous de faim. Dix-neuf shillings pour nous six ? Ça fait moins de quatre dollars en argent américain et comment on est censés vivre avec ça ? Qu'est-ce qu'on va faire dans quinze jours, quand il faudra payer le terme ? Si le loyer pour cette pièce est de cinq shillings par semaine, il nous restera quatorze shillings pour la nourriture, les vêtements et le charbon pour faire bouillir l'eau du thé.

Papa secoue la tête, il buvote son thé dans un pot à confiote, jette un coup d'œil par la fenêtre et sifflote *Ceux de Wexford*. Malachy et Oliver tapent des mains, ils dansent dans la pièce et Papa ne sait pas s'il doit siffloter ou sourire car c'est impossible de faire les deux à la fois mais il ne peut pas s'en empêcher. Alors, il doit s'arrêter, sourire, tapoter la tête d'Oliver, puis se remettre à siffler. Maman sourit aussi mais c'est un sourire très rapide et quand elle fixe les cendres du regard on peut voir de l'inquiétude là où s'abaissent les coins de sa bouche.

Le lendemain, elle dit à Papa de s'occuper des

jumeaux et nous emmène, Malachy et moi, à la Société de Saint-Vincent-de-Paul. On est debout à faire la queue avec des femmes portant des châles noirs. Elles nous demandent comment on s'appelle et sourient quand on répond. Seigneur! font-elles. Ecoutez-moi un peu ces petits ricains! Puis elles s'étonnent que Maman, avec son manteau américain, vienne chercher la charité vu qu'il y a déjà à peine de quoi pour les pauvres gens de Limerick sans que des amerloques rappliquent leur prendre le pain de la bouche.

Maman leur explique qu'une cousine de Brooklyn lui a donné ce manteau, que son mari est sans travail, qu'elle a d'autres enfants à la maison, des jumeaux. Les femmes reniflent et rajustent leur châle, elles ont leurs propres soucis. Maman leur explique alors qu'elle a dû quitter l'Amérique car elle ne supportait plus d'être là-bas après la mort de sa petite fille en bas âge. Les femmes reniflent encore mais maintenant c'est parce que Maman pleure. Certaines disent qu'elles ont perdu des petits elles aussi et qu'il n'y a rien de pire au monde: On pourrait vivre aussi longtemps que la femme de Mathusalem, on ne s'en remettrait jamais. Aucun homme ne pourra jamais savoir ce que c'est d'être une mère qui a perdu un enfant, même en vivant plus longtemps que deux Mathusalem.

Elles pleurent toutes à qui mieux mieux jusqu'à ce qu'une femme aux cheveux rouges fasse passer une petite boîte à la ronde. Les femmes sortent quelque chose de la boîte entre leurs doigts et se le mettent dans le nez. Une femme jeune éternue et celle aux cheveux rouges se marre. Ah, pardi, Biddy[1] ! Z'avez pas le nez priseur! Venez ici, les petits ricains. Prenez une pincée. Elle nous colle du machin marron dans les narines et on éternue si fort que les femmes arrêtent de pleurer et rigolent tellement qu'elles doivent s'essuyer les yeux avec leur châle. C'est bon pour

1. Diminutif de *Bridget* (Brigitte). (*N.d.T.*)

vous aut', nous dit Maman. Ça va vous dégager la tronche.

La femme jeune, Biddy, dit à Maman qu'on est deux mignons garçons. Elle montre Malachy du doigt. Est-il pas magnifique, ce petit bonhomme avec ses accroche-cœurs dorés comme les blés ? Il pourrait tenir la vedette dans un film avec Shirley Temple. Et Malachy fait un sourire à réchauffer toute la queue.

La femme à la pincée dit à Maman : Ma petite dame, je ne voudrais pas m'avancer mais je pense que vous devriez vous asseoir rapport à votre perte malencontreuse dont on a entendu parler.

Ah, non, ils n'aiment pas ça, s'inquiète une autre femme.

Qui n'aime pas quoi ?

Ah, pardi, Nora Molloy, les gens de la Société n'aiment pas qu'on s'asseye sur les marches. Ils tiennent à ce qu'on soit debout bien respectueusement contre le mur.

Qu'ils me baisent le cul ! fait Nora, la femme aux cheveux rouges. Asseyez-vous là, ma petite dame, sur cette marche, et moi je vais m'asseoir à côté de vous et s'il y en a un de la Société de Saint-Vincent-de-Paul qui pipe mot, je lui arrache la gueule, ah ça oui. Vous fumez, ma petite dame ?

Oui, répond Maman, mais je ne les ai pas là.

Nora sort une cigarette d'une poche de son tablier, la casse et en offre une moitié à Maman.

Ils n'aiment pas ça non plus, fait la femme inquiète. Ils disent que chaque sèche qu'on fume est autant de nourriture qu'on ôte de la bouche de son enfant. Mr. Quinlivan qui travaille là-dedans est tout à fait contre. D'après lui, si on a de l'argent pour les sèches, on en a pour de la nourriture.

Que Quinlivan me baise le cul aussi ! Ce vieux saligaud grimaçant ! C'est lui qui va nous priver d'une bouffée de sèche, la seule consolation qu'on ait en ce monde ?

Une porte s'ouvre au fond d'un couloir et un

homme apparaît. Y en a-t-il parmi vous qui attendent pour des bottines d'enfants ?

Des femmes lèvent la main. Moi ! Moi !

Eh bien, les bottines sont toutes parties. Il faudra repasser le mois prochain.

Mais mon Mikey a besoin de bottines pour l'école...

Elles sont toutes parties, vous dis-je.

Mais ça gèle dehors, Mr. Quinlivan...

Les bottines sont toutes parties. Je n'y peux rien. Qu'est-ce donc ? Qui vois-je fumer ?

Nora brandit sa cigarette. Moi, dit-elle. Même que j'en savoure jusqu'à la dernière cendre.

A chaque bouffée que vous tirez...

Je sais, le coupe-t-elle, j'ôte la nourriture de la bouche de mes enfants.

Vous êtes insolente, la femme. Vous n'aurez pas la charité ici.

Ah non ? Eh bien, Mr. Quinlivan, si je ne l'ai pas ici, je sais où je l'aurai.

Qu'est-ce à dire ?

J'irai chez les quakers. Eux, ils me donneront la charité.

Mr. Quinlivan s'avance vers Nora et pointe un doigt. Savez-vous qui nous avons là en notre sein même ? Une *soupeuse*, voilà qui ! Nous connaissons les soupeurs depuis la Famine, quand les protestants allèrent à la ronde aviser de bons catholiques qu'en abjurant leur foi et en se tournant vers le protestantisme ils recevraient plus de soupe que leur ventre en pourrait contenir. Et alors, que Dieu nous assiste, certains catholiques allèrent à la soupe. Ils furent désormais connus sous le nom de soupeurs et virent leur âme immortelle vouée au tréfonds de l'enfer. Or donc, vous, la femme, si vous allez chez les quakers, vous perdrez votre âme immortelle et les âmes de vos enfants.

Et ensuite, Mr. Quinlivan, vous devrez nous sauver, n'est-ce pas ?

Il la regarde fixement et elle soutient son regard. Il détourne ses yeux vers les autres femmes. L'une d'elles porte une main à sa bouche pour étouffer un rire.

Qu'est-ce qui vous fait glousser ? aboie-t-il.

Oh, rien, Mr. Quinlivan. Parole d'honneur.

Je vous le redis, pas de bottines. Et il claque la porte derrière lui.

Une par une, les femmes sont appelées dans la pièce. Lorsque Nora sort, elle sourit et brandit un papier. Des bottines ! fait-elle. Trois paires obtenues pour mes enfants ! Menacez des quakers les hommes qui sont là-dedans et ils vous fileront le fond de leur caleçon !

Quand Maman est appelée, elle nous emmène, Malachy et moi. Nous nous tenons devant une table où sont assis trois hommes qui posent des questions. Mr. Quinlivan commence une phrase mais l'homme du milieu dit : Assez parlé, Quinlivan. Si nous vous laissions la conduite des affaires, nous verrions tous les indigents de Limerick se jeter au cou des protestants.

Puis il se tourne vers Maman et veut savoir où elle a eu ce beau manteau rouge. Elle lui explique comme aux femmes dehors et, quand elle en arrive à la mort de Margaret, elle tremble et sanglote. Elle explique aux hommes qu'elle est vraiment désolée de pleurer comme ça mais elle n'est pas encore remise vu que c'était il y a quelques mois seulement et elle ne sait même pas où sa petite a été enterrée, si tant est qu'elle l'ait été, ni si elle a été baptisée vu qu'elle-même, étant trop affaiblie après avoir eu les quatre garçons, n'a pas eu l'énergie de se rendre à l'église pour le baptême, et c'est un crève-cœur de songer que Margaret se trouve peut-être pour toujours dans les limbes sans aucun espoir de jamais revoir le reste d'entre nous et cela qu'on aille au ciel, en enfer ou carrément au purgatoire.

Mr. Quinlivan se lève et lui propose sa chaise. Allons, ma petite dame. Allons. Asseyez-vous donc, voulez-vous. Allons.

Les deux autres hommes regardent la table, le plafond, puis celui du milieu dit qu'il accorde à Maman un bon pour une semaine d'achats d'épicerie à la boutique McGrath, à Parnell Street. Il y aura du thé, du sucre, de la farine, du lait, du beurre, plus un bon séparé pour un sac de charbon à prendre chez Sutton, charbonnier à Dock Road.

Le troisième homme dit : Bien sûr, vous ne recevrez pas ça chaque semaine, ma petite dame. Nous irons visiter votre domicile pour voir si besoin réel il y a. Nous y sommes bien obligés, ma petite dame, si nous voulons pouvoir reconsidérer votre demande.

Maman s'essuie la figure sur le revers de sa manche et prend le bon. Que Dieu vous bénisse pour votre bonté, dit-elle aux hommes. Ils hochent la tête, regardent la table, le plafond, les murs, puis lui demandent de leur envoyer la suivante.

Dehors, les femmes disent à Maman : Quand vous irez chez McGrath, tenez la vieille garce à l'œil car elle essaiera de vous gruger à la pesée. Elle placera la marchandise sur la balance, sur un papier qu'elle laissera pendre de son côté derrière le comptoir là où elle croit qu'on ne peut pas le voir. Ensuite, elle tirera sur ce papier et vous aurez de la veine si vous obtenez la moitié de ce que vous deviez recevoir. Avec ça, elle a des images de la Vierge Marie et du Sacré-Cœur de Jésus plein sa boutique et elle est sans arrêt sur ses genoux là-bas dans la chapelle[1] Saint-Joseph à faire cliqueter ses perles de chapelet et à soupirer comme une vierge et martyre, la vieille garce.

Je vais venir avec vous, ma petite dame, dit Nora. Je suis inscrite chez cette même Mrs. McGrath, et je verrai bien si elle essaie de vous gruger.

Nora nous emmène à la boutique de Parnell Street. La femme derrière le comptoir est aimable avec Maman à cause de son manteau américain jusqu'au

1. En Irlande catholique, on emploie couramment « chapelle » pour « église ». (*N.d.T.*)

moment où elle voit le bon de Saint-Vincent-de-Paul. Je ne sais pas ce que vous faites ici à cette heure de la journée, dit la femme. Je ne sers jamais les nécessiteux avant six heures du soir. Mais bon, comme c'est votre première fois, je vais faire une exception.

Puis, se tournant vers Nora : Vous avez un bon, vous aussi ?

Non, je suis une amie qui aide cette malheureuse famille à se débrouiller avec son premier bon de Saint-Vincent-de-Paul.

La femme étale une feuille de papier journal sur le plateau de la balance, puis elle verse de la farine d'un grand sac. Quand elle a fini de verser, elle dit : Voilà, ça fait une livre de farine.

Je ne crois pas, fait Nora. Ou alors c'est une très petite livre de farine.

La femme rougit et fait les gros yeux. Vous m'accusez ?

Ah, non, Mrs. McGrath, répond Nora. Je crois qu'il y a eu comme une anicroche là, avec votre hanche qui était pressée contre ce papier et vous ne vous êtes même pas rendu compte qu'il était un peu tiré vers le bas, le papier. Oh, mon Dieu, non. Une femme comme vous, toujours à genoux devant la Vierge Marie, est un exemple pour nous toutes — mais n'est-ce pas votre argent que j'aperçois là sur le plancher ?

Mrs. McGrath recule vivement et l'aiguille de la balance fait un saut puis oscille. Quel argent ? demande-t-elle jusqu'à ce qu'un coup d'œil à Nora le lui apprenne. Nora sourit en regardant la balance. Ce doit être un jeu d'ombres, dit-elle. En tout cas, il y avait bien erreur car nous avons là une demi-livre de farine à tout casser.

Cette balance me pose de plus en plus de problèmes, dit Mrs. McGrath.

Je n'en doute pas, fait Nora.

Mais ma conscience est claire aux yeux de Dieu, ajoute Mrs. McGrath.

C'est certain, dit Nora, et vous faites l'admiration

de tout un chacun à la Société de Saint-Vincent-de-Paul ainsi qu'à la Légion de Marie.

Je tâche d'être une bonne catholique.

Vous tâchez? Dieu sait combien cette tâche est légère car vous êtes réputée avoir si bon cœur et d'ailleurs je me demandais si vous ne pourriez pas vous fendre de deux sucres d'orge pour ces petits garçons que voilà.

Ma foi, je ne suis pas millionnaire, mais, bon, tenez...

Que Dieu vous bénisse, Mrs. McGrath, et c'est beaucoup demander, je le sais, mais serait-il possible que vous m'avanciez deux cigarettes?

Ma foi, ça ne figure pas sur le bon. Je ne suis pas ici pour fournir des articles de luxe.

Si vous pouviez voir les choses de notre point de vue, madame, je ne manquerais pas de rapporter votre obligeance à Saint-Vincent-de-Paul.

Très bien, très bien, dit Mrs. McGrath. Tenez. Mais pour les cigarettes c'est la dernière fois.

Que Dieu vous bénisse, dit Nora, et je suis navrée que vous ayez tant de problèmes avec cette balance.

Sur le chemin du retour, on s'est arrêtés dans People's Park et on s'est assis sur un banc, pendant que Malachy et moi on suçait nos sucres d'orge et que Maman et Nora fumaient leurs cigarettes. Ça a fait tousser Nora et elle a dit à Maman que les sèches finiraient par la tuer, qu'il y avait comme une tendance à la phtisie dans sa famille et que personne n'y atteignait le bel âge — mais aussi, qui l'aurait voulu à Limerick, un endroit où on avait beau regarder partout, la première chose qu'on remarquait c'était la rareté des têtes grisonnantes, vu qu'elles étaient toutes soit au cimetière soit par-delà l'Atlantique, à travailler sur les voies ferrées ou à se baguenauder en uniforme de policier?

Vous avez bien de la chance, ma petite dame,

d'avoir un peu vu le monde. Oh, bon Dieu, je donnerais n'importe quoi pour voir New York, les gens qui dansent tout au long de Broadway sans l'ombre d'un souci. Mais non, il a fallu que j'aille m'enticher d'un pochard, Peter Molloy, un champion de descente de pintes qui m'a eue au charme, fait grimper au rideau, mise en cloque, et hop me voilà devant l'autel alors que j'avais à peine dix-sept ans ! J'étais ignorante, ma petite dame. C'est qu'on grandit dans l'ignorance à Limerick, ah ça oui, ne sachant foutrement rien sur rien, et que je te signe le registre, et on est mère avant d'être femme ! Et puis ici il n'y a rien que la pluie et des vieilles carnes qui vont débitant leur chapelet... Mes dents que je donnerais pour me tirer, aller en Amérique, ou même carrément en Angleterre. Le champion de la descente de pintes, il est tout le temps au chômage et il lui arrive même de boire l'allocation, ce qui me rend dingue au point de me retrouver à l'asile d'aliénés.

Elle a tiré une bouffée de sa cigarette, a eu un haut-le-cœur et s'est mise à tousser jusqu'à ce que son corps fût entièrement agité de spasmes. Doux Jésus ! Doux Jésus ! gémissait-elle entre les quintes. Quand la toux s'est calmée, elle a dit qu'elle devait rentrer à la maison et prendre son remède. Ma petite dame, je vous verrai la semaine prochaine à Saint-Vincent-de-Paul. Si vous êtes dans l'embarras pour quoi que ce soit, faites-moi parvenir un message à Vize's Field. Suffit de demander la femme de Peter Molloy, champion de descente de pintes.

Eugene dort sur le lit, abrité sous un paletot. Papa s'assied près de la cheminée avec Oliver sur ses genoux. Je me demande pourquoi Papa raconte à Oliver une histoire de Cuchulain. Il sait que les histoires de Cuchulain sont à moi, mais il me suffit de regarder Oliver pour que ça ne me fasse plus rien. Ses joues sont rouge vif, il fixe le feu éteint et on voit bien qu'il ne s'intéresse pas à Cuchulain. Maman lui met une main sur le front. Je crois qu'il nous fait une fièvre, dit-elle. Si seulement j'avais un oignon pour le faire bouillir dans du lait avec du poivre. C'est ça qui est bon pour la fièvre. Mais même si j'en avais un, sur quoi je ferais bouillir le lait ? Il nous faut du charbon pour ce feu.

Elle donne à Papa le bon pour aller chercher le charbon à Dock Road. Il m'emmène avec lui mais c'est tout sombre et les charbonneries sont fermées.

Qu'est-ce qu'on fait maintenant, Papa ?

Je n'en sais rien, fiston.

Devant nous, des femmes en châle et des petits enfants ramassent du charbon le long de la route.

Là, Papa. Là, il y a du charbon.

Ah, non, fiston. On ne va pas ramasser du charbon sur la route. On n'est pas des gueux.

Il dit à Maman que les charbonneries sont fermées, que nous devrons boire du lait et manger du pain ce soir, mais dès que je parle à ma mère des femmes sur la route, elle lui passe Eugene.

Si tu es trop grand seigneur pour ramasser du charbon sur la route, eh bien moi je m'en vais mettre mon manteau et filer à Dock Road.

Elle prend un sac et nous emmène, Malachy et moi. Plus loin que Dock Road il y a une chose large et sombre avec des lumières qui se reflètent dedans. Maman dit que c'est le fleuve Shannon. Elle ajoute que c'était ce qui lui manquait le plus en Amérique, le fleuve Shannon. L'Hudson, c'était bien joli, mais le Shannon il chante. La chanson, je n'arrive pas à l'entendre mais ma mère si, et ça la rend toute gaie. Les autres femmes sont parties de Dock Road et on se lance à la recherche de morceaux de charbon qui seraient tombés des camions. Maman nous demande de rassembler tout ce qui brûle, charbon, bois, carton, papier. Elle dit : Il y en a qui brûlent les crottes de cheval mais nous ne sommes pas encore descendus aussi bas. Quand son sac est presque plein, elle dit : Maintenant, il faut que nous trouvions un oignon pour Oliver. Malachy dit qu'il va en trouver un mais elle lui explique : Non, un oignon ça ne se trouve pas sur la route, ça s'achète dans les boutiques.

A l'instant où il voit une boutique, il s'écrie : Voilà une boutique ! et il y fonce.

Nonion ! fait-il. Nonion pour Oliver !

Maman fonce à son tour dans la boutique et dit qu'elle est désolée à la femme derrière le comptoir. Seigneur ! Mais c'est un amour ! fait la femme. Il est américain ou quoi ?

Maman dit qu'il l'est. La femme sourit et découvre deux dents, une de chaque côté du haut de sa bouche. Un amour ! dit-elle. Et regardez-moi ces magnifiques boucles d'or ! Alors, qu'est-ce qu'il voudrait ? Une friandise ?

Ah, non, fait Maman. Un oignon.

La femme rit. Un oignon ? Jamais entendu un enfant réclamer un oignon. C'est ça qu'ils aiment en Amérique ?

Je lui ai seulement dit qu'il me fallait un oignon pour mon autre enfant qui est malade. Afin de faire bouillir l'oignon dans du lait, vous savez.

Autant pour vous, ma petite dame. Rien ne vaut l'oignon bouilli dans du lait. Et regarde, mon petit, voici une friandise pour toi et une pour l'autre petit garçon, le frère je suppose.

Ah, mais vraiment, vous ne devriez pas. Dites merci, les garçons.

Voici un bel oignon pour l'enfant malade, ma petite dame.

Oh, c'est que je ne peux pas acheter l'oignon tout de suite, ma bonne dame. Je n'ai pas un penny sur moi.

Je vous le donne, l'oignon. Qu'il ne soit jamais dit qu'un enfant est tombé malade à Limerick faute d'un oignon. Et n'oubliez pas de saupoudrer d'un peu de poivre. En avez-vous du poivre, ma petite dame ?

Ah, non, je n'en ai pas, mais je devrais sûrement en avoir un de ces jours.

Ma foi, tenez, ma petite dame. Du poivre et un peu de sel. Ça fera tout le bien du monde à l'enfant.

Maman dit : Que Dieu vous bénisse, ma bonne dame, et elle a les yeux qui pleurent.

Papa marche de long en large avec Oliver dans ses bras pendant qu'Eugene joue par terre avec une casserole et une cuillère. As-tu trouvé l'oignon ? demande Papa.

Oui, répond Maman, et davantage. J'ai trouvé du charbon et le moyen de l'allumer.

Je le savais. J'ai fait une prière à saint Jude. C'est mon saint préféré, le patron des cas désespérés.

Le charbon, je l'ai eu. L'oignon, je l'ai eu. Ce que je n'ai pas eu, c'est l'aide de saint Jude.

Tu ne devrais pas aller ramasser du charbon sur la route comme une pauvresse. Ce n'est pas bien. Mauvais exemple pour les garçons.

En ce cas, tu n'avais qu'à l'envoyer à Dock Road, saint Jude.

Malachy fait : J'ai faim, et moi aussi j'ai faim, mais Maman dit : Vous allez attendre qu'Oliver ait son oignon bouilli dans du lait.

Elle démarre le feu, coupe l'oignon en deux, en plonge une moitié dans le lait bouillant avec un peu de beurre, puis saupoudre le lait de poivre. Elle prend Oliver sur ses genoux et essaie de le faire manger mais il se détourne pour regarder le feu.

Allez, mon chéri, dit-elle. C'est bon pour toi. Ça te rendra grand et fort.

Il pince les lèvres face à la cuillère. Elle pose la casserole par terre, le berce jusqu'à ce qu'il s'endorme, le met au lit et dit : Tenez-vous tranquilles, ou je vous démolis. Elle tranche l'autre moitié de l'oignon et la fait frire dans du beurre avec des tranches de pain. Elle nous laisse nous asseoir par terre autour du feu et c'est là que nous mangeons le pain frit et buvons à petites gorgées le thé sucré et brûlant dans les pots à confiture. Avec un bon feu bien vif comme ça, dit-elle, on peut éteindre cette lampe à gaz jusqu'à ce qu'on ait l'argent pour le compteur.

Le feu réchauffe la pièce et avec les flammes qui dansent au milieu du charbon on peut voir des visages, des montagnes, des vallées et des animaux qui bondissent. Eugene s'endort par terre et Papa le soulève pour le coucher à côté d'Oliver. Maman met la casserole avec l'oignon bouilli sur la tablette de la cheminée de peur qu'une souris ou qu'un rat ne s'y attaque. Elle dit que la journée l'a claquée, la Société de Saint-Vincent-de-Paul, la boutique de Mrs. McGrath, la chasse au charbon dans Dock Road, le souci au sujet d'Oliver qui n'a pas voulu de l'oignon bouilli et s'il est encore comme ça demain elle l'emmènera chez le docteur et maintenant elle va se coucher.

Bientôt on est tous au lit et même s'il y a deux ou trois puces je m'en moque car il fait chaud dans le lit avec nous six et j'adore l'éclat du feu, comment il danse sur les murs et au plafond, comment il rend la pièce rouge et noire, rouge et noire, puis blanche et noire et on n'entend alors plus rien qu'un petit cri d'Oliver se tournant dans les bras de ma mère.

Le lendemain matin, Papa allume le feu, prépare le thé, coupe le pain. Il est déjà habillé et demande à Maman de se dépêcher de faire pareil. Puis il me dit : Francis, ton petit frère Oliver est malade et nous l'emmenons à l'hôpital. Sois un bon garçon et occupe-toi de tes frères. Nous revenons bientôt.

Allez-y doucement avec ce sucre pendant qu'on sera dehors, fait Maman. On n'est pas des millionnaires.

Dès qu'Eugene voit Maman attraper Oliver et l'emmitoufler dans un paletot, il se met debout sur le lit. Je veux Ollie ! fait-il. Ollie joujou !

Ollie reviendra bientôt, dit-elle, et tu pourras faire joujou avec lui. En attendant, tu peux t'amuser avec Malachy et Frank.

Ollie, Ollie, je veux Ollie !

Il suit Oliver des yeux puis, quand ils ont passé la porte, se rassied sur le lit et se tourne vers la fenêtre. Genie! Genie! fait Malachy. On a du pain, on a du thé! Du sucre pour aller sur ton pain, Genie! Eugene secoue la tête et repousse le pain offert par Malachy. Il rampe jusqu'à l'endroit où Oliver a dormi avec Maman, y pose sa tête et reste là à regarder par la fenêtre.

Grand-mère est à la porte. Paraît-il que votre père et votre mère dévalaient Henry Street avec l'enfant dans leurs bras. Où c'est qu'ils sont donc allés?

Oliver est malade, dis-je. Il n'a pas voulu manger l'oignon bouilli dans le lait.

C'est quoi, ces bêtises?

Il n'a pas voulu manger l'oignon bouilli et il est tombé malade.

Et qui c'est qui s'occupe de vous aut'?

Moi.

Et qu'est-ce qu'il a, ce mouflet sur le lit? Comment il s'appelle?

C'est Eugene. Oliver lui manque. Ils sont jumeaux.

Je sais qu'ils sont jumeaux. Ce mouflet m'a l'air affamé. Z'avez du porridge ici?

C'est quoi, du porridge? demande Malachy.

Jésus, Marie, sacro-saint Joseph! C'est quoi du porridge! Du porridge, c'est du porridge. Voilà ce que c'est. Z'êtes la plus ignorante bande d'amerloques que j'aie jamais vue. Allez, zou, mettez-moi vos habits et on va en face chez votre tante Aggie. Elle est là avec le mari, Pa Keating, et elle vous en donnera, du porridge.

Elle attrape Eugene, l'emmitoufle dans son châle et on traverse la rue pour aller chez Tante Aggie. Elle habite de nouveau avec Oncle Pa vu qu'il a dit qu'elle n'était pas une grosse vache après tout.

En as-tu, du porridge? demande Grand-mère à Tante Aggie.

Du porridge? Parce que je devrais nourrir au porridge une tapée d'amerloques?

Quelle pitié ! fait Grand-mère. Ça ne te tuera point de leur donner un peu de porridge.

Oui, et ensuite ils vont vouloir du sucre et du lait par-dessus le marché, ou alors ils viendront cogner à ma porte pour un-œuf-si-ça-ne-vous-fait-rien. Non, je ne vois pas pourquoi on devrait payer pour les erreurs d'Angela.

Doux Jésus ! fait Grand-mère. Une chance que tu n'aies pas été la propriétaire de cette étable à Bethléem sinon la Sainte Famille serait encore en train d'errer de par le monde avec l'estomac dans les talons !

Grand-mère écarte Tante Aggie de son chemin et entre. Elle met Eugene sur une chaise près du feu et prépare le porridge. Un homme arrive d'une autre pièce. Il a des cheveux noirs tout bouclés, sa peau est noire aussi et j'aime bien ses yeux car ils sont très bleus et prêts à sourire. C'est le mari de Tante Aggie, l'homme qui s'est arrêté la nuit où on attaquait les puces, qui nous a tout expliqué sur les puces et les serpents, l'homme qui a contracté la toux à force d'avaler des gaz pendant la guerre.

Malachy demande : Pourquoi t'es tout noir ? et Oncle Pa rigole et tousse si fort qu'il doit allumer une cigarette pour aller mieux. Oh, les petits ricains ! fait-il. Sont guère timides, dis donc ! Si je suis noir, c'est que je travaille à l'usine à gaz de Limerick où j'enfourne charbon et coke à la pelle. Gazé en France et, de retour à Limerick, embauché au gaz. Quand vous serez grands, ça vous fera marrer.

Malachy et moi devons quitter la table afin que les grandes personnes puissent s'asseoir et prendre le thé. Elles le prennent, leur thé, mais Oncle Pa Keating, qui est mon oncle parce qu'il est marié avec ma Tante Aggie, attrape Eugene et l'installe sur ses genoux. En voilà un petit bonhomme qui est triste, dit-il avant de faire des grimaces et des bruits bêtas. Malachy et moi on rigole mais Eugene tend seulement la main pour toucher la noirceur de la peau de Pa Keating, et puis, quand Pa fait semblant de lui mordre sa petite main,

Eugene rit et tout le monde dans la pièce rit aussi. Malachy s'approche d'Eugene et essaie de le faire marrer encore plus, mais Eugene se détourne et cache sa figure dans la chemise de Pa Keating.

Je crois qu'il m'aime bien, dit Pa, et c'est là que Tante Aggie pose sa tasse de thé et se met à bramer — *Ouaeuh ! Ouaeuh ! Ouaeuh !* — tandis que de grosses larmes dégringolent sur sa face rouge et bouffie.

Crédieu ! fait Grand-mère. Voilà que ça la reprend ! Qu'as-tu donc ce coup-ci ?

Et Tante Aggie chiale : C'est de voir Pa qui est là avec un enfant sur ses genoux, et moi qui suis sans espoir d'en avoir à moi...

Grand-mère lui aboie dessus : Arrête de parler comme ça devant les enfants ! Tu n'as pas honte ? Dieu t'enverra une famille quand Il le jugera bon.

Tante Aggie sanglote : Angela qui en a eu cinq, en comptant celle qui n'est plus là depuis peu, et elle si bonne à rien qu'elle serait incapable de briquer un plancher, et moi qui n'en ai point alors qu'il n'y a pas meilleure pour frotter et astiquer, et qu'en plus je sais préparer n'importe quel plat en ragoût ou en friture...

Pa Keating rit doucement. Je crois bien que je vais le garder, ce petit bonhomme.

Malachy se précipite sur lui. Non, non, non ! C'est mon frère, c'est Eugene ! Et moi je dis : Non, non, non, c'est notre frère !

Tante Aggie tamponne ses joues barbouillées de larmes. Je ne veux rien qui vienne d'Angela, dit-elle. Je ne veux rien qui soit moitié Limerick, moitié Irlande du Nord, ah ça non, alors vous pouvez le remmener chez lui. J'en aurai à moi un jour, même si je dois faire une centaine de neuvaines à la Vierge Marie et à sa mère, sainte Anne, même si je dois me traîner d'ici à Lourdes sur mes deux genoux fléchis...

Suffit ! fait Grand-mère. Z'avez eu vot' porridge et il est temps de rentrer chez vous aut' voir si vot' père et vot' mère sont revenus de l'hôpital.

Elle met son châle et va pour attraper Eugene mais

il s'agrippe si fort à la chemise de Pa Keating qu'elle doit l'en arracher bien qu'il continue de se retourner vers Pa jusqu'au moment où on passe la porte.

On a suivi Grand-mère jusqu'à chez nous. Elle a couché Eugene et lui a donné de l'eau à boire. Elle lui a dit d'être un bon garçon et de faire dodo car son petit frère Oliver allait bientôt revenir et tous deux ne tarderaient pas à jouer de nouveau là par terre.

Mais il s'est remis à regarder par la fenêtre.

Elle a dit à Malachy et moi qu'on pouvait s'asseoir par terre et jouer mais sans faire de bruit car elle allait dire ses prières. Malachy est allé au lit près d'Eugene et je me suis assis sur une chaise devant la table pour essayer de comprendre quelques mots du journal qui nous servait de nappe. Dans la pièce, on entendait juste Malachy qui chuchotait pour distraire Eugene et Grand-mère qui marmonnait en faisant cliquer les perles de son chapelet. C'était si calme que j'ai posé ma tête sur la table et que je me suis endormi.

Papa me touche l'épaule. Allez, Francis, il faut que tu t'occupes de tes petits frères.

Effondrée au bord du lit, Maman pousse de faibles cris plaintifs comme un oiseau. Grand-mère resserre son châle. Elle dit : Je vais descendre chez Thompson, l'entrepreneur de pompes funèbres, me renseigner pour le cercueil et la voiture. La Société de Saint-Vincent-de-Paul paiera bien ça... Enfin, si Dieu le veut !

La voilà partie. Papa est debout à fixer le mur au-dessus de la cheminée, martelant ses cuisses de ses poings et soupirant : *Och, och, och*.

Papa me fiche la frousse avec ses *Och, och, och*, Maman me fiche la frousse avec ses petits cris d'oiseau et je ne sais pas quoi faire bien que je me demande si quelqu'un va se décider à allumer une flambée afin qu'on puisse avoir du thé et du pain car il s'en est passé du temps depuis qu'on a mangé le porridge. Si Papa voulait bien se pousser de devant la cheminée, je pourrais allumer le feu moi-même. Pour ça, il faut juste du papier, deux trois morceaux de charbon ou de tourbe et une allumette. Vu qu'il ne bouge pas, je tente de contourner ses jambes pendant qu'il se tape les cuisses mais il me remarque et voudrait savoir pourquoi je suis là à essayer d'allumer le feu. Je lui réponds qu'on est tous affamés et il laisse échapper un rire fou. Affamés ? fait-il. Allons, Francis, ton p'tit frère Oliver est mort. Ta p'tit' sœur est morte et ton p'tit frère est mort.

Il m'attrape et me serre si fort que je pousse un cri. Alors Malachy se met à crier, ma mère aussi, Papa pareil, moi de même, tout le monde enfin sauf Eugene qui garde le silence. Puis Papa renifle un bon coup. On va se taper la cloche. Viens, Francis.

Il dit à ma mère qu'on sera de retour dans un moment mais elle s'est installée sur le lit avec Malachy et Eugene sur ses genoux et elle ne lève même pas les yeux. Il me trimbale dans les rues de Limerick et on va de boutique en boutique avec lui demandant de la nourriture ou tout ce qu'on peut donner à une famille qui a eu deux enfants morts en un an, une en Amérique, un à Limerick, et qui risque d'en perdre trois autres faute d'avoir de quoi manger et boire. La plupart des marchandes secouent la tête. Désolée pour vos malheurs mais vous pourriez aller à la Société de Saint-Vincent-de-Paul ou obtenir l'Assistance publique.

Papa dit qu'il est heureux de voir l'esprit du Christ si vivace à Limerick et les marchandes lui répondent qu'elles n'ont pas besoin de gens de sa sorte avec son accent du Nord pour leur parler du Christ et qu'il devrait avoir honte de traîner derrière lui un enfant comme ça comme un vulgaire mendiant, un étameur, un équarrisseur[1].

1. *Tinker, knacker* : ainsi désigne-t-on péjorativement les « romanichels » irlandais. (*N.d.T.*)

Quelques-unes donnent du pain, des pommes de terre, des boîtes de haricots, et Papa dit : Maintenant on rentre et vous autres les garçons allez pouvoir manger quelque chose. Mais on rencontre Oncle Pa Keating qui dit à Papa qu'il est vraiment désolé pour ses malheurs et Papa aimerait-il prendre une pinte dans ce pub-ci ?

Des hommes sont assis dans ce pub avec de grands verres pleins d'un liquide noir devant eux. Oncle Pa Keating et Papa prennent eux aussi du liquide noir. Ils lèvent leur verre avec précaution et boivent lentement. Sur leurs lèvres apparaît quelque chose de blanc et de crémeux qu'ils lèchent avec de petits soupirs. Oncle Pa me commande une bouteille de limonade, Papa me donne un morceau de pain et je n'ai plus la sensation de faim. N'empêche, je me demande combien de temps nous allons rester assis là pendant que Malachy et Eugene sont affamés à la maison vu toutes les heures passées depuis le porridge qu'Eugene n'a de toute façon pas touché.

Papa et Oncle Pa boivent leur verre de liquide noir et en prennent un autre. Oncle Pa dit : Frankie, ceci est une pinte. Ceci est le soutien de la vie. Ceci est la meilleure chose pour les mères qui allaitent et pour ceux qui sont depuis longtemps sevrés.

Il rit, Papa sourit et moi je ris car je crois que c'est ce qu'on doit faire quand Oncle Pa dit quelque chose. Mais il ne rit pas en parlant aux autres hommes de la mort d'Oliver. Les autres hommes portent la main à leur chapeau en regardant Papa. Désolé pour vos malheurs, monsieur, vous prendrez bien une pinte.

Papa dit oui aux pintes et bientôt le voilà qui chante *Roddy McCorley*, *Kevin Barry* plus une suite de chansons que je n'ai jamais entendues avant, puis qui pleure son adorable petite fille, Margaret, qui est morte en Amérique, et son petit garçon, Oliver, qui est mort tout là-bas au *City Home Hospital*. Ça me fiche la frousse comment il gueule, pleure et chante à la fois et j'aimerais mieux être à la maison avec mes trois frères, non, mes deux frères, et ma mère.

L'homme derrière le comptoir dit à Papa : Je pense qu'à présent vous en avez eu votre content, monsieur. Nous sommes désolés pour vos malheurs mais il va vous falloir ramener cet enfant à sa mère qui doit être à se morfondre au coin de la cheminée.

Une ! fait Papa. Encore une pinte ! Juste une, quoi ! L'homme fait non et Papa agite son poing. J'ai payé de ma personne pour l'Irlande. Et quand l'homme arrive pour prendre Papa par le bras, Papa essaie de le repousser.

Allez, Malachy, on arrête de faire du chambard, fait Oncle Pa. Vous devez aller retrouver Angela à la maison. Vous avez un enterrement demain et les mignons enfants qui vous attendent.

Mais Papa se débat jusqu'au moment où une poignée d'hommes le poussent dehors dans l'obscurité. Oncle Pa sort en titubant avec le sac de nourriture. Venez, dit-il. On s'en retourne à votre turne.

Papa veut aller prendre une pinte ailleurs mais Oncle Pa dit qu'il est à court d'argent. Papa dit qu'il racontera ses peines à tout le monde et que chacun lui offrira une pinte. Oncle Pa dit que ce serait bien honteux de faire ça, et Papa fond en larmes sur son épaule. Vous êtes un bon ami, dit-il à Oncle Pa. Il continue de pleurer jusqu'au moment où Oncle Pa lui donne deux trois tapes dans le dos. C'est terrible, terrible, fait Oncle Pa, mais vous surmonterez ça avec le temps.

Papa se redresse et le regarde. Jamais, dit-il. Jamais.

Le lendemain, nous sommes allés à l'hôpital en voiture à cheval. Ils ont mis Oliver dans une caisse blanche qu'ils ont placée à notre côté dans la voiture et nous l'avons emmené au cimetière. Ils ont déposé la caisse blanche dans un trou et l'ont couverte de terre. Ma mère et Tante Aggie ont pleuré, Grand-mère a paru fâchée, Papa, Oncle Pa Keating et Oncle Pat Sheehan ont paru tristes mais n'ont pas pleuré et j'ai pensé qu'un homme ne pouvait pleurer que s'il avait pris du liquide noir qu'on appelait une pinte.

Je n'ai pas aimé les choucas perchés sur les arbres et les pierres tombales et je n'ai pas eu envie de laisser Oliver en leur compagnie. J'ai lancé une caillasse à un choucas qui se dandinait vers la tombe d'Oliver. Papa a dit que je ne devais pas jeter la pierre aux choucas, qu'un choucas pouvait être l'âme de quelqu'un. J'ignorais ce qu'était une âme mais je ne le lui ai pas demandé car ça m'était égal. Oliver était mort et je haïssais les choucas. Le jour où j'aurais été un homme, je serais revenu avec un sac de caillasses et j'aurais laissé le cimetière jonché de choucas morts.

Le matin suivant l'enterrement d'Oliver, Papa est allé à la Bourse du Travail pour signer et toucher le chômage de la semaine, dix-neuf shillings et six pence. Il a dit qu'il serait rentré vers midi, qu'il aurait trouvé du charbon et ferait un feu, qu'on déjeunerait d'œufs au lard et de thé en l'honneur d'Oliver, qu'on aurait peut-être même une friandise ou deux.

Comme il n'était pas rentré à midi, ni à une heure, ni à deux, nous avons fait bouillir de l'eau puis avons mangé les quelques pommes de terre données l'avant-veille par les marchandes. Pas une seule fois avant le coucher du soleil il ne s'est montré à la maison en ce jour de mai. Nous n'avons eu aucun signe de lui jusqu'au moment où nous l'avons entendu, longtemps après la fermeture des pubs, qui déboulait dans Windmill Street en chantant :

Quand tout autour on veille,
L'Ouest dort, l'Ouest dort...
Hélas, et puisse Erin sangloter encor
Lorsque Connacht gît en un profond sommeil.
Là-bas, s'ébattant noblement, le lac et la plaine sourient

Tandis qu'est postée parmi les rochers leur chevalerie.
Chantons : Oh, que l'homme apprenne la liberté
Du vent cinglant et de la mer courroucée.

Il est entré dans la pièce d'une démarche titubante en prenant appui contre un mur. Au nez lui pendait un filet de morve qu'il a essuyé d'un revers de main. Il a tenté de parler. Zenfants d'vraient z'être au lit. Acoutez-moi. Zenfants z'allez au lit.

Maman s'est levée et lui a fait face. Ces enfants ont faim. Où est l'argent du chômage ? Nous allons acheter du poisson-frites pour qu'ils aient le ventre un peu calé avant d'aller dormir.

Elle a essayé de lui mettre la main à la poche mais il l'a repoussée. Aie du rêchepet, a-t-il fait. Rêchepet d'vant zenfants.

Elle s'est démenée pour atteindre ses poches. Où est l'argent ? Les enfants ont faim. Espèce de vieux fêlé, tu as encore bu tout l'argent ? Comme tu faisais à Brooklyn ?

Il a chialé. Oh, pauv' Angela ! Et pauv' p'tit' Margaret ! Et pauv' p'tit Oliver !

Il a chancelé vers moi pour me serrer et j'ai senti la même odeur d'alcool que je sentais en Amérique. Mon visage était baigné de ses larmes et de ses postillons et de sa morve et j'avais faim et je ne savais que dire alors qu'il se répandait ainsi sur toute ma tête.

Puis il m'a lâché pour serrer Malachy tout en continuant sur la p'tit' sœur et le p'tit frère tout froids sous terre avant de nous expliquer comment nous devions tous prier et être sages, comment nous devions être obéissants et faire ce que notre mère nous demandait. Il a dit que nous avions nos malheurs mais il était temps pour Malachy et moi de commencer l'école car rien ne valait une bonne éducation, ça finissait toujours par vous servir, et puis il fallait se tenir prêt à payer de sa personne pour l'Irlande.

Maman dit qu'il lui est impossible de passer une minute de plus dans cette turne de Windmill Street. Elle est incapable de dormir avec le souvenir d'Oliver dans cette turne, Oliver au lit, Oliver jouant par terre, Oliver assis sur les genoux de Papa près du feu. Elle dit qu'il n'est pas bon pour Eugene de se trouver dans cet endroit, que même une mère ne peut comprendre la douleur d'un jumeau qui perd son frère. Il y a un logement qui se libère dans Hartstonge Street, avec deux lits au lieu de l'unique que nous avons ici pour nous six, non, nous cinq. Nous allons avoir ce logement et, pour s'en assurer, elle ira faire la queue à la Bourse du Travail jeudi prochain afin de prendre l'argent du chômage à la seconde même où on le tendra à Papa. Il dit qu'elle ne peut pas faire ça, qu'il perdrait la face vis-à-vis des autres hommes. La Bourse du Travail est un endroit pour les hommes et sûrement pas pour les femmes qui viendraient leur rafler l'argent sous le nez. Dommage pour toi, répond-elle. Si tu n'avais pas dilapidé l'argent dans les pubs, je n'aurais pas besoin de te suivre comme je le faisais à Brooklyn.

Il dit qu'il sera couvert de honte pour toujours. Elle répond que ça lui est égal. Elle tient à ce logement de Hartstonge Street : une belle pièce bien chaude et confortable avec des cabinets au rez-de-chaussée comme à Brooklyn, une pièce sans aucune puce et sans cette humidité qui tue. Elle tient à ce logement parce qu'il se trouve dans la même rue que Leamy's National School et Malachy et moi pourrons rentrer à l'heure du déjeuner, c'est-à-dire midi, pour prendre une tasse de thé et une tranche de pain grillé.

Le jeudi, Maman suit Papa à la Bourse du Travail. Elle entre juste derrière lui et l'employé n'a pas plutôt poussé l'argent vers Papa qu'elle s'en empare. Les autres hommes au chômage se donnent des coups de coude en ricanant et Papa perd la face car une femme ne doit jamais toucher à l'allocation chômage d'un homme. Il pourrait vouloir mettre six pence sur un cheval ou prendre une pinte et si toutes les femmes commencent à faire comme Maman les chevaux vont arrêter de courir et Guinness va faire faillite. Mais maintenant elle a l'argent et on emménage dans Hartstonge Street. Puis elle prend Eugene dans ses bras et nous remontons la rue jusqu'à Leamy's National School. Le directeur, Mr. Scallan, nous dit de revenir lundi avec un cahier pour les compositions, un crayon et une plume à bon bec. Nous ne devons pas venir à l'école avec des teignes ou des poux et nous devrons être prêts à nous moucher à tout moment, et pas sur le plancher, ça répand la phtisie, ni sur nos manches, mais dans un mouchoir ou alors un chiffon propre. Il nous demande si nous sommes de bons garçons et comme nous répondons que oui, il fait : Seigneur Dieu, qu'avons-nous là ? Ils sont amerloques ou quoi ?

Maman lui raconte pour Margaret et Oliver. Juste ciel ! s'exclame-t-il. Que de misères en ce bas monde ! Enfin, toujours est-il que nous allons mettre ce petit bonhomme, Malachy, en classe enfantine et son frère en première division. Les cours ont lieu dans la même salle avec un seul maître. Lundi matin, donc, neuf heures tapantes.

A Leamy's, les garçons veulent savoir pourquoi on parle comme on parle. Z'êtes amerloques ou quoi ? Et quand on leur répond qu'on vient d'Amérique, c'est autre chose qu'ils veulent savoir. Z'êtes des gangsters ou des cow-boys ?

Un grand vient coller son visage au mien. J'te pose une question, dit-il. Z'êtes des gangsters ou des cow-boys ?

Je lui réponds que je n'en sais rien et, quand il m'enfonce son doigt dans la poitrine, Malachy dit : J'suis un gangster, Frank est un cow-boy.

Ton petit frère il est futé et toi t'es un con d'amerloque, dit le grand.

Les garçons qui l'entourent sont excités. Bagarre ! qu'ils gueulent. Bagarre ! et le grand me pousse si fort que je tombe. J'ai envie de pleurer mais la noirceur m'arrive dessus comme autrefois avec Freddie Leibowitz et je fonce sur lui pieds et poings dehors. Je l'envoie par terre et j'essaie de le prendre aux cheveux pour lui cogner la tête contre le sol mais tout à coup ça me cuit dans les mollets et on m'entraîne loin de lui.

C'est Mr. Benson, le maître, qui me tient par l'oreille et me frappe dur aux jambes. Espèce de petit voyou ! Est-ce que ce sont les manières que vous apportez d'Amérique ? Ma foi, vous saurez vous conduire avant que j'en aie fini avec vous.

Il m'ordonne de tendre une main, puis l'autre, et me tape avec sa baguette une fois sur chaque. Maintenant, rentrez chez vous raconter à votre mère quel mauvais garçon vous avez été. Vous êtes un sale amerloque. Répétez ça après moi : *Je suis un mauvais garçon*.

Je suis un mauvais garçon.

Maintenant dites : *Je suis un sale amerloque*.

Je suis un sale amerloque.

Il est pas un mauvais garçon, fait Malachy. C'est ce grand, là, qu'a dit qu'on était des cow-boys et des gangsters.

Est-ce exact, Heffernan ?

C'était juste pour plaisanter, monsieur.

On ne plaisante plus, Heffernan. Ce n'est pas leur faute s'ils sont amerloques.

Pas leur faute, monsieur.

Quant à vous, Heffernan, vous devriez vous mettre à genoux chaque soir et remercier Dieu de n'être pas un amerloque. Car si tel était le cas, Heffernan, vous seriez le plus grand gangster des deux côtés de l'Atlantique. Al Capone viendrait vous voir pour prendre des leçons. Il ne faut plus que vous embêtiez ces deux amerloques, Heffernan.

Je ne le ferai plus, monsieur.

Si je vous y reprends, Heffernan, j'irai pendre votre couenne au mur. Et maintenant filez au bercail, tous tant que vous êtes.

Il y a sept maîtres à Leamy's National School et tous ont des lanières de cuir, des cannes, des baguettes hérissées d'épines. Avec les baguettes, ils vous frappent sur les épaules, le dos, les jambes et, surtout, les mains. S'ils vous frappent sur les mains, ça s'appelle une tape. Ils vous frappent si vous êtes en retard, si vous avez une fuite au porte-plume, si vous riez, si vous bavardez et si vous ne savez pas certaines choses.

Ils vous frappent si vous ne savez pas pourquoi Dieu a créé le monde, si vous ne connaissez pas le saint patron de Limerick, si vous ne pouvez pas réciter le *Credo*, si vous ne pouvez pas ajouter dix-neuf à quarante-sept, si vous ne pouvez pas soustraire dix-neuf de quarante-sept, si vous ne connaissez pas les chefs-lieux et les produits des trente-deux comtés de l'Irlande, si vous n'arrivez pas à trouver la Bulgarie sur la carte murale du monde qui est toute tachée de crachats, de morves et de pâtés d'encre balancés par des élèves chahuteurs renvoyés définitivement.

Ils vous frappent si vous ne pouvez pas dire votre nom en irlandais, si vous ne pouvez pas dire le *Je Vous Salue Marie* en irlandais, si vous ne pouvez pas demander la clef des cabinets en irlandais.

Ça aide d'écouter les grands en avance sur vous. Ils peuvent vous renseigner sur le maître que vous avez en ce moment, ce qu'il aime et ce qu'il déteste.

Un maître te frappera si tu ne sais pas que Eamon De Valera est le plus grand homme qui ait jamais vécu. Un autre maître te frappera si tu ne sais pas que Michael Collins fut le plus grand homme qui vécût jamais[1].

1. Signataire du traité de 6 décembre 1921, Collins (1890-1922) avait déjà été victime des luttes intestines au sein de l'IRA à l'époque dont il est ici question alors que De Valera, né en 1882, meneur de la révolte des Volontaires irlandais puis dirigeant du *Sinn Fein* et président de la république d'Irlande, vécut jusqu'en 1975. (*N.d.T.*)

Mr. Benson déteste l'Amérique et tu as intérêt à te souvenir de détester l'Amérique sinon il te frappera.

Mr. O'Dea déteste l'Angleterre et tu as intérêt à te souvenir de détester l'Angleterre sinon il te frappera.

Si jamais tu dis quoi que ce soit de bon sur Oliver Cromwell, ils te frapperont tous.

Même s'ils vous tapent six fois sur chaque main avec la canne de frêne ou la baguette épineuse, vous ne devez pas pleurer. Vous seriez une lopette. Des garçons pourraient bien vous huer ou se moquer de vous dans la rue mais même ceux-là doivent faire attention car le jour viendra où le maître les frappera et les tapera et ils devront retenir leurs larmes derrière leurs yeux ou perdre la face à jamais. Certains garçons disent qu'il vaut mieux pleurer car ça plaît aux maîtres. Si vous ne pleurez pas, les maîtres vous prennent en grippe car vous les faites paraître faibles devant la classe et ils se jurent que la prochaine fois qu'ils vous tiendront ils vous tireront des larmes ou du sang ou les deux.

Les grands de cinquième division nous racontent que Mr. O'Dea aime bien vous amener devant la classe afin de pouvoir se tenir derrière vous, pincer vos pattes (qu'on appelle rouflaquettes) et tirer dessus. Debout! Debout! fait-il jusqu'à ce que vous soyez sur la pointe des pieds et que les larmes vous montent aux yeux. Vous ne voulez pas que les garçons de la classe vous voient pleurer mais avoir les rouflaquettes tirées fait venir les larmes qu'on le veuille ou non et le maître aime bien ça. Mr. O'Dea est le seul maître qui arrive toujours à faire naître les larmes et la honte.

En général, mieux vaut ne pas pleurer car vous devez rester pote avec les garçons de l'école et puis vous ne voudriez pas faire plaisir aux maîtres.

Si le maître vous frappe, inutile de s'en plaindre à votre père ou à votre mère. Tu le mérites, qu'ils disent toujours. Ne fais pas le bébé.

Je sais qu'Oliver est mort, Malachy sait qu'Oliver est mort, mais Eugene est trop petit pour savoir quoi que ce soit. Quand il se réveille le matin, il fait : Ollie ! Ollie ! puis il trottine dans la pièce en regardant sous les lits ou alors il grimpe sur le lit près de la fenêtre et montre du doigt les enfants dans la rue, surtout ceux qui ont les cheveux blonds comme Oliver et lui. Ollie ! Ollie ! répète-t-il, et Maman l'attrape, sanglote et le serre. Il se débat pour descendre car il ne veut pas qu'on l'attrape et qu'on le serre. Ce qu'il veut, c'est trouver Oliver.

Papa et Maman lui disent qu'Oliver est au ciel en train de jouer avec les anges et qu'on le reverra tous un jour prochain mais il ne comprend pas car il a seulement deux ans et n'a pas les mots, ce qui est bien la pire chose au monde entier.

Malachy et moi jouons avec lui. On essaie de le faire rire. On fait des drôles de grimaces. On met des casseroles sur nos têtes et on fait semblant de les laisser tomber. On court à travers la pièce et on fait semblant de s'étaler. On l'emmène à People's Park pour voir les jolies fleurs, jouer avec les chiens, se rouler sur le gazon.

Il voit des petits enfants aux cheveux blonds comme Oliver. Il ne dit plus : Ollie. Il ne fait que montrer du doigt.

D'après Papa, Eugene a de la chance d'avoir des frères comme Malachy et moi qui l'aidons à oublier. Bientôt, avec l'aide de Dieu, il n'aura plus aucun souvenir d'Oliver.

N'empêche qu'il est mort.

Six mois après la disparition d'Oliver, nous nous sommes réveillés par un moche matin de novembre et Eugene était tout froid à côté de nous dans le lit. Le docteur Troy est venu et a dit qu'il était mort de pneumonie. Pourquoi ne l'avait-on pas amené tout de suite à l'hôpital ? Papa a répondu qu'il ne savait pas, Maman a répondu qu'elle ne savait pas, et le docteur Troy a dit que c'était pour ça que les enfants mouraient. Les gens ne savaient pas. Il a continué : si Malachy ou moi faisions entendre la plus légère toux ou le moindre râle de gorge, nous devions lui être amenés à n'importe quelle heure du jour ou de la nuit. Nous devions être tenus en permanence à l'abri de l'humidité car il semblait y avoir une forte tendance à l'angine de poitrine dans notre famille. Il a dit à Maman qu'il était vraiment navré de ses malheurs et qu'il lui prescrirait une ordonnance pour un médicament qui atténuerait la douleur des prochains jours. Il a aussi dit que Dieu demandait trop, sacrément trop.

Grand-mère et Tante Aggie sont venues chez nous. Grand-mère a lavé Eugene et Tante Aggie est allée acheter une petite robe blanche et un chapelet. Elles l'ont vêtu de la robe blanche et l'ont étendu sur le lit près de la fenêtre où il avait l'habitude de chercher Oliver du regard. Elles lui ont placé les mains sur la poitrine, l'une au-dessus de l'autre, puis y ont fixé le petit chapelet de perles blanches. Grand-mère l'a coiffé en arrière, lui dégageant les yeux et le front, et a dit : N'a-t-il pas de ravissants cheveux tout doux et tout soyeux ? Maman s'est approchée du lit et a tiré une couverture sur les jambes d'Eugene pour le tenir au chaud. Grand-mère et Tante Aggie ont échangé un regard et n'ont rien dit. Papa est venu se planter au pied du lit et a martelé ses cuisses de ses poings tout en s'adressant à Eugene : C'est le fleuve Shannon qui t'a fait du mal, c'est l'humidité de ce fleuve qui est venue vous emporter, Oliver et toi. Et Grand-mère a fait : Allez-vous arrêter ? Vous affolez toute la maisonnée ! Elle a pris l'ordonnance du docteur Troy et m'a demandé de courir chercher les pilules chez le pharmacien O'Connor où il n'y aurait sans doute rien à régler vu l'obligeance du docteur Troy. Papa a dit qu'il venait avec moi, qu'on irait à l'église jésuite dire une prière pour Margaret, Oliver et Eugene qui étaient maintenant tous heureux au ciel. Le pharmacien nous a donné les pilules, on s'est arrêtés pour dire les prières et, quand on est revenus chez nous, Grand-mère a donné de l'argent à Papa pour qu'il aille chez South acheter quelques canettes de *stout*. Maman s'est récriée : Non ! Non ! mais Grand-mère a dit : Il n'a pas de pilules calmantes, que Dieu nous assiste, et une canette de *stout* lui sera un léger réconfort. Puis elle a dit à Papa qu'il devrait aller le lendemain chez l'entrepreneur de pompes funèbres se renseigner pour le cercueil et la voiture. Elle m'a demandé d'accompagner mon père et de veiller à ce qu'il ne passe pas toute la soirée au pub à boire tout l'argent. Papa a dit : Frankie ne devrait pas aller dans les pubs, et elle a répliqué : En ce cas, n'y restez pas. Il a enfilé sa casquette, nous avons marché jusqu'au pub et, une fois devant la porte, il a dit que je pouvais rentrer maintenant.

Une pinte et j'arrive.

Non.

Ne sois pas désobéissant. Va retrouver ta pauvre mère.

Non.

Tu es un mauvais garçon. C'est Dieu qui ne va pas être content.

Je ne rentre pas à la maison sans toi.

Oh, où va le monde ?

Il a bu vite fait une pinte de *porter* chez South et nous sommes rentrés à la maison avec les canettes de *stout*. Pa Keating était là avec une petite bouteille de whisky et des canettes de *stout*, puis Oncle Pat Sheehan est arrivé avec deux canettes de *stout* pour sa consommation personnelle. Oncle Pat s'est assis par terre, les bras autour des canettes, et s'est mis à dire : C'est les miennes, c'est les miennes, de peur qu'on les lui prenne. Les gens qui sont tombés sur la tête redoutent toujours qu'on vienne voler leur *stout*.

Ça va bien, Pat, a fait Grand-mère. Bois ta *stout* tout seul. Personne ne va t'embêter. Elle et Tante Aggie étaient assises sur le lit d'Eugene, près de lui. Pa Keating était assis à la table de la cuisine, buvant sa *stout* et proposant à chacun une gorgée de son whisky. Maman a pris ses pilules et s'est assise près du feu avec Malachy sur ses genoux. Elle n'arrêtait pas de dire que Malachy avait les cheveux comme Eugene et Tante Aggie disait que non jusqu'au moment où Grand-mère lui a filé un coup de coude dans la poitrine et lui a demandé de se taire. Papa se tenait contre le mur, buvant sa *stout* entre la cheminée et le lit d'Eugene. Pa Keating a conté des histoires et les grandes personnes ont ri même si elles n'en avaient guère envie ou n'étaient pas supposées le faire en présence d'un enfant mort. Il a dit que, quand il était dans l'armée anglaise en France, les Allemands avaient envoyé des gaz qui l'avaient rendu si malade qu'on avait dû l'emmener à l'hôpital. On l'avait gardé un temps à l'hôpital puis on l'avait renvoyé dans les tranchées. Les soldats anglais se voyaient rapatriés mais on n'en avait rien à péter des soldats irlandais, qu'ils vivent ou qu'ils meurent. Au lieu de mourir, Pa avait fait fortune. A l'en croire, il avait résolu un des grands problèmes de la guerre des tranchées. C'était si humide et boueux dans les tranchées que les soldats n'avaient aucun moyen de faire bouillir l'eau pour le thé. Aussi s'était-il dit : Jaysus ! Ce serait bien dommage de gaspiller tout ce gaz que j'ai dans mon organisme ! Alors, il s'était enfoncé un tuyau dans le fion, avait gratté une allumette, et là, en une seconde, il avait obtenu une belle flamme prête à faire bouillir de l'eau dans la première gamelle venue. Dès qu'ils avaient appris la nouvelle, les *tommies* étaient accourus des tranchées alentour et lui avaient proposé tout l'argent qu'il voulait pourvu qu'il les laisse faire bouillir leur eau. Il avait gagné tant d'argent qu'il avait pu acheter sa réforme aux généraux et hop il était parti pour Paris où il avait pris du bon temps à boire du vin avec des artistes et des modèles. Du bon temps, il en avait tellement pris que tout son argent y était passé et, quand il était rentré à Limerick, le seul boulot qu'il avait pu trouver c'était comme pelleteur de charbon dans les fourneaux de l'usine à gaz. Et maintenant il avait une telle quantité de gaz dans l'organisme qu'il aurait pu pourvoir à l'éclairage d'une petite ville pendant facile un an. Tante Aggie a reniflé puis a déclaré que ce n'était pas une histoire convenable à raconter en présence d'un enfant mort mais Grand-mère a dit qu'il valait mieux écouter une histoire comme ça qu'être assis en rond à tirer la gueule. Oncle Pat Sheehan, toujours assis sur le plancher avec sa *stout*, a dit qu'il allait chanter une chanson. Puissiez-vous réussir! a fait Pa Keating, et Oncle Pat a entonné *La Route de Rasheen*. En fait, il répétait: *Rasheen, Rasheen, mavourneen mean*[1], et la chanson n'avait ni queue ni tête car, son père l'ayant jadis fait tomber sur la tête, il en changeait les paroles chaque fois qu'il la chantait. Grand-mère a jugé que c'était là une bien belle chanson et Pa Keating a dit que Caruso ferait mieux de regarder par-dessus son épaule. Papa s'est dirigé vers le lit du coin où il dormait avec Maman. Il s'est assis au bord, a posé sa canette par terre, a couvert son visage de ses mains et il a pleuré. Frank, Frank, viens ici, a-t-il dit, et j'ai dû aller à lui pour qu'il puisse me serrer comme Maman serrait Malachy. On ferait bien d'y aller pour dormir un peu avant l'enterrement de demain, a dit Grand-mère. Ils se sont agenouillés un par un devant le lit, ont dit une prière et ont embrassé le front d'Eugene. Papa m'a fait descendre, il s'est mis debout et les a salués d'un signe de tête alors qu'ils prenaient congé. Dès leur départ, il a porté chacune des canettes de *stout* à sa bouche et les a toutes finies. Il a introduit un doigt dans le goulot de la bouteille de whisky et l'a léché. Il a baissé la flamme de la lampe à pétrole

1. *Mon amour, ma mie* en gaélique. (*N.d.T.*)

posée sur la table et dit qu'il était temps pour Malachy et moi de nous coucher. Cette nuit-là, nous allions devoir dormir avec Maman et lui car le petit Eugene allait avoir besoin du lit pour lui tout seul. La pièce était maintenant plongée dans l'obscurité à l'exception de la lueur du réverbère qui tombait sur les ravissants cheveux tout doux et tout soyeux d'Eugene.

Le lendemain matin, Papa allume le feu, prépare le thé et grille le pain dans la cheminée. Il apporte à Maman son toast et son thé mais elle les refuse d'un geste et se tourne vers le mur. Il nous fait nous agenouiller, Malachy et moi, devant Eugene et dire une prière. Il dit qu'au ciel les prières d'un seul enfant comme nous valent plus que les prières de dix cardinaux et quarante évêques. Il nous montre comment nous signer — Au nom du Père, et du Fils, et du Saint-Esprit. Amen — puis il dit : Cher Dieu, c'est ce que Vous voulez, n'est-ce pas ? Vous voulez mon fils, Eugene. Vous avez pris son frère, Oliver, Vous avez pris sa sœur, Margaret. Je ne suis pas supposé y trouver à redire, n'est-ce pas ? Cher Dieu qui êtes aux cieux, je ne sais pourquoi les enfants doivent mourir mais telle est Votre volonté. Vous avez dit au fleuve de tuer et le Shannon a tué. Pourriez-Vous avoir maintenant quelque miséricorde ? Pourriez-Vous nous laisser les enfants qui nous restent ? C'est là tout ce que nous demandons. Amen.

Il nous aide, Malachy et moi, à nous laver la tête et les pieds afin qu'on soit propres pour l'enterrement d'Eugene. Nous devons nous tenir bien tranquilles même quand il nous fait mal en nettoyant nos oreilles avec le coin de la serviette rapportée d'Amérique. Nous devons être tout tranquilles car Eugene est là avec ses yeux fermés et nous ne voudrions pas qu'il se réveille et aille à la fenêtre pour chercher Oliver du regard.

Grand-mère arrive et dit à Maman qu'elle doit se

lever. Il y a des enfants morts, dit-elle, mais il y en a qui vivent et ceux-là ont besoin de leur mère. Elle apporte à Maman un peu de thé dans un mug pour faire passer les pilules qui atténuent la douleur. Papa dit à Grand-mère que c'est jeudi et qu'il doit pointer à la Bourse du Travail et ensuite aller aux pompes funèbres pour revenir avec la voiture de deuil et le cercueil. Grand-mère lui demande de m'emmener avec lui mais il répond qu'il vaut mieux que je reste avec Malachy afin de prier pour mon petit frère gisant mort dans le lit. Grand-mère s'énerve : C'est ma fiole que vous vous payez ? Prier pour un petit enfant qui avait à peine deux ans et qui est déjà en train de jouer au ciel avec son petit frère ? Vous emmènerez votre fils et il vous rappellera que ce n'est pas un jour à aller dans les pubs. Elle le regarde et il la regarde. Puis il enfile sa casquette.

A la Bourse du Travail on se tient en fin de queue jusqu'à ce qu'un homme vienne de derrière le comptoir et dise à Papa qu'il est vraiment navré pour ses malheurs et qu'on devrait le laisser passer devant tout le monde en ce triste jour. Les autres hommes portent la main à leur casquette et se disent navrés pour les malheurs de Papa. Certains me tapotent la tête et me donnent des pennies, vingt-quatre pennies, deux shillings. Papa dit que je suis riche maintenant et que je devrais aller m'acheter une friandise pendant qu'il va là une minute. *Là*, je sais que c'est un pub et je sais qu'il veut prendre du liquide noir qu'on appelle pinte mais je ne dis rien car j'ai envie d'aller m'offrir un carré de caramel dans la boutique d'à côté. Je mastique mon caramel jusqu'au moment où il fond et laisse ma bouche toute sucrée et collante. Papa est toujours au pub et je me demande si je ne devrais pas aller m'offrir un autre carré de caramel pendant qu'il se trouve là-dedans avec la pinte. Je vais pour donner l'argent à la marchande quand je reçois une tape sur la main et voilà Tante Aggie qui me lance, furibarde : C'est donc ça que tu fabriques le jour de l'enterrement de ton frère ? T'empiffrer de sucreries ? Et où est ton fichu père ?

Il est… Il est au pub.

Bien sûr qu'il est au pub. Toi là-dehors à te goinfrer de sucreries et lui là-dedans à se mettre minable le jour où ton pauvre petit frère part au cimetière ! Puis elle se tourne vers la marchande : Exactement comme son père ! Ce même drôle de genre, cette même vieille trombine du Nord !

Elle me demande d'entrer dans ce pub, de dire à mon père d'arrêter de lever le coude et de s'occuper du cercueil et de la voiture. Elle-même ne mettra pas le pied au pub car l'ivrognerie est la plaie de ce malheureux pays abandonné de Dieu.

Papa est assis au fond du pub en compagnie d'un homme à la figure sale avec des espèces de cheveux qui lui sortent du nez. Ils ne parlent pas mais regardent droit devant eux et leurs pintes noires reposent sur un petit cercueil blanc placé entre eux sur le banc. Je sais qu'il s'agit du cercueil d'Eugene car Oliver en avait un comme ça et j'ai envie de pleurer en voyant les pintes noires dessus. Je regrette maintenant d'avoir mangé ce caramel et j'aimerais pouvoir le sortir de mon estomac pour le redonner à la marchande car ce n'est pas bien d'être là à manger du caramel alors qu'Eugene est mort dans le lit et puis je suis effrayé par les deux pintes noires sur son cercueil blanc. L'homme avec Papa est en train de dire : Non, monsieur, vous ne pouvez plus laisser un cercueil d'enfant dans une voiture. J'ai fait ça une fois, je suis allé prendre une pinte et ils ont volé ce petit cercueil dans la satanée voiture. A n'y pas croire, hein ? Il était vide, Dieu merci, mais bon, quand même. Epoque ingrate que la nôtre, oui, bien ingrate. L'homme avec Papa lève sa pinte, prend une longue gorgée et le cercueil rend un son creux quand il repose son verre. Papa me fait un signe de tête. On va y aller dans une minute, fiston. Mais comme il va pour poser son verre sur le cercueil après avoir pris la longue gorgée, je repousse sa main.

C'est le cercueil d'Eugene. Je dirai à Maman que tu as mis ton verre sur le cercueil d'Eugene.

Allons, fiston. Allons, fiston.

Papa, c'est le cercueil d'Eugene.

Prendrons-nous une autre pinte, monsieur? fait l'autre homme.

Francis, va attendre encore quelques minutes dehors, me dit Papa.

Non.

Ne sois pas un mauvais garçon.

Non.

Bon Dieu! fait l'autre homme. Ce serait mon fils, je lui botterais le cul si fort qu'il atterrirait dans le Kerry. Il n'a pas le droit de parler comme ça à son père en un moment aussi douloureux. Si un homme ne peut pas prendre une pinte le jour d'un enterrement, ce n'est vraiment plus la peine de vivre, mais alors plus du tout.

Très bien, dit Papa. On y va.

Ils finissent les pintes et essuient avec leurs manches les marques brunes sur le cercueil. Une fois à la voiture, l'homme grimpe sur le siège du cocher et Papa et moi montons dedans. Papa a le cercueil sur ses genoux et il le presse contre sa poitrine. A la maison, notre pièce est remplie de grandes personnes: Maman, Grand-mère, Tante Aggie, son mari Pa Keating, Oncle Pat Sheehan et Oncle Tom Sheehan, le frère aîné de Maman qui n'est jamais venu nous voir avant car il déteste les gens d'Irlande du Nord. Oncle Tom a sa femme Jane avec lui. Elle est de Galway et on dit qu'elle a l'air d'une Espagnole[1], ce qui fait que personne ne lui parle dans la famille.

L'homme a pris le cercueil à Papa et il n'est pas plutôt entré avec que Maman gémit: Oh non! Oh, mon Dieu, non! L'homme dit à Grand-mère qu'il sera de retour dans un moment pour nous emmener au

1. Le port de Galway fut longtemps une place de commerce avec l'Espagne. (*N.d.T.*)

cimetière. Grand-mère lui dit qu'il ferait mieux de ne pas revenir dans cette maison en état d'ébriété car cet enfant en partance pour le cimetière a grandement souffert et il mérite donc un peu de dignité et elle-même ne s'accommodera pas d'un cocher ivre à tomber du haut de son siège.

Madame, fait l'homme, j'ai conduit des douzaines d'enfants au cimetière et pas une fois je ne suis tombé d'un siège, haut ou bas.

Les hommes boivent à nouveau des canettes de *stout* et les femmes sirotent du sherry dans des pots à confiture. Oncle Pat Sheehan dit à tout le monde : C'est ma *stout*, c'est ma *stout*, et Grand-mère fait : Ça va bien, Pat. Personne ne va te prendre ta *stout*. Puis il dit qu'il veut chanter *La Route de Rasheen* jusqu'à ce que Pa Keating déclare : Non, Pat, on ne peut pas chanter le jour d'un enterrement. On peut chanter la veille au soir. Mais Oncle Pat insiste : C'est ma *stout* et je veux chanter La *Route de Rasheen*, et chacun sait bien qu'il parle comme ça parce qu'il est tombé sur la tête. Il entonne sa chanson mais s'arrête lorsque Grand-mère ôte le couvercle du cercueil et que Maman sanglote : Doux Jésus ! Doux Jésus ! Cela ne s'arrêtera-t-il jamais ? Me restera-t-il un seul enfant ?

Maman est assise sur une chaise à la tête du lit. Elle caresse les cheveux d'Eugene, son visage, ses mains. Elle lui dit qu'il était le plus doux, le plus délicat et le plus affectueux de tous les enfants du monde. Elle lui explique que c'est terrible de le perdre mais n'est-il pas maintenant au ciel avec son frère et sa sœur ? Et n'est-ce pas un réconfort pour nous de savoir qu'Oliver ne se sent plus tout seul sans son jumeau ? N'empêche, elle pose sa tête près d'Eugene et pleure si fort que toutes les autres femmes dans la pièce pleurent avec elle. Elle pleure jusqu'à ce que Pa Keating lui dise que nous devons y aller avant la tombée de la nuit, qu'on ne peut pas se trouver dans les cimetières l'obscurité venue.

Qui va mettre l'enfant en bière ? chuchote Grand-mère à Tante Aggie.

Pas moi, murmure Tante Aggie. C'est la tâche de la mère.

Oncle Pat les entend. J'vais mettre l'enfant en bière, dit-il. Il clopine jusqu'au lit et met ses bras autour des épaules de Maman. Elle lève les yeux vers lui et son visage est tout mouillé. J'vais mettre l'enfant en bière, Angela.

Oh, Pat ! s'écrie Maman. Pat !

J'peux l'faire, dit-il. Sûr que c'est seulement un petiot et jamais de ma vie j'ai porté un petiot. Jamais j'ai eu un petiot dans mes bras à moi. J'vais pas le faire tomber, Angela. J'vais pas. Parole d'honneur, j'vais pas le faire tomber.

Je sais bien que non, Pat. Je sais bien que non.

J'vais le porter et j'vais pas chanter *La Route de Rasheen*.

Je sais bien que non, Pat.

Pat tire la couverture que Maman avait mise pour tenir Eugene au chaud. Les pieds d'Eugene sont blancs, luisants, avec de petites veines bleues. Pat se penche, soulève Eugene et le tient contre sa poitrine. Il embrasse le front d'Eugene, puis nous faisons tous pareil. Pat dépose Eugene dans le cercueil et recule d'un pas. On est tous rassemblés autour à regarder Eugene pour la dernière fois.

Oncle Pat dit à Maman : Tu vois, Angela, je l'ai pas fait tomber, et elle lui effleure le visage.

Tante Aggie va au pub pour chercher le cocher. Il pose le couvercle sur le cercueil et le visse. Qui c'est qui vient dans le véhicule ? demande-t-il avant de porter le cercueil à la voiture. Il y a de la place seulement pour Papa, Maman, Malachy et moi. Allez vite au cimetière et on attendra ici, fait Grand-mère.

Je ne sais pas pourquoi nous ne pouvons pas garder Eugene. Je ne sais pas pourquoi ils doivent le faire emmener par cet homme qui a mis sa pinte sur le cercueil blanc. Je ne sais pas pourquoi ils ont dû faire emmener Margaret et Oliver. C'est une mauvaise chose de mettre ainsi ma sœur et mes frères dans des caisses et j'aimerais bien pouvoir en parler à quelqu'un.

Le cheval est allé clopin-clopant dans les rues de Limerick. On va voir Oliver ? a fait Malachy, et Papa a répondu : Non, Oliver est aux cieux et ne me demande pas *C'est quoi, les cieux ?* car je n'en sais rien.

Les cieux, a dit Maman, c'est un endroit où Oliver, Eugene et Margaret sont heureux, bien au chaud, et un jour on les y reverra.

Le cheval a fait son caca dans la rue et ça a senti, a dit Malachy, obligeant Papa et Maman à sourire.

Quand nous arrivons au cimetière, le cocher descend et ouvre la portière de la voiture. Donnez-moi ce cercueil, dit-il, que j'le trimbale jusqu'à la tombe. Il tire brutalement le cercueil et trébuche. Vous n'allez pas porter mon enfant dans l'état où vous êtes, fait Maman. Elle se tourne vers Papa. Porte-le, toi.

Faites à vot' guise, dit le cocher. Faites à vot' satanée guise. Et il remonte sur son siège.

Il commence à faire sombre et le cercueil paraît plus blanc que jamais dans les bras de Papa. Maman nous prend chacun par la main et on suit Papa entre les tombes. Les choucas sont silencieux dans les arbres car leur journée est presque finie et ils doivent se reposer pour pouvoir se lever tôt demain matin et aller chercher à becqueter pour leurs petits.

Deux hommes avec des pelles attendent près d'une petite tombe ouverte. L'un d'eux dit : Z'êtes très en retard. Heureux que ce soit une petite besogne, sinon on serait partis. Il descend dans la tombe. Donnez-le-moi, dit-il, et Papa lui tend le cercueil.

L'homme répand un peu de paille et d'herbe sur le cercueil puis il remonte pendant que son compagnon commence à pelleter la terre. Maman laisse échapper une longue plainte : Oh, Jésus ! Jésus ! et un choucas croasse dans un arbre. J'aimerais bien le dégommer avec une caillasse, ce choucas. Quand les hommes ont fini de pelleter la terre, ils s'essuient le front et attendent. Puis l'un des deux fait : Bon, ben, voilà, en général, il y a un petit quelque chose pour la soif que ça donne.

Ah, oui, oui, fait Papa.

Et il leur donne de l'argent.

On est désolés pour vos malheurs, disent les hommes avant de partir.

On s'en retourne à l'entrée du cimetière mais la voiture a disparu. Papa va regarder dans l'obscurité alentour et revient en secouant la tête. Ce cocher n'est rien qu'un sale vieil ivrogne, que Dieu me pardonne, dit Maman.

Ça fait une trotte du cimetière à chez nous. Ces enfants ont besoin de manger quelque chose, dit Maman à Papa, et il te reste de l'argent du chômage de ce matin. Si tu comptais faire la tournée des pubs ce soir, mets une croix dessus. On les emmène chez Naughton où ils vont prendre du poisson-frites et de la limonade car ce n'est pas tous les jours qu'ils enterrent un frère.

Le poisson-frites est délicieux avec du vinaigre et du sel, et la limonade fait du bien par où elle passe.

Quand on arrive chez nous, la pièce est vide. Il y a des canettes de *stout* vides sur la table et le feu est éteint. Papa allume la lampe à pétrole et on peut voir le creux laissé sur l'oreiller par la tête d'Eugene. On s'attend à l'entendre, à le voir trottiner à travers la pièce, puis grimper sur le lit et se mettre à la fenêtre pour chercher Oliver du regard.

Papa dit à Maman qu'il sort faire un tour. Elle dit non. Elle sait ce qu'il a en tête, qu'il ne se tient plus de dépenser le restant de ses shillings dans les pubs.

Très bien, dit-il. Il allume le feu, Maman fait du thé et c'est bientôt l'heure de se coucher.

Malachy et moi sommes de retour dans le lit où Eugene est mort. J'espère qu'il n'a pas froid dans ce cercueil blanc mais je sais bien qu'il n'est plus là-bas vu que les anges sont venus au cimetière pour ouvrir son cercueil et il est maintenant loin du Shannon et de son humidité qui tue, là-haut dans le ciel et aux cieux avec Oliver et Margaret où il y a plein de poisson-frites et de caramels pour eux, et pas de tantes pour vous embêter, où tous les pères rapportent à la maison l'argent de la Bourse du Travail sans que vous ayez à cavaler d'un pub à l'autre pour les trouver.

III

Maman dit qu'il lui est impossible de passer une minute de plus dans cette turne de Hartstonge Street. Elle voit Eugene matin, midi et soir. Elle le voit qui grimpe sur le lit pour regarder si Oliver est dans la rue et il y a des fois où elle voit Oliver dehors et Eugene dedans, les deux faisant la causette à n'en plus finir. Elle est contente qu'ils fassent la causette comme ça mais elle n'a pas non plus envie de les voir et de les entendre tout le restant de sa vie. C'est une honte de déménager quand on est si près de Leamy's National School mais si elle ne déménage pas bientôt elle va perdre la tête et atterrir à l'asile d'aliénés.

On emménage à Roden Lane, en haut d'un endroit appelé Barrack Hill. Il y a six maisons d'un côté de la ruelle, une de l'autre côté. Les maisons s'appellent des deux pièces bis, deux pièces à l'étage et deux au rez-de-chaussée. Notre maison est la dernière des six, au bout de la ruelle. A côté de notre porte se trouve une petite cabane, les cabinets, et, à côté de ça, une écurie.

Maman va à la Société de Saint-Vincent-de-Paul pour voir s'il n'y aurait pas une chance d'avoir des meubles. L'homme dit qu'il nous donnera un bon pour une table, deux chaises et deux lits. Il ajoute que nous devrons aller là-bas dans Irishtown, chez un marchand de meubles de seconde main, puis transporter nous-mêmes le mobilier jusqu'à la maison. Maman dit que nous pourrons utiliser le landau qu'elle avait pour les jumeaux et elle a à peine fini de dire ça qu'elle pleure. Elle s'essuie les yeux sur ses manches et demande à l'homme si les lits aussi seront de seconde main. Bien sûr qu'ils le seront, répond-il, et elle explique qu'elle est très inquiète à l'idée de dormir dans des lits où sont peut-être morts des gens — surtout s'ils avaient la phtisie. Je suis tout à fait désolé, dit l'homme, mais quand on n'a pas de quoi on ne choisit pas.

Ça nous prend toute la journée pour trimbaler le mobilier d'un bout de Limerick à l'autre. Le landau a bien quatre roues mais l'une d'elles est voilée et veut tout le temps prendre une direction différente. On a deux lits, une armoire à glace, une table et deux chaises. On est contents de la maison. On peut marcher d'une pièce à l'autre, monter l'escalier et le descendre. On se sent très riche quand on peut monter et descendre les marches toute la journée tant qu'on veut. Papa allume le feu et Maman prépare le thé. Il s'assied sur une chaise près de la table, elle s'assied sur l'autre, et Malachy et moi nous asseyons sur la cantine apportée d'Amérique. Pendant qu'on est là à prendre notre thé, un vieil homme passe devant notre porte, un seau à la main. Il vide le seau dans les cabinets, tire la chasse, et ça se met à puer méchamment dans notre cuisine. Maman va à la porte et fait : Pourquoi est-ce que vous videz votre seau dans nos cabinets ? L'homme soulève sa casquette pour la saluer. Vos cabinets, ma p'tit' dame ? Oh, ça non. Vous vous mettez le doigt dans l'œil pour le coup, ha, ha ! Ce ne sont pas vos cabinets. Pardi ! Même que ce sont les cabinets pour toute la ruelle. Avec votre porte qui se trouve là, vous en verrez passer des seaux, onze familles, et je peux vous garantir que ça fouette salement dans le coin par temps de chaleur, ah ça oui, pour fouetter, ça fouette quand tout s'y met. Là, on est en décembre, Dieu merci, l'air est frisquet, Noël arrive, et les cabinets n'empestent pas tant que ça, mais viendra le jour où vous réclamerez un masque à gaz. Bon, allez, bonne soirée à vous, ma p'tit' dame, et j'espère que vous serez tous heureux dans votre maison.

Attendez une seconde, monsieur, dit Maman. Pourriez-vous me dire qui nettoie ces cabinets ?

Nettoyer ? Ah, Jaysus, elle est bonne, celle-là ! Nettoyer, qu'elle dit ! Vous blaguez ou quoi ? Ces baraques remontent à l'époque de la reine Victoria en personne et, s'il est arrivé que ces cabinets soient nettoyés, ça a dû être fait par je-ne-sais-qui en pleine nuit quand personne ne regardait !

Puis le vieil homme remonte lentement la ruelle en riant tout seul.

Maman revient à sa chaise et à son thé. Nous ne pouvons pas rester ici, dit-elle. Ces cabinets vont nous faire attraper toutes les maladies mortelles du monde.

On ne peut pas encore déménager, dit Papa. Où est-ce qu'on trouvera une maison pour six shillings la semaine ? On nettoiera les cabinets nous-mêmes. On fera bouillir des seaux d'eau et on les jettera dedans.

Ah oui ? fait Maman. Et le charbon, la tourbe ou les bûches pour faire bouillir cette eau, on les trouvera où ?

Papa ne répond rien. Il finit son thé et cherche un clou pour accrocher un tableau. L'homme dans le tableau a un visage mince. Il porte une calotte jaune et une robe noire avec une croix sur la poitrine. Papa dit que c'était un pape, Léon XIII, un grand ami des travailleurs. Ce tableau, il l'a trimbalé avec lui tout le chemin depuis l'Amérique après l'avoir trouvé dans la rue, jeté par quelqu'un qui n'avait sans doute pas de temps pour les travailleurs. Maman dit qu'il raconte beaucoup de conneries et Papa répond qu'elle ne devrait pas dire *conneries* devant les enfants. Il trouve un clou mais se demande comment faire pour planter ça au mur sans marteau. Maman dit qu'il pourrait aller en emprunter un aux gens d'à côté mais il répond qu'on ne va pas comme ça emprunter aux gens qu'on ne connaît pas. Il tient le tableau contre le mur et commence à enfoncer le clou avec le fond d'un pot à confiture. Le pot à confiture casse, lui coupe la main, et une grosse goutte de sang tombe sur la tête du pape. Il enveloppe sa main dans le torchon à vaisselle et dit à Maman : Vite, vite, enlève le sang du pape avant que ça sèche ! Elle essaie d'essuyer le sang avec sa manche mais c'est de la laine et ça étale le sang si bien que tout un côté du visage du pape est taché. Juste ciel ! fait Papa. Tu as complètement amoché le pape, Angela !

Eh, oh, t'arrête tes lamentations, d'accord ? Un de ces quatre, on dégotera de la peinture et on lui retouchera le portrait.

C'est le seul pape qui ait jamais été l'ami du travailleur... Qu'allons-nous dire si quelqu'un de la Société de Saint-Vincent-de-Paul vient ici et le voit tout ensanglanté ?

Je n'en sais rien, fait Maman. C'est ton sang, après tout. N'empêche, c'est bien triste quand un homme n'est même pas capable d'enfoncer un clou droit ! Ça montre simplement à quel point tu es bon à rien. Tu serais mieux à retourner les champs et puis de toute façon ça m'est bien égal. J'ai mal au dos et je vais au lit.

Bon, que vais-je faire ? demande Papa.

Décroche le pape et va le cacher dans le réduit à charbon sous l'escalier où personne ne le verra et où il n'aura rien à craindre.

Je ne peux pas, dit Papa. Ça porterait malheur. Ce n'est pas un endroit pour un pape, le réduit à charbon. Quand le pape est là, il doit être là.

Débrouille-toi, dit Maman.

J'y compte bien, répond Papa.

C'est notre premier Noël à Limerick et les filles sont sorties dans la ruelle. Elles sautent à la corde en chantant :

Noël approche
Et l'oie engraisse
Faites donc tomber vos pence
Dans le vieux chapeau cloche.
Si vous n'avez pas un penny
Un demi-penny conviendra
Et si vous n'avez pas un demi-penny
Dieu vous bénira.

Les garçons taquinent les filles et s'écrient :

Que ta mère aille se faire lanlaire
Au beau milieu du lac.

Maman dit qu'elle aimerait bien préparer un chouette repas de Noël — mais comment faire maintenant que la Bourse du Travail a réduit l'allocation chômage à seize shillings après qu'Oliver et Eugene sont morts ? Vous payez le loyer de six shillings, il vous reste dix shillings, et où est-ce que quatre personnes vont aller avec ça ?

Papa n'arrive pas à trouver de travail. Les jours de semaine, il se lève tôt, allume le feu et fait bouillir l'eau pour le thé et ce qu'il appelle son mug à raser. Il enfile une chemise et y fixe un col avec des épingles. Il met cravate et casquette puis va à la Bourse du Travail signer pour l'allocation. Jamais il ne quitterait la maison sans col ni cravate. Un homme sans col ni cravate est un homme qui n'a aucun respect pour lui-même. On ne sait jamais si le rond-de-cuir à la Bourse du Travail ne va pas te dire qu'une place se libère aux Grands Moulins Rank ou à la Compagnie des Ciments de Limerick. Et même s'il s'agit d'un emploi de manœuvre, qu'iront-ils penser si tu te présentes sans col ni cravate ?

Les chefs et les contremaîtres lui montrent toujours du respect et disent qu'ils sont prêts à l'embaucher mais il suffit qu'il ouvre la bouche et fasse entendre son accent d'Irlande du Nord pour qu'ils engagent à sa place un de Limerick. C'est ce qu'il explique à Maman assise près du feu et comme celle-ci demande : Pourquoi tu ne t'habilles pas comme un simple travailleur ? il répond qu'il ne cédera jamais un pouce, qu'il ne leur mâchera jamais la besogne. Et quand Maman demande : Pourquoi tu n'essaies pas de parler comme un de Limerick ? il répond qu'il ne s'abaissera jamais à ce point et, à ce propos, il éprouve le plus grand chagrin de sa vie en se rendant compte que ses fils sont maintenant affligés de l'accent de Limerick. Alors, Maman dit : Navrée de tes malheurs, j'espère que tu n'en connaîtras jamais d'autres, et il dit qu'un jour, avec l'aide de Dieu, on se sortira de Limerick et on partira loin du Shannon qui tue.

Je demande à Papa ce que veut dire *affligés* et il répond : La maladie, fiston, et les choses qui ne vont pas.

Quand Papa n'est pas en train de voir pour un travail, il part faire de longues marches, des kilomètres dans la campagne. Il demande aux fermiers s'ils n'auraient pas besoin d'aide vu qu'il a grandi dans une ferme et peut tout faire. Si les fermiers l'engagent, il se met aussitôt à la tâche en gardant casquette, col et cravate. Il travaille si dur et si longtemps que les fermiers doivent lui dire d'arrêter. Ils s'étonnent qu'un homme puisse travailler toute une longue journée torride sans penser à manger ou boire et Papa leur répond par un sourire. Il ne rapporte jamais l'argent qu'il gagne dans les fermes. Cet argent-là semble différent de celui du chômage, qu'on doit rapporter à la maison. Il emporte l'argent des fermes au pub et le boit. S'il n'est pas rentré à la maison quand l'angélus sonne à six heures, Maman sait qu'il a travaillé une journée. Elle espère qu'il pensera à sa famille et se passera d'aller au pub, même une seule fois, mais ça n'arrive jamais. Elle espère qu'il rapportera quelque chose de la ferme, des pommes de terre, des choux, des navets, des carottes, mais il ne rapporte jamais rien car jamais il ne s'abaisserait au point de demander quelque chose à un fermier. Maman dit qu'elle-même peut bien aller mendier un bon d'alimentation à la Société de Saint-Vincent-de-Paul mais que lui n'est pas fichu de fourrer deux trois patates dans ses poches. Papa explique que c'est différent pour un homme. Il faut garder sa dignité. Il faut porter col et cravate, maintenir les apparences et ne jamais demander quoi que ce soit.

J'espère que ça se maintient bien pour toi, dit Maman.

Quand l'argent des fermes est dépensé, il rentre cahin-caha à la maison, chantant et pleurant sur l'Irlande, ses enfants morts, mais surtout l'Irlande. S'il chante *Roddy McCorley*, ça veut dire qu'il a eu de quoi se payer seulement une ou deux pintes. S'il chante *Kevin Barry*, ça veut dire que la journée a été bonne, qu'il est maintenant ivre à tomber et prêt à nous sortir du lit, nous mettre en rang et nous faire promettre de mourir pour l'Irlande, à moins que Maman ne lui dise : Laisse-les tranquilles ou je t'assomme avec le tisonnier.

Tu ne ferais pas ça, Angela.

Je ferais ça et plus. Arrête donc de divaguer et va au lit.

Le lit, le lit, le lit ! A quoi bon aller au lit ? Si je vais au lit, ce ne sera jamais que pour me lever à nouveau, et puis je ne peux pas dormir là où il y a un fleuve qui nous envoie du poison sous forme de brume et de fog.

Il va au lit, martèle le mur avec son poing, chante une ballade déchirante et s'écroule de sommeil. Il est debout aux aurores car nul ne devrait dormir passé l'aube. Il nous réveille, Malachy et moi, et on est encore crevés d'avoir veillé le soir d'avant à cause de ses discours et chansons. Nous nous plaignons d'être malades, fatigués, mais il retire les paletots servant de couvertures puis nous force à sortir du lit. C'est décembre, il gèle, et nous pouvons voir notre respiration. Nous faisons pipi dans le seau près de la porte de la chambre, puis dévalons l'escalier pour profiter de la chaleur du feu déjà allumé par Papa. Nous nous débarbouillons la figure et les mains dans une cuvette placée juste sous le robinet d'eau près de la porte d'entrée. Le tuyau qui arrive au robinet est fixé au mur par un bout de ficelle enroulé autour d'un clou. Près du robinet, tout est humide, le sol, le mur, la chaise où est la cuvette. L'eau est glacée et nous ne sentons plus nos doigts. Papa dit que c'est bon pour nous, que ça fera de nous des hommes. Il asperge d'eau glacée son visage, son cou et sa poitrine pour montrer qu'il n'y a rien à craindre. Nous tendons nos mains vers le feu pour la chaleur que ça offre, mais pas question de s'y attarder car nous devons boire notre thé, manger notre pain et partir pour l'école. Papa nous fait réciter la prière d'avant manger, la prière d'après manger, puis il nous dit d'être de bons garçons à l'école car Dieu est là qui observe chaque geste et la moindre désobéissance nous enverra droit en enfer où on n'aura plus jamais à se soucier du froid.

Et il sourit.

Deux semaines avant Noël, Malachy et moi rentrons de l'école sous une pluie battante et poussons la porte pour trouver la cuisine vide. La table, les chaises et la cantine ont disparu, le feu est éteint dans l'âtre. Le pape est encore là, ce qui veut dire qu'on n'a pas déménagé à nouveau. Jamais Papa ne s'en irait sans le pape. Le sol de la cuisine est plein de petites mares et les murs luisent d'humidité. Il y a un bruit en haut et quand nous montons nous trouvons Papa, Maman et les meubles qui manquent. L'étage est bien chaud et douillet avec le foyer rougeoyant, Maman assise dans le lit et Papa qui lit l'*Irish Press* en fumant une cigarette près du feu. Maman nous raconte : Il y a eu une terrible inondation, la pluie a descendu la ruelle et s'est déversée sous notre porte. On a essayé de l'arrêter avec des chiffons mais ils ont été trempés en deux secondes et la pluie est entrée. Là-dessus, les gens ont vidé leurs seaux, ce qui n'a rien arrangé, et puis il y a eu une puanteur écœurante dans la cuisine. Elle est d'avis que nous devrions rester à l'étage aussi longtemps qu'il y aura de la pluie. Nous serons au chaud durant les mois d'hiver et ensuite nous pourrons descendre au printemps si ça sèche un tant soit peu sur les murs et au sol. Papa dit que c'est comme si on partait en vacances dans un pays chaud, l'Italie par exemple. A partir de maintenant, c'est comme ça qu'on appellera l'étage — l'Italie. Malachy dit : Le pape est encore sur le mur d'en bas, il va prendre froid, on pourrait pas le faire monter ? Mais Maman répond : Non, il va rester où il est car je n'ai pas envie de l'avoir sur le mur en train de me regarder d'un œil noir quand je suis au lit. N'est-ce pas assez qu'on se le soit coltiné tout le chemin de Brooklyn à Belfast, Dublin et Limerick ? A présent, tout ce que je veux, c'est un peu de paix, de tranquillité et de confort.

Maman nous emmène, Malachy et moi, à la Société de Saint-Vincent-de-Paul pour faire la queue et voir s'il serait possible d'avoir quelque chose pour le repas de Noël — une oie ou un jambon —, mais l'homme dit que tous les gens de Limerick sont ric-rac pour ce Noël-là. Il lui donne un bon pour des achats chez McGrath et un autre pour chez le boucher.

Ni oie, ni jambon, fait le boucher. Pas de produits de luxe quand on présente un bon de Saint-Vincent-de-Paul. En revanche, ma petite dame, ce que vous pouvez avoir, c'est du boudin noir, des tripes, une tête de mouton ou alors une belle tête de cochon. Y a pas de mal à prendre une tête de cochon, ma petite dame, c'est plein de viande et les enfants adorent ça. Vous me tranchez cette joue, vous me l'enduisez de moutarde, et vous voilà en paradis. Encore qu'ils n'ont jamais dû avoir de ça en Amérique où on raffole du steak et de toutes sortes de volatiles, ceux qui volent, ceux qui marchent, voire ceux qui nagent.

Il dit à Maman que non, elle ne peut avoir ni bacon

bouilli ni saucisses. Si elle était un peu raisonnable, elle prendrait une tête de cochon avant qu'elles soient toutes parties vu comment les pauvres gens de Limerick en réclament à cor et à cri.

Maman dit que la tête de cochon ne convient pas pour Noël et il répond que c'est plus que la Sainte Famille n'a eu autrefois dans son étable glaciale de Bethléem. Vous ne les auriez pas entendus se plaindre si quelqu'un leur avait proposé une belle tête de cochon bien grasse.

Non, ils ne se seraient pas plaints, fait Maman, mais ils n'auraient jamais mangé la tête de cochon. Ils étaient juifs.

Et quel est le rapport? Une tête de cochon, c'est une tête de cochon.

Et un Juif, c'est un Juif, et ça va à l'encontre de leur religion, et je ne leur en fais pas reproche.

Dites-moi, ma petite dame, vous êtes un rien calée sur les Juifs et le cochon.

Absolument pas, dit Maman, mais il y avait une dame juive à New York, Mrs. Leibowitz, et je me demande bien ce que nous aurions fait sans elle.

Le boucher sort la tête de cochon d'une armoire et quand Malachy fait: Oh, regardez le chien mort! lui et Maman éclatent de rire. Il enveloppe la tête dans du papier journal et la tend à Maman en disant: Joyeux Noël. Puis, il enveloppe quelques saucisses, et ajoute: Prenez ces saucisses pour votre petit déjeuner de Noël.

Oh, mais c'est que je ne peux pas m'offrir de saucisses, dit Maman.

Je vous demande de l'argent? Je vous en demande? Prenez ces saucisses. Elles compenseront peut-être le manque d'oie ou de jambon.

Vraiment, vous n'êtes pas obligé, dit Maman.

Je sais ça, ma petite dame. Si j'étais obligé, je ne le ferais pas.

Maman dit qu'elle a mal au dos, que c'est moi qui vais devoir porter la tête de cochon. Je tiens le paquet contre ma poitrine mais il est mouillé, le papier journal commence à se défaire et la tête apparaît. C'est la honte de ma vie ! fait Maman. Tout le monde va savoir que nous avons de la tête de cochon pour Noël ! Des garçons de Leamy's National School m'aperçoivent. Ils me montrent du doigt en riant : Oh ! Bon Dieu ! Regardez Frankie McCourt avec son groin de cochon ! C'est ça que les amerloques bouffent au repas de Noël, Frankie ?

Ils s'interpellent : Eh, Christy ! Tu sais comment on bouffe une tête de cochon ?

Non, Paddy, j'le sais pas.

Tu le chopes par les oreilles et tu lui grignotes la tronche

Eh, Paddy ! fait Christy. Tu sais la seule chose que les McCourt bouffent pas dans le cochon ?

Non, Christy, j'le sais pas.

La seule chose qu'ils bouffent pas, c'est le grognement !

Au bout de quelques rues, le papier journal a complètement disparu et tout le monde voit bien la tête du cochon. Son nez aplati contre ma poitrine pointe vers mon menton et j'ai de la peine pour lui car il est mort et tout le monde se moque de lui. Ma sœur et mes deux frères sont morts eux aussi, mais si des gens s'étaient moqués d'eux, je les aurais frappés avec une caillasse.

J'aimerais bien que Papa vienne à notre aide car Maman est obligée de s'arrêter tous les cinq pas pour se reposer contre un mur. Elle se tient le dos et nous dit qu'elle ne sera jamais capable de grimper Barrack Hill. Même si Papa venait, ça ne servirait pas à grand-chose vu qu'il ne porte jamais rien, ni colis, ni sacs, ni paquets. A porter des trucs de ce genre, on perd sa dignité. C'est ce qu'il dit. Il a porté les jumeaux quand ils étaient fatigués, il a porté le pape, mais ça n'avait rien à voir avec le fait de porter des choses ordinaires comme une tête de cochon. Il nous dit souvent, à Malachy et moi : Quand vous serez grands, vous devrez mettre col et cravate et ne jamais laisser les gens vous voir porter des choses.

Il est à l'étage, assis près du feu, fumant une cigarette et lisant l'*Irish Press* qu'il adore car c'est le journal de De Valera et il pense que De Valera est le plus grand homme au monde. Il me regarde, regarde la tête de cochon, et dit à Maman que c'est honteux de laisser un garçon porter une chose pareille dans les rues de Limerick. Elle enlève son manteau, s'installe dans le lit et déclare que ce sera à lui d'aller chercher le repas au prochain Noël. Elle est claquée et meurt d'envie d'une tasse de thé, alors s'il voulait bien abandonner ses grands airs, mettre de l'eau à bouillir pour le thé puis faire griller du pain avant que ses deux petits fistons ne crèvent de faim...

Le matin de Noël, il allume le feu très tôt pour les saucisses, le pain et le thé du petit déjeuner. Maman m'envoie chez Grand-mère voir s'il est possible d'emprunter une marmite pour la tête de cochon. Z'avez quoi pour vot' repas ? demande Grand-mère. De la tête de cochon ! Jésus, Marie, Joseph ! C'est vraiment pousser les bornes au-delà des limites ! Ton père aurait-y pas pu se remuer et dégoter un jambon ou une oie au moins ? Mais quel genre d'homme est-ce, à la fin ?

Maman met la tête dans la marmite et c'est tout juste si elle arrive à la recouvrir d'eau. En attendant que bouille le cochon, Papa m'emmène avec Malachy à la messe de l'église rédemptoriste. Il fait chaud dans l'église et ça sent bon les fleurs, l'encens et les cierges. Papa nous amène voir le Petit Jésus au berceau dans la crèche. C'est un gros bébé grassouillet avec des boucles blondes comme Malachy. Puis Papa explique que c'est la mère de Jésus que nous voyons ici, Marie, dans la robe bleue, et là, le vieil homme avec la barbe, c'est son père, saint Joseph. Il dit qu'ils sont tous les deux tristes car ils savent que Jésus grandira et sera tué afin qu'on puisse tous aller au ciel. Je demande pourquoi le Petit Jésus doit mourir et Papa répond qu'on ne peut pas poser des questions comme ça.

Pourquoi ? fait Malachy.

Sois sage, dit Papa.

De retour à la maison, nous trouvons Maman dans tous ses états. Il n'y a pas assez de charbon pour faire cuire le repas, l'eau s'est arrêtée de bouillir et elle dit que tous ces contretemps la rendent folle. Il faudrait retourner à Dock Road voir pour des morceaux de charbon ou de tourbe qui seraient tombés des camions. Un jour comme aujourd'hui, on trouvera bien quelque chose sur la route. Même les plus pauvres d'entre les pauvres ne vont pas ramasser de charbon sur la route le jour de Noël. Pas la peine de demander à Papa de s'y coller car jamais il ne s'abaissera aussi bas et même s'il y allait il ne voudrait pas porter des trucs dans les rues. C'est une règle à lui. Maman ne peut pas y aller à cause de son mal au dos.

Tu vas devoir y aller, Frank, dit-elle. Et prends Malachy avec toi.

Ça fait une trotte jusqu'à Dock Road mais ce n'est pas grave parce qu'on a le ventre plein de saucisses et de pain et puis il ne pleut pas. On porte un sac de toile que Maman a emprunté à la voisine, Mrs. Hannon, et Maman avait raison : il n'y a personne dans Dock Road. Les pauvres sont tous chez eux à manger de la tête de cochon, ou peut-être une oie, et on a Dock Road pour nous tout seuls. On déniche des bouts de charbon et de tourbe coincés dans des crevasses sur la route et dans les murs des charbonneries. Ensuite, on trouve des morceaux de papier et de carton qui serviront à relancer le feu. On se balade un peu partout en essayant de remplir le sac quand arrive Pa Keating. Il a dû faire sa toilette pour Noël car il n'est pas aussi noir qu'au moment de la mort d'Eugene. Il veut savoir ce qu'on fabrique avec ce sac et Malachy ne le lui a pas plutôt dit qu'il fait : Jésus, Marie, sacro-saint Joseph ! C'est le jour de Noël et z'avez même pas un feu pour vot' tête de cochon. Quelle fichue honte !

Il nous emmène chez South qui n'est pas supposé être ouvert, mais Pa est un habitué et il existe une porte derrière le pub pour les hommes qui veulent leur pinte pour célébrer l'anniversaire du Petit Jésus dans sa crèche. Il commande sa pinte, de la limonade pour nous, puis demande au patron s'il y aurait par hasard une chance d'avoir quelques boulets de charbon. Le patron répond que ça fait vingt-sept ans qu'il sert à boire et que personne ne lui a jamais demandé de charbon. Pa dit que ce serait un fier service et le patron répond qu'il irait décrocher la lune à tire-d'aile si Pa la lui demandait. Le patron nous conduit au réduit à charbon sous l'escalier et dit : Prenez-en autant que vous pourrez transporter. C'est du vrai charbon, pas des bouts comme à Dock Road, et, si on n'arrive pas à le porter, on peut toujours le traîner derrière nous.

A cause d'un trou dans le sac, ça nous prend longtemps pour aller de chez South jusqu'à Barrack Hill. Je tire le sac et c'est le boulot de Malachy de ramasser les morceaux qui s'échappent par le trou et de les remettre dans le sac. Puis il commence à pleuvoir et on ne peut pas attendre sous un porche que ça passe car notre charbon laisse une traînée noire sur le trottoir. Malachy devient noir à force de ramasser les boulets, de les fourrer dans le sac et d'essuyer la pluie sur son visage avec ses mains noires et mouillées. Je lui dis qu'il est noir, il me dit que je suis noir, et une femme nous lance : Tirez-vous de l'entrée de ma boutique ! C'est le jour de Noël et je n'ai pas envie de voir l'Afrique à ma porte !

Nous devons continuer de tirer le sac ou bien nous n'aurons jamais notre repas de Noël. Ça va prendre un temps fou pour rallumer le feu et encore plus longtemps pour que notre repas soit prêt car l'eau devra bouillir quand Maman mettra la tête de chou et les pommes de terre dans la marmite pour tenir compagnie au cochon. On traîne le sac dans la montée d'O'Connell Avenue et on voit des gens chez eux, assis autour de tables avec toutes sortes de décorations et de lumières brillantes. La fenêtre d'une maison se lève et des enfants nous montrent du doigt en riant et en criant : Z'avez vu les Zoulous ? Elles sont où, vos lances ?

Malachy leur fait des grimaces et veut leur lancer du charbon mais je lui explique que s'il lance du charbon il y en aura moins pour le cochon et on n'aura jamais notre repas.

Chez nous, le rez-de-chaussée s'est à nouveau changé en lac à cause de la pluie qui déferle sous la porte mais ça ne fait rien : mouillés comme on est, on peut bien traverser la pièce en pataugeant. Papa descend pour hisser le sac en Italie. Il dit qu'on est de bons garçons pour avoir ramassé autant de charbon, que Dock Road devait en être couverte. Quand Maman nous voit, elle commence par rire et puis elle pleure. Elle rit car on est si noirs que c'en n'est pas croyable et elle pleure parce qu'on est trempés comme des serpillières. Elle nous demande d'enlever tous nos vêtements puis elle essuie les traces de charbon qu'on a sur les mains et sur la figure. Elle dit à Papa que la tête de cochon peut attendre un moment, le temps qu'on prenne un pot à confiture de thé brûlant.

Dehors la pluie tombe à verse et il y a un lac en bas dans notre cuisine mais le feu est reparti là-haut en Italie et la pièce est si sèche et si chaude qu'après notre thé Malachy et moi nous nous endormons dans le lit et il faut que Papa nous dise que le repas est prêt pour qu'on se réveille. Comme nos vêtements sont encore mouillés, Malachy s'assied sur la cantine pour manger, tout emmitouflé dans le manteau rouge que Maman avait déjà en Amérique. Quant à moi, je suis enveloppé dans un vieux paletot laissé par le père de Maman quand il partit pour l'Australie.

La pièce est emplie d'odeurs délicieuses, celles du chou, des pommes de terre et de la tête de cochon, mais dès que Papa sort la tête de la marmite et la pose sur un plat, Malachy s'écrie : Oh, le pauv' cochon ! Je veux pas manger le pauv' cochon !

Si tu avais faim, tu en mangerais, dit Maman. Maintenant, tu arrêtes les bêtises et tu manges ton repas.

Minute, fait Papa. Il découpe des tranches dans les deux joues, les place dans nos assiettes et les tartine de moutarde. Il saisit le plat avec la tête du cochon et le met par terre, sous la table. Maintenant, c'est du jambon, dit-il à Malachy, et mon frère mange car il ne voit pas d'où ça vient et ce n'est plus de la tête de cochon. Le chou est tendre, brûlant, et il y a plein de pommes de terre avec du beurre et du sel. Maman nous pèle les nôtres mais Papa mange la peau et tout et tout. Il dit que la peau est ce qu'il y a de plus nourrissant dans la pomme de terre et Maman fait remarquer que c'est une bonne chose qu'il ne soit pas en train de manger des œufs car alors il en serait à mastiquer les coquilles et tout et tout.

Absolument, dit-il. Quelle honte de voir les Irlandais jeter chaque jour des millions de peaux de pommes de terre ! Voilà pourquoi des milliers de gens meurent de phtisie ! Et bien sûr que la coquille de l'œuf est nourrissante ! D'ailleurs, ce n'est pas pour rien que le gaspillage constitue le huitième péché mortel, et, si les choses se passaient à ma guise…

T'occupe pas de ta guise et mange ton repas, fait Maman.

Il mange la moitié d'une pomme de terre avec sa peau et remet l'autre dans la marmite. Il mange une petite tranche de joue de cochon avec une feuille de chou et laisse le reste de son assiette à Malachy et moi. Il refait du thé qu'on prend avec du pain et de la confiture afin que personne ne puisse dire que nous n'avons pas eu de dessert le jour de Noël.

Maintenant il fait sombre, la pluie tombe toujours et Papa et Maman s'asseyent près du feu rougeoyant pour fumer leurs cigarettes. Il n'y a rien à faire quand vos vêtements sont mouillés, rien sauf retourner dans votre lit douillet et là écouter votre père vous raconter comment Cuchulain devint catholique puis vous endormir et rêver du cochon pleurant debout dans la crèche de l'église rédemptoriste car le Petit Jésus, Cuchulain et lui vont tous devoir grandir et mourir.

L'ange qui avait apporté Margaret et les jumeaux est revenu nous apporter un autre frère, Michael. Papa raconte qu'il a trouvé Michael sur la septième marche de l'escalier pour l'Italie. Il dit que c'est lui, l'Ange de la Septième Marche, qu'on doit guetter quand on a demandé un nouveau bébé.

Malachy veut savoir comment on fait pour recevoir un nouveau bébé de l'Ange de la Septième Marche quand on n'a aucun escalier dans sa maison et Papa lui répond que poser trop de questions est une affliction.

Malachy veut savoir ce que c'est qu'une affliction.

Affliction. J'aimerais bien savoir ce que veut dire ce mot, affliction, mais Papa fait : Ah, mon enfant, le monde est une affliction et tout ce qui s'y trouve, puis il enfile sa casquette et va au *Bedford Row Hospital* pour voir Maman et Michael. Maman est partie à l'hôpital à cause de son mal au dos et elle a emmené le bébé pour s'assurer qu'il était en bonne santé quand il a été laissé sur la septième marche. Là, je ne comprends pas car je suis sûr que jamais des anges ne laisseraient un bébé malade sur la septième marche. Inutile de demander des explications là-dessus à Papa ou Maman. Ils disent : Tu deviens aussi embêtant que ton frère à poser des questions comme ça. Va jouer.

Je sais que les grandes personnes n'aiment pas les questions des enfants. Elles ont le droit de poser toutes les questions qui leur plaisent : Comment va l'école ? Es-tu un bon garçon ? As-tu dit tes prières ? Mais si vous leur demandez si *elles* ont dit leurs prières, vous pourriez bien vous prendre une taloche.

Papa ramène Maman à la maison avec le nouveau

bébé et elle doit rester quelques jours au lit à cause de son mal au dos. Elle dit que ce bébé-là est le portrait craché de notre regrettée sœur avec ses cheveux noirs tout ondulés, ses ravissants yeux bleus, sans compter les magnifiques sourcils. C'est ce que dit Maman.

J'aimerais bien savoir si le bébé continuera d'avoir son portrait craché. J'aimerais aussi savoir quelle est la septième marche, car il y en a neuf dans l'escalier, et j'ignore s'il faut compter à partir d'en bas ou d'en haut. Ça n'embête pas Papa de répondre à cette question-là. Les anges viennent de là-haut, dit-il, et pas de cuisines comme la nôtre qui sont des lacs d'octobre en avril.

Du coup, je trouve la septième marche en comptant à partir d'en haut.

Bébé Michael a un rhume. Sa tête est prise et il peut à peine respirer. Maman s'inquiète car c'est dimanche et le dispensaire pour les pauvres est fermé. Si vous allez à la maison du docteur et que la bonne voie que vous venez des basses classes, elle vous dit : Allez au dispensaire dont vous dépendez. Si vous lui expliquez que l'enfant est mourant dans vos bras, elle vous dira que le docteur est parti monter son cheval dans la campagne.

Maman pleure car le bébé se débat pour prendre de l'air dans sa bouche. Elle essaie de lui dégager les narines avec un petit tortillon de papier mais elle a peur de le pousser trop loin. Pas besoin de ça, dit Papa. Tu n'es pas supposée enfoncer des choses dans la tête d'un enfant. On dirait qu'il va embrasser le bébé. Au lieu de ça, il pose sa bouche sur le petit nez et le voilà qui suce, suce le mauvais truc hors de la tête de Michael. Il le crache dans le feu, Michael pousse un grand cri et on le voit aspirer l'air jusque dans sa tête puis se remettre à rire et à gigoter. Maman regarde Papa comme s'il venait juste de tomber des cieux et Papa dit : C'est ce qu'on faisait en Antrim bien avant qu'il y ait des docteurs qui montent leurs chevaux.

Michael nous donne droit à quelques shillings supplémentaires d'allocation chômage mais Maman dit que ce n'est pas suffisant et la voilà obligée de retourner à la Société de Saint-Vincent-de-Paul pour la nourriture. Un soir, on frappe à la porte et Maman m'envoie en bas voir qui c'est. Ce sont deux hommes de Saint-Vincent-de-Paul et ils veulent voir mon père et ma mère. Je leur dis que mes parents sont là-haut en Italie.

Quoi ? font-ils.

Là-haut où c'est sec.

Ils veulent savoir quelle est cette petite cabane à côté de notre porte. Je leur réponds que ce sont les cabinets. Comme ils veulent savoir pourquoi ils ne se trouvent pas derrière la maison, je leur explique que ce sont les cabinets pour toute la ruelle et que c'est une bonne chose qu'ils ne soient pas derrière notre maison car sinon on aurait des gens qui défileraient sans arrêt dans notre cuisine avec des seaux à vous rendre malade.

Es-tu sûr qu'il n'y a que ces seuls cabinets pour toute la ruelle ?

J'en suis sûr.

Sainte Mère de Dieu ! font-ils.

Maman appelle d'Italie : Qui est en bas ?

Les hommes.

Quels hommes ?

De Saint-Vincent-de-Paul.

Ils traversent avec prudence le lac de la cuisine en faisant *tsk tsk, tut tut*, puis, tout en montant en Italie, ils se disent : N'est-ce pas une honte ? Ils expliquent à Papa et Maman qu'ils sont navrés de les déranger, mais la Société doit s'assurer qu'ils aident des cas méritants. Maman leur propose une tasse de thé mais ils regardent autour d'eux et répondent : Non, merci. Ils veulent savoir pourquoi nous habitons à l'étage. Ils veulent savoir pour les cabinets. Ils posent des questions car les grandes personnes peuvent poser toutes les questions qui leur plaisent puis écrire dans des carnets, surtout quand elles portent col, cravate et costume. Les hommes demandent l'âge de Michael, ce que Papa touche à la Bourse du Travail, la dernière fois qu'il a eu un boulot, pourquoi il n'a plus de boulot maintenant et quel est donc cet accent qu'il a.

Papa leur dit que les cabinets pourraient nous faire attraper n'importe quelle maladie mortelle, que la cuisine est inondée en hiver et que nous avons dû emménager à l'étage pour rester au sec. Il ajoute que le fleuve Shannon est responsable de toute l'humidité du monde et qu'il est en train de nous tuer un à un.

Malachy leur dit que nous habitons en Italie et ils sourient.

Maman demande s'il y aurait une chance d'avoir des bottes pour Malachy et moi et ils répondent qu'elle devra descendre à Ozanam House[1] pour faire une demande. Elle dit qu'elle ne s'est pas sentie bien depuis la naissance du bébé, et que faire longtemps la queue lui serait impossible, mais ils répondent : Chacun doit être traité pareillement, tenez, même une femme d'Irishtown qui a eu des triplés, et voilà, merci bien, nous allons faire notre rapport à la Société.

Avant qu'ils partent, Malachy veut leur montrer là où l'ange a laissé Michael sur la septième marche, mais Papa lui dit : Pas maintenant, pas maintenant. Malachy pleure et l'un des hommes lui donne un caramel sorti de sa poche et j'aimerais bien avoir une raison de pleurer pour en avoir un, moi aussi, de caramel.

Je dois retourner en bas et montrer aux hommes où marcher pour garder leurs pieds au sec. Ils n'arrêtent

1. L'écrivain français Frédéric Ozanam (1813-1853) fonda la Société de Saint-Vincent-de-Paul en 1833. (*N.d.T.*)

pas de secouer la tête et de dire : Dieu tout-puissant ! Sainte Mère de Dieu ! Quelle désolation ! Ce n'est pas l'Italie là-haut, c'est Calcutta !

En Italie, Papa est en train de dire à Maman qu'elle ne devrait jamais quémander comme ça.

Que veux-tu dire par quémander ?

Tu n'as donc aucune fierté, pour quémander des bottes comme ça ?

Et que feriez-vous, Môssieur-qui-prend-ses-grands-airs ? Vous les laisseriez aller nu-pieds ?

Je rafistolerais plutôt les chaussures qu'ils ont déjà.

Elles partent en morceaux, les chaussures qu'ils ont déjà.

Je peux les rafistoler, dit-il.

Tu es incapable de rafistoler quoi que ce soit, dit-elle. Tu es un bon à rien.

Le lendemain, Papa rentre à la maison avec un vieux pneu de bicyclette. Il m'envoie chez Mr. Hannon d'à côté pour emprunter une forme à chaussure et un marteau. Il prend à Maman son couteau bien aiguisé et taille dans le pneu jusqu'à ce qu'il ait des pièces correspondant aux semelles de nos chaussures, talons compris. Maman lui dit qu'il va complètement bousiller les chaussures mais il cogne comme un sourd avec le marteau, plantant les clous à travers les pièces de caoutchouc jusqu'à les enfoncer dans les chaussures. Seigneur ! fait Maman. Si tu n'avais pas touché aux chaussures, elles auraient duré jusqu'à Pâques, au moins, et après on aurait eu les bottes de Saint-Vincent-de-Paul. Mais il continue jusqu'à ce que les semelles et les talons soient couverts de carrés de caoutchouc qui dépassent de chaque côté de la chaussure et bâillent devant et derrière. Il nous demande d'enfiler les chaussures, puis nous explique que nos pieds seront bien au chaud dedans, mais on n'a plus du tout envie de les porter avec ces pièces de pneu tellement mastoc qu'elles nous font trébucher quand on marche en Italie. Papa me renvoie chez Mr. Hannon avec la forme et le marteau, et Mrs. Hannon dit : Seigneur ! Qu'est-ce qu'elles ont vos chaussures ? Elle rit, Mr. Hannon secoue la tête, et je me sens honteux. Le jour d'après, je n'ai pas envie d'aller à l'école et je fais semblant d'être malade, mais Papa nous fait lever, nous donne notre pain grillé et notre thé, puis il nous dit qu'on devrait déjà être contents d'en avoir, des chaussures, qu'il y a des garçons de Leamy's National School qui vont nu-pieds à l'école même les jours de mauvais temps. Sur le chemin de l'école, les garçons de Leamy's se moquent de nous car les pièces de pneu ont une telle épaisseur qu'elles nous grandissent de plusieurs centimètres. Fait bon, là-haut ? demandent-ils. Ma classe compte six ou sept garçons nu-pieds. Ils ne disent rien et je me demande s'il vaut mieux avoir des chaussures avec des pneus de caoutchouc qui vous font déraper et trébucher, ou bien aller nu-pieds. Si vous n'avez pas du tout de chaussures, vous aurez tous les va-nu-pieds de votre côté. Si vous avez des pneus de caoutchouc à vos chaussures, vous vous retrouvez tout seul avec votre frère et vous devez livrer vos propres batailles. Je vais m'asseoir sur un banc du préau pour enlever mes chaussures et mes mi-bas mais, dès que j'entre en classe, le maître veut savoir où sont mes chaussures. Il sait que je ne suis pas un des va-nu-pieds, il me fait retourner prendre les chaussures dans la cour et me demande de les renfiler. Puis, s'adressant à toute la classe : Il en est ici qui huent. Il en est ici qui conspuent et se moquent des infortunes d'autrui. Y a-t-il dans cette classe quelqu'un qui se croit parfait ? Levez la main.

Aucune main ne se lève.

Y a-t-il dans cette classe quelqu'un venant d'une famille riche qui a beaucoup d'argent à dépenser en chaussures ? Levez la main.

Aucune main ne se lève.

Il y a ici des garçons qui doivent raccommoder leurs chaussures comme ils peuvent. Il y a ici, dans cette classe, des garçons qui n'ont pas de chaussures du tout. Ce n'est pas leur faute et il n'y a aucune honte à ça. Notre Seigneur n'avait pas de chaussures. Il est mort sans chaussures aux pieds. L'imaginez-vous sur la croix en train d'exhiber des chaussures ? L'imaginez-vous, les garçons ?

Non, monsieur.

Comment n'imaginez-vous pas Notre Seigneur ?

Sur la croix en train d'exhiber des chaussures, monsieur.

Maintenant, si j'entends dire que des garçons de cette classe ont hué et conspué les frères McCourt à cause de leurs chaussures, la férule paraîtra. Qu'est-ce qui paraîtra, les garçons ?

La férule, monsieur.

La férule cinglera, les garçons. La canne de frêne sifflera dans l'air, puis elle atterrira sur le postérieur de chaque garçon qui hue, de chaque garçon qui conspue. Où atterrira-t-elle, les garçons ?

Sur chaque garçon qui hue, monsieur.

Et ?

Sur chaque garçon qui conspue, monsieur.

Les garçons ont fini de nous embêter et nous portons nos chaussures à pneu de caoutchouc encore deux ou trois semaines jusqu'à Pâques, en attendant que la Société de Saint-Vincent-de-Paul veuille bien nous donner les bottes.

Si je dois me lever au milieu de la nuit faire pipi dans le seau, je vais en haut de l'escalier et je regarde en bas pour voir si l'ange ne serait pas sur la septième marche. Des fois, je suis sûr qu'il y a une lumière à cet endroit et, si tout le monde dort, je m'assieds sur la marche au cas où l'ange apporterait un autre bébé ou viendrait juste en visite. Je demande à Maman si l'ange se contente d'apporter les bébés et les oublie ensuite. Bien sûr que non, répond-elle. L'ange n'oublie jamais les bébés et il revient même s'assurer que celui qu'il vient d'apporter est heureux.

Je pourrais poser à l'ange toutes sortes de questions et je suis sûr qu'il répondrait, à moins que ce ne soit un ange fille. Mais en fait je suis sûr qu'un ange fille répondrait aussi à des questions. Jamais je n'ai entendu dire le contraire.

Ça fait longtemps que je suis assis sur la septième marche et c'est certain que l'ange y est. Je lui raconte toutes les choses qu'on ne peut pas dire à son père et sa mère de crainte de recevoir une taloche ou de se faire répondre d'aller jouer dehors. Je lui raconte tout sur l'école, et surtout comment j'ai peur du maître avec sa férule quand il nous crie dessus en irlandais. D'ailleurs, je ne sais toujours pas ce qu'il dit dans ces cas-là vu que je viens d'Amérique et que les autres garçons ont appris l'irlandais une année avant moi.

Je reste sur la septième marche jusqu'à ce qu'il fasse trop froid ou que Papa se lève et me dise de retourner au lit. C'est lui qui m'a raconté en premier que l'ange venait sur la septième marche et on pourrait penser qu'il sait pourquoi je suis assis là. Une nuit, je lui explique que j'attends l'ange et il fait : Oh, Francis, tu es du genre rêveur, dis-moi.

En me recouchant, je l'entends qui chuchote à ma mère : Le pauvre loupiot était assis dans l'escalier en train de faire la causette avec un ange !

Il rit, ma mère rit, et moi je me dis : Bizarre, cette façon qu'ont les grandes personnes de rire à propos de l'ange qui leur a apporté un nouvel enfant.

Avant Pâques, nous redescendons en Irlande. Pâques est mieux que Noël car l'air est plus chaud, les murs ne dégoulinent pas d'humidité et la cuisine n'est plus un lac. Si on se lève tôt, on a une chance de surprendre le soleil qui se faufile une minute par la fenêtre de la cuisine.

Quand le temps est au beau, les hommes vont s'asseoir dehors pour fumer leurs cigarettes s'ils en ont, voir ce qui se passe et nous regarder jouer. Les femmes se tiennent debout les bras croisés et bavardent. Elles ne s'asseyent pas car tout ce qu'elles font c'est rester à la maison, s'occuper des enfants, du ménage et cuisiner un peu, alors que les hommes ont besoin des chaises. Les hommes s'asseyent car ils sont fatigués à force d'aller chaque matin à pied à la Bourse du Travail pour pointer au chômage, de discuter des problèmes du monde et de se demander quoi faire le reste de leur journée. Il y en a qui s'arrêtent chez le preneur de paris pour éplucher la liste et placer un shilling ou deux sur un truc sûr. Il y en a qui passent des heures à lire des journaux anglais et irlandais à la bibliothèque Carnegie. Un homme au chômage doit se tenir au courant car tous les autres hommes au chômage sont experts sur ce qui se passe dans le monde. Un homme au chômage doit être prêt au cas où un autre homme au chômage mettrait sur le tapis Hitler, Mussolini ou la terrible situation des millions de Chinois. Quand un homme au chômage rentre à la maison après une journée passée chez le preneur de paris ou à la bibliothèque, sa femme ne lui refusera pas une petite pause thé-cigarette bien installé sur sa chaise pour réfléchir à l'état du monde.

Pâques est mieux que Noël car Papa nous emmène à l'église rédemptoriste où tous les prêtres portent du blanc et chantent. Ils sont contents car Notre Seigneur est aux cieux. Je demande à Papa si le bébé de la crèche est mort et il répond : Non, Il avait trente-trois ans quand Il mourut et maintenant Le voilà sur la croix. Moi, je ne comprends pas comment Il a fait pour grandir si vite et être là sur la croix, avec un chapeau d'épines et du sang qui lui coule de partout, de Sa tête, de Ses mains, de Ses pieds, sans compter un gros trou qu'il a près de Son ventre.

Papa dit que je comprendrai quand je serai grand. C'est ce qu'il me répond tout le temps maintenant, et je voudrais être grand comme lui pour tout comprendre. Ça doit être merveilleux de se réveiller le matin en comprenant tout. J'aimerais bien être comme toutes les grandes personnes dans l'église, me mettant debout, à genoux, priant et comprenant tout.

Pendant la messe, les gens montent les marches de l'autel et le prêtre leur met quelque chose dans la bouche. Puis ils retournent à leur place en courbant la tête et en remuant les lèvres. Malachy dit qu'il a faim, que lui aussi en voudrait. Chut ! fait Papa. C'est la sainte communion, le corps et le sang du Christ.

Mais, Papa...

Chut ! C'est un mystère.

Inutile de poser d'autres questions. Si vous en posez une, on vous répondra : C'est un mystère, tu comprendras quand tu seras grand, sois un bon garçon, demande à ta mère, demande à ton père, pour l'amour de Dieu, laisse-moi tranquille et va donc jouer dehors.

Son premier boulot à Limerick, Papa le dégote à la cimenterie, et Maman est contente. Elle n'aura pas besoin de faire la queue debout à la Société Saint-Vincent-de-Paul pour demander vêtements et bottes pour Malachy et moi. Elle dit que ce n'est pas quémander, c'est demander la charité, mais Papa dit qu'il s'agit bien de quémander, et que c'est honteux. Maman dit qu'elle peut maintenant rembourser les deux ou trois livres qu'elle doit à la marchande, Kathleen O'Connell, et aussi ce qu'elle doit à sa propre mère. Elle a horreur d'être en reste avec qui que ce soit, surtout avec sa propre mère.

La cimenterie se trouve à des kilomètres en dehors de Limerick, ce qui veut dire que Papa doit être parti de la maison à six heures du matin. Ça ne l'ennuie pas car il est habitué aux longues marches. La veille au soir, Maman lui prépare une gourde de thé, un sandwich, un œuf dur. Elle est désolée qu'il doive se taper à pied près de cinq kilomètres aller et cinq kilomètres retour. Une bicyclette serait bien pratique mais il faudrait travailler une année pour avoir de quoi l'acheter.

Vendredi c'est jour de paye et Maman sort très tôt du lit. Elle nettoie la maison en chantant :

Chacun peut voir pourquoi je voulais ton baiser,
Cela devait arriver et la raison est facile à trouver...

Il n'y a pas grand-chose à nettoyer dans la maison. Elle balaie le sol de la cuisine et le sol de l'Italie à l'étage. Elle lave les quatre pots à confiture qu'on utilise comme mugs. Si le boulot de Papa dure, explique-t-elle, on aura des tasses comme il faut, peut-être même des soucoupes, et un jour, avec l'aide de Dieu et de Sa bienheureuse Mère, on aura des draps pour le lit et, si on économise longtemps, une couverture ou deux au lieu de ces vieux paletots que les gens ont dû laisser là au temps de la Grande Famine. Elle fait bouillir de l'eau et lave les loques qui empêchent Michael de chier dans tout le landau, voire dans toute la maison. Oh, dit-elle, le bon thé qu'on va prendre quand votre papa rapportera le salaire ce soir !

Votre papa. Elle est de bonne humeur.

Des sirènes et des sifflets retentissent dans toute la ville quand les hommes ont fini le travail à cinq heures et demie. Malachy et moi sommes excités car on sait une chose : quand votre père travaille et qu'il rapporte le salaire, vous recevez le penny du vendredi. On sait ça par les autres garçons dont le père travaille, et on sait aussi qu'après votre thé vous pouvez aller dans la boutique de Kathleen O'Connell et acheter des bonbons. Si votre mère est de bonne humeur, elle peut même vous donner deux pence pour aller le lendemain au cinéma Le Lyric voir un film avec James Cagney.

Les hommes qui travaillent en usine et dans les commerces de la ville s'en reviennent par les ruelles pour dîner et se laver avant d'aller au pub. Les femmes vont voir des films au Coliseum ou au Lyric. Elles s'achètent des douceurs et des cigarettes Wild Woodbine et, si leurs maris travaillent depuis longtemps, elles s'offrent des boîtes de chocolats Black Magic. Elles raffolent des films d'amour et adorent pleurer tout ce qu'elles savent quand la fin est triste ou qu'un bel amoureux part au loin se faire tuer par des Hindous et autres non-catholiques.

Nous devons attendre longtemps que Papa fasse les kilomètres à pied pour revenir de la cimenterie. On ne peut pas prendre notre thé avant qu'il soit rentré et c'est très dur car on sent la cuisine des autres familles dans la ruelle. Maman dit que c'est une bonne chose que le jour de paie tombe le vendredi, quand on ne peut pas manger de viande, sinon l'odeur du bacon ou des saucisses dans les autres maisons la rendrait folle. N'empêche qu'on pourra toujours prendre des tartincs de fromage et puis du thé dans un beau pot à confiture tout propre tout neuf avec des tonnes de lait et de sucre et que voulez-vous de plus ?

Les femmes sont parties au cinéma, les hommes sont dans les pubs, et Papa n'est toujours pas rendu. Maman dit que ça fait une trotte de la cimenterie même s'il est bon marcheur. Elle dit ça mais ses yeux sont mouillés et elle ne chante plus. Elle est assise près du feu, fumant une Wild Woodbine qu'elle a eue à crédit chez Kathleen O'Connell. La sèche est son seul luxe et jamais elle n'oubliera Kathleen pour sa bonté. Elle ne sait pas combien de temps on peut garder l'eau brûlante dans cette bouilloire. Inutile de faire le thé tant que Papa ne sera pas rentré parce qu'il sera trop infusé, bouillu-foutu et imbuvable. Malachy dit qu'il a faim et elle lui donne un bout de pain avec du fromage pour qu'il tienne le coup. Ce boulot pourrait nous sauver, dit-elle. C'est déjà assez difficile pour lui de dégoter un boulot avec son accent du Nord et, s'il perd celui-là, je ne sais pas ce que nous allons faire.

L'obscurité est tombée dans la ruelle et on doit allumer une bougie. Elle doit nous donner notre thé et notre pain et notre fromage car on a si faim qu'on ne peut plus attendre. Elle s'assied à table, grignote du pain et du fromage, fume sa Wild Woodbine. Elle va à la porte pour voir si Papa arrive dans la ruelle puis elle parle des jours de paie quand on partait à sa recherche dans tout Brooklyn. Un jour, dit-elle, nous retournerons tous en Amérique et nous aurons un beau logement bien chaud avec des cabinets au rez-de-chaussée comme ceux de Classon Avenue et pas cette chose immonde juste à côté de notre porte.

Les femmes rentrent des cinémas en riant et les hommes reviennent des pubs en chantant. Maman dit que ce n'est pas la peine d'attendre debout plus longtemps. Si Papa reste dans les pubs jusqu'à leur fermeture, tout son salaire y passera et on peut aussi bien aller se coucher. Elle va dans son lit avec Michael dans ses bras. La ruelle est silencieuse et je l'entends qui pleure, même si elle a tiré un vieux paletot sur son visage. Puis, au loin, j'entends mon père.

Je sais que c'est lui parce que c'est le seul homme de Limerick qui chante cette ballade du Nord, *Roddy McCorley va à son trépas sur le pont de Toome aujourd'hui de ce pas.* Il tourne au coin en haut de la ruelle et entonne *Kevin Barry.* Il chante un couplet, s'arrête, s'appuie contre un mur, se lamente sur Kevin Barry. Des gens passent la tête par les portes et fenêtres pour lui lancer : De Dieu ! Z'allez la mettre en veilleuse, oui ? Y en a parmi nous qui doivent se lever tôt matin pour bosser. Rentrez donc les gueuler chez vous, vos maudites chansons patriotardes !

Il va se planter au milieu de la ruelle et dit à tout le monde de venir un peu dehors, qu'il est prêt à en découdre, prêt à combattre et à mourir pour l'Irlande, et qu'il ne peut pas en dire autant des hommes de Limerick qui sont connus d'un bout à l'autre du monde pour collaborer avec les perfides Saxons.

Puis il pousse notre porte, chantant :

Et si, quand alentour on veille,
L'Ouest dort, l'Ouest dort !
Hélas ! et puisse mon Erin sangloter fort,
De ce que Connacht gît en un profond sommeil.

Mais Holà! s'élève une voix au tonnerre pareille:
L'Ouest s'éveille! L'Ouest s'éveille!
Chantons: Oh, hourra! que de l'Angleterre tremble l'airain!
Nous monterons la garde jusqu'à la mort pour le salut
[d'Erin!

Il appelle du bas de l'escalier: Angela, Angela, est-ce qu'il y a une goutte de thé dans cette maison?

Elle ne répond pas et il appelle à nouveau: Francis, Malachy! Venez voir en bas, les garçons! J'ai le penny du vendredi pour vous!

J'ai envie de descendre et de prendre le penny du vendredi mais Maman sanglote avec le paletot sur la bouche et Malachy dit: J'en veux pas d'son vieux penny du vendredi. Il peut s'le garder.

Papa monte les marches cahin-caha et entame un discours comme quoi nous devons tous mourir pour l'Irlande. Il gratte une allumette et l'approche de la bougie qui se trouve au chevet de Maman. Puis il tient la bougie au-dessus de sa tête et fait le tour de la pièce en chantant comme s'il était à un défilé:

Voyez qui vient par la lande rouge en fleur,
Leurs vertes bannières embrassant l'air pur des hauteurs,
Têtes dressées, regards droits, marchant fièrement du
[même pas,
Certainement trône la liberté sur chaque fier esprit que
[voilà.

Michael se réveille en poussant un grand cri, les Hannon tapent au mur et Maman dit à Papa qu'il est une honte ambulante. Pourquoi ne fiches-tu pas carrément le camp de la maison? lui demande-t-elle.

Il se plante au milieu de la pièce avec la bougie sur sa tête. Il tire un penny de sa poche et le montre à Malachy et moi. Votre penny du vendredi, les garçons! Je veux que vous me sautiez de ce lit, que vous vous mettiez ici en rang comme deux soldats et promettiez de mourir pour l'Irlande et je vous donnerai à tous les deux le penny du vendredi !

Malachy se dresse dans le lit. J'en veux pas, dit-il. Et je dis à Papa que je n'en veux pas non plus.

Papa reste un instant à se balancer d'un pied sur l'autre puis il remet le penny dans sa poche. Il se tourne vers Maman, qui lui dit : Ce soir, tu ne dors pas dans ce lit ! Il redescend tant bien que mal avec la bougie, dort sur une chaise, manque le travail le lendemain matin, perd le boulot à la cimenterie et nous revoilà au chômage.

IV

Le maître dit qu'il est temps de se préparer pour la première confession et la première communion, de connaître et de se rappeler toutes les questions et réponses du catéchisme, de devenir de bons catholiques, de savoir la différence entre le bien et le mal, de mourir pour la foi en cas d'appel.

Le maître dit que c'est chose glorieuse de mourir pour la foi, Papa dit que c'est chose glorieuse de mourir pour l'Irlande, et je me demande s'il y a quelqu'un au monde qui aimerait que nous vivions. Mes frères sont morts, ma sœur est morte, et je me demande s'ils sont morts pour l'Irlande ou pour la foi. Papa dit qu'ils étaient trop jeunes pour mourir pour quoi que ce soit. Maman lui répond que, s'ils sont morts, c'est à cause de la maladie et de l'inanition, et aussi parce qu'il n'avait jamais de travail. Papa dit : Allons, Angela, puis il enfile sa casquette et part pour une longue marche.

Le maître dit que chacun d'entre nous doit apporter trois pence pour le catéchisme de première communion à couverture verte. Le catéchisme contient toutes les questions et réponses qu'on doit connaître par cœur avant de pouvoir recevoir la première communion. Les garçons plus âgés de cinquième division ont le gros catéchisme de confirmation à couverture rouge, et celui-là coûte six pence. J'aimerais être grand, important, et frimer avec le catéchisme de confirmation à couverture rouge, mais je ne crois pas que je vivrai aussi longtemps vu comment on attend de moi que je meure pour ceci ou cela. Je demanderais bien pourquoi il y a tant de grandes personnes qui ne sont mortes ni pour l'Irlande ni pour la foi mais je sais qu'à poser ce genre de question on risque de prendre une torgnole ou de se faire dire d'aller jouer dehors.

C'est bien pratique d'avoir Mikey Molloy qui habite juste au coin près de chez moi. Il a onze ans, il a des crises et, dès qu'il a le dos tourné, on l'appelle Molloy la Crise. Les gens de la ruelle disent que ces crises sont une affliction et maintenant je sais ce que veut dire affliction. Mikey connaît tout parce qu'il a des visions pendant ses crises et qu'il lit des livres. Dans la ruelle, c'est lui l'expert en Anatomie féminine et Autres Cochonneries et il promet : Frankie, je te dirai tout lorsque tu auras onze ans comme moi et que tu ne seras pas si lourdaud et ignorant.

Heureusement qu'il dit Frankie, comme ça je sais que c'est à moi qu'il parle car il a les yeux qui louchent et on ne sait jamais qui il regarde. S'il est en train de parler à Malachy et que je croie que c'est à moi qu'il s'adresse, il risque de se mettre en rage et d'avoir une crise qui le fera s'évanouir. Il dit que c'est un don d'avoir les yeux qui louchent car vous êtes comme un dieu capable de regarder de deux côtés en même temps et, si vous aviez les yeux qui louchaient à l'ancienne époque des Romains, vous n'aviez aucun problème pour décrocher un bon boulot. Si vous regardez les images des empereurs romains, vous remarquerez qu'il y a toujours pas mal d'yeux qui louchent. Quand Mikey n'a pas ses crises, il s'assied par terre en haut de la ruelle et lit les livres que son père rapporte de la bibliothèque Carnegie. Sa mère s'énerve : Les livres, les livres, les livres ! Il s'abîme les yeux avec toutes ces lectures, il lui faudrait une opération qui les remette en face des trous mais allez savoir qui paiera pour ça ! Elle lui dit qu'à force de se fatiguer les yeux ils vont se mélanger jusqu'à ce qu'il n'en reste plus qu'un seul au milieu de la tête. Depuis toujours, son père l'appelle Cyclope, comme le personnage d'une histoire grecque.

Nora Molloy connaît ma mère des queues qu'elles ont faites ensemble à la Société de Saint-Vincent-de-Paul. Elle dit à Maman que Mikey a plus de jugeote que douze hommes réunis à boire des pintes dans un pub. Il connaît les noms de tous les papes, de saint Pierre à Pie XI. Il a seulement onze ans mais c'est un homme, oh, ça on peut le dire. On ne compte plus les semaines où il sauve sa famille de l'inanition complète. Il emprunte la charrette à bras d'Aidan Farrell et va frapper aux portes de tout Limerick pour voir si des gens voudraient qu'on leur livre du charbon ou de la tourbe et hop le voilà parti à Dock Road pour rapporter d'énormes sacs de cinquante kilos ou plus. Il colporte des messages pour des vieilles personnes qui ne peuvent plus marcher et, si elles n'ont pas un penny à lui donner, eh bien, une prière fera l'affaire.

S'il gagne un peu d'argent, il le donne à sa mère et on peut dire qu'elle l'adore, son Mikey. Il est son monde à elle, la prunelle de ses yeux, le sang de ses artères, et, si jamais il devait lui arriver quelque chose, on pourrait aussi bien coller Nora à l'asile d'aliénés et jeter la clef

Peter, le père de Mikey, est un grand champion. Il gagne des paris dans les pubs en buvant plus de pintes que n'importe qui. Tout ce qu'il a à faire c'est aller dehors aux gogues, enfoncer son doigt dans la gorge et faire tout remonter afin de pouvoir disputer une autre tournée. Peter est un tel champion qu'il peut se tenir debout dans les gogues et vomir sans utiliser son doigt. Il est tellement champion qu'on lui trancherait les doigts, il continuerait comme si de rien n'était. Il gagne plein d'argent mais ne le rapporte pas à la maison. Il lui arrive de faire comme mon père, de boire jusqu'à l'allocation chômage, et c'est pour ça que Nora Molloy est souvent emmenée à l'asile d'aliénés, folle d'inquiétude pour sa famille qui crève de faim.

Elle sait que tant que vous êtes à l'asile, vous êtes protégé contre le monde et ses tourments, vous n'y pouvez rien, vous êtes à l'abri, et à quoi bon s'inquiéter ? On sait bien que tous les aliénés de l'asile doivent y être amenés de force mais Nora est la seule qu'on doive sortir de force et renvoyer à ses cinq enfants et au champion de descente de pintes toutes catégories confondues.

On peut dire que Nora Molloy est mûre pour l'asile quand on voit ses enfants courir alentour tout blancs de farine de la tête aux pieds. Ça arrive lorsque Peter boit l'allocation chômage, la met au désespoir, et qu'elle sait que les hommes vont venir pour l'emmener. Là, on est sûr que Nora est chez elle, à pétrir comme une folle. Elle veut s'assurer que les enfants n'auront pas faim en son absence et elle vagabonde dans tout Limerick en mendiant de la farine. Elle va voir des prêtres, des religieuses, des protestants, des quakers. Elle va aux Grands Moulins Rank et mendie les balayures. Elle pétrit jour et nuit. Peter la supplie d'arrêter mais elle hurle : Voilà ce qui arrive quand on boit l'allocation ! Il lui explique que le pain va rassir. Mais c'est inutile de lui parler. Et que je te pétris, et que je te pétris, et que je te pétris. Si elle avait l'argent, elle pétrirait toute la farine de Limerick et des environs. Si les hommes ne venaient pas de l'asile d'aliénés pour l'emmener, elle pétrirait jusqu'à en tomber par terre.

Les enfants se bourrent tellement de pain que les gens de la ruelle disent qu'ils ont l'air de miches. N'empêche que le pain rassit, et Mikey est si embêté par ce gaspillage qu'il va en parler à une femme riche qui possède un livre de recettes, et elle lui conseille de faire du gâteau à la mie de pain. Il fait bouillir le pain dur dans de l'eau et du lait tourné, jette dedans une tasse de sucre, et son frère adore ça même si c'est tout ce qu'ils mangent pendant les quinze jours où leur mère se trouve à l'asile d'aliénés.

Mon père se demande : L'emmènent-ils parce

qu'elle devient folle à force de pétrir du pain ou pétrit-elle du pain comme une folle parce qu'ils vont l'emmener ?

Ensuite, Nora rentre à la maison, calme comme si elle était allée au bord de la mer. Où est Mikey ? demande-t-elle toujours. Est-ce qu'il est en vie ? Elle se tracasse pour Mikey parce qu'il n'est pas un catholique en bonne et due forme. S'il avait une crise et mourait, qui sait où il se retrouverait dans la vie prochaine ? Il n'est pas un catholique en bonne et due forme parce qu'il n'a jamais pu recevoir sa première communion de crainte d'avoir quelque chose sur sa langue qui aurait pu déclencher une crise et l'étouffer. Le maître a essayé tout un tas de fois avec des bouts du *Limerick Leader* mais Mikey les a tous recrachés si bien qu'à la fin le maître s'est énervé et l'a envoyé au prêtre qui a écrit à l'évêque qui a fait cette réponse : Ne me dérangez pas. Réglez ça vous-même. Le maître a adressé un mot chez Mikey, disant qu'il devait s'entraîner à recevoir la communion avec son père ou sa mère mais même eux n'ont pu lui faire avaler un bout du *Limerick Leader* en forme d'hostie. Ils ont même essayé un morceau de pain de cette forme, avec de la confiture par-dessus, et ça n'a rien donné. Le prêtre dit à Mrs. Molloy de ne pas s'en faire. Dieu procède selon des voies impénétrables pour accomplir Ses miracles et Il nourrit sûrement des visées particulières pour Mikey, ses crises et tout le reste. N'est-ce pas remarquable, demande Nora, qu'il puisse engloutir toutes sortes de bonbons et de petits pains, alors qu'il entre en crise dès qu'il doit ingurgiter le corps de Notre Seigneur ? N'est-ce pas remarquable ? Même si tout le monde sait que Mikey est un ange descendu des cieux, elle a peur qu'il pique une crise, meure et aille en enfer au cas où il aurait un péché sur la conscience. Mikey lui dit que Dieu ne va pas vous affliger de crises et puis vous bouter en enfer par-dessus le marché. Quel est le Dieu qui ferait une chose pareille ?

En es-tu sûr, Mikey ?
Sûr et certain. Je l'ai lu dans un livre.
Assis sous le réverbère du haut de la ruelle, il rit en pensant au jour de sa première communion. La connerie que ça a été ! Il n'a pas pu avaler l'hostie mais est-ce que ça a empêché sa mère de le promener fièrement à travers Limerick dans son petit costume noir pour la collecte ? Elle a dit à Mikey : Ma foi, je ne mens pas, ah ça non. Je dis seulement aux voisins : *Voici Mikey dans son habit de premier communiant*. C'est tout ce que je dis, note bien. *Voici Mikey*. S'ils croient que tu as reçu ta première communion, qui suis-je pour les contredire et les décevoir ? Le père de Mikey a dit : T'en fais pas, Cyclope. T'as tout le temps. Jésus non plus n'était pas catholique en bonne et due forme avant de prendre le pain et le vin au cours de la Cène et ça Lui faisait bien trente-trois ans d'âge.
Vas-tu cesser de l'appeler Cyclope ? a fait Nora Molloy. Il a bien ses deux yeux et il n'est pas grec.
Mais le père de Mikey, champion de descente de pintes toutes catégories confondues, est comme mon oncle Pa Keating, il n'en a rien à péter du qu'en-dira-t-on et c'est ainsi que j'aimerais être moi-même.
Mikey m'explique que le meilleur truc avec la première communion, c'est la collecte. Ta mère doit se débrouiller pour te trouver un costume neuf afin qu'elle puisse te montrer aux voisins et aux parents, et eux, ils te donnent des bonbons, de l'argent, et tu peux aller voir Charlie Chaplin au Lyric.
Et James Cagney ?
T'occupe de James Cagney. Beaucoup de bla-bla. Charlie Chaplin, il n'y a que lui. Seulement, il faut que ta mère t'accompagne pour la collecte. Les adultes de Limerick ne vont pas filer de l'argent à chaque petit Tom, Dick et Mick en habit de premier communiant qui n'a pas sa mère avec lui.
Mikey a reçu plus de cinq shillings le jour de sa première communion et il a mangé tant de bonbons et de petits pains qu'il a tout dégobillé au Lyric. Ensuite,

l'ouvreur, Frank Goggin, l'a jeté dehors à coups de pied au cul. Mikey dit qu'il n'en a rien eu à faire parce qu'il lui restait de l'argent, qu'il est allé au Savoy le même jour pour voir un film de pirates et qu'il y a bouffé du chocolat Cadbury et bu de la limonade jusqu'à ce que son bide dépasse d'un kilomètre. Il a hâte de voir arriver le jour de sa confirmation parce qu'on est plus âgé, il y a une autre collecte et ça rapporte plus que la première communion. Il ira au cinéma pour le restant de ses jours, il se mettra à côté de filles qui habitent dans des ruelles et fera des cochonneries en expert qu'il est. Il adore sa mère mais il ne se mariera jamais de peur d'avoir une femme toujours en train d'aller et venir entre la maison et l'asile d'aliénés. A quoi bon se marier quand on peut aller s'asseoir au cinéma et faire des cochonneries avec des filles des ruelles qui ne font pas gaffe à ce qu'elles font vu qu'elles l'ont déjà fait avec leurs frères ? Si tu ne te maries pas, tu n'as pas d'enfants à la maison qui braillent pour avoir du thé et du pain, qui ont des crises de suffocation et qui regardent dans chaque direction avec leurs yeux. Quand il sera plus âgé, il ira au pub comme son père, il boira des pintes à tire-larigot, il se collera le doigt dans la gorge pour faire tout remonter, il boira d'autres pintes, gagnera les paris et rapportera l'argent à sa mère pour l'empêcher de devenir folle. Il dit qu'il n'est pas un catholique en bonne et due forme, ce qui veut dire qu'il est damné, de sorte qu'il peut faire tout ce qu'il a putain d'envie de faire.

Je t'en dirai plus quand tu auras grandi, Frankie, dit-il. Pour l'instant, tu es trop jeune et tu ne sais pas distinguer ton cul de ton coude.

Le maître, Mr. Benson, est très vieux. Il braille et postillonne sur nous chaque jour. Les garçons du premier rang espèrent qu'il n'a pas de maladies car c'est la salive qui transporte toutes les maladies et il serait peut-être bien en train de répandre la phtisie à droite et à gauche. Il nous dit qu'on doit savoir le catéchisme en long en large et en travers. On doit connaître les dix commandements, les sept vertus, théologales et cardinales, les sept sacrements, les sept péchés capitaux. On doit savoir par cœur toutes les prières, le *Je vous salue Marie*, le *Notre Père*, le *Confiteor*, le *Credo*, l'acte de contrition, les litanies de la Sainte Vierge. On doit les savoir en irlandais et en anglais, et si on oublie un mot irlandais et qu'on se serve de l'anglais, il entre en rage et nous tombe dessus avec la férule. S'il pouvait agir à sa guise, on apprendrait notre religion en latin, la langue des saints, qui communiaient intimement avec Dieu et Sa Sainte Mère, la langue des premiers chrétiens, qui se pressaient dans les catacombes et allaient au-devant de la mort sous la torture ou par le glaive, qui expiraient entre les mâchoires écumantes du lion vorace. L'irlandais est parfait pour les patriotes, l'anglais convient aux traîtres et aux délateurs, mais c'est le latin qui nous vaut l'entrée au paradis. C'est en latin que priaient les martyrs quand les barbares leur arrachaient les ongles et leur découpaient la peau centimètre par centimètre. Il nous dit qu'on est une honte pour l'Irlande avec sa longue et triste histoire, qu'on serait mieux en Afrique à prier le buisson ou l'arbre. Il nous dit qu'on est irrécupérables, la pire classe qu'il ait jamais eue pour la première communion, mais, aussi sûrement que Dieu a fait les petites pommes, il fera de nous des catholiques, il débusquera l'oisif en nous, puis nous insufflera la grâce sanctifiante.

Brendan Quigley lève la main. On l'appelle Quelle Heure Quigley parce qu'il est toujours à poser des questions. C'est plus fort que lui. Monsieur, dit-il, qu'est-ce que c'est, la grâce sanctifiante ?

Le maître roule des yeux jusqu'au ciel. Il va le tuer, Quigley. Au lieu de ça, il lui aboie dessus : Ne vous occupez pas de ce qu'est la grâce sanctifiante, Quigley. Cela ne vous concerne en rien. Vous êtes ici pour apprendre le catéchisme et faire ce qu'on vous demande. Vous n'êtes pas ici pour poser des questions. Il y a trop de gens qui errent de par le monde en posant des questions et c'est ce qui nous a mis dans la situation où nous sommes aujourd'hui. Or donc, si jamais je surprends un garçon de cette classe à poser des questions, je ne réponds pas de ce qui se passera. M'entendez-vous, Quigley ?

Je vous entends.

Je vous entends, qui ?

Je vous entends, monsieur.

Il reprend son cours : Dans cette classe se trouvent des garçons qui jamais ne connaîtront la grâce sanctifiante. Et pourquoi ? A cause de la cupidité. C'est que j'en entends, là-bas dans la cour de l'école, qui parlent du jour de la première communion — le plus beau jour de votre vie, soit dit en passant. Parlent-ils de recevoir le sang et le corps de Notre Seigneur ? Nenni. Ces petits scélérats cupides parlent de l'argent qu'ils obtiendront — de la collecte. Tels des mendiants, ils iront de maison en maison dans leur petit costume pour faire la collecte. Et mettront-ils de côté une partie de cet argent pour l'envoyer aux petits bébés noirs d'Afrique ? Songeront-ils à ces petits païens damnés pour l'éternité faute d'avoir été baptisés et imprégnés de la vraie Foi ? A ces petits bébés noirs privés de connaître le corps mystique du Christ ? Les limbes sont littéralement bondés de petits bébés noirs qui volent de-ci de-là et pleurent en réclamant leur mère car jamais ils ne seront admis en l'ineffable présence de Notre Seigneur, pas plus qu'en la glorieuse compagnie des saints, des martyrs et des vierges. Nenni, disais-je. C'est dans les cinémas que se ruent nos premiers communiants, pour se vautrer dans le flot des immondices vomies à travers le monde par les acolytes du diable à Hollywood. N'en est-il pas ainsi, McCourt ?

Il en est ainsi, monsieur.

Quelle Heure Quigley lève de nouveau la main. Des regards s'échangent dans la salle et on se demande si c'est après le suicide qu'il en a.

Qu'est-ce que c'est des acolytes, monsieur ?

Le visage du maître vire au blanc, puis au rouge. Sa bouche se pince puis s'ouvre et laisse échapper une nuée de postillons. Il se dirige vers Quelle Heure et le fait descendre de sa chaise. Il renifle, bégaie, et sa salive vole dans toute la pièce. Il cravache Quelle Heure sur les épaules, le derrière, les jambes. Il le saisit par le col et l'entraîne devant le tableau.

Regardez-moi ce spécimen ! braille-t-il.

Quelle Heure tremble et pleure. Je suis désolé, monsieur.

Le maître l'imite en se moquant : *Je suis désolé, monsieur.* Et de quoi êtes-vous désolé ?

Je suis désolé d'avoir posé la question. Je ne poserai plus jamais de questions, monsieur.

Le jour où vous recommencerez, Quigley, ce sera le jour où vous souhaiterez que Dieu vous accueille en Son sein. Qu'est-ce donc que vous souhaiterez, Quigley ?

Que Dieu m'accueille en Son sein, monsieur.

Regagnez votre place, espèce d'*omadhaun* ! Poltron ! misérable chose issue d'un sombre recoin de goguenot !

Il s'assied, la férule devant lui sur le bureau. Il dit à Quelle Heure d'arrêter de pleurnicher et d'être un homme. S'il entend un seul garçon de cette classe poser des questions stupides ou parler à nouveau de la collecte, il fustigera ce garçon jusqu'à ce que le sang gicle.

Que ferai-je, les garçons ?

Vous fustigerez le garçon, monsieur.

Jusque ?

Jusqu'à ce que le sang gicle, monsieur.

Bon maintenant, Clohessy, quel est le sixième commandement ?

Tu ne commettras pas d'adultère.

Tu ne commettras pas d'adultère, qui ?

Tu ne commettras pas d'adultère, monsieur.

Et qu'est-ce que l'adultère, Clohessy ?

Des pensées impures, des paroles impures, des actes impurs, monsieur.

Bien, Clohessy. Vous êtes un bon garçon. Vous êtes peut-être lent et oublieux pour ce qui est du Monsieur, vous n'avez peut-être pas de chaussures aux pieds, mais vous êtes fort sur le sixième commandement et cela vous gardera pur.

Paddy Clohessy n'a pas de chaussures aux pieds, sa mère lui rase la tête pour éloigner les poux, ses yeux sont rouges, son nez toujours morveux. Les plaies sur ses rotules ne guérissent jamais parce qu'il gratte les croûtes et les met dans sa bouche. Ses habits sont des haillons qu'il doit partager avec ses six frères plus une sœur et, quand il arrive à l'école avec le nez en sang ou un œil au beurre noir, on sait qu'il s'est bagarré à cause des vêtements le matin même. L'école, il déteste. Il a sept ans, bientôt huit, c'est le plus grand et le plus âgé des garçons de la classe, et il a hâte de grandir, d'avoir quatorze ans pour fuguer, passer pour un de dix-sept, s'engager dans l'armée anglaise et aller en Inde où il fait beau et chaud et il vivra dans une tente avec une fille noiraude avec le point rouge au front et il restera allongé là à manger des figues (c'est ce qu'ils mangent en Inde, des figues) et elle préparera le curry jour et nuit et fera *plonk plonk* sur un ukulélé et quand il aura assez d'argent il enverra chercher toute la famille et ils vivront tous dans la tente, surtout son pauvre père qui est à la maison à mollarder de gros glaviots de sang à cause de la phtisie. Quand ma mère voit Paddy dans la rue, elle fait : Oh ! la la ! Regarde-moi ce pauvre gosse ! C'est un vrai squelette en guenilles et si on tournait un film sur la famine on le mettrait sûrement au premier plan.

Je crois que Paddy m'aime bien à cause du raisin et

je me sens un peu coupable parce que au début je n'ai pas été si généreux que ça. Le maître, Mr. Benson, disait que le gouvernement allait nous donner le déjeuner gratis pour qu'on n'ait pas à rentrer à la maison par ce temps glacial. Il nous a fait descendre jusqu'à une salle froide dans les caves de Leamy's School où la femme de ménage, Nellie Ahearn, distribuait la demi-pinte de lait et le pain aux raisins. Le lait était gelé dans les bouteilles et on a dû le faire fondre entre nos cuisses. Les garçons ont blagué, comme quoi les bouteilles allaient nous geler les choses, et le maître a braillé : Encore de ce langage et je vous chauffe ces bouteilles derrière les oreilles ! Chacun a farfouillé dans son pain aux raisins pour en trouver au moins un, de raisin, mais Nellie a dit qu'on avait dû oublier de les mettre, et elle se renseignerait auprès de l'homme qui livrait. On a continué de farfouiller chaque jour jusqu'à ce que, enfin, je trouve un raisin dans mon pain et le brandisse. Les garçons ont commencé à rouspéter, à dire qu'eux aussi voulaient un raisin, et Nellie a répondu que ce n'était pas sa faute. Elle redemanderait à l'homme. Du coup, les garçons m'ont supplié pour le raisin et m'ont tout proposé, une lampée de leur lait, un crayon, une bande dessinée. Quand Toby Mackey a dit que je pourrais avoir sa sœur, Mr. Benson l'a entendu. Il l'a emmené dans le couloir et lui a flanqué une dégelée à hurler. Moi je voulais le raisin pour moi, mais j'ai vu Paddy Clohessy debout dans un coin sans chaussures et ça caillait dans la salle et il grelottait comme un chien battu et comme j'ai toujours eu de la peine pour les chiens battus je me suis avancé et j'ai donné le raisin à Paddy parce que je ne savais pas quoi faire d'autre et tous les garçons ont gueulé que j'étais un connard, un putain de crétin, et que je regretterais ce jour, et après que j'ai tendu le raisin à Paddy j'ai regretté mais c'était trop tard parce qu'il l'a porté direct à sa bouche, l'a gobé vite fait, m'a regardé, n'a rien dit et je me suis demandé dans ma tête : Quel genre de crétin tu es pour filer ton raisin comme ça ?

Mr. Benson m'a lancé un coup d'œil sans rien dire et Nellie Ahearn m'a fait : T'es un bon vieux yankee, Frankie.

Bientôt, le prêtre viendra nous interroger sur le catéchisme et tout le reste. C'est le maître lui-même qui doit nous montrer comment recevoir la sainte communion. Il nous demande de nous assembler autour de lui. Il bourre son chapeau d'un *Limerick Leader* déchiré en petits bouts. Il donne le chapeau à Paddy Clohessy, s'agenouille sur le sol, dit à Paddy de prendre un bout de papier et de le lui placer sur la langue. Il nous montre comment tirer la langue, recevoir le bout de papier, le garder un moment, rentrer la langue, joindre les mains en une attitude de prière, regarder vers les cieux, fermer les yeux en une attitude d'adoration, attendre que le papier fonde dans la bouche, l'avaler, puis remercier Dieu pour le don, la grâce sanctifiante venant s'exhaler dans l'odeur de sainteté. Quand le maître tire la langue, on doit se retenir de rire car c'est la première fois qu'on voit une grosse langue violette. Il ouvre les yeux pour repérer les garçons qui gloussent mais ne peut rien dire parce qu'il a encore Dieu sur la langue et que c'est un moment sacré. Il se relève et demande qu'on s'agenouille en cercle dans la classe pour s'entraîner à la sainte communion. Il fait le tour de la salle, plaçant les bouts de papier sur nos langues et marmonnant en latin. Certains garçons continuent de glousser et il braille que si les gloussements ne s'arrêtent pas ce n'est pas la sainte communion qu'ils vont recevoir mais les derniers sacrements. Et comment appelle-t-on ça, McCourt ?

L'extrême-onction, monsieur.

C'est exact, McCourt. Pas mal pour un amerloqueuh venu des côtes pécheresses de l'Amériqueuh.

Il nous dit de veiller bien à tirer nos langues pour que l'hostie de la communion ne tombe pas par terre. C'est la pire chose qui puisse arriver à un prêtre, explique-t-il. Si jamais l'hostie glisse de votre langue, ce pauvre prêtre devra se mettre à genoux, la ramasser avec sa langue à lui et lécher le sol autour au cas où elle aurait rebondi ici ou là. Le prêtre pourrait bien tomber sur une écharde qui lui ferait enfler la langue jusqu'à la taille d'un navet, ce qui suffit pour vous étouffer et vous occire une bonne fois pour toutes.

Il nous raconte que l'hostie de la communion est la chose la plus sainte au monde, juste après une relique de la vraie Croix, et que notre première communion est le plus saint moment de notre vie. Parler de première communion rend le maître tout excité. Il marche de long en large, agite sa férule, nous dit de ne jamais oublier qu'à partir du moment où la sainte communion est placée sur nos langues, nous devenons membres de la très glorieuse congrégation qu'est la seule et sainte Eglise catholique, apostolique et romaine. Il ajoute que, deux mille ans durant, des hommes, des femmes et des enfants sont morts pour la foi, et que les Irlandais n'ont pas de quoi rougir question martyrs. N'avons-nous pas procuré pléthore de martyrs ? N'avons-nous pas dénudé nos cous à l'approche de la hache protestante ? N'avons-nous pas gravi l'échafaud en chantant, comme si nous partions en pique-nique ? Ne l'avons-nous pas fait, les garçons ?

Nous l'avons fait, monsieur.

Qu'est-ce que nous avons fait, les garçons ?

Nous avons dénudé nos cous à l'approche de la hache protestante, monsieur.

Puis ?

Nous avons gravi l'échafaud en chantant, monsieur.

Comme si ?

Comme si nous partions en pique-nique, monsieur.

Il dit qu'il y a peut-être dans cette classe un futur prêtre ou un futur martyr de la foi, bien qu'il en doute fort car nous sommes la plus paresseuse bande d'ignares à laquelle il ait jamais eu l'infortune d'enseigner.

Mais il faut de tout pour faire un monde, poursuit-il, et Dieu avait sûrement quelque dessein quand Il a envoyé vos semblables infester cette terre. Dieu avait sûrement quelque dessein quand, parmi nous, Il envoya ce va-nu-pieds de Clohessy, Quigley avec ses maudites questions et McCourt chargé de tous les péchés de l'Amérique. Et rappelez-vous ceci, les garçons : Dieu n'a pas envoyé Son seul Fils engendré se faire mettre en croix afin que vous puissiez vous pavaner le jour de votre première communion, toutes griffes dehors pour la collecte. Notre Seigneur est mort afin que vous puissiez être rachetés. Recevoir le don de la foi est suffisant. M'écoutez-vous ?

Nous vous écoutons, monsieur.

Et qu'est-ce qui est suffisant ?

Le don de la foi, monsieur.

Bien. Rentrez chez vous.

Le soir, on est trois à aller s'asseoir sous le réverbère du haut de la ruelle pour lire, Mikey, Malachy et moi. Les Molloy sont comme nous avec leur père qui boit l'allocation chômage ou le salaire sans laisser d'argent pour les bougies ou le pétrole qu'on met dans la lampe. Mikey lit des livres et nous autres lisons des illustrés. Son père, Peter, rapporte des livres de la bibliothèque Carnegie afin d'avoir quelque chose à faire lorsqu'il ne boit pas de pintes ou qu'il s'occupe de la famille durant les séjours de Mrs. Molloy à l'asile d'aliénés. Il laisse son fils lire tous les livres qui lui plaisent et Mikey lit en ce moment un livre sur Cuchulain et en parle comme s'il savait tout de lui. J'ai envie de lui dire que moi je savais tout sur Cuchulain quand j'avais trois ans et bientôt quatre, que j'ai vu Cuchulain à Dublin, que Cuchulain ne se gêne pas pour s'inviter dans mes rêves. J'ai envie de lui dire d'arrêter d'en parler, que Cuchulain m'appartient, qu'il m'appartenait déjà il y a des années quand j'étais petit, mais c'est impossible car Mikey est en train de nous lire une histoire que je ne connaissais pas, une histoire cochonne sur Cuchulain que jamais je ne pourrais raconter à mon père ou à ma mère, l'histoire de comment Emer est devenue l'épouse de Cuchulain.

Cuchulain allait bientôt être un vieil homme de vingt et un ans. Comme il se sentait seul, il voulut se marier, ce qui, d'après Mikey, le rendit faible et finit par causer sa mort violente. Toutes les femmes d'Irlande étaient folles de Cuchulain et elles souhaitaient l'épouser. Il dit que ce serait épatant, que ça ne l'ennuierait pas d'épouser toutes les femmes d'Irlande. S'il pouvait combattre tous les hommes d'Irlande, pourquoi ne pourrait-il pas épouser toutes les femmes ? Mais le roi, Conor MacNessa, déclara : Tout cela est très bien pour vous, Cû, mais les hommes d'Irlande n'ont pas envie d'être tout seuls dans les confins de la nuit. Le roi décida qu'il y aurait un tournoi pour voir qui épouserait Cuchulain, et que ce serait un tournoi de pisse. Toutes les femmes d'Irlande se rassemblèrent dans les plaines de Muirthemne pour voir laquelle pisserait le plus longtemps, et ce fut Emer. Nommée championne d'Irlande des pisseuses, elle épousa Cuchulain, et c'est pourquoi, jusqu'à ce jour, on l'a appelée Emer à la Grande Vessie.

L'histoire fait rire Mikey et Malachy, mais je ne crois pas que Malachy l'ait comprise. Il est jeune, encore loin de sa première communion, et c'est seulement le mot *pisse* qui le fait marrer. Là-dessus, Mikey m'explique que j'ai commis un péché en écoutant une histoire qui contient ce mot, *pisse*, et qu'il faudra que j'en parle au prêtre quand j'irai à ma première confession. Il a raison, dit Malachy. *Pisse* est un gros mot et tu dois en parler au prêtre parce que c'est un mot qui pèche.

Je ne sais pas quoi faire. Comment je peux arriver

devant le prêtre et lui raconter cette chose terrible dès ma première confession ? Tous les garçons savent quels péchés ils vont raconter, péchés qui leur permettront de recevoir la première communion, de faire la collecte et d'aller voir James Cagney au Lyric en mangeant des gâteaux et des bonbons. Le maître nous a aidés pour nos péchés et tout le monde a les mêmes : J'ai frappé mon frère. J'ai raconté un mensonge. J'ai volé un penny dans le porte-monnaie de ma mère. J'ai désobéi à mes parents. J'ai mangé une saucisse un vendredi.

Mais maintenant j'ai un péché que personne d'autre ne partage et le prêtre va être choqué. Il va me faire sortir du confessionnal, me traîner le long de l'allée centrale et me flanquer dehors dans la rue où chacun saura que j'ai écouté une histoire sur l'épouse de Cuchulain qui fut la championne des pisseuses de toute l'Irlande. Jamais je ne pourrai faire ma première communion et les mères serreront leurs petits dans leurs bras et me montreront du doigt en disant : Regarde-le. Il est comme Mikey Molloy, il n'a jamais fait sa première communion, il rôde en état de péché, il n'a jamais fait la collecte, il n'a jamais vu James Cagney.

Je regrette d'avoir entendu parler de première communion et de collecte. J'ai la nausée et je ne veux ni thé ni pain ni rien. Maman dit à Papa que c'est bizarre un enfant qui refuse son pain et son thé, et Papa répond : Oh, il est juste fébrile à l'approche de la première communion. J'ai envie d'aller m'asseoir sur ses genoux et de lui raconter ce que m'a fait Mikey Molloy, mais maintenant je suis trop grand pour être assis sur des genoux et, si je le faisais, Malachy irait dans la ruelle dire à tout le monde que je suis un grand bébé. J'aimerais confier mes malheurs à l'Ange de la Septième Marche mais il est occupé à apporter des bébés aux mères du monde entier. Du coup, je pose quand même une question à Papa :

Papa, est-ce que l'Ange de la Septième Marche a d'autres boulots à part apporter des bébés ?

Bien sûr.

Est-ce que l'Ange de la Septième Marche te dirait quoi faire si tu ne savais pas quoi faire ?

Oui, fiston, il le ferait. C'est le boulot d'un ange, ça, même de celui de la septième marche.

Maman prend Michael et va voir Grand-mère, Malachy joue dans la ruelle, Papa part pour une longue marche, et j'ai la maison pour moi tout seul si bien que je peux m'asseoir sur la septième marche et parler à l'ange. Je sais qu'il est là car la septième marche est plus chaude que les autres et il y a une lumière dans ma tête. Je lui confie mes malheurs et j'entends une voix. Crainte n'aie point, dit la voix.

Il cause à l'envers et je lui dis que je ne comprends pas de quoi il parle.

N'aie pas peur, dit la voix. Raconte ton péché au prêtre et tu seras pardonné.

Le lendemain matin, je me lève tôt, je bois le thé avec Papa et je lui raconte pour l'Ange de la Septième Marche. Il pose sa main sur mon front pour voir si je me sens tout à fait bien. Il me demande si je suis sûr d'avoir eu une lumière dans ma tête et d'avoir entendu une voix. Et que disait-elle, la voix ?

Je lui réponds que la voix disait : Crainte n'aie point, et que ça veut dire : N'aie pas peur.

Papa me dit que l'ange a raison, que je ne devrais pas avoir peur, et là je lui raconte ce que m'a fait Mikey Molloy. Je lui explique tout sur Emer à la Grande Vessie et j'emploie même le mot *pisse* car l'ange a dit : Crainte n'aie point. Papa repose son pot à confiture de thé, me tapote le dos de ma main en faisant *Och, och, och,* et je me demande s'il ne va pas devenir dingue comme Mrs. Molloy et commencer d'aller et venir entre la maison et l'asile d'aliénés, mais il ajoute : C'est pour ça que tu te faisais du mouron hier soir ?

Je lui réponds que oui et il dit que ce n'est pas un péché, que je n'ai pas besoin d'en parler au prêtre.

Mais l'Ange de la Septième Marche a dit que je devais.

Très bien. Parle au prêtre si tu veux, mais l'Ange de la Septième Marche a dit ça seulement parce que tu ne m'en as pas parlé d'abord. N'est-ce pas mieux de pouvoir raconter tes malheurs à ton père plutôt qu'à un ange qui est une lumière et une voix dans ta tête ?

Si, Papa.

La veille de la première communion, le maître nous conduit à l'église Saint-Joseph pour notre première confession. On marche par deux et si jamais on bouge rien qu'une lèvre dans les rues de Limerick il nous tuera sur place et nous enverra en enfer tout bouffis de péchés. Ce n'est pas ça qui va arrêter les vantardises sur les gros péchés. Willie Harold chuchote que son gros péché à lui c'est d'avoir regardé sa sœur quand elle était toute nue. Paddy Hartigan dit qu'il a piqué dix shillings dans le porte-monnaie de sa tante et qu'il s'est empiffré jusqu'à se rendre malade de crème glacée et de pommes frites. Quelle Heure Quigley dit qu'il s'est enfui de chez lui et a passé la moitié de la nuit dans un fossé avec quatre chèvres. J'essaie de leur raconter pour Cuchulain et Emer mais le maître me surprend à parler et me colle une torgnole.

On va s'agenouiller sur les bancs près des confessionnaux et je me demande si mon péché sur Emer est aussi grave que de regarder sa sœur quand elle est toute nue car je sais maintenant que certaines choses au monde sont pires que d'autres. C'est pour ça qu'il existe des péchés différents, le sacrilège, le péché mortel, le péché véniel. Et puis les maîtres et les adultes en général parlent du péché irrémissible, qui est un grand mystère. Personne ne sait ce que c'est et il y a de quoi se demander comment on peut savoir si on l'a commis si on ne sait pas ce que c'est. Si je parle à un prêtre d'Emer à la Grande Vessie et du tournoi de pisse, il pourrait bien me sortir qu'il s'agit du péché irrémissible avant de m'éjecter à coups de pompe du confessionnal, et là je serai disgracié dans tout Limerick, voué à l'enfer, à être éternellement tourmenté par des diables qui n'auraient rien d'autre à faire que me percer avec des fourches chauffées à blanc jusqu'à ce que je n'en puisse plus.

J'essaie d'écouter la confession de Willie quand il y va mais j'arrive juste à entendre la voix sifflante du prêtre. Quand Willie sort, il est en larmes.

C'est mon tour. Le confessionnal est sombre et il y a un grand crucifix suspendu au-dessus de ma tête. Je peux entendre un garçon marmonner sa confession de l'autre côté. Je me demande si ça vaut la peine d'essayer de parler à l'Ange de la Septième Marche. Je sais qu'il n'est pas supposé traîner autour des confessionnaux mais tout à coup je sens la lumière dans ma tête, et puis j'entends la voix qui me dit : Crainte n'aie point.

Le panneau coulisse devant mon visage et le prêtre dit : Oui, mon enfant ?

Bénissez-moi, mon père, car j'ai péché. Ceci est ma première confession.

Oui, mon enfant... Et quels péchés as-tu commis ?

J'ai raconté un mensonge. J'ai frappé mon frère. J'ai pris un penny dans le porte-monnaie de ma mère. J'ai dit un juron.

Oui, mon enfant... Quoi d'autre ?

Je... J'ai écouté une histoire à propos de Cuchulain et d'Emer.

Assurément, ce n'est point là pécher, mon enfant. Au demeurant, il est des auteurs pour nous certifier que Cuchulain se tourna vers le catholicisme en ses derniers instants comme le fit son roi, Conor MacNessa.

C'est à propos d'Emer, mon père, et de comment elle l'a épousé.

Et comment cela se passa-t-il, mon enfant ?

Elle l'a gagné dans un tournoi de pisse.

Le prêtre respire fort. Il met une main devant sa

bouche, fait des bruits comme s'il étouffait, puis parle tout seul : Sainte Mère de Dieu !

Ensuite, il demande : Qui... Qui t'a raconté cette histoire, mon enfant ?

Mikey Molloy, mon père.

Et où l'a-t-il entendue ?

Il l'a lue dans un livre, mon père.

Ah ! Un livre ! Les livres peuvent être dangereux pour les enfants, mon enfant. Détourne ton esprit de ces histoires saugrenues et songe aux vies des saints. Songe à saint Joseph, à la Petite Fleur, au doux et bon saint François d'Assise qui aimait tant les oiseaux du ciel et les bêtes des champs. Le feras-tu, mon enfant ?

Je le ferai, mon père.

Y a-t-il d'autres péchés, mon enfant ?

Non, mon père.

Pour ta pénitence, récite trois *Je vous salue Marie*, trois *Notre Père*, et dis une prière particulière pour moi.

Je le ferai. Mon père, est-ce que c'était le pire péché ?

Que veux-tu dire ?

Est-ce que je suis le pire de tous les garçons, mon père ?

Non, mon enfant, tu as un long chemin à parcourir. Maintenant, récite un acte de contrition et souviens-toi que Notre Seigneur est là qui t'observe à chaque minute. Que Dieu te bénisse, mon enfant.

Le jour de la première communion est le plus beau jour de votre vie à cause de la collecte et de James Cagney au Lyric. J'étais si excité la veille au soir que je n'ai pu m'endormir avant l'aube. Je dormirais encore si ma grand-mère n'était venue cogner à la porte.

Debout ! Debout ! Sortez-moi cet enfant du lit ! Le plus beau jour de sa vie et lui encore en train de ronfler là-haut !

J'ai foncé à la cuisine. Enlève-moi cette chemise de nuit, a-t-elle dit. J'ai ôté la chemise et elle m'a poussé dans une grande bassine en fer-blanc pleine d'eau glacée. Ma mère m'a frictionné, ma grand-mère m'a frictionné. J'étais à vif, tout rouge.

Elles m'ont séché. Elles m'ont fait revêtir la chemise blanche à jabot, les culottes courtes, les mi-bas blancs, les souliers de cuir noir et verni, puis, enfin, mon costume de première communion, en velours noir. Elles ont noué autour de mon bras un brassard de satin blanc et ont épinglé à mon revers le Sacré-Cœur de Jésus, une image du Sacré-Cœur dégoulinant de sang, débordant de flammes et surmonté d'une horrible couronne d'épines.

Viens ici que je te peigne les cheveux, a dit Grand-mère. Regarde-moi cette tignasse qui ne veut pas s'aplatir ! Ce n'est pas de mon côté de la famille que tu as pris ces cheveux-là. Ce sont ces cheveux d'Irlande du Nord que tu tiens de ton père. C'est le genre de cheveux qu'on voit sur les presbytériens. Si ta mère s'était mariée avec un brave natif de Limerick bien comme il faut, tu n'aurais pas ces cheveux d'Irlande du Nord qui n'arrêtent pas de rebiquer, tout presbytériens qu'ils sont !

Elle m'a craché sur la tête par deux fois.

Grand-mère, tu voudrais bien arrêter de cracher sur ma tête ?

Si tu as quelque chose à dire, ferme-la. Ce n'est pas un peu de salive qui va te tuer. Allez, nous allons être en retard pour la messe.

Nous avons couru à l'église. Michael dans ses bras, ma mère s'essoufflait à nous suivre. Nous sommes arrivés à l'église juste à temps pour voir le dernier des garçons quitter la table de communion derrière laquelle, son regard noir dardé sur moi, se tenait le prêtre avec le calice et l'hostie. Alors, il a placé sur ma langue l'hostie, le corps et le sang de Jésus. Enfin, enfin.

C'était sur ma langue. Je l'ai rentrée.

Ça s'est collé.

J'avais Dieu collé à mon palais. Je pouvais entendre

la voix du maître : Ne laissez pas cette hostie toucher vos dents car si vous mordez Dieu, Le coupant ainsi en deux, vous rôtirez en enfer pour l'éternité.

Je me suis évertué à faire descendre Dieu avec ma langue, mais le prêtre m'a lancé d'une voix sifflante : Cessez ce clappement et regagnez votre place.

Dieu a été bon. Il a fondu, je L'ai avalé et alors, enfin, j'ai été un membre de la vraie Eglise, un pécheur officiel.

Quand la messe a été terminée, elles étaient là à la porte de l'église, ma mère avec Michael dans les bras et ma grand-mère. Chacune m'a pressé contre son sein. Chacune m'a dit que c'était le plus beau jour de ma vie. Chacune a versé de copieuses larmes sur ma tête qui, avec la contribution de ma grand-mère le matin même, s'est bientôt transformée en marécage.

Maman, est-ce que je peux aller faire ma collecte maintenant ?

Après que tu auras pris un petit déjeuner léger, a dit ma mère.

Non, a ajouté ma grand-mère. Tu ne feras aucune collecte tant que tu ne seras pas venu chez moi prendre le petit déjeuner de première communion comme il se doit. Allez.

Nous l'avons suivie. Elle a sorti sa batterie de cuisine et s'est plainte de devoir se mettre en quatre pour tout le monde. J'ai mangé l'œuf, j'ai mangé la saucisse puis, quand j'ai tendu la main pour ajouter du sucre à mon thé, elle m'a flanqué une tape dissuasive.

Vas-y mollo avec ce sucre. Tu me prends pour une millionnaire ? Une Américaine ? Tu me vois couverte de quincaillerie clinquante ? Attifée de fourrures extravagantes ?

La nourriture m'a retourné l'estomac. J'ai eu un haut-le-cœur. Je me suis élancé dans l'arrière-cour de Grand-mère où j'ai tout vomi. Elle est sortie à son tour.

Regardez-moi ce qu'il a fait ! Il a dégobillé son petit déjeuner de première communion ! Il a dégobillé le corps et le sang de Jésus ! Voilà que j'ai Dieu dans mon arrière-cour ! Qu'est-ce que je vais faire ? Je vais l'emmener chez les Jésuites car eux connaissent jusqu'aux péchés du pape lui-même.

Elle m'a entraîné dans les rues de Limerick. Elle a avisé les voisins et les inconnus qui passaient que Dieu se trouvait dans son arrière-cour. Elle m'a poussé dans le confessionnal.

Au nom du Père, et du Fils, et du Saint-Esprit. Bénissez-moi, mon père, car j'ai péché. Ma dernière confession remonte à un jour.

Un jour ? Et quels péchés as-tu commis en un jour, mon enfant ?

J'ai trop dormi. J'ai failli manquer ma première communion. Ma grand-mère a dit que j'ai des cheveux d'Irlande du Nord, tout presbytériens, qui n'arrêtent pas de rebiquer. J'ai rendu mon petit déjeuner de première communion. Maintenant, Grand-mère dit qu'elle se retrouve avec Dieu dans son arrière-cour et elle se demande que faire.

Le prêtre ressemblait à celui de ma première confession. Sa respiration est devenue malaisée et on aurait même dit qu'il allait suffoquer.

Ah... ah... Dis à ta grand-mère de faire partir Dieu avec un peu d'eau et, pour ta pénitence, récite un *Je vous salue Marie* et un *Notre Père*. Dis une prière pour moi et que Dieu te bénisse, mon enfant.

Grand-mère et Maman attendaient tout près du confessionnal. Racontais-tu des blagues à ce prêtre dans le confessionnal ? a demandé Grand-mère. Si jamais j'apprends que tu racontes des blagues aux Jésuites, je t'arrache net tes foutus rognons ! Maintenant, qu'est-ce qu'il a dit pour Dieu dans mon arrière-cour ?

Il a dit de Le faire partir avec un peu d'eau, Grand-mère.

De l'eau bénite ou de l'eau ordinaire ?

Il n'a pas dit, Grand-mère.

Eh bien ! Retourne donc lui demander !

Mais, Grand-mère...
Elle m'a repoussé dans le confessionnal.
Bénissez-moi, mon père, car j'ai péché. Ma dernière confession remonte à une minute.
Une minute? Es-tu le garçon qui se trouvait là à l'instant?
Oui, mon père.
Qu'y a-t-il, cette fois?
Ma grand-mère demande: de l'eau bénite ou de l'eau ordinaire?
De l'eau ordinaire, et informe ta grand-mère de ne plus me déranger.
Je suis ressorti.
De l'eau ordinaire, Grand-mère. Et il a dit qu'on ne le dérange plus.
Qu'on ne le dérange plus! Ce foutu sac à tourbe qui ne connaît rien à rien!
Je me suis tourné vers Maman. Est-ce que je peux aller faire la collecte maintenant? J'ai envie d'aller voir James Cagney.
Mais Grand-mère n'en avait pas fini: Tu peux faire une croix sur ta collecte et James Cagney. Vu comment tu as fichu Dieu par terre, tu n'es pas un catholique en bonne et due forme. Allez, on rentre.
Minute! a fait Maman. C'est mon fils. C'est le jour de la première communion de mon fils. Il va aller voir James Cagney.
Non, il ne va pas y aller.
Si, il va y aller.
Eh bien, emmène-le donc chez James Cagney et on verra si ça sauvera son âme d'Irlande du Nord moitié presbytérienne moitié américaine. Allez-y.
Puis Grand-mère a resserré son châle et s'en est allée.
Mon Dieu, a dit ma mère, il se fait très tard pour la collecte et tu vas rater James Cagney. Allons au Lyric et voyons s'ils te laissent entrer avec ton costume de première communion.
Nous avons rencontré Mikey Molloy dans Barring-

ton Street. Il m'a demandé si j'allais au Lyric et j'ai répondu que j'allais essayer. Essayer? a-t-il fait. Tu n'as pas d'argent?

J'avais honte d'avouer que non mais il l'a bien fallu, et Mikey a dit: Ne t'inquiète pas. Je vais te faire entrer. Je vais créer une diversion.

C'est quoi, une diversion?

J'ai l'argent pour y aller et quand je serai à l'intérieur je ferai semblant d'avoir une crise et l'ouvreur s'affolera et tu pourras te faufiler quand j'aurai poussé le grand hurlement. J'aurai l'œil sur la porte et dès que je te verrai dedans je me remettrai par miracle. C'est ça, une diversion. C'est ce que je fais tout le temps pour faire entrer mes frères.

Oh, a dit Maman, je ne sais pas trop, Mikey. Ne serait-ce pas un péché? Et tu ne voudrais sûrement pas que Frank commette un péché le jour de sa première communion.

Mikey a répondu que si péché il allait y avoir ce serait son âme à lui qui l'endosserait et comme de toute façon il n'était pas un catholique en bonne et due forme ça n'avait pas d'importance. Il a poussé son hurlement, je me suis glissé à l'intérieur, me suis assis à côté de Quelle Heure Quigley, et l'ouvreur Frank Goggin a été tellement paniqué par l'état de Mikey qu'il ne s'est rendu compte de rien. Le film était palpitant mais triste à la fin car James Cagney était un ennemi public qui se faisait abattre, envelopper de bandelettes puis jeter devant la porte de chez lui au grand affolement de sa pauvre vieille mère irlandaise et ainsi s'est terminé le jour de ma première communion.

V

Grand-mère ne veut plus parler à Maman vu ce que j'ai fait avec Dieu dans son arrière-cour. Maman ne parle pas à sa sœur, Tante Aggie, ni à son frère, Oncle Tom. Papa ne parle à personne de la famille de Maman et ils ne lui parlent pas car il est du Nord et il a le drôle de genre. Personne ne parle à Jane, l'épouse d'Oncle Tom, car elle est de Galway et ressemble à une Espagnole. Tout le monde parle au frère de Maman, Oncle Pat, car il est tombé sur la tête, il est simplet et il vend des journaux. Tout le monde l'appelle l'Abbé ou Ab Sheehan et personne ne sait pourquoi. Tout le monde parle à Oncle Pa Keating car il a été gazé pendant la guerre, il a épousé Tante Aggie, et puis, si on ne lui parlait pas, il n'en aurait rien à péter de toute façon et c'est pour ça que les habitués de chez South l'appellent l'homme qui gaze.

C'est ça que j'aimerais être dans la vie, un homme qui gaze, rien à péter de rien, et c'est ce que j'explique à l'Ange de la Septième Marche jusqu'à ce que je me souvienne qu'on n'est pas supposé dire *péter* en présence d'un ange.

Oncle Tom et Jane de Galway ont des enfants mais nous ne sommes pas supposés leur parler car nos parents ne se parlent pas. Ils ont un fils et une fille, Gerry et Peggy, et Maman nous dispute quand nous leur parlons mais nous ne savons pas comment ne pas parler à nos cousins.

Les familles des ruelles de Limerick ont leurs façons de ne pas se parler et ça demande des années d'entraînement. Il y a des gens qui ne se parlent pas car leurs pères étaient dans des camps opposés durant la guerre civile de 1922. Si un homme part s'engager dans l'armée anglaise, sa famille peut aussi bien aller habiter un autre quartier de Limerick où il y a des familles avec des hommes dans l'armée anglaise. Si un membre de votre famille a montré le moindre signe de sympathie à l'égard des Anglais au cours des huit cents dernières années, on vous le ressortira et on vous le jettera à la figure, et vous feriez aussi bien d'aller habiter Dublin où tout le monde s'en moque. Il y a des familles qui sont honteuses car leurs ancêtres ont abjuré leur religion en échange d'un bol de soupe protestante pendant la Famine, et, depuis, on appelle ces gens-là des *soupeurs.* C'est une chose terrible d'être un soupeur parce que vous êtes voué à séjourner pour toujours dans la soupière de l'enfer. C'est encore pire d'être un délateur. D'après le maître à l'école, chaque fois que les Irlandais étaient sur le point de démolir les Anglais en combat loyal, un immonde délateur les trahissait. Un homme qu'on découvre être un délateur mérite d'être pendu ou, pire encore, de n'avoir personne qui lui parle. En effet, si personne ne vous parle, vous êtes aussi bien à vous balancer au bout d'une corde.

Dans chaque ruelle, il y a toujours quelqu'un qui ne parle pas à quelqu'un d'autre, ou bien c'est quelqu'un à qui personne ne parle, ou encore c'est quelqu'un qui ne parle à personne. On peut toujours deviner quand des gens ne se parlent pas, à leur façon de se croiser. Les femmes marchent le nez en l'air, plissent la bouche et détournent leur visage. Si une femme porte un châle, elle en prend un coin et le rabat par-dessus son épaule comme pour dire : Un mot ou un regard de toi, vilaine garce, et je te fais passer ta bonne mine.

C'est embêtant quand Grand-mère ne veut plus

nous parler parce qu'on ne peut pas courir chez elle quand on a besoin d'emprunter du sucre, du thé ou du lait. Inutile d'aller voir Tante Aggie, vous ne réussirez qu'à vous faire rembarrer. Rentrez chez vous, fera-t-elle, et dites à votre père de bouger son cul du Nord et de se dégoter un boulot comme tout honnête homme de Limerick.

On dit qu'elle est toujours en rogne parce qu'elle est rousse ou qu'elle est rousse parce qu'elle est toujours en rogne.

Maman est amie avec Bridey Hannon qui habite la porte à côté avec son père et sa mère. Maman et Bridey parlent tout le temps. Quand mon père part faire sa longue marche, Bridey arrive puis Maman et elle s'asseyent près du feu pour boire du thé et fumer des cigarettes. Si Maman n'a rien à la maison, c'est Bridey qui apporte le thé, le sucre et le lait. Parfois elles réutilisent les mêmes feuilles de thé, encore et encore, et Maman dit que c'est trop infusé. Thé bouillu, thé foutu.

Maman et Bridey s'asseyent si près du feu que leurs tibias deviennent rouges, violets puis bleus. Elles parlent des heures, chuchotent et rient de choses secrètes. Comme nous ne sommes pas supposés entendre ces choses secrètes, on nous dit d'aller jouer dehors. Souvent, je vais m'asseoir sur la septième marche pour écouter, et elles ne se doutent pas que je suis là. Il peut pleuvoir des cordes, mais Maman nous dit : Pluie ou non, vous allez dehors. Puis elle ajoute : Si vous voyez votre père qui arrive, courez me prévenir. Un jour, Maman dit à Bridey : Avez-vous déjà entendu ce poème qu'on croirait avoir été fait sur lui et moi ?

Quel poème, Angela ?

L'homme du Nord, ça s'appelle. C'est Minnie MacAdorey qui me l'a fait connaître en Amérique.

Jamais entendu ce poème. Récitez-le pour moi.

Maman récite le poème mais en riant d'un bout à l'autre et je ne sais pas pourquoi.

Comme il venait du Nord, ses paroles étaient ma foi rares
Mais sa voix était douce et de cœur il avait plus que sa part.
Et quand ses yeux m'eurent dit qu'il n'était point retors,
Je décidai aussitôt d'épouser mon homme du Nord.

Oh, il se peut bien que Garryowen soit plus gai
Que cet homme silencieux des rives du Lough Neagh
Et je sais que le soleil brille doucement en aval
Du fleuve qui va se faufilant dans ma ville natale.

Mais il n'est pas — et avec joie et fierté je le clame —
Dans toute la province de Munster de meilleure âme,
Et la ville de Limerick n'abrite pas de plus heureux foyer
Que celui où mon homme du Nord m'a toujours choyée.

J'aimerais qu'à Limerick ils sachent seulement
Quels excellents voisins m'entourent à présent.
Si peu de haine ou de mépris il y aurait alors
Entre le Sud et le pays du Nord.

Elle répète toujours la troisième strophe en riant si fort qu'elle en pleure, et je ne sais pas pourquoi. Elle devient comme folle chaque fois qu'elle dit :

Et la ville de Limerick n'abrite pas de plus heureux foyer
Que celui où mon homme du Nord m'a toujours choyée.

S'il revient en avance et voit Bridey dans la cuisine, l'homme du Nord dit : Ça papote, ça papote, ça papote. Puis il reste planté là sans enlever sa casquette jusqu'à ce que Bridey s'en aille.

La mère de Bridey et d'autres gens de notre ruelle et des ruelles au-delà viennent souvent à la porte pour demander à Papa s'il voudrait bien leur écrire une lettre au gouvernement ou à un parent qui habite loin. Il s'attable avec sa plume et son encrier et, quand les gens lui disent quoi écrire, il fait : Ah, non, ce n'est pas ça que vous voulez dire, puis il écrit comme il a envie d'écrire. Les gens lui disent que c'est ça qu'ils voulaient dire en premier, qu'il se débrouille à merveille avec la langue anglaise et qu'il a une belle main pour ce qui est de l'écriture. Ils lui proposent six pence pour sa peine mais il repousse leur offre d'un geste et ils tendent l'argent à Maman car lui est trop grand seigneur pour accepter six pence. Quand les gens sont partis, il prend les six pence et m'envoie chercher des cigarettes à la boutique de Kathleen O'Connell.

Grand-mère dort dans un grand lit à l'étage avec une image du Sacré-Cœur de Jésus au-dessus de sa tête et une statue du Sacré-Cœur sur la tablette de la cheminée. Un de ces jours, elle aimerait passer de l'éclairage au gaz à la lumière électrique afin d'avoir une petite lumière rouge en permanence sous la statue. Sa dévotion au Sacré-Cœur est connue dans toute la ruelle et dans les ruelles au-delà.

Oncle Pat dort dans un petit lit dans un coin de la même pièce, ce qui permet à Grand-mère de s'assurer qu'il rentre à des heures raisonnables et dit ses prières à genoux avant de se coucher. Il est peut-être tombé sur la tête, il ne sait peut-être ni lire ni écrire, il lui arrive peut-être de boire une pinte de trop, mais il n'y a aucune excuse pour qu'il ne dise pas ses prières avant d'aller dormir.

Oncle Pat dit à Grand-mère qu'il a rencontré un homme cherchant un endroit pour loger, où il pourrait faire sa toilette matin et soir et avoir droit à deux repas par jour, le déjeuner et le thé. Son nom est Bill Galvin et il a un bon emploi au chaufour. Il est tout le temps couvert de chaux blanche mais c'est sûrement mieux que la poussière de charbon, non ?

Grand-mère devra abandonner son lit et emménager dans la chambrette. Elle prendra l'image du Sacré-Cœur et laissera la statue surveiller les deux hommes. D'ailleurs, elle n'a pas la place pour une statue dans sa chambrette.

Bill Galvin vient voir les lieux après son travail. Il est petit, tout blanc, et il renifle comme un chien. Il demande à Grand-mère si ça l'embêterait d'enlever cette statue. C'est qu'il est protestant et que ça l'empêcherait de dormir. Grand-mère dispute Oncle Pat qui ne l'a pas prévenue qu'il ramenait un protestant à la maison. Doux Jésus! fait-elle. Ça va jaser dans toute la ruelle et au-delà!

Oncle Pat dit qu'il ne savait pas que Bill Galvin était protestant. On n'aurait jamais pu le deviner en le regardant, surtout vu comment il est couvert de chaux. Il a l'air d'un catholique ordinaire et jamais on n'aurait imaginé un protestant en train de pelleter de la chaux.

Bill Galvin dit que sa pauvre femme disparue il y a peu était catholique et qu'elle avait couvert les murs de leur maison d'images du Sacré-Cœur et de la Vierge Marie montrant leurs cœurs. Lui-même n'a rien contre le Sacré-Cœur. C'est simplement que voir cette statue lui rappellera sa pauvre femme et lui serrera le cœur.

Ah, que Dieu nous assiste! fait Grand-mère. Pourquoi ne pas m'avoir dit ça tout de suite? Bien sûr, je peux mettre la statue sur le rebord de fenêtre de ma chambrette et votre cœur ne sera pas tourmenté à sa vue.

Chaque matin, Grand-mère prépare le déjeuner de Bill et le lui apporte au chaufour. Maman s'étonne qu'il ne puisse pas l'emporter le matin et Grand-mère répond: Attends-tu que je me lève à l'aube et fasse bouillir du chou et des pieds de porc pour que Sa Seigneurie puisse emporter son repas dans sa timbale?

L'école est finie dans huit jours, fait Maman. Si tu donnais six pence par semaine à Frank, il se ferait certainement un plaisir d'apporter son déjeuner à Bill Galvin.

Je n'ai pas envie d'aller chez Grand-mère chaque jour. Je n'ai pas envie de me taper tout Dock Road pour apporter son déjeuner à Bill Galvin, mais Maman dit qu'on aurait bien l'utilité de ces six pence. Et si tu ne fais pas ça, dit-elle, tu n'iras nulle part ailleurs. Tu resteras à la maison. Tu ne joueras pas avec tes copains.

Grand-mère me dit bien d'emporter directement la gamelle du déjeuner, sans traînailler en route, à fureter par-ci par-là en savatant des boîtes en fer-blanc jusqu'à bousiller les pointes de mes chaussures. Ce repas est chaud et c'est comme ça que le veut Bill Galvin.

Une délicieuse odeur monte de la gamelle, bacon et chou bouillis plus deux grosses pommes de terre farineuses et blanches. Sûrement qu'il ne remarquera rien si je goûte une moitié de pomme de terre. Il ne se plaindra pas à Grand-mère vu qu'il ne parle presque jamais, à part un ou deux reniflements de temps à autre.

C'est mieux si je mange l'autre demi-pomme de terre, comme ça il ne demandera pas pourquoi il n'en a eu qu'une moitié. Tant que j'y suis, autant goûter aussi le bacon et le chou. Et puis, si je mange l'autre pomme de terre, il pensera sûrement qu'elle n'en avait pas mis du tout.

La seconde pomme de terre me fond dans la bouche et il faut absolument que je goûte un autre bout de chou plus un autre morceau de bacon. Maintenant qu'il ne reste plus grand-chose, il va avoir de gros soupçons et je ferais aussi bien de finir le reste.

Qu'est-ce que je vais faire maintenant ? Grand-mère va me filer une dégelée, Maman va m'enfermer pendant un an. Bill Galvin va m'enterrer dans la chaux. Je vais lui dire que j'ai été attaqué par un chien dans Dock Road, que le chien a boulotté tout le déjeuner et que j'ai eu de la veine d'en réchapper sans être dévoré moi-même.

Ah, ouais ? fait Bill Galvin. Et c'est quoi, ce bout de chou qui pendouille sur ton gilet ? Le chien t'aurait-y léché avec sa langue chouchouteuse ? Rentre dire à ta grand-mère que tu as boulotté tout mon déjeuner et que je n'en peux plus de faim ici dans ce chaufour.

Elle va me tuer.

Dis-lui qu'elle ne te tue pas avant de m'avoir fait envoyer un déjeuner digne de ce nom. Si tu ne vas pas la voir maintenant pour me dégoter de quoi déjeuner, je vais te tuer, jeter ton corps dans la chaux que voilà, et ta mère n'aura plus grand-chose sur quoi se lamenter.

Je retourne chez Grand-mère. Pourquoi tu reviens avec cette gamelle ? Il aurait pu la rapporter lui-même.

Il veut plus à déjeuner.

Qu'est-ce que tu veux dire, *plus à déjeuner* ? Doux Jésus ! C'est un estomac qu'il a ou une oubliette ?

Il n'en peut plus de faim là-bas dans le chaufour.

C'est ma fiole que tu te paies ?

Il dit que tu lui fasses envoyer un déjeuner digne de ce nom.

Certainement pas. Je le lui ai envoyé, son déjeuner.

Il ne l'a pas eu.

Il ne l'a pas eu ? Et pourquoi ?

Je l'ai mangé.

Quoi ?

J'avais faim, j'y ai goûté et je n'ai pas pu m'arrêter.

Jésus, Marie, sacro-saint Joseph !

Elle me flanque un coup qui me fait monter les larmes aux yeux. Elle hurle après moi comme une mauvaise fée et se met à sauter dans la cuisine en menaçant de me traîner devant le prêtre, l'évêque, le pape lui-même s'il habitait dans le coin. Elle prend un couteau, l'agite dans ma direction, coupe des tranches de pain et fait des sandwichs avec du fromage de cochon et des pommes de terre froides.

Va donner ces sandwichs à Bill Galvin et, si jamais tu louches dessus, je te fais la peau !

Bien sûr, elle fonce chez Maman et toutes deux conviennent que la seule façon pour moi de réparer mon horrible péché est d'apporter son déjeuner à Bill Galvin pendant quinze jours sans être payé. Il va falloir que je rapporte la gamelle chaque jour, ce qui veut dire que je devrai rester assis à le regarder s'en mettre plein la lampe, et il n'est pas du genre à vous demander si par hasard vous n'auriez pas une bouche sous vos trous de nez.

Chaque fois que je rapporte la gamelle, Grand-mère me force à m'agenouiller devant la statue du Sacré-Cœur, à Lui dire combien je regrette. Et tout ça pour Bill Galvin, un protestant.

Je suis esclave des sèches et ton père aussi, dit Maman.

Il peut manquer du thé ou du pain à la maison, mais Papa et Maman s'arrangent toujours pour les sèches, les Wild Woodbine. Il leur faut les Woodbine le matin et toutes les fois qu'ils boivent du thé. Chaque jour, ils nous disent qu'on ne devra jamais fumer, c'est mauvais pour les poumons, mauvais pour la poitrine, ça empêche la croissance, puis ils s'asseyent près du feu et tirent des bouffées en veux-tu en voilà. Si jamais je te surprends avec une sèche au bec, je t'assomme, dit Maman. Ils nous disent que les cigarettes vous pourrissent les dents et on voit bien qu'ils ne mentent pas. Les dents brunissent, noircissent, puis tombent une par une. Papa dit que ses dents ont des trous assez grands pour qu'un moineau y élève sa nichée. Il lui en reste quelques-unes mais il se les fait arracher à la clinique et demande des fausses. Quand il rentre à la maison avec les nouvelles dents, il montre son grand sourire tout blanc tout neuf qui lui donne l'air d'un Américain et, chaque fois qu'il nous raconte une histoire de fantômes près du feu, il fait remonter ses dents du bas par-dessus sa lèvre jusqu'à son nez et nous flanque la frousse de notre vie. Les dents de Maman sont si mauvaises qu'elle doit aller au *Barrington Hospital* se les faire toutes arracher d'un coup et, quand elle rentre à la maison, elle tient contre sa bouche un vieux tissu rouge de sang. Il faut qu'elle reste assise toute la nuit près du feu parce qu'on ne peut pas s'allonger quand les gencives pissent le sang, ou alors on s'étouffe dans son sommeil. Elle dit qu'elle arrêtera de fumer pour de bon quand ce saignement cessera mais là, juste maintenant, elle aurait vraiment besoin d'une bouffée de sèche pour le brin de réconfort que ça offre. Elle dit à Malachy d'aller chez Kathleen O'Connell lui demander si elle ne pourrait pas lui avancer cinq Woodbine jusqu'à jeudi, jour où Papa touchera son chômage. S'il y a quelqu'un capable d'obtenir des sèches de Kathleen, c'est bien Malachy. Il a le charme, dit Maman. Inutile de t'envoyer toi, avec ta tronche de six pieds de long et le drôle de genre de ton père.

Lorsque le saignement s'arrête et que les gencives de Maman guérissent, elle va a la clinique pour ses fausses dents. Maintenant, elle dit qu'elle arrêtera de fumer quand ses nouvelles dents seront en place, mais, en fait, elle n'arrête jamais. Les nouvelles dents frottent sur ses gencives, elles les irritent et ça la soulage de fumer les Woodbine. Elle et Papa s'asseyent près du feu quand il y en a un, ils fument leurs cigarettes et claquent des dents chaque fois qu'ils parlent. Ils essaient d'arrêter ce bruit en bougeant leurs mâchoires d'avant en arrière mais ça ne fait qu'empirer les choses et ils maudissent les dentistes, les gens là-haut à Dublin qui ont fabriqué les dents, et les claquements continuent tout le temps qu'ils maudissent. Papa prétend que ces dents ont été fabriquées pour les gens riches de Dublin. Comme elles n'ont pas convenu, elles ont été refilées aux pauvres de Limerick qui ne sont pas regardants vu que, de toute façon, on n'a pas grand-chose à mastiquer quand on est pauvre, et on est déjà content d'avoir des dents, fausses ou non. S'ils parlent trop longtemps, leurs gencives s'irritent et les dents doivent être retirées. Alors, ils restent à parler près du feu, la figure toute creusée. Chaque soir, ils laissent les dents à la cuisine dans des pots à confiture remplis d'eau. Malachy veut savoir pourquoi et Papa lui répond que ça les nettoie. Maman dit : Non, tu ne peux pas garder les dents quand tu dors car elles glissent et tu meurs étouffé.

C'est à cause des dents que Malachy est allé au *Barrington Hospital* et que moi j'ai eu une opération. Au milieu de la nuit, Malachy me chuchote : Tu veux descendre avec moi pour voir si on peut mettre les dents ?

Les dents sont tellement grandes qu'on a du mal à les faire rentrer dans nos bouches mais Malachy y tient. Il enfonce les dents du haut de Papa dans sa bouche et n'arrive plus à les ressortir. Ses lèvres sont complètement étirées et les dents forment un grand sourire. Il a l'air d'un monstre dans un film et ça me fait marrer mais il tire dessus, grogne : *Uck! Uck!* et des larmes lui montent aux yeux. Plus il fait *Uck! Uck!* plus je me marre, jusqu'à ce que Papa appelle d'en haut : Qu'est-ce que vous fabriquez, les garçons ? Malachy me plante là, il grimpe les marches à toute vitesse et bientôt j'entends Papa et Maman qui rigolent jusqu'au moment où ils se rendent compte que les dents pourraient étouffer mon frère. Ils mettent tous les deux leurs doigts dans sa bouche pour retirer les dents mais Malachy prend peur et fait des *Uck! Uck!* de désespoir. Va falloir qu'on l'emmène à l'hôpital, dit Maman, et Papa répond qu'il va l'emmener. Il me fait venir au cas où le docteur aurait des questions car je suis plus âgé que Malachy, ce qui veut dire que c'est forcément moi qui ai déclenché toute cette affaire. Papa fonce dans les rues avec Malachy dans ses bras et j'essaie de suivre. Je me sens désolé pour Malachy qui est là à me regarder par-dessus l'épaule de Papa tandis que des larmes coulent sur ses joues et que les dents de Papa lui gonflent la bouche. Au *Barrington Hospital*, le docteur déclare que ce n'est rien du tout, il verse de l'huile dans la bouche de Malachy et sort les dents en deux secondes. Puis il me regarde et demande à Papa : Pourquoi est-ce que cet enfant a sa bouche grande ouverte comme ça ?

C'est une manie qu'il a, de rester la bouche ouverte.

Viens voir un peu ici, me fait le docteur. Il regarde

mon nez, dans mes oreilles, au fond de ma gorge. Puis il me tâte le cou.

Ce sont les amygdales, dit-il. Les végétations adénoïdes. Il va falloir les lui enlever. Le plus tôt sera le mieux ou bien, avec ce bec large comme un four, il aura l'air d'un idiot quand il sera grand.

Le lendemain, Malachy reçoit un gros carré de caramel comme récompense pour s'être collé des dents qu'il n'a pas pu retirer et moi je dois aller à l'hôpital pour avoir une opération qui me fermera la bouche.

Un samedi matin, Maman finit son thé et dit : Tu vas danser.

Danser ? Pourquoi ?

Tu as sept ans, tu as fait ta première communion et maintenant le temps est venu pour la danse. Je vais t'emmener aux cours de danse irlandaise de Mrs. O'Connor, dans Catherine Street. Tu iras là-bas chaque samedi matin et ça t'évitera de traîner dans les rues. Ça t'évitera de rôder dans Limerick avec des voyous.

Elle me dit de me débarbouiller la figure sans oublier les oreilles et le cou, de me peigner, de me moucher, de faire disparaître cette expression de mon visage — Quelle expression ? T'occupe, fais-la disparaître, c'est tout —, d'enfiler mes mi-bas et mes souliers de première communion qui sont d'ailleurs complètement abîmés vu que je ne peux pas passer devant une boîte en fer-blanc ou une pierre sans mettre un coup de pied dedans. Elle en a sa claque d'aller faire la queue à la Société de Saint-Vincent-de-Paul et de mendier des bottes pour Malachy et moi, tout ça pour qu'on use les pointes avec notre manie de donner des coups de pied à tout bout de champ. Ton père dit qu'il n'est jamais trop tôt pour apprendre les chansons et les danses de ses aïeux.

C'est quoi, les aïeux ?

T'occupe, répond-elle. Tu vas danser.

Je demande comment je peux mourir pour l'Irlande si je dois aussi chanter et danser pour l'Irlande. Je demande pourquoi on ne me dit jamais : Tu peux manger des bonbons, manquer l'école, rester à la maison ou aller nager pour l'Irlande.

Ne fais pas le malin ou je te chauffe les oreilles.

Puis elle m'explique : Cyril Benson danse. Il est couvert de médailles des épaules aux rotules. Il gagne des concours dans toute l'Irlande et a l'air adorable dans son kilt couleur safran. Il fait la fierté de sa mère, il a tout le temps son nom dans le journal, et on peut être sûr qu'il rapporte quelques petites livres à la maison. On ne le voit pas traînant les rues à savater tout à la ronde jusqu'à ce que les orteils lui sortent des bottes, oh, non, c'est un bon garçon, qui danse pour sa pauvre mère.

Maman mouille une vieille serviette et me frotte la figure jusqu'à ce que ça pique. Elle enroule le coin de la serviette autour de son doigt, l'enfonce dans mes oreilles et déclare qu'il y a là assez d'engrais pour faire pousser des pommes de terre. Elle mouille mes cheveux pour les aplatir, me dit de la fermer et d'arrêter les pleurnicheries, que ces leçons de danse lui coûteront six pence chaque samedi — six pence que j'aurais pu gagner en apportant son déjeuner à Bill Galvin — et elle peut tout juste se le permettre, Dieu sait. J'arrive à lui dire : Ah, Maman, c'est sûr, tu n'as pas besoin de m'envoyer à l'école de danse alors que tu pourrais être en train de fumer une bonne Woodbine avec une tasse de thé, mais elle me fait : Oh, que tu es finaud ! Tu vas danser, même si je dois renoncer pour toujours aux sèches.

Si mes copains voient ma mère me traîner à travers les rues pour aller à un cours de danse irlandaise, j'aurai vraiment la honte. Ils trouvent que ça va bien de danser si on est Fred Astaire parce qu'on peut faire des galipettes sur tout l'écran avec Ginger Rogers. Dans la danse irlandaise, il n'y a pas de Ginger Rogers et encore moins de galipettes. Faut rester debout droit comme un i, garder les bras le long du corps, faire des ronds de jambe et ne jamais sourire. Un jour, mon oncle Pa Keating a dit que les danseurs irlandais ont toujours l'air d'avoir une tringle d'acier dans le fion, mais je ne peux pas dire ça à Maman, elle me tuerait.

Chez Mrs. O'Connor, il y a un gramophone qui joue une gigue irlandaise ou un quadrille, et des garçons et des filles dansent en rond, jetant les jambes en avant tout en gardant les bras le long du corps. Mrs. O'Connor est une grosse dondon et, quand elle arrête le disque pour montrer les pas, toute sa graisse lui tremblote du menton aux chevilles et je me demande comment elle peut bien apprendre la danse. Elle vient voir ma mère et lui dit : Ainsi, c'est là le petit Frankie ? Ma foi, je crois que nous tenons ici l'étoffe d'un danseur. Les garçons ! Les filles ! Tenons-nous ici l'étoffe d'un danseur ?

Nous la tenons, Mrs. O'Connor.

J'ai les six pence, Mrs. O'Connor, dit Maman.

Ah, oui, Mrs. McCourt, attendez une seconde.

Elle se dandine vers une table et en rapporte la tête d'un garçon noir avec des cheveux crépus, des grands yeux, d'énormes lèvres rouges et une bouche ouverte. Elle me dit de mettre les six pence dans la bouche du garçon noir et d'ôter ma main avant qu'il me morde. Tous les garçons et les filles regardent avec un petit sourire. Je laisse tomber les six pence et retire ma main avant que la bouche se referme en claquant. Tout le monde rit et je comprends qu'ils voulaient voir ma main prise dans la bouche. Mrs. O'Connor s'étrangle de rire puis demande à ma mère : N'est-ce pas cocasse ? Maman répond que c'est en effet cocasse. Elle me dit de bien me conduire et de rentrer à la maison en dansant.

Je n'ai pas envie de rester dans cet endroit où Mrs. O'Connor ne peut même pas prendre elle-même les six pence au lieu de me laisser presque perdre ma main dans la bouche du garçon noir. Je n'ai pas envie de rester dans cet endroit où il faut se tenir en ligne avec les garçons et les filles, cambrer les reins, garder les bras le long du corps, regarder droit devant soi, ne pas baisser les yeux, bouger les pieds, bouger les pieds et puis entendre : Regardez Cyril ! Regardez Cyril ! et voilà Cyril qui arrive, tout beau dans son kilt jaune avec ses médailles qui font drelin-drelin, des médailles pour ceci, des médailles pour cela, et les filles adorent Cyril et Mrs. O'Connor adore Cyril car ne lui a-t-il pas apporté la renommée et ne lui a-t-elle pas appris chaque pas qu'il connaît, Oh, dansez, Cyril, dansez, oh, Jésus, ne dirait-on pas qu'il plane dans la salle tel un ange descendu des cieux et cessez donc de faire la tête, Frankie McCourt, ou vous allez avoir une figure de six pieds de long, dansez, Frankie, dansez, ramenez votre pied pour l'amour de Dieu, un-deux-trois-quatre-cinq-six-sept et un-deux-trois et une-deux-trois, Maura, vous voulez bien aider ce Frankie McCourt avant qu'il s'emmêle complètement les pinceaux, aidez-le, Maura.

Maura est une grande fille d'environ dix ans. Elle vient danser face à moi avec ses dents blanches et son costume de danseuse avec tous les motifs dorés, jaunes et verts, qui sont supposés remonter à autrefois. Donne-moi la main, mon petit gars, dit-elle avant de me faire pirouetter en rond dans la salle jusqu'à me donner le tournis, me faire complètement tourner en bourrique à en rougir et à en devenir crétin, et je suis à deux doigts de pleurer quand l'arrêt du disque et le *chuin chuin* du gramophone me sauvent juste à temps.

Oh, merci, Maura, fait Mrs. O'Connor. La semaine prochaine, Cyril, vous pourrez montrer à Frankie quelques-uns des pas qui ont fait votre célébrité. A dans huit jours, les garçons et les filles, et n'oubliez pas les six pence pour le petit garçon noir !

Les garçons et les filles partent ensemble. Je me fraie un chemin dans l'escalier et fonce dehors en espérant que les copains ne vont pas me voir en compagnie de garçons qui portent le kilt et de filles aux dents blanches qui arborent ces drôles de costumes d'autrefois.

Maman est en train de prendre le thé avec Bridey Hannon, son amie de la porte à côté. Qu'as-tu appris ? demande Maman avant de me faire danser en rond dans la cuisine, et un-deux-trois-quatre-cinq-six-sept et un-deux-trois et une-deux-trois. Elle se marre un bon coup avec Bridey. Pas trop mal pour une première ! Dans un mois, tu seras un vrai Cyril Benson.

Je ne veux pas être Cyril Benson. Je veux être Fred Astaire.

Elles sont prises d'un fou rire et le thé leur dégouline de la bouche. Le chéri des Dieux ! fait Bridey. N'a-t-il pas une haute idée de lui-même ? Comment ça va-t-y, Fred Astaire ?

Maman dit que Fred Astaire allait à ses leçons chaque samedi, sans traîner en chemin à bousiller le bout de ses bottes et, si je voulais être comme lui, il faudrait que j'aille chaque semaine chez Mrs. O'Connor.

Le quatrième samedi matin, Billy Campbell frappe à notre porte. Mrs. McCourt, est-ce que Frankie pourrait venir jouer dehors ?

Non, Billy, lui répond Maman. Frankie va à son cours de danse.

Billy m'attend au bas de Barrack Hill. Il veut savoir pourquoi je fais de la danse. Chacun sait que la danse est un truc de lopette et je vais finir comme Cyril Benson, à porter kilt et médailles et à danser tout le temps avec des filles. Il dit que la prochaine fois il me trouvera assis dans la cuisine à tricoter des chaussettes. Il dit que la danse va me bousiller et je ne serai plus cap' de jouer à aucun genre de football, le soccer, le rugby ou même le foot gaélique, parce que la danse vous apprend à courir comme une lopette et que ça fera rigoler tout le monde.

Je lui dis que j'en ai fini avec la danse, que j'ai six pence en poche pour Mrs. O'Connor, qui sont supposés aller dans la bouche du garçon noir, mais qu'au lieu de ça je vais aller au Lyric. Six pence suffisent pour nous faire entrer tous les deux, il reste même de la petite monnaie pour deux carrés de caramel Cleeves, et on passe un bon moment à regarder *Riders of the Purple Sage*[1].

Papa est assis près du feu avec Maman et ils veulent savoir quels pas j'ai appris aujourd'hui et comment ils s'appellent. Je leur ai déjà fait *Le Siège d'Ennis* et *Les Murs de Limerick*, qui sont de vraies danses. Maintenant je dois inventer des noms et des danses. Maman dit qu'elle n'a jamais entendu parler d'une danse appelée *Le Siège de Dingle* mais bon, si c'est ce que j'ai appris, eh bien allons-y, voyons voir ça, et je danse en rond dans la cuisine avec mes bras le long du corps en faisant ma propre musique, *diddley eye di eye di eye diddley eye do you do you*, et Maman et Papa tapent des mains en cadence avec mes pieds. Papa fait : Eh bien, en voilà une belle danse ! Tu vas devenir un excellent danseur irlandais qui honorera les hommes morts pour leur patrie.

N'empêche, ce n'est pas bézef pour six pence, ajoute Maman.

La semaine suivante, c'est un film avec George Raft et, la semaine d'après, un film de cow-boys avec George O'Brien. Puis c'est James Cagney et là je ne peux pas inviter Billy car j'ai envie d'une barre de chocolat pour aller avec mon caramel Cleeves. Je passe un bon moment jusqu'à ce qu'une terrible douleur m'arrive à la mâchoire. C'est une dent qui est partie de ma gencive, collée au caramel, et la douleur me tue. Comme je ne peux quand même pas gâcher le caramel, je sors la dent, la mets dans ma poche et mastique le caramel de l'autre côté de ma bouche avec le sang et tout et tout. Il y a la douleur d'un côté, le bon caramel de l'autre, et je me rappelle ce que mon oncle Pa Keating dit dans ces cas-là : Y a des fois où on ne sait plus s'il faut aller chier ou devenir aveugle.

1. Western de Lynn Reynolds, 1925. (*N.d.T.*)

Maintenant il faut que je rentre à la maison et je m'inquiète car vous ne pouvez pas vous balader dans le monde avec une dent en moins sans que votre mère le sache. Les mères savent tout et la nôtre est toujours en train de regarder dans nos bouches pour voir s'il y aurait pas un genre de maladie quelconque. Elle est là près du feu, Papa est là aussi, et ils me posent toujours les mêmes vieilles questions, la danse et le nom de la danse. Cette fois, je leur raconte que j'ai appris *Les Murs de Cork* et je danse en rond dans la cuisine en essayant de fredonner un air inventé, tout ça en mourant de douleur à cause de ma dent. Maman dit : Je t'en foutrai, moi, des murs à Cork, cette danse n'existe pas, et Papa fait : Viens voir ici. Tiens-toi là devant moi. Dis-nous la vérité. Es-tu allé à ton cours de danse aujourd'hui ?

Je ne peux plus dire un seul mensonge car ma gencive me fait mal à crever et ma bouche est pleine de sang. En plus, je sais qu'ils savent tout et c'est justement ce qu'ils sont en train de m'expliquer. Un de ces cafteurs de l'école de danse m'a vu entrer au Lyric, il l'a rapporté et Mrs. O'Connor a envoyé un mot disant qu'elle ne m'avait pas vu depuis une éternité et est-ce que j'allais bien car je promettais beaucoup et pouvais marcher sur les pas du grand Cyril Benson.

Papa se fiche de ma dent comme du reste. Il dit que je vais aller à confesse et il m'entraîne de ce pas à l'église rédemptoriste parce que c'est samedi et que les confessions durent toute la journée. Il me dit que je suis un mauvais garçon, il a honte de moi car je suis allé voir des films au lieu d'apprendre les danses nationales de l'Irlande, la gigue, le quadrille, les danses pour lesquelles hommes et femmes ont combattu et sont morts tout au long de ces tristes siècles. D'après lui, beaucoup de jeunes gens qui furent pendus et moisissent à présent dans une carrière de pierres à chaux seraient bien contents de ressusciter et de danser la danse irlandaise.

Comme le prêtre est vieux, je dois lui hurler mes

péchés et il me dit que je suis un voyou d'aller voir des films au lieu de fréquenter mes cours de danse bien que lui-même pense que la danse est chose dangereuse, presque aussi mauvaise que le cinéma, que ça suscite des pensées pécheresses, mais bon, même si la danse est une abomination, il n'empêche que j'ai péché en détournant les six pence de ma mère, puis en mentant, et il existe une fournaise en enfer pour mes semblables. Récite dix fois le rosaire et demande pardon à Dieu car tu danses aux portes mêmes de l'enfer, mon enfant.

J'ai sept ans, huit ans, neuf ans, bientôt dix, et Papa n'a toujours pas de travail. Il boit son thé le matin, pointe au chômage à la Bourse du Travail, lit les journaux à la bibliothèque Carnegie, part pour ses longues marches loin dans la campagne. S'il lui arrive de trouver un boulot à la Compagnie des Ciments de Limerick ou aux Grands Moulins Rank, il le perd de toute façon dès la troisième semaine. S'il le perd, c'est que, le troisième vendredi du mois, il va dans les pubs boire tout son salaire et manque la demi-journée de travail du samedi matin.

Maman dit : Pourquoi ne peut-il être comme les autres hommes des ruelles de Limerick ? Ils sont rentrés avant l'angélus de six heures, ils tendent leur salaire, changent de chemise, prennent leur thé, demandent quelques shillings à leur dame et filent au pub boire une ou deux pintes.

Maman explique à Bridey Hannon que Papa ne peut pas être comme ça et qu'il ne le sera jamais. Elle dit que c'est un fieffé imbécile d'aller ainsi dans les pubs et d'offrir des pintes à d'autres hommes pendant que ses propres enfants sont à la maison, le ventre collé à l'échine faute d'un repas convenable. Il se vante à la cantonade d'avoir payé de sa personne pour l'Irlande quand ce n'était ni populaire ni profitable, qu'il mourra volontiers pour l'Irlande quand l'appel viendra, qu'il regrette de n'avoir qu'une seule vie à donner pour sa pauvre et malheureuse patrie, et, si d'aucuns en disconviennent, ils sont invités à sortir, histoire de régler ça une fois pour toutes.

Oh non, fait Maman, ils se garderont bien d'en disconvenir et de sortir, cette bande d'étameurs, d'équarrisseurs et de mégoteurs qui traînent dans les pubs. Ils lui disent qu'il est un grand homme, même s'il est du Nord, et que ce serait un honneur d'accepter une pinte d'un tel patriote.

Maman dit à Bridey : Que Dieu me damne si je sais ce que je vais faire. L'allocation chômage est de dix-neuf shillings et six pence par semaine, le loyer est de six et six, ce qui laisse treize shillings pour nourrir et vêtir cinq personnes — et nous tenir au chaud pendant l'hiver.

Bridey tire une bouffée de sa Woodbine, boit une gorgée de thé et déclare que Dieu est bon. Maman dit qu'elle est sûre que Dieu est bon pour quelqu'un quelque part mais Il ne s'est pas trop fait voir ces derniers temps dans les ruelles de Limerick.

Bridey rit. Oh, Angela, vous pourriez aller en enfer pour ça.

N'y suis-je pas déjà, Bridey ? fait Maman.

Puis elles rient, boivent leur thé, fument leurs Woodbine et se disent que la sèche est le seul réconfort qu'elles ont

Un peu, oui.

Quelle Heure Quigley m'apprend que je dois aller à l'église rédemptoriste le vendredi et rallier la division des garçons de la Confraternité de l'Arche. Il faut se rallier. On ne peut pas refuser. Tous les garçons de nos rues et ruelles qui ont un père au chômage ou travaillant comme manœuvre doivent se rallier.

Quelle Heure dit : Ton père est un étranger du Nord et il ne compte pas mais tu dois te rallier quand même.

Chacun sait que Limerick est la ville la plus sainte

d'Irlande vu qu'elle abrite la Confraternité de l'Arche de la Sainte Famille, la plus grande confrérie au monde. N'importe quelle ville peut avoir une Confraternité, il n'y a que Limerick qui a l'Arche.

Notre Confraternité remplit l'église rédemptoriste cinq soirs par semaine, trois pour les hommes, un pour les femmes, un pour les garçons. Il y a la bénédiction, les cantiques en anglais, en irlandais et en latin, puis, mieux que tout ça, le grand et puissant sermon pour lequel les prêtres rédemptoristes sont célèbres. C'est le sermon qui épargne à des millions de Chinois et autres païens de se retrouver en enfer avec les protestants.

Le Quelle Heure dit que vous devez rallier la Confraternité afin que votre mère puisse en informer la Société de Saint-Vincent-de-Paul, laquelle saura alors que vous êtes un bon catholique. Il dit que son père en est un membre fidèle, et c'est ainsi qu'il a eu un bon boulot avec pension de retraite à la clef, nettoyeur des cabinets à la gare des trains. Quand Quelle Heure sera grand, lui aussi décrochera un bon boulot, à moins qu'il ne fugue et s'engage dans la *Royal Canadian Mounted Police* où il pourra chanter *I'll Be Calling You Ooo Ooo Ooo,* comme Nelson Eddy le chante à Jeanette MacDonald qui est là en train de se mourir de phtisie sur le sofa[1]. S'il m'amène à la Confraternité, l'homme du bureau écrira son nom dans un grand livre et, un jour, il sera peut-être promu préfet de section, ce qui est tout ce qu'il souhaite dans la vie, presque autant que porter l'uniforme des *Mounties.*

Le préfet dirige une section composée de trente garçons des mêmes rues et ruelles. Chaque section porte le nom d'un saint dont l'image est peinte sur un blason fixé en haut d'une hampe près du siège du préfet. Le préfet et son adjoint s'occupent du registre de

1. Scène de *Rose Marie,* film américain de W. S. Van Dyke (1936). La ritournelle en question s'intitule *Indian Love Call.* (*N.d.T.*)

présence et nous tiennent à l'œil afin de pouvoir nous filer une torgnole au cas où, entre autres sacrilèges, on rigolerait pendant la bénédiction. Si vous manquez un soir, l'homme du bureau veut savoir pourquoi, il veut savoir si vous ne seriez pas en train de vous éloigner en douce de la Confraternité, ou alors il dira à l'autre homme qui occupe le bureau : Je crois que notre petit ami que voici est allé à la soupe. C'est la pire chose qu'on puisse dire à tout catholique de Limerick, voire d'Irlande, étant donné ce qui s'est passé pendant la Grande Famine. Si vous êtes absent deux fois, l'homme du bureau vous envoie un papier jaune, une citation à comparaître pour que vous vous expliquiez, et, si vous êtes absent trois fois, il envoie la Clique, c'est-à-dire cinq ou six grands de votre section qui patrouillent dans les rues pour s'assurer que vous n'êtes pas dehors à vous amuser alors que vous devriez être à la Confraternité en train de prier à genoux pour les Chinois et autres brebis égarées. La Clique ira chez vous et dira à votre mère que votre âme immortelle est en péril. Certaines mères s'inquiéteront mais d'autres crieront : Fichez le camp de ma porte ou je m'en vais vous démonter le trou de balle ! Celles-là ne sont pas de bonnes mères confraternelles et le directeur nous demandera de prier pour elles afin qu'elles comprennent leurs errements.

Le pire qui puisse arriver est une visite du directeur de la Confraternité en personne, le Père Gorey. Il se plante en haut de la ruelle et, de sa voix qui a converti les millions de Chinois, se met à brailler : Où est la maison de Frank McCourt ? Il braille même s'il a votre adresse en poche et sait très bien où vous habitez. Il braille car il veut faire savoir au monde que vous vous éloignez en douce de la Confraternité et compromettez votre âme immortelle. Les mères sont terrifiées et les pères chuchotent : Je ne suis pas là, je ne suis pas là, avant de s'assurer que vous fréquenterez désormais la Confraternité afin qu'eux-mêmes évitent la disgrâce et ne perdent pas complètement la face vis-à-vis des voisins qui marmonnent par en dessous.

Le Quelle Heure m'emmène à la section Saint-Finbar, et le préfet me dit de m'asseoir — Oui, là — et de la boucler. Il s'appelle Declan Collopy, il a quatorze ans et des bosses sur le front qui lui font comme des cornes. Il a d'épais sourcils rouquins qui se rencontrent au milieu du visage et lui retombent sur les yeux tandis que ses bras arrivent à ses rotules. Il me dit être en train de faire de sa section la meilleure de la Confraternité et, si jamais je suis absent, il me cassera le cul et enverra les morceaux à ma mère. Il n'y a aucune excuse pour les absences parce qu'une fois il y avait un garçon d'une autre section qui était mourant et ils l'ont quand même fait venir sur une civière. Si jamais tu étais absent, dit-il, mieux vaudrait que ce soit pour une mort. Pas une mort dans la famille mais ta propre mort, tu m'entends ?

Je t'entends, Declan.

Les garçons de ma section m'apprennent que les préfets ont des récompenses si leur section est toujours au complet. Declan veut plaquer l'école aussitôt qu'il le pourra et décrocher un boulot de vendeur de linoléum au grand magasin Cannock de Patrick Street. Son oncle Foncey y a vendu du linoléum des années durant et a gagné assez d'argent pour ouvrir son propre magasin à Dublin, où il a d'ailleurs ses trois fils qui vendent du linoléum. Le Père Gorey, le directeur, peut facilement récompenser Declan d'un boulot chez Cannock s'il fait un bon préfet, avec une section toujours au complet, et voilà pourquoi Declan nous mettra en pièces si nous sommes absents. Personne ne s'interposera entre le linoléum et moi, nous dit-il.

Declan aime bien Quelle Heure Quigley et il le laisse de temps en temps manquer un vendredi soir parce qu'un jour le Quelle Heure lui a dit : Declan, quand je serai grand et que je me marierai, je tapisserai ma maison de linoléum et j'irai tout acheter chez toi.

D'autres garçons de la section essaient cette ruse avec Declan mais il leur répond : Allez vous faire mettre, z'aurez déjà du pot d'avoir un seau pour pisser, alors, pour les mètres de linoléum, vous repasserez.

Quand j'avais ton âge à Toome, dit Papa, je servais déjà la messe depuis des années. Il serait donc temps que tu sois enfant de chœur.

A quoi bon ? fait Maman. Le gosse n'a pas les habits qu'il faut pour l'école, alors ça peut attendre pour l'autel.

Papa dit que la robe d'enfant de chœur cachera les habits et Maman répond qu'on n'a pas l'argent pour la robe ni pour le nettoyage que ça demande chaque semaine.

Dieu y pourvoira, dit Papa avant de me faire m'agenouiller par terre dans la cuisine. Il prend le rôle du prêtre car il a la messe entière en tête et j'ai intérêt à connaître tous les répons. Il dit : *Introibo ad altare Dei*, et moi je dois continuer par : *Ad Deum qui laetificat iuventutem meam*[1].

Chaque soir, après le thé, je m'agenouille pour le latin et il ne me laisse pas partir avant que je sache tout sur le bout du doigt. Maman dit qu'il pourrait au moins me laisser m'asseoir mais lui répond que le latin est sacré, qu'il doit être appris et récité à genoux. Tu ne trouveras pas le pape assis tranquillement à prendre le thé quand il parle le latin, dit-il.

Le latin, c'est difficile, mes genoux me font mal avec toutes leurs croûtes, et je préférerais être dehors à jouer dans la ruelle même si j'aimerais être un enfant de chœur aidant le prêtre à s'habiller dans la

1. « J'entrerai jusqu'à l'autel de Dieu/Jusqu'à Dieu même, qui remplit de joie ma jeunesse renouvelée. » Traduction par Lemaître de Sacy du psaume XLII constituant le début de l'ordinaire de la messe. (*N.d.T.*)

sacristie et puis montant à l'autel tout beau dans ma robe rouge et blanche comme mon copain Jimmy Clark, répondant en latin au prêtre, déplaçant le gros livre d'un côté à l'autre du tabernacle, versant l'eau et le vin dans le calice, aspergeant les mains du prêtre, sonnant la cloche à la consécration, m'agenouillant, me prosternant, agitant l'encensoir à la bénédiction, allant m'asseoir sur le côté avec les paumes sur les genoux tout sérieux quand le prêtre prononcerait le sermon tandis que chacun dans Saint-Joseph admirerait mes façons.

Quinze jours plus tard, j'ai la messe en tête et il est temps d'aller à Saint-Joseph pour voir le sacristain, Stephen Carey, qui a la charge des enfants de chœur. Papa astique mes bottes. Maman reprise mes chaussettes et jette au feu un boulet supplémentaire afin de bien chauffer le fer pour repasser ma chemise. Elle fait bouillir de l'eau pour me frotter la tête, le cou, les mains, les genoux et chaque centimètre de peau qui se voit. Elle frotte jusqu'à ce que la peau me brûle et dit à Papa qu'elle ne laissera personne au monde dire que son fils est allé crasseux à l'autel. Elle aimerait bien que je n'aie pas les genoux tout croûteux à force de courir à droite à gauche en savatant des boîtes métalliques et en tombant pour faire comme si j'étais le plus grand footballeur du monde. Elle aimerait bien qu'on ait une goutte d'huile capillaire dans la maison mais bon, de l'eau et de la salive suffiront pour empêcher mes cheveux de rebiquer. Cette tignasse ! fait-elle. On dirait le crin noir d'un matelas ! Elle me dit de parler bien haut quand je serai à Saint-Joseph et de ne pas marmotter en anglais ou en latin. C'est très dommage que tu sois devenu trop grand pour ton costume de première communion mais tu n'as à avoir honte de rien, du bon sang coule dans tes veines, celui des McCourt, des Sheehan ou de ma famille maternelle, les Guilfoyle, qui possédait des arpents à n'en plus finir dans le comté de Limerick avant que les Anglais les confisquent pour les refiler aux aigrefins de Londres.

Papa me tient la main dans les rues et les gens nous regardent parce qu'on se parle en latin. Il frappe à la porte de la sacristie et dit à Stephen Carey : Voici mon fils, Frank. Il sait le latin et est prêt à être enfant de chœur.

Stephen Carey le regarde puis me regarde. Nous n'avons pas de place pour lui.

Et la porte se ferme.

Papa me tient toujours la main mais maintenant il la serre jusqu'à ce que j'aie mal à en crier. Il ne dit pas une parole sur le chemin du retour. Une fois à la maison, il enlève sa casquette, s'assied près du feu et allume une Woodbine. Maman fume aussi. Eh bien, va-t-il l'être, enfant de chœur ?

Il n'y a pas de place pour lui.

Oh. Elle tire sur sa Woodbine. Je vais te dire ce que c'est, fait-elle. C'est de la distinction de classe. Ils ne veulent pas de garçons des ruelles sur l'autel. Ils ne veulent pas de ceux qui ont les genoux croûteux et les cheveux en bataille. Oh, non, ils veulent les mignons garçons, avec l'huile capillaire et les chaussures neuves, qui ont un père avec costume-cravate et place stable. Voilà ce que c'est. On dira ce qu'on voudra, c'est difficile de s'accrocher à la foi quand tant de snobisme s'y mêle.

Och, aye.

Oh, *och aye* mon cul ! C'est tout ce que tu as à la bouche. Tu pourrais aller voir le prêtre et lui expliquer que tu te retrouves avec un fils qui a sa tête farcie de latin... Et pourquoi il ne peut pas être enfant de chœur ? Et qu'est-ce qu'il va faire de tout ce latin ?

Eh bien, il pourrait faire prêtre plus tard.

Je demande à Papa si je peux aller jouer dehors.

C'est ça, va jouer dehors, répond-il.

Tu ferais aussi bien, ajoute ma mère.

VI

Mr. O'Neill est le maître de la quatrième division à l'école. On l'appelle Patafiole parce qu'il est petit comme une fiole. Il fait cours dans la seule salle de classe où il y a une estrade, comme ça il peut nous dominer, nous menacer avec sa canne de frêne et peler sa pomme devant nous tous. Le premier jour d'école, en septembre, il écrit trois mots sur le tableau noir, *Euclide — géométrie — idiot*, qui doivent rester là jusqu'à la fin de l'année. Il dit que, s'il attrape un garçon qui touche à ces mots-là, ce garçon sera manchot pour le restant de sa vie. D'après lui, quiconque ne comprend pas les théorèmes d'Euclide est un idiot. Maintenant, répétez après moi : Quiconque ne comprend pas les théorèmes d'Euclide est un idiot. Bien sûr, on sait tous ce qu'est un idiot vu que c'est ce que les maîtres n'arrêtent pas de nous dire qu'on est.

Brendan Quigley lève la main. Monsieur, qu'est-ce qu'un théorème et qu'est-ce qu'un Euclide ?

On s'attend que Patafiole file une correction à Brendan comme font tous les maîtres quand vous leur posez une question — mais non, il regarde Brendan avec un petit sourire. Tiens donc ! Voici un garçon avec, non pas une, mais deux questions. Quel est votre nom, mon garçon ?

Brendan Quigley, monsieur.

Voilà un garçon qui ira loin. Où ira-t-il, les garçons ?

Loin, monsieur.
Exact, et c'est bien ce qu'il fera. Un garçon souhaitant connaître quelque chose de la grâce, de l'élégance et de la beauté d'Euclide ne peut qu'aller vers le haut. Dans quelle direction à l'exclusion de toute autre ce garçon peut-il aller, les garçons ?
Vers le haut, monsieur.
Ecoutez bien, les garçons. Sans Euclide, les mathématiques ne seraient qu'un misérable magma informe. Sans Euclide, nous ne serions pas capables d'aller d'ici à là. Sans Euclide, la bicyclette n'aurait pas de roues. Sans Euclide, saint Joseph n'aurait pu être charpentier car qui dit charpenterie dit géométrie et qui dit géométrie dit charpenterie. Sans Euclide, jamais l'école où nous sommes n'aurait pu être construite.
Enfoiré d'Euclide, marmonne Paddy Clohessy derrière moi.
Patafiole lui aboie dessus : Vous, là ! Comment vous appelez-vous ?
Clohessy, monsieur.
Ah ! Ce garçon vole avec une seule aile. Quel est votre nom de baptême ?
Paddy.
Paddy qui ?
Paddy, monsieur.
Et que disiez-vous à McCourt, Paddy ?
Je disais qu'on devrait se mettre à genoux et remercier Dieu pour Euclide.
Mais certainement, Clohessy. Je vois le mensonge qui infeste votre bouche. Que vois-je, les garçons ?
Le mensonge, monsieur.
Et que fait le mensonge, les garçons ?
Il infeste, monsieur.
Et quoi donc, les garçons ? Quoi donc ?
Sa bouche, monsieur.
Ecoutez-moi, les garçons. Euclide était un Grec. Qu'est-ce qu'un Grec, Clohessy ?
Une certaine catégorie d'étranger, monsieur.

Clohessy, vous êtes un faible d'esprit. Maintenant, vous, Brendan, savez sûrement ce qu'est un Grec ?

Oui, monsieur. Euclide était un Grec.

Patafiole lui fait le petit sourire. Il conseille à Clohessy de prendre modèle sur Quigley qui, lui, sait ce qu'est un Grec. Il trace deux lignes côte à côte et nous raconte que ce sont des lignes parallèles.

Toute la magie et tout le mystère de la chose résident dans le fait qu'elles ne se rencontrent jamais, pas même si elles devaient s'étendre jusqu'à l'infini, pas même si elles devaient s'étendre jusqu'aux épaules de Dieu, ce qui, les garçons, représente un bon bout de chemin bien que, ces temps-ci, un Juif allemand soit en train de chambouler le monde entier avec ses idées sur les lignes parallèles.

On écoute Patafiole en se demandant ce que tout cela a à voir avec la situation dans le monde, avec les Allemands qui défilent partout et bombardent tout ce qui tient debout. On ne peut pas lui demander nous-mêmes mais on peut se débrouiller pour que Brendan Quigley s'y colle. Chacun voit bien que Brendan est le chouchou du maître et ça veut dire qu'il peut poser toutes les questions qui lui plaisent. Après l'école, on dit à Brendan qu'il doit poser demain la question suivante : A quoi servent Euclide et toutes ces lignes qui continuent tout le temps alors que les Allemands sont en train de tout bombarder ? Brendan dit qu'il ne veut pas être le chouchou du maître. Il n'a pas demandé à l'être et il n'a pas envie de poser la question. Il a peur que Patafiole lui tombe dessus s'il pose cette question. On lui dit que c'est nous qui lui tomberons dessus s'il ne pose pas la question.

Le lendemain, Brendan lève la main. Patafiole lui fait le petit sourire. Monsieur, quelle est l'utilité d'Euclide et de toutes ces lignes alors que les Allemands sont en train de bombarder tout ce qui tient debout ?

Le petit sourire a disparu. Ah, Brendan ! Ah, Quigley ! Oh, les garçons, oh, les garçons...

Il pose sa férule sur le bureau et se tient sur l'estrade les yeux fermés. Quelle est l'utilité d'Euclide ? fait-il. L'utilité ? Sans Euclide, jamais le Messerschmitt n'aurait pu décoller. Sans Euclide, le Spitfire ne pourrait filer comme un trait de nuage en nuage. Euclide nous apporte grâce, élégance et beauté. Que nous apporte-t-il, les garçons ?

Grâce, monsieur.

Et ?

Elégance, monsieur.

Et ?

Beauté, monsieur.

Euclide est parfait dans son genre et d'application divine. Comprenez-vous cela, les garçons ?

Nous le comprenons, monsieur.

J'en doute, les garçons, j'en doute. Aimer Euclide revient à être seul en ce monde.

Il rouvre les yeux, soupire, et on voit qu'ils sont un peu mouillés.

Ce jour-là, Paddy Clohessy va pour quitter l'école quand il est arrêté par Mr. O'Dea qui enseigne en cinquième division. Vous, quel est votre nom ? demande Mr. O'Dea.

Clohessy, monsieur.

En quelle division êtes-vous ?

La quatrième, monsieur.

Dites-moi, Clohessy, ce maître que vous avez vous parle-t-il d'Euclide ?

Il en parle, monsieur.

Et qu'en dit-il ?

Il en dit que c'est un Grec.

Bien sûr que c'en est un, misérable *omadhaun* que vous êtes. Et que dit-il d'autre ?

Il dit qu'il n'y aurait pas eu d'école sans Euclide.

Ah. Et lui arrive-t-il de dessiner des choses sur le tableau ?

Il dessine des lignes côte à côte qui ne se rencontreront jamais même si elles devaient atterrir sur les épaules de Dieu.

Sainte Mère de Dieu !

Non, monsieur. Ses épaules.

Je sais, espèce d'idiot. Rentrez chez vous.

Le jour suivant, on entend du raffut à la porte de notre classe. C'est Mr. O'Dea qui est en train de brailler : Approchez donc, O'Neill, espèce de magouilleur, espèce de poltron ! On entend tout ce qu'il dit grâce au carreau cassé de la porte.

Mr. O'Halloran, le nouveau directeur, intervient : Allons, allons, Mr. O'Dea. Maîtrisez-vous. Point de querelles devant nos élèves.

En ce cas, Mr. O'Halloran, dites-lui d'arrêter d'enseigner la géométrie. La géométrie est pour les cinquième et non pour les quatrième. La géométrie relève de mon domaine. Dites-lui d'enseigner la grande division et de me laisser Euclide. La grande division lui étirera l'intellect comme il faut, que Dieu nous aide. Je ne veux pas que les esprits de ces enfants soient détruits par ce magouilleur qui est juché là sur l'estrade, à distribuer ses pelures de pommes et à répandre la diarrhée à droite et à gauche. Dites-lui qu'Euclide relève de mon domaine, Mr. O'Halloran, ou je lui ferai arrêter son char.

Mr. O'Halloran dit à Mr. O'Dea de regagner sa salle de classe puis il demande à Mr. O'Neill de venir dans le couloir. Bon, Mr. O'Neill, fait Mr. O'Halloran, je vous ai déjà avisé d'éviter Euclide.

En effet, Mr. O'Halloran, mais vous pourriez aussi bien me demander d'arrêter de manger ma pomme quotidienne.

Je me dois d'insister, Mr. O'Neill. Plus d'Euclide.

Mr. O'Neill regagne la salle et ses yeux sont à nouveau mouillés. Il dit que peu de chose a changé depuis l'époque des Grecs car les barbares sont dans la place et leurs noms sont légion. Qu'est-ce qui a changé depuis l'époque des Grecs, les garçons ?

C'est une torture de regarder Mr. O'Neill peler la pomme chaque jour, de voir la longueur de l'épluchure, rouge ou verte, et, si vous êtes au premier rang, d'en sentir la fraîcheur à plein nez. Si vous êtes le bon garçon de la journée, et que vous répondiez aux questions, il vous la donnera et vous laissera la manger là à votre pupitre afin que vous puissiez la grignoter en paix sans personne pour vous embêter, ce qui serait le cas si vous l'emportiez dans la cour. Car alors les garçons vous harcèleraient : File-m'en un bout, file-m'en un bout ! et vous seriez encore veinard s'il vous en restait trois centimètres.

Il y a des jours où les questions sont trop difficiles et alors il nous tourmente en jetant l'épluchure de pomme dans la corbeille à papiers. Puis il fait venir un garçon d'une autre classe pour descendre la corbeille dans la chaudière et brûler les papiers et l'épluchure de pomme, à moins qu'il ne laisse la femme de ménage, Nellie Ahearn, emporter le tout dans son grand sac de toile. On demanderait bien à Nellie de nous garder l'épluchure avant que les rats s'en emparent mais elle en a sa claque de nettoyer l'école entière à elle toute seule et nous lance : J'ai aut' chose à faire d'ma vie que reluquer une bande de galeux prendre racine autour d'une peau d'pomme. Fichez-moi le camp.

Il pèle la pomme avec lenteur. Il regarde la classe avec le petit sourire. Il nous taquine : Les garçons, pensez-vous que je devrais donner ceci aux pigeons perchés sur le rebord de la fenêtre ? On répond : Non, monsieur, les pigeons ne mangent pas de pommes. Paddy Clohessy ajoute : Ça leur donnera la courante, monsieur, et on se ramassera tout sur la tête quand on ira dans la cour.

Clohessy, vous êtes un *omadhaun*. Savez-vous ce qu'est un *omadhaun* ?

Je ne le sais pas, monsieur.

C'est de l'irlandais, Clohessy. Votre langue natale, Clohessy. Un *omadhaun* est un débile, Clohessy. *Vous* êtes un *omadhaun*. Qu'est-il, les garçons ?

Un *omadhaun*, monsieur.

C'est de ça que Mr. O'Dea m'a traité, monsieur, fait Clohessy. De misérable *omadhaun*.

Mr. O'Neill fait une pause dans son épluchage pour nous poser des questions sur divers aspects du monde et c'est le garçon aux meilleures réponses qui sera le gagnant. On lève les mains, dit-il. Qui est le président des Etats-Unis d'Amérique ?

Chaque main de la classe se lève et on est tous écœurés qu'il ait posé une question que saurait n'importe quel *omadhaun*. Roosevelt ! fait-on tous.

Puis il dit : Vous, Mulcahy, qui donc se tenait au pied de la croix quand Notre Seigneur fut crucifié ?

Mulcahy est lambin. Les douze apôtres, monsieur.

Mulcahy, quel est le mot irlandais pour débile ?

Omadhaun, monsieur.

Et qu'êtes-vous, Mulcahy ?

Un *omadhaun*, monsieur.

Fintan Slattery lève la main. Je sais qui se tenait au pied de la croix, monsieur.

Bien sûr que Fintan sait qui se tenait au pied de la croix. Pourquoi il ne le saurait pas ? Il est toujours en train de courir à la messe avec sa mère, qui est connue pour sa sainteté. Sainte, elle l'est tellement que son mari s'est carapaté au Canada pour abattre des arbres, content d'être parti et plus de nouvelles, bonnes nouvelles. Elle et Fintan disent le rosaire chaque soir à genoux dans leur cuisine et ils lisent toutes sortes de revues religieuses : *Le Petit Messager du Sacré-Cœur, La Lanterne, L'Extrême-Orient,* aussi bien que chaque petit livre publié par la *Catholic Truth Society*. Ils vont à la messe et à la communion qu'il pleuve ou qu'il fasse beau et se confessent chaque samedi aux Jésuites qui sont connus pour prendre intérêt aux péchés intelligents et pas aux péchés ordinaires débités par les gens des ruelles qui sont connus pour se saouler et parfois manger de la viande le vendredi avant qu'elle devienne mauvaise et tout ça en blasphémant. Fintan et sa mère habitent Catherine Street, et les voisins de Mrs. Slattery l'appellent Mrs. La-Plus-Offrante car peu importe ce qui lui arrive, une jambe cassée, une tasse de thé renversée, un mari parti, elle dit : Ma foi, je vais en faire offrande et ça me vaudra une infinité d'indulgences qui me permettront d'aller au ciel. Fintan est taré comme elle. Si vous le poussez dans la cour de l'école ou si vous le traitez de tous les noms, il sourit et vous dit qu'il va prier pour vous et fera offrande de cette prière pour son âme et la vôtre. Les garçons de Leamy's n'ont pas envie que Fintan prie pour eux et ils le menacent de lui botter le cul une bonne fois s'ils le chopent en train de prier pour eux. Il dit qu'il veut être un saint quand il sera grand, ce qui est ridicule vu qu'on ne peut pas être un saint avant d'être mort. Un jour, le voilà qui dit que nos petits-enfants prieront devant son image. Un des grands lui fait : Mes petits-enfants ne prieront pas devant ton image, Fintan, ils pisseront dessus plutôt, mais Fintan se contente de sourire. Sa sœur a fugué pour l'Angleterre quand elle avait dix-sept ans et chacun sait qu'il porte son corsage à la maison et se frise les cheveux avec un fer tout chaud chaque samedi soir pour être superbe à la messe du dimanche. Si c'est moi (mais ça peut être un autre) qu'il rencontre en allant à la messe, il dira : Tu ne trouves pas que mes cheveux sont superbes, Frankie ? Il raffole de ce mot, *superbe*, qu'aucun autre garçon n'emploiera jamais.

Bien sûr qu'il sait qui se tenait au pied de la croix. Il doit même savoir ce que ces personnes portaient, ce qu'elles prenaient au petit déjeuner, et maintenant le voilà qui sort à Patafiole O'Neill qu'il s'agissait des trois Marie.

Monte ici chercher ta récompense, Fintan, fait Patafiole.

Fintan prend son temps pour aller à l'estrade et on

n'en croit pas nos yeux quand il sort un canif de sa poche pour couper l'épluchure de pomme en petits bouts afin de pouvoir les manger un à un au lieu de tout gober d'un coup comme nous autres quand on gagne. Il lève la main. Monsieur, j'aimerais faire don d'une partie de ma pomme.

De la pomme, Fintan ? Non pas. Vous n'avez point la pomme, Fintan. Vous avez la pelure, la simple enveloppe. Vous n'avez pas atteint, ni n'atteindrez jamais ces cimes vertigineuses qui vous vaudraient de vous régaler de la pomme en soi. Pas ma pomme, Fintan. Maintenant, vous ai-je entendu déclarer que vous vouliez faire don de votre récompense ?

Vous l'avez entendu, monsieur. J'aimerais en donner trois morceaux. A Quigley, à Clohessy et à McCourt.

Pour quelle raison, Fintan ?

Parce que ce sont mes amis, monsieur.

Les garçons de la classe ricanent en se donnant des coups de coude et je me sens honteux car ils vont dire que je me frise les cheveux et je vais être embêté dans la cour. Et pourquoi Fintan pense-t-il que je suis son ami ? Si les autres se mettent à dire que je porte le corsage de ma sœur, ça ne servira à rien de leur expliquer que je n'ai pas de sœur car là ils diront : T'en porterais un si t'avais une sœur. Ça ne sert à rien d'expliquer quoi que ce soit dans la cour car il y en a toujours un qui a réponse à tout et il n'y a rien à faire sauf lui cogner le pif et si vous deviez cogner tous ceux qui ont réponse à tout vous seriez à cogner matin midi et soir.

Quigley prend le bout d'épluchure de Fintan. Merci, Fintan.

Toute la classe regarde Clohessy parce qu'il est le plus grand, le plus costaud, et s'il dit merci, je dirai merci aussi. Il dit : Merci beaucoup, Fintan, puis il rougit et moi je dis : Merci beaucoup, Fintan, et j'essaie d'arrêter de rougir moi aussi mais c'est impossible, les garçons recommencent à ricaner et je leur filerais bien des baffes à tous.

Après la classe, les garçons interpellent Fintan : *Hoi*, Fintan, tu rentres à la maison friser tes superbes cheveux ? Fintan sourit et monte les marches de la cour. Un grand de septième division dit à Paddy Clohessy : Je suppose que tu te friserais aussi les cheveux si t'étais pas du genre chauve à la tête tondue ?

Tu fermes ta gueule, répond Paddy, et le grand fait : Oh, et qui c'est qui me ferait faire ça ? Paddy tente un direct mais le grand le frappe au pif, l'envoie au sol et ça saigne. J'essaie de frapper le grand mais il m'attrape la gorge et me cogne la tête contre le mur jusqu'au moment où je vois trente-six chandelles et autant de taches noires. Paddy s'éloigne en pleurant, la main sur le nez, et le grand me pousse après lui. Fintan nous attend dehors, dans la rue, Oh, Francis, Francis ! fait-il. Oh, Patrick, Patrick ! Que se passe-t-il ? Pourquoi tu pleures, Patrick ? et Paddy répond : J'ai faim. Je suis foutu de me battre avec personne parce que je crève la dalle à tomber par terre et j'ai honte.

Viens avec moi, Patrick, dit Fintan. Ma mère nous donnera quelque chose.

Ah, non, fait Paddy, j'ai mon pif qui saigne.

Ne t'inquiète pas. Elle te mettra quelque chose sur le nez ou bien une clef sur la nuque. Francis, tu dois venir, toi aussi. Tu as toujours l'air d'avoir faim.

Ah, non, Fintan.

Allez, Francis.

D'accord, Fintan.

L'appartement de Fintan a tout d'une chapelle. On y voit deux images sur un mur : le Sacré-Cœur de Jésus et l'Immaculé Cœur de Marie. Jésus montre Son cœur avec la couronne d'épines, le feu, le sang. Sa tête est inclinée sur la gauche pour montrer Son grand tourment. La Vierge Marie montre aussi son cœur et ce serait un assez joli cœur s'il n'avait pas cette couronne d'épines. Sa tête est inclinée sur la droite pour montrer son tourment car elle sait que son Fils finira mal.

Il y a une image sur un autre mur, celle d'un homme avec une robe marron et plein d'oiseaux perchés sur lui. Tu sais qui c'est, Francis ? demande Fintan. Non ? C'est ton patron, saint François d'Assise. Et tu sais quel jour on est, aujourd'hui ?

Le 4 octobre.

Exact, et c'est sa fête, un jour particulier pour toi car tu peux demander ce que tu veux à saint François et il t'exaucera sûrement. C'est pour quoi je voulais que tu viennes ici aujourd'hui. Asseyez-vous donc, Patrick et Francis.

Mrs. Slattery arrive, son chapelet à la main. Elle est ravie de rencontrer les nouveaux amis de Fintan et nous demande si on aimerait un sandwich au fromage. Et regardez votre malheureux nez, Patrick ! Elle lui touche le nez avec la croix de son chapelet et dit une petite prière. Elle nous raconte que les perles de ce chapelet furent bénies par le pape en personne et qu'elles arrêteraient le cours d'un fleuve s'il le fallait. Alors, le malheureux nez de Patrick, vous pensez bien !

Fintan dit qu'il ne prendra pas de sandwich car il jeûne et prie pour le grand qui nous a frappés, Paddy et moi. Mrs. Slattery lui donne un baiser sur le front, lui dit qu'il est un saint tombé des cieux, puis elle demande si on aimerait de la moutarde sur nos sandwichs et je lui réponds que je n'ai jamais entendu parler de moutarde avec le fromage mais que oui, j'aimerais bien. Chais pas, fait Paddy, j'ai jamais eu un sangouiche de ma vie, et tout le monde rit et je me demande comment c'est possible d'avoir vécu dix ans comme Paddy sans jamais avoir eu de sandwich. Paddy se marre aussi et on remarque que ses dents sont blanches, noires et vertes.

On mange le sandwich, on boit du thé et Paddy veut savoir où sont les cabinets. Fintan lui fait traverser la chambre à coucher pour l'emmener dans l'arrière-cour et, quand ils reviennent, Paddy dit :

Faut que je rentre. Ma mère va me tuer. Je t'attends dehors, Frankie.

Maintenant c'est moi qui ai envie d'aller aux cabinets et Fintan me conduit dans l'arrière-cour en disant que lui aussi doit y aller. Une fois que j'ai déboutonné ma braguette, je ne peux pas pisser parce qu'il me regarde. Tu blaguais, dit-il. Tu n'as pas du tout envie. J'aime bien te regarder, Francis. C'est tout. Je ne voudrais pas commettre un péché avec notre confirmation qui arrive l'année prochaine.

Paddy et moi partons ensemble. Je suis sur le point d'éclater et je cours pisser derrière un garage. Paddy m'attend et on enfile Hartstonge Street quand il me dit : L'était mastoc le sangouiche, Frankie, et lui et sa mère on croirait vraiment des saints, mais j'aimerais plus trop retourner chez Fintan parce qu'il est vachement bizarre, hein, Frankie ?

Il l'est, Paddy.

Comment qu'il la regarde quand tu la sors, c'est pas bizarre, Frankie ?

Si, Paddy.

Quelques jours plus tard, Paddy me chuchote : Fintan a dit qu'on pouvait venir dans son appartement à l'heure du déjeuner. Sa mère sera pas là et elle lui a laissé son repas. Il nous en donnera peut-être et il a du lait qu'est excellent. On y va ?

Fintan est assis à deux rangs de nous. Il sait ce que Paddy est en train de me dire et il bouge ses sourcils de bas en haut comme pour demander : Vous viendrez ? Je chuchote oui à Paddy qui hoche la tête vers Fintan et le maître nous crie d'arrêter de jouer des sourcils et des lèvres sinon la férule va nous cingler le derrière.

Dans la cour de l'école, les garçons nous voient partir à trois et ils échangent des remarques. Ouah ! Bon Dieu ! Voyez-moi Fintan et ses gitons !

Fintan, c'est quoi un giton ? demande Paddy.

Oh, c'est juste un garçon d'autrefois qui avait toujours droit au gîte, c'est tout, répond Fintan. Il nous prie de nous asseoir à la table de sa cuisine. Si on veut, on peut lire ses illustrés, *Film Fun*, le *Beano*, le *Dandy*, ou les revues religieuses, ou les magazines sentimentaux de sa mère, le *Miracle* et l'*Oracle*, où il y a toujours des histoires sur les filles d'usine qui sont pauvres mais belles, et amoureuses de fils de comte et vice versa, et la fille d'usine finit par se jeter de désespoir dans la Tamise, juste pour être secourue par un charpentier qui passait par là, pauvre mais honnête, et qui aimera l'ouvrière pour elle-même, tout humble qu'elle est, bien qu'il se trouve que le charpentier de passage soit en réalité le fils d'un duc, ce qui est beaucoup plus noble que d'être le fils d'un comte, si bien que maintenant la pauvre fille d'usine est devenue duchesse et elle peut regarder de haut le comte qui l'a dédaignée parce qu'elle est bien contente de soigner ses roses dans ses six mille hectares de domaine en plein Shropshire et d'être aux soins de sa pauvre vieille mère, qui refuse de quitter son humble masure pour tout l'argent du monde.

J'ai rien envie de lire, dit Paddy, c'est tout des conneries, ces histoires. Fintan ôte le linge qui couvre son sandwich et son verre de lait. Le lait paraît crémeux, frais, délicieux, et le pain du sandwich est presque aussi blanc. C'est un sangouiche au jambon? demande Paddy, et Fintan répond que c'en est un. Il a l'air excellent, ce sangouiche, continue Paddy. Y a de la moutarde avec? Fintan hoche la tête et tranche le sandwich en deux. De la moutarde s'échappe et coule sur ses doigts. Il se les lèche et avale une bonne lampée de lait. Il recoupe le sandwich en quarts, en huitièmes, en seizièmes, prend *Le Petit Messager du Sacré-Cœur* sur la pile de revues, se met à lire en mangeant ses bouts de sandwich et en buvant son lait sous nos yeux à Paddy et moi et je sais que Paddy se demande ce qu'on fabrique ici à la fin, oui vraiment, parce que c'est ce que je me demande aussi, tout en espérant que Fintan va nous passer l'assiette mais il ne s'y décide pas, il finit le lait, laisse des bouts de sandwich sur l'assiette, la couvre du linge, s'essuie les lèvres comme une chochotte, baisse la tête, se signe, dit sa prière d'après manger, s'exclame : Mon Dieu ! Nous allons être en retard pour l'école ! puis, juste avant de sortir, il se signe de nouveau avec l'eau bénite du petit bénitier en porcelaine fixé dans l'entrée près de la petite image de la Vierge Marie qui montre son cœur en pointant deux doigts dessus comme si nous ne pouvions pas le voir tout seuls.

Il est trop tard pour que Paddy et moi courions demander le pain aux raisins et le lait à Nellie Ahearn et je ne sais pas comment je vais tenir de maintenant jusqu'à ce que je cavale à la maison après l'école pour manger un morceau de pain. Paddy s'arrête au portail de l'école. J'peux pas y aller en crevant la dalle comme ça, dit-il. J'vais piquer un roupillon et Patafiole va m'tuer.

Fintan est anxieux. Allez, allez, on va être en retard. Allez, Francis, dépêche-toi.

Je n'y vais pas, Fintan. Tu as eu ton déjeuner. Nous, on n'a rien eu.

Paddy explose : T'es un putain de magouilleur, Fintan. Voilà ce que t'es, et un putain de mégoteur, aussi, avec ton putain d'sangouiche et ton putain de Sacré-Cœur de Jésus sur le mur et ta putain d'eau bénite. Tu peux me baiser le cul, Fintan.

Oh, Patrick !

Oh Patrick mon cul, Fintan. Viens, Francis.

Fintan file à l'école et Paddy et moi allons jusqu'à un verger de Ballinacurra. On escalade un mur et un chien méchant se ramène sur nous jusqu'à ce que Paddy lui parle et lui raconte qu'il est un bon chien, qu'on a faim et qu'il peut rentrer chez sa mère. Le chien lèche le visage de Paddy avant de se débiner la queue frétillante et Paddy est tout content de lui. On se bourre chacun la chemise de pommes au point qu'on a du mal à regrimper le mur, on traverse à la course un champ tout en longueur, on s'assied sous une haie pour manger les pommes jusqu'à ce qu'on ne puisse plus avaler une bouchée, et on se baque la tronche dans l'eau d'un ruisseau pour la bonne fraîcheur que ça offre. Puis on fonce chacun à l'extrémité d'un fossé pour chier et s'essuyer avec de l'herbe et des feuilles bien épaisses. Toujours accroupi, Paddy déclare : Y a rien de tel au monde qu'une bonne ventrée de pommes suivie d'une rasade de flotte et d'un bon vieux coulage de bronze, c'est mieux que n'importe quel sangouiche au fromage-moutarde, et que Patafiole O'Neill se colle sa pomme au fion !

Il y a trois vaches dans un champ avec leurs têtes qui dépassent d'un mur de pierre et elles nous font : *Meuh !* Paddy s'écrie : Nom de Dieu ! C'est l'heure de la traite ! et le v'là qui franchit le mur, s'allonge sur le dos sous une vache et approche son visage de la grosse mamelle qui pendouille. Il tire sur un pis et fait gicler le lait dans sa bouche. Il arrête la giclée et m'appelle : Allez, Frankie ! Du lait frais ! C'est excellent ! Prends-toi cette autre vache, elles demandent toutes qu'à se faire traire !

Je vais sous la vache et tire sur un pis mais elle rue, elle bouge, et je vois le coup qu'elle va me tuer. Paddy vient me montrer comment faire : il faut tirer fort, bien droit, et le lait sort à plein jet. On se couche à deux sous la vache et on prend du bon temps à se gaver de lait quand soudain il y a une gueulante et c'est un homme avec un bâton qui rapplique dans notre direction à travers le champ. Deux secondes plus tard, on a passé le mur et il ne peut pas nous suivre à cause de ses bottes en caoutchouc. Il est debout devant le mur, agitant son bâton et criant que si jamais il nous attrape on aura toute la longueur de sa botte dans le cul mais nous on rigole vu qu'on est hors d'atteinte et je me demande pourquoi quiconque devrait avoir faim dans un monde rempli de lait et de pommes.

Ça va bien pour Paddy de dire que Patafiole peut se coller la pomme au fion mais moi je n'ai pas envie de passer mon temps à piller des vergers et à traire des vaches à lait, et j'essaierai toujours de gagner l'épluchure de pomme de Patafiole afin de pouvoir rentrer à la maison et raconter à Papa comment j'ai répondu aux questions difficiles.

On s'en retourne à travers Ballinacurra. Il y a de la pluie, des éclairs, et on cavale mais c'est dur pour moi avec la semelle de ma chaussure qui n'arrête pas de se plier et menace de m'envoyer valdinguer. Paddy peut courir tant qu'il veut avec ses longs pieds nus qu'on entend faire *slap slap* sur le trottoir. Mes chaussures et mes chaussettes sont pleines d'eau et elles font leur bruit à elles : *squish squish*. Paddy s'en rend compte et on fait une chanson de nos deux bruits : *slap slap, squish squish, slap squish, squish slap*. Notre chanson nous fait tellement marrer qu'on est obligés de se tenir l'un à l'autre. La pluie empire et on sait qu'on ne peut pas s'abriter sous un arbre sous peine d'être entièrement grillés, alors on va près d'une porte qui est ouverte à la minute même par une grosse dondon de servante, vêtue d'un petit bonnet blanc, d'une robe noire et d'un petit tablier blanc, qui nous demande de déguerpir de cette porte vu qu'on fait honte à voir. On se barre de la porte et Paddy se retourne pour crier : Génisse de Mullingar qu'est vache jusqu'aux talons ! Là-dessus, il rigole à s'étouffer et doit s'appuyer contre un mur tellement il devient faiblard. Comme ça ne sert plus à rien de s'abriter de la pluie vu qu'on est trempés jusqu'aux os, on prend notre temps pour descendre O'Connell Avenue. Paddy dit qu'il a appris ce truc sur la génisse de Mullingar[1] par son oncle Peter, celui qui était en Inde dans l'armée anglaise et qu'ils ont en photo debout au milieu d'un groupe de soldats avec le casque, le fusil et la cartouchière en bandoulière, même qu'il y a des hommes bruns de peau en uniforme qui sont indiens et fidèles au roi. Oncle Peter a

1. Capitale du Westmeath, Mullingar est encore réputée pour ses foires aux bestiaux. (*N.d.T.*)

pris du bon temps dans un endroit appelé Cachemire, d'ailleurs vachement plus beau que leur Killarney[1] qu'ils sont toujours à vanter et à chanter, fait Paddy avant de remettre ça à propos de fuguer et d'atterrir en Inde dans une tente en soie avec la fille au point rouge, le curry, les figues, et il arrive à me donner faim même si je suis déjà calé avec les pommes et le lait.

La pluie diminue et il y a des oiseaux qui cancanent au-dessus de nos têtes. Paddy dit qu'il s'agit de canards, d'oies ou d'on ne sait quoi, qui sont en route vers l'Afrique où il fait beau et chaud. Les oiseaux ont plus de jugeote que les Irlandais. Ils passent leurs vacances sur le Shannon, puis s'en repartent vers les terres chaudes, peut-être même l'Inde, va savoir. Il dit qu'il m'écrira une lettre quand il sera là-bas, et je pourrai venir en Inde et avoir une fille à moi avec un point rouge.

C'est pour quoi, ce point, Paddy ?

Ça montre qu'elles font partie du haut du panier, du gratin.

Mais, Paddy, est-ce que le gratin de l'Inde t'adresserait la parole s'il savait que tu venais des ruelles de Limerick et que tu n'avais pas de chaussures ?

Sûr qu'il m'adresserait la parole, mais le gratin anglais le ferait pas. Les rupins anglais, ils te donneraient même pas la vapeur de leur pisse.

La vapeur de leur pisse ? Bon Dieu, Paddy, tu as trouvé ça tout seul ?

Nan, nan, c'est ce que mon père dit quand il est au lit en train de cracher ses boyaux et de casser du sucre sur le dos des Anglais.

Et moi je pense à ce truc : *La vapeur de leur pisse*. Je vais le garder pour moi. Je vais faire le tour de Limerick en répétant : *La vapeur de leur pisse ! La vapeur de*

1. Située au cœur du Kerry, Killarney est la principale ville touristique d'Irlande. (*N.d.T.*)

leur pisse! et, le jour où j'irai en Amérique, je serai le seul à savoir ça.

Quelle Heure Quigley zigzague vers nous sur une grande bicyclette de femme et il m'appelle : *Hoi*, Frankie McCourt, tu vas te faire tuer. Patafiole O'Neill a envoyé un mot chez toi pour dire que tu n'étais pas revenu à l'école après déjeuner, que tu es allé en goguette avec Paddy Clohessy. Ta mère va te tuer. Ton père est parti à ta recherche et lui aussi va te tuer.

Oh, bon Dieu, je me sens tout froid tout vide, et j'aimerais bien être en Inde où il fait beau et chaud et où il n'y a pas d'école et où mon père ne pourrait jamais me trouver pour me tuer. Il a pas été en goguette et moi non plus, dit Paddy à Quelle Heure. Fintan Slattery nous a fait crever la dalle et après il était trop tard pour le pain aux raisins et le lait. Puis Paddy ajoute pour moi : Fais pas gaffe à eux, Frankie, c'est que des conneries. Chez nous, ils envoient sans arrêt des mots et tout le monde se torche le cul avec.

Jamais ma mère et mon père ne se torcheraient le cul avec un mot du maître et maintenant j'ai peur de rentrer à la maison. Le Quelle Heure se barre à vélo en rigolant et je me demande bien pourquoi vu qu'une fois il s'est enfui de chez lui et a dormi dans un fossé avec quatre chèvres, ce qui est pire que sécher une demi-journée d'école à n'importe quel moment de l'année.

Je pourrais tourner maintenant, monter Barrack Road, rentrer à la maison et dire à mes parents que je regrette d'être allé en goguette et que je l'ai fait à cause de la faim, mais Paddy fait : Allez, on va se descendre Dock Road et lancer des caillasses dans le Shannon.

On lance des caillasses dans le fleuve et on se balance sur les chaînes de fer le long de la berge. Il commence à faire sombre et je ne sais pas où je vais aller dormir. Il va peut-être falloir que je reste là au bord du Shannon ou que je trouve une porte cochère ou que je retourne dans la campagne pour trouver un fossé avec quatre chèvres comme Brendan Quigley. T'as qu'à rentrer avec moi, fait Paddy. Tu pourras dormir par terre et te sécher un peu.

Paddy habite Arthur's Quay, dans l'un des grands immeubles donnant sur le fleuve. Chacun à Limerick sait que ce sont de vieux immeubles qui peuvent s'écrouler d'un moment à l'autre. Maman dit souvent : Je veux qu'aucun de vous autres ne descende à Arthur's Quay et, si jamais je vous y trouve, je vous flanque la peignée de votre vie. Ce sont des sauvages là-bas, qui pourraient vous détrousser et vous tuer.

Il pleut à nouveau et des petits enfants jouent dans l'entrée et les escaliers. Fais gaffe, me prévient Paddy, il manque des marches et il y a de la merde sur celles qui tiennent encore. Tout ça parce qu'il n'y a qu'un seul cabinet et, comme il est dans la cour du fond, les enfants arrivent pas à descendre les marches assez vite pour poser leur popotin sur le trône, que Dieu nous aide.

Sur le quatrième palier, une femme avec un châle est assise en train de fumer une cigarette. C'est toi, Paddy ? demande-t-elle.

C'est moi, Mam.

Je n'ai plus de jambes, Paddy. Ces marches me tuent. As-tu pris ton thé ?

Non.

Ma foi, je ne sais pas s'il reste du pain. Monte voir.

La famille de Paddy habite une seule pièce, vaste et haute de plafond, avec une petite cheminée. Il y a deux grandes fenêtres et on voit bien le Shannon. Son père est dans un lit placé en coin, râlant et crachant dans un seau. Les frères et sœurs de Paddy sont sur des matelas à même le sol, certains dorment, d'autres parlent, d'autres encore regardent le plafond. Il y a un bébé sans vêtements qui rampe vers le seau du père de Paddy et Paddy l'en éloigne. Sa mère arrive de l'escalier, toute suffocante. Jésus, je suis morte, fait-elle.

Elle trouve du pain et prépare un thé clair pour

Paddy et moi. Je ne sais pas ce que je suis supposé faire. Ils ne disent rien. Ils ne disent pas : Qu'est-ce que tu viens faire ici ? ou : Rentre chez toi ! ou quoi que ce soit jusqu'au moment où Mr. Clohessy demande : Qui est-ce ?

C'est Frankie McCourt, répond Paddy.

McCourt ? fait Mr. Clohessy. C'est quoi comme genre de nom, ça ?

Mon père est du Nord, Mr. Clohessy.

Et comment s'appelle ta mère ?

Angela, Mr. Clohessy.

Ah, Jaysus ! Ça se pourrait-y pas que ce soit Angela Sheehan, des fois ?

Ça se pourrait, Mr. Clohessy.

Ah, Jaysus ! répète-t-il avant d'avoir une quinte qui lui fait remonter toutes sortes de choses de ses entrailles et l'oblige à se pencher sur le seau. Une fois la toux passée, il se laisse retomber sur son oreiller. Ah, Frankie, j'ai bien connu ta mère. J'ai dansé avec elle... Sainte Mère du Christ, je me meurs en dedans... Oui, avec elle que j'ai dansé, là-bas à Wembley Hall, et même qu'elle était une danseuse hors pair.

Il se penche à nouveau sur le seau. Il manque d'air et tend les bras pour reprendre son souffle. Il a mal mais ne veut pas s'arrêter de parler.

Une danseuse hors pair qu'elle était, Frankie. Pas maigre, note bien, mais une vraie plume dans mes bras et il y a eu plus d'un cœur brisé quand elle a quitté Limerick. Sais-tu danser, Frankie ?

Ah, non, Mr. Clohessy.

Il sait, Pap, fait Paddy. Il a reçu les leçons de Mrs. O'Connor et de Cyril Benson.

Eh bien, danse, Frankie. Un tour de turne et gaffe à l'armoire, Frankie. Lève la quille, mon gars.

Je ne peux pas, Mr. Clohessy. Je ne suis pas doué.

Pas doué ? Le fils d'Angela Sheehan ? Danse, Frankie, ou je me lève de ce lit pour te faire valser dans toute la turne.

J'ai une chaussure qui est abîmée, Mr. Clohessy.

Frankie, Frankie, tu me fais venir la toux. Vas-tu danser pour l'amour d'Jésus afin que je puisse me rappeler mon jeune temps avec ta mère à Wembley Hall ? Enlève-la, ta foutue godasse, Frankie, et danse donc !

Il faut que j'invente des danses et des airs pour aller avec comme je le faisais autrefois quand j'étais petit. Je danse en rond dans la pièce avec une seule chaussure car j'ai oublié de l'enlever. Puis j'essaie d'inventer des paroles : Oh, les murs de Limerick s'écroulent, roulent, roulent, les murs de Limerick croulent et le fleuve Shannon nous tue.

Mr. Clohessy se marre dans le lit. Oh, Jaysus, jamais entendu de trucs pareils que ce soit sur terre ou sur mer ! C'est une sacrée bonne guibole que t'as pour la danse, Frankie ! Oh, Jaysus... Il tousse et fait remonter des filets de truc jaune et vert. Ça m'écœure de voir ça et je me demande si je ne devrais pas rentrer à la maison loin de ce seau et de toute cette maladie et puis laisser mes parents me tuer s'ils en ont envie.

Paddy se couche sur un matelas près de la fenêtre et je m'allonge à côté de lui. Je garde mes vêtements comme tout le monde et j'oublie même d'enlever ma chaussure qui est mouillée, chuintante et puante. Paddy s'endort aussitôt et je regarde sa mère assise près d'un reste de feu à fumer encore une autre cigarette. Le père de Paddy râle, tousse et crache dans le seau. Foutu sang, fait-il, et elle : Faudra bien que t'ailles au sanatorium tôt ou tard.

Je n'irai pas. Le jour où ils t'y mettent, c'en est fini de toi.

Et si tu refilais la phtisie aux enfants ? Je pourrais faire appel à la Garda, qu'elle t'emmène vu le danger que tu représentes pour les enfants.

S'ils avaient dû l'attraper, ce serait déjà fait.

Le feu s'éteint et Mrs. Clohessy enjambe son mari pour aller au lit. Deux secondes plus tard, elle ronfle bien que lui soit encore à tousser et à rire des jours de sa jeunesse quand il dansait avec Angela Sheehan légère comme une plume à Wembley Hall.

Il fait froid dans la pièce et je frissonne dans mes vêtements mouillés. Paddy frissonne aussi mais il est endormi et ne se rend pas compte qu'il a froid. Je ne sais pas si je dois rester ici ou me lever et rentrer à la maison mais qui a envie de traîner dans les rues quand n'importe quel garde peut vous demander ce que vous faites dehors ? C'est ma première nuit loin de ma famille et je sais que je serais mieux dans ma propre maison avec les cabinets qui empestent et l'écurie juste à côté. C'est moche quand notre cuisine est un lac et qu'on doit monter en Italie mais c'est pire chez les Clohessy où il faut descendre quatre étages pour aller aux cabinets en risquant de glisser sur de la merde à chaque marche. Je serais mieux dans un fossé avec quatre chèvres.

Je dors tant bien que mal mais je dois me réveiller pour de bon quand Mrs. Clohessy fait le tour de sa famille en les tirant pour qu'ils se lèvent. Comme ils se sont tous couchés avec leurs vêtements, ils n'ont pas besoin de s'habiller et il n'y a pas de bagarre. Ils grommellent et foncent à la porte pour descendre aux cabinets de la cour du fond. Il faut que j'y aille aussi et je cavale en bas avec Paddy mais sa sœur Peggy est déjà sur le trône et on doit pisser contre un mur. Je dirai à Mam ce que vous faites, dit Peggy.

Ta gueule, fait Paddy, ou je t'enfonce dans ces putains de cabinets.

Elle saute du trône, remonte sa culotte et grimpe l'escalier à toute allure en criant : J'le dirai ! J'le dirai ! et, quand on revient dans la pièce, Mrs. Clohessy donne un coup de ceinture sur la tête à Paddy pour ce qu'il a fait à sa pauvre petite sœur. Paddy ne moufte pas vu que Mrs. Clohessy prend une louche pour remplir de porridge des mugs, des pots à confiture et un bol tout en nous disant de bouffer en vitesse et de filer à l'école. Puis elle se met à table pour manger son porridge. Ses cheveux sont gris-noir et sales. De temps en temps, ils pendouillent dans le bol et chopent au passage des miettes de porridge et des gouttes de lait. Les enfants avalent le porridge avec de grands *slurp* et ils se plaignent de ne pas en avoir assez, de crever la faim. Ils ont le nez morveux, les yeux chassieux et les genoux croûteux. Mr. Clohessy tousse et se tord sur le lit, il dégobille les gros glaviots de sang et je me rue hors de la pièce pour aller vomir dans l'escalier là où il y a une marche qui manque et il y a un déluge de porridge et de morceaux de pomme en bas dans l'entrée où les gens qui vont aux cabinets de la cour croisent ceux qui en viennent. Paddy descend me chercher et dit : T'en fais pas. Tout le monde y va de sa gerbe ou de sa crotte dans cet escalier et, de toute façon, le putain d'immeuble entier se casse la gueule.

Je ne sais pas ce que je suis supposé faire maintenant. Si je retourne à l'école, je vais me faire tuer et pourquoi est-ce que je retournerais me faire tuer à l'école ou à la maison alors que je peux partir sur la route et vivre de lait et de pommes le reste de ma vie jusqu'à ce que j'aille en Amérique ? Allez, fait Paddy. De toute façon, l'école c'est que de la connerie, et les maîtres c'est tout tarés et compagnie.

On frappe à la porte des Clohessy et c'est Maman qui tient mon petit frère Michael par la main, et le garde Dennehy, celui qui est responsable de la présence des élèves à l'école. Dès que Maman m'aperçoit, elle me demande : Qu'est-ce que tu fais avec une seule chaussure ? et le garde Dennehy lui fait : Ah, 'scusez, ma p'tit' dame, je crois que la question qui se poserait plutôt serait celle-ci : *Qu'est-ce que tu as fait de ton autre chaussure ?* Ha ha !

Michael me fonce dessus. Môman pleurait. Môman pleurait pour toi, Frankie.

Où étais-tu toute cette nuit ? me demande-t-elle.

J'étais ici.

Tu m'as rendue folle d'inquiétude. Ton père t'a cherché dans chaque rue de Limerick.

Qui c'est qui se trouve à la porte? demande Mr. Clohessy.

Ma mère, Mr. Clohessy.

Dieu du ciel! Est-ce Angela?

Oui, Mr. Clohessy.

Il se dresse à grand-peine sur ses coudes. Eh bien! Pour l'amour de Dieu, voulez-vous bien entrer, Angela? Vous ne me remettez pas?

Maman paraît embarrassée. Il fait très sombre dans la pièce et elle essaie de distinguer qui est dans le lit. C'est moi, Dennis Clohessy, Angela.

Ah non!

Si, Angela.

Ah non!

Je sais, Angela. J'suis bien changé. La toux est en train d'avoir ma peau. Mais je me rappelle les soirées à Wembley Hall. Oh, Jaysus, vous vous posiez là, comme bonne danseuse. Les soirées à Wembley Hall, Angela, et le poisson-frites après. Ah, dites donc, dites donc, Angela!

Ma mère a des larmes qui lui coulent sur le visage. Vous étiez bon danseur vous-même, Dennis Clohessy.

On aurait pu gagner des concours, Angela. Ginger et Fred, ils auraient dû regarder par-dessus leurs épaules, mais il a fallu que vous filiez pour l'Amérique. Oh, Jaysus!

Il a une autre quinte de toux et on doit rester à le regarder se pencher à nouveau sur le seau et faire remonter le mauvais truc de ses entrailles. Ma p'tit' dame, dit le garde Dennehy, étant donné qu'on a localisé le contrevenant, je crois que je peux m'en aller. A moi, il fait : Si jamais tu repars en goguette, le contrevenant, on t'emprisonnera là-haut. Tu m'écoutes, le contrevenant?

Je vous écoute, le garde.

Ne mets plus ta mère au supplice, le contrevenant. C'est une chose que la Garda ne tolère guère, le supplice des mères.

Je ne le ferai plus, le garde. Je ne la mettrai plus au supplice.

Le garde part et Maman va vers le lit pour prendre la main de Mr. Clohessy. Il a le visage creusé tout autour des yeux et ses cheveux noirs sont tout luisants avec la sueur qui lui ruisselle du haut de la tête. Ses enfants sont debout autour du lit à le regarder et à regarder Maman. Mrs. Clohessy est assise près de la cheminée, occupée à tisonner le foyer et à éloigner le bébé du feu. C'est ben sa satanée faute, aussi, s'il est pas allé à l'hôpital, dit-elle.

Mr. Clohessy parvient à souffler quelques mots : J'irais tout à fait bien si je pouvais vivre dans un endroit sec. Dites-moi, Angela, c'est-y pas sec, l'Amérique ?

Si, Dennis.

Le docteur m'a indiqué l'Arizona. Un marrant, ce toubib. Comment ça va, Arizona ? Je n'ai même pas de quoi aller prendre une pinte au coin de la rue.

Vous allez vous rétablir, Dennis. J'allumerai un cierge pour vous.

Gardez votre argent, Angela. J'ai passé l'âge de danser.

Il faut que je m'en aille maintenant, Dennis. Mon fils doit aller à l'école.

Avant que vous partiez, Angela, ferez-vous une chose pour moi ?

Mais oui, Dennis, si c'est en mon pouvoir.

Est-ce que vous pourriez nous gratifier d'un couplet de cette chanson que vous chantiez la veille au soir de votre départ pour l'Amérique ?

C'est une chanson difficile, Dennis. Je n'aurai pas le coffre qu'il faut.

Oh, allez, Angela ! Je n'en entends plus guère, de chansons. Y a pas une chanson dans cette turne. La ménagère là-bas, elle n'a pas un dièse dans sa tête ni un entrechat sous sa semelle.

Très bien, fait Maman. Je vais tâcher.

Oh, les nuits du bal du Kerry, oh, la mélodie du cornemuseur,
Oh, pour une seule de ces heures de bonheur,
Pour une seule de ces heures d'allégresse
Enfuies, hélas, bien trop tôt comme notre jeunesse...
Quand la nuit d'été venue ils s'assemblaient entre les [souches
Aux accords du cornemuseur nous gagnait une joie [farouche.

Elle s'arrête et presse sa main contre sa poitrine. Oh, mon Dieu, je n'ai plus le coffre. Aide-moi pour la chanson, Frank, et je vais t'accompagner.

Oh, d'y songer, oh, d'en rêver emplit mon cœur de pleurs.
Oh, les nuits du bal du Kerry, oh, la mélodie du cornemuseur,
Oh, pour une seule de ces heures de bonheur,
Pour une seule de ces heures d'allégresse
Enfuies, hélas, bien trop tôt comme notre jeunesse...

Mr. Clohessy essaie de chanter avec nous *Enfuies, hélas, bien trop tôt comme notre jeunesse*, mais ça lui fait venir la toux. Il secoue la tête et pleure doucement. Je ne doutais point de vous, Angela. Ça me ramène loin en arrière. Que Dieu vous bénisse.

Que Dieu vous bénisse aussi, Dennis, et merci, Mrs. Clohessy, pour avoir évité à Frankie de passer la nuit dehors.

C'était pas grand-chose, Mrs. McCourt. L'est plutôt sage.

Plutôt sage, dit Mr. Clohessy, mais ce n'est pas le danseur qu'était sa mère.

C'est difficile de danser avec une seule chaussure, Dennis, dit ma mère.

Je sais, Angela, mais on peut aussi se demander pourquoi il ne l'a pas enlevée. Est-il un brin original ?

Ah, c'est qu'il lui arrive d'avoir le drôle de genre de son père.

Eh oui. Le père est du Nord, Angela, et ceci pourrait expliquer cela. Ça ne les gêne guère de danser sur un seul pied dans le Nord.

On monte Patrick Street et O'Connell Street, Paddy Clohessy, Maman, Michael et moi, et Maman sanglote tout le chemin. Pleure pas, Môman, fait Michael. Frankie va pas fuguer.

Elle l'attrape et le serre. Oh, non, Michael, ce n'est pas en pensant à Frankie que je pleure. C'est en pensant à Dennis Clohessy, aux soirées dansantes à Wembley Hall avec le poisson-frites après.

Elle entre à l'école avec nous. Mr. O'Neill paraît en pétard. Il dit qu'on aille s'asseoir dans la classe, qu'il sera à nous dans une minute. Il parle longtemps à la porte avec ma mère. Une fois qu'elle est partie, il marche entre les tables et tapote Paddy Clohessy sur la tête.

Je suis vraiment désolé pour les Clohessy et tous leurs malheurs mais j'ai l'impression qu'ils m'ont évité une sacrée bisbille avec ma mère.

VII

Il y a des jeudis où Papa est en train de toucher son allocation chômage à la Bourse du Travail quand un homme lui fait : Irons-nous prendre une pinte, Malachy ? et Papa répond : Une, seulement une, et l'homme fait : Oh, mon Dieu, oui, une, et, avant que la soirée soit finie, tout l'argent est parti et Papa rentre à la maison en chantant et nous fait sortir du lit pour nous mettre en rang et promettre de mourir pour l'Irlande quand viendra l'appel. Il fait même lever Michael, qui a seulement trois ans mais le voilà qui chante et promet de mourir pour l'Irlande à la première occasion. C'est comme ça que dit Papa : La première occasion. J'ai neuf ans, Malachy huit, et nous connaissons toutes les chansons. Nous chantons tous les couplets de *Kevin Barry, Roddy McCorley, L'Ouest dort, O'Donnell Abu, Ceux de Wexford.* Nous chantons et promettons de mourir parce qu'on ne sait jamais, s'il lui restait un penny ou deux d'après boire et s'il nous le donnait, on pourrait foncer dès le lendemain chez Kathleen O'Connell pour du caramel. Certains soirs, il dit que Michael est le meilleur chanteur de tous et c'est à lui qu'il donne le penny. Malachy et moi, on se demande à quoi ça sert d'avoir huit et neuf ans, de connaître toutes les chansons et d'être prêts à mourir quand c'est Michael qui a le penny pour aller le lendemain à la boutique et se gaver de caramel. Personne ne peut lui demander de mourir pour l'Irlande à l'âge de trois ans, pas même Padraig Pearse[1], que les Anglais fusillèrent à Dublin en 1916 et qui espérait que le monde entier mourrait avec lui. D'ailleurs, le père de Mikey Molloy dit que quiconque souhaite mourir pour l'Irlande est un âne bâté. Des hommes meurent pour l'Irlande depuis le commencement des temps et voyez où le pays en est !

C'est déjà assez moche que Papa perde ses boulots en fin de troisième semaine, mais maintenant il boit toute l'allocation chômage une fois par mois. Maman est au désespoir et, le matin, elle a le visage amer et refuse de lui adresser la parole. Il prend son thé et quitte la maison très tôt pour sa longue marche dans la campagne. Quand il revient le soir, elle refuse toujours de lui parler et elle refuse aussi de lui préparer son thé. Si le feu est éteint faute de charbon ou de tourbe et qu'il n'y ait pas moyen de chauffer l'eau pour le thé, il fait : *Och, aye,* boit de l'eau dans un pot à confiture et fait claquer ses lèvres comme avec une pinte de *porter*. Il dit que de la bonne eau, c'est tout ce dont un homme a besoin et Maman fait un reniflement. Quand elle ne lui parle pas, l'air est lourd et froid dans la maison, et on sait qu'on n'est pas supposés lui parler non plus de peur qu'elle nous lance son regard amer. On sait que Papa a mal agi et on sait qu'il est possible de faire souffrir quelqu'un en ne lui parlant pas. Même le petit Michael sait ça : quand Papa a mal agi, on ne lui parle pas du vendredi au lundi, et, s'il essaie de nous prendre sur ses genoux, on court vers Maman.

Je suis âgé de neuf ans et j'ai un copain, Mickey Spellacy, dont les proches parents sont emportés un à un par la phtisie galopante. J'envie Mickey car chaque

1. Padraïc (ou Patrick) Pearse, poète (1879-1916), fut l'éphémère président de la République irlandaise durant la semaine de Pâques 1916. (*N.d.T.*)

fois qu'il y a une mort dans sa famille il est dispensé d'école une semaine et sa mère lui coud un brassard noir anthracite sur la manche afin qu'il puisse se balader de ruelle en ruelle et de rue en rue et que les gens sachent qu'il a le deuil et lui tapotent la tête et lui donnent argent et bonbons pour sa peine.

Mais cet été, Mickey s'inquiète. Sa sœur Brenda dépérit pour cause de phtisie et on est seulement en août et si elle meurt avant septembre il n'aura pas sa semaine sans école car on ne peut pas manquer l'école une semaine quand il n'y a pas école. Il vient nous voir, Billy Campbell et moi, pour demander si on n'irait pas au coin de la rue, à l'église Saint-Joseph, prier pour que Brenda tienne le coup jusqu'en septembre.

Qu'est-ce qu'il y aurait pour nous, Mickey, si on allait prier au coin de la rue comme tu dis ?

Eh bien, si Brenda tient le coup et que j'aie ma semaine de dispense, vous pourrez venir à la veillée et vous aurez droit à du jambon, du fromage, du gâteau, du sherry, de la limonade et tout et tout, et puis vous pourrez écouter les chansons et les histoires toute la nuit.

Qui pourrait dire non à ça ? Il n'y a rien de tel qu'une veillée pour passer un bon moment. On file tranquilles à l'église où se trouvent les statues : saint Joseph lui-même ainsi que le Sacré-Cœur de Jésus, la Vierge Marie et sainte Thérèse de Lisieux qu'on appelle aussi la Petite Fleur. Je prie la Petite Fleur car, étant morte elle-même de phtisie, elle aurait compris.

Une de nos prières a dû être efficace car Brenda reste en vie et ne meurt pas avant le deuxième jour d'école. On dit à Mickey qu'on est désolés pour ses malheurs mais lui est ravi de sa semaine de dispense et il met le brassard noir anthracite qui va lui rapporter argent et bonbons.

Je me fais tellement une fête de la veillée de Brenda que j'ai l'eau à la bouche. Billy frappe à la porte et c'est la tante de Mickey qui ouvre.

Oui ?

Nous avons dit une prière pour Brenda, et Mickey a dit que nous pouvions venir à la veillée.

Mickey ! hurle-t-elle.

Quoi ?

Viens voir. As-tu dit à ces deux-là qu'ils pouvaient venir à la veillée de ta sœur ?

Non.

Mais, Mickey, t'avais promis...

Elle nous claque la porte au nez. On ne sait pas quoi faire jusqu'à ce que Billy Campbell dise : On va retourner à Saint-Joseph et prier qu'à partir de maintenant chaque membre de la famille de Mickey Spellacy meure au milieu de l'été et jamais plus de sa vie il n'aura un jour de dispense d'école.

Une de nos prières a sûrement été efficace car dès l'été suivant Mickey lui-même est emporté par la phtisie galopante et il n'a pas un seul jour de dispense et ça lui servira sûrement de leçon.

Proddy Woddy sonne le glas
Non pour le ciel mais pour en deçà.

Le dimanche matin à Limerick, je les vois aller à l'église, les protestants, et j'ai de la peine pour eux, surtout pour les filles qui sont tellement ravissantes avec leurs si belles dents blanches. J'ai de la peine pour les belles filles protestantes parce qu'elles sont damnées. C'est ce que nous disent les prêtres. Hors de l'Eglise catholique, il n'est point de salut. Hors de l'Eglise catholique, il n'existe rien que la damnation. Et moi je veux les sauver. Fille protestante, viens avec moi à la vraie Eglise. Tu seras sauvée et tu n'auras pas la damnation. Après la messe du dimanche, je vais avec mon ami Billy Campbell les voir jouer au croquet sur la magnifique pelouse près de leur église de Barrington Street. Le croquet est un jeu protestant. Elles frappent la boule avec le maillet, un coup, deux coups, et elles rient. Je me demande comment elles peuvent rire. A moins qu'elles ne sachent même pas qu'elles sont damnées? J'ai vraiment de la peine pour elles et je demande : Billy, à quoi bon jouer au croquet quand t'es damné ?

Frankie, répond-il, à quoi bon ne pas jouer au croquet quand t'es damné ?

Grand-mère dit à Maman : Ton frère Pat, avec sa patte folle et le reste, eh bien il vendait des journaux dans tout Limerick quand il avait huit ans. Alors, je trouve que ton Frank est maintenant assez grand et assez laid pour aller travailler.

Mais il n'a que neuf ans et il est encore à l'école.

L'école ! C'est l'école qui lui donne ces façons de répondre quand on s'adresse à lui et de traîner une tronche de six pieds de long sans parler du drôle de genre qu'il tient de son père. Il pourrait se dégourdir un peu et aider le malheureux Pat le vendredi soir quand le *Limerick Leader* pèse une tonne. Il aurait juste à remonter en courant les allées qui traversent les jardins des rupins pour soulager les pauvres jambes de Pat et gagner quelques pence en échange.

Le vendredi soir, il doit aller à la Confraternité.

T'occupe de la Confraternité. Dans le catéchisme, il n'y a rien sur les Confraternités.

Je retrouve Oncle Pat au *Limerick Leader* le vendredi soir suivant à cinq heures. L'homme qui donne les journaux dit que mes bras sont tellement maigrichons que j'aurai de la veine si j'arrive à porter deux timbres mais Oncle Pat me colle huit exemplaires sous chaque bras. Je te tuerai si t'en fais tomber parce que dehors il pleut des hallebardes, m'avertit-il. Et rase les murs en montant O'Connell Street afin de les garder au sec. Je dois courir là où on a demandé une livraison, gravir les marches du perron, entrer dans le vestibule, monter l'escalier, crier : Journal ! puis encaisser l'argent qu'on doit à Oncle Pat pour la semaine, dévaler l'escalier, lui donner l'argent et en route jusqu'au prochain arrêt. Les abonnés lui donnent des pourboires pour sa peine et il se les garde.

On se monte O'Connell Avenue, on sort par Ballinaccura, on revient par South Circular Road, on descend Henry Street et on s'en retourne au *Limerick Leader* pour prendre d'autres journaux. Oncle Pat porte une casquette et un genre de poncho de cowboy pour garder ses journaux au sec mais tout à coup voilà qu'il se plaint : J'ai les pieds en capilotade, et on fait halte dans un pub histoire de prendre une pinte pour ses pauvres pieds. Oncle Pa Keating est là tout noir en train de boire une pinte. Ab, dit-il à Oncle Pat, vas-tu laisser ce garçon planté là à tirer la langue pour une limonade ?

De quoi ? fait Oncle Pat, et Oncle Pa Keating s'énerve : Sacristi ! Il se coltine tes fichus journaux dans tout Limerick et tu ne peux même pas... Oh, pis laisse. Timmy, sers une limonade au gosse. Frankie, t'as pas un imper à la maison ?

Non, Oncle Pa.

T'es pas supposé être dehors par un temps pareil. T'es complètement trempé. Qui est-ce qui t'a envoyé dans cette mélasse ?

Grand-mère a dit que je devais aider Oncle Pat à cause de sa patte folle.

Sûr qu'elle l'a dit, la vieille garce. Enfin, ne va pas raconter que moi j'ai dit ça.

Oncle Pat se lève et rassemble ses journaux. Allez, il commence à se faire sombre.

Il clopine le long des rues en criant : Anna fait des menteries cousues de fil blanc ! ce qui ne ressemble pas du tout au *Limerick Leader* mais peu importe car chacun sait qu'il s'agit d'Ab Sheehan qui est tombé sur la tête. Hep, Ab, donne-nous un *Leader*, comment va ta pauvre jambe, garde la monnaie et trouve-toi une sèche car voilà un fichu soir pour être dehors à vendre ces fichus journaux.

Meurci, fait Ab, mon oncle. Meurci, meurci, meurci, et c'est dur de suivre son allure dans les rues, patte folle ou non. Combien de *Leader* que t'as sous ton aile ?

Un, Oncle Pat.

Apporte-le à Mr. Timoney. Il me doit deux semaines à l'heure qu'il est. Fais-le payer et qu'il n'oublie pas le pourboire. C'est un homme qui donne volontiers la pièce mais ne va pas tout empocher comme ton cousin Gerry. Parce qu'il se mettait tout dans la fouille, le petit bougre.

Je cogne à la porte avec le heurtoir et il y a le hurlement d'un chien si gros qu'il fait trembler le battant. Macushla ! dit une voix d'homme. Cesse ce satané boucan ou je te file un bon coup de pied au derche histoire de t'apprendre ! Le vacarme s'arrête, la porte s'ouvre et l'homme est là, cheveux blancs, verres épais, chandail blanc, cravache à la main. Qui est-ce ? demande-t-il. Qu'est-ce ?

Le journal, Mr. Timoney.

Ce n'est point là Ab Sheehan, n'est-ce pas ?

Son neveu, monsieur.

C'est-y Gerry Sheehan, alors ?

Non, monsieur. C'est Frank McCourt.

Un autre neveu ? Il les fabrique ou quoi ? Aurait-on une petite usine à neveux dans l'arrière-cour ? Voilà l'argent pour les deux semaines. Quant au journal, tu me le donnes ou tu le gardes. Qu'est-ce que ça fait ? Je ne peux plus lire et Mrs. Minihan qui devait me faire la lecture n'est pas venue. Percluse de sherry, voilà ce qu'elle est. Quel est ton prénom ?

Frank, monsieur.

Sais-tu lire ?

Je sais, monsieur.

Veux-tu gagner six pence ?

Je veux bien, monsieur.

Reviens demain. En fait, tu te prénommes Francis, n'est-ce pas ?

Frank, monsieur.

Tu te prénommes Francis. Il n'y a jamais eu de saint Frank. C'est un prénom pour gangsters et politiciens. Viens ici demain à onze heures pour me faire la lecture.

Je viendrai, monsieur.

Es-tu sûr de savoir lire ?

J'en suis sûr, monsieur.

Tu peux m'appeler Mr. Timoney.

Oui, Mr. Timoney.

Oncle Pat marmonne à la grille tout en se frottant la jambe. Où qu'est mon argent ? T'es pas supposé tenir le crachoir aux abonnés pendant que j'suis là à me faire esquinter la jambe par la pluie. Il doit faire halte au pub de Punch's Cross histoire de prendre une pinte pour la jambe esquintée. La pinte finie, il dit qu'il ne peut plus arquer et on prend l'autobus. Les places, s'il vous plaît ! Les places ! fait le receveur, mais Oncle Pat dit : Du balai et venez plus m'embêter ! Voyez pas l'état de ma jambe ?

Oh, ça va bien, Ab, ça va bien.

L'autobus s'arrête à O'Connell Monument et Oncle Pat va au Monument Fish and Chip Café où les odeurs sont si délicieuses que mon estomac se met à cogner dans mon ventre. Il se prend pour un shilling de poisson-frites et j'ai l'eau à la bouche mais, une fois qu'on se trouve devant la porte de Grand-mère, il me file juste trois pence, me donne rendez-vous pour vendredi prochain et me dit de rentrer maintenant chez ma mère.

La chienne Macushla est couchée devant la porte de Mr. Timoney et j'ai à peine ouvert la grille du jardinet pour prendre l'allée qu'elle se précipite sur moi, me renverse sur le trottoir, et elle m'aurait dévoré la figure si Mr. Timoney n'était pas sorti faire des moulinets avec sa cravache en criant : Arrête ça et ramène-toi, espèce de salope, espèce de mangeuse d'homme surdéveloppée ! T'as pas eu ton petit déjeuner, saloperie ? Pas de mal, Francis ? Entre. Cette chienne est une vraie hindoue, ah ça oui, et d'ailleurs c'est bien là-bas, à Bangalore, que j'ai trouvé sa mère en vadrouille. Si jamais tu prends un chien, Francis, assure-toi qu'il est bouddhiste. Des chiens accommodants, les bouddhistes. Mais alors ne va jamais prendre un mahométan ! Ça te boulotterait en plein sommeil. Jamais non plus de chien catholique. Ça te boufferait tout cru chaque jour, vendredi compris. Bon, assieds-toi et faismoi la lecture.

Du *Limerick Leader*, Mr. Timoney ?

Non, pas du fichu *Limerick Leader*. Je ne me torcherais pas le trou de balle avec le *Limerick Leader*. Il y a un livre là sur la table : *Les Voyages de Gulliver*. Ce n'est pas ça que je veux que tu lises. Regarde à la fin si tu ne vois pas quelque chose comme *Modeste proposition*. Voilà, c'est ce que tu vas me lire. Ça débute par : *Il est un objet de mélancolie pour ceux qui marchent*... Tu y es ? J'ai tout le satané machin en tête mais je veux quand même que tu me le lises.

Il m'arrête après deux ou trois pages. Tu fais un bon lecteur. Et que dis-tu de ça, Francis, *un bébé en pleine santé et bien nourri constitue, à l'âge d'un an, un aliment succulent, fort nutritif et tout à fait sain, qu'il soit préparé en ragoût, à la broche, au four ou en pot-au-feu*, hein ? C'est Macushla qui adorerait avoir pour repas un beau marmot irlandais bien dodu, n'est-ce pas, ma vieille salope ?

Il me donne six pence et me demande de revenir le samedi suivant.

Maman est ravie que j'aie gagné six pence en faisant la lecture à Mr. Timoney. Et que voulait-il qu'on lui lise, au fait ? Le *Limerick Leader* ? J'explique à Maman que j'ai dû lire *Modeste proposition* qui se trouve à la fin des *Voyages de Gulliver*. Très bien, dit-elle, ce n'est qu'un livre pour enfants. On pouvait s'attendre qu'il demande quelque chose de bizarre car il est un peu dérangé du ciboulot après ces années passées sous le soleil quand il était dans l'Armée des Indes. Paraît-il qu'il fut marié à l'une de ces femmes indiennes et qu'elle a été accidentellement abattue par un soldat durant certains troubles. C'est le genre de choses qui vous amène aux livres d'enfants. Elle connaît cette Mrs. Minihan qui habite à côté de chez Mr. Timoney et qui lui faisait le ménage mais qui n'a plus pu supporter ça vu comment il tournait l'Eglise catholique en dérision et disait que le péché des uns faisait le bonheur des autres. Mrs. Minihan n'avait rien contre la bonne vieille goutte de sherry du samedi matin mais ensuite il a voulu faire d'elle une bouddhiste, ce que lui-même disait être, ajoutant que les Irlandais se porteraient bien mieux en général s'ils s'asseyaient sous un arbre pour regarder les dix commandements et les sept péchés capitaux dériver en aval du Shannon puis se perdre au large.

Le vendredi suivant, Declan Collopy de la Confraternité me voit dans la rue en train de livrer des journaux avec mon oncle Pat Sheehan. Eh, Frankie McCourt, qu'est-ce que tu fabriques avec Ab Sheehan ?

C'est mon oncle.

Tu es supposé être à la Confraternité.

Je suis en train de travailler, Declan.

Tu n'es pas supposé être en train de travailler. Tu n'as même pas dix ans et tu es en train de perturber la régularité parfaite de notre section. Si tu ne t'y montres pas vendredi prochain, je te flanquerai un bon taquet sur la tronche, tu m'entends ?

Dégage, fait Oncle Pat. Dégage ou je te marche dessus.

Ah, fermez-la, Maître Ducon qu'êtes tombé sur la tête ! Il donne une violente poussée sur l'épaule d'Oncle Pat et le projette contre le mur. Je lâche les journaux et fonce sur lui mais il s'écarte, me donne un coup sur la nuque, qui m'envoie valdinguer front en avant dans le mur, et ça me met dans une telle rage que je ne peux plus le voir. Je me rue sur lui en jouant des bras et des jambes et si je pouvais lui arracher la gueule avec mes dents je le ferais mais il a les bras longs comme un gorille et il se contente de me tenir à distance si bien que je n'arrive pas à le toucher. Maboul ! Putain de crétin ! J'te mettrai en pièces à la Confraternité ! lance-t-il avant de s'enfuir.

Là-dessus, Oncle Pat me dit : Tu devrais pas te bagarrer comme ça ! Et pis t'as foutu tous mes journaux par terre, même qu'il y en a qui sont mouillés et comment je peux vendre des journaux mouillés ? Et moi j'ai bien envie de me jeter sur lui aussi et de le frapper parce qu'il est là à me parler de ses journaux après que j'ai tenu tête à Declan Collopy.

A la fin de la soirée, il me donne trois frites de son sachet et six pence au lieu de trois. Il se plaint comme quoi ça fait trop d'argent et que c'est tout la faute de ma mère qui est allée relancer Grand-mère à propos du bas salaire.

Maman est ravie que je reçoive six pence d'Oncle Pat le vendredi et six pence de Mr. Timoney le samedi. Un shilling par semaine, ça fait une grosse différence, et elle me donne deux pence pour aller voir *Dead End Kids*[1] au Lyric après que j'aurai fini ma lecture.

Le lendemain matin, Mr. Timoney me dit : Attends qu'on arrive à *Gulliver*, Francis. Tu verras que Jonathan Swift est le plus grand écrivain irlandais qui ait jamais vécu, non, le plus grand homme qui ait jamais noirci un parchemin de sa plume. Un géant d'homme, Francis. Il se marre d'un bout à l'autre de la *Modeste proposition* et on pourrait se demander pourquoi vu que c'est tout sur comment faire cuire des bébés irlandais.

Quand tu seras grand, ça te fera marrer, Francis.

On n'est pas supposé répondre aux grandes personnes, mais Mr. Timoney est différent des autres et ça ne l'embête pas quand je dis : Mr. Timoney, les adultes sont toujours à nous dire des choses comme ça : Oh, tu riras bien quand tu seras grand, tu com-

1. Ou *Dead End*. Film américain de William Wyler (1937) dont le titre français est *Rue sans issue*. (*N.d.T.*)

prendras quand tu seras grand, tout arrivera quand tu seras grand.

Il laisse échapper un tel éclat de rire que je le vois sur le point de s'évanouir. Oh ! Sainte Mère de Dieu, Francis ! Tu es un trésor ! Qu'as-tu donc ? Une abeille dans le fion ? Dis-moi ce que tu as.

Je n'ai rien, Mr. Timoney.

M'est avis que tu tires la tronche, Francis, et j'aimerais bien voir ça. Va devant le miroir accroché au mur, Blanche-Neige, et dis-moi si tu tires la tronche. Allez, ne t'en fais pas. Dis-moi juste ce que tu as.

Declan Collopy s'en est pris à moi hier soir et je me suis battu.

Mr. Timoney me fait tout lui raconter sur la Confraternité, Declan et mon oncle Pat Sheehan qui est tombé sur la tête, puis il me dit qu'il connaît mon oncle Pa Keating qui a été gazé à la guerre et qui travaille à l'usine à gaz. Pa Keating est une crème d'homme, dit-il. Voilà ce que je vais faire, Francis. J'irai parler à Pa Keating et on ira voir ces tape-gésier[1] à la Confraternité. Etant bouddhiste moi-même, je ne tiens pas à me bagarrer mais je n'ai pas perdu la main pour autant. C'est qu'ils ne vont pas faire des misères à mon petit lecteur, oh, par Jésus, non.

Mr. Timoney est un vieil homme mais il parle comme un ami et je peux dire ce que je ressens. Jamais Papa ne me parlerait comme Mr. Timoney. Il dirait : *Och, aye*, puis partirait pour une longue marche.

Oncle Pat Sheehan dit à Grand-mère qu'il ne veut plus de mon aide pour les journaux. Il peut trouver un autre garçon beaucoup moins cher et il pense que je devrais lui donner une partie de mes six pence du samedi matin vu que, de toute manière, je n'aurais jamais eu ce boulot de lecteur sans lui.

Une voisine de Mr. Timoney m'explique que je perds

1. Se frapper l'estomac était un signe de pénitence et, en l'occurrence, de bigoterie. *Crawthumpers* (« tape-gésier ») désigne familièrement « ceux qui se battent la poitrine ». (*N.d.T.*)

mon temps à frapper à la porte. Macushla a mordu le facteur, le laitier et une bonne sœur qui passait par là, tout ça le même jour, et Mr. Timoney n'a pas pu s'arrêter de rire bien qu'il ait pleuré quand la chienne a été emmenée pour être abattue. On peut mordre facteurs et laitiers tant qu'on veut mais, dans le cas d'une bonne sœur de passage, ça remonte tout de suite à l'évêque et celui-ci prend des mesures, surtout si le propriétaire de la chienne se trouve être un bouddhiste notoire et représente un danger pour les bons catholiques de son entourage. Quand Mr. Timoney s'est entendu dire ça, il a pleuré et ri si fort que le docteur est venu le déclarer incurable et puis ils l'ont conduit au *City Home* où on garde les vieilles personnes impotentes ou démentes.

C'en est fini de mes six pence du samedi mais je ferai la lecture à Mr. Timoney, argent ou non. J'attends dans la rue que la voisine rentre chez elle, j'escalade la fenêtre de Mr. Timoney pour prendre *Les Voyages de Gulliver* et je marche des kilomètres jusqu'au *City Home* afin qu'il ne rate pas sa lecture.

Quoi ? dit l'homme au portail. Tu veux entrer et faire la lecture à un vieux ? Tu m'as bien regardé ? Tire-toi de là avant que j'appelle les gardes.

Est-ce que je pourrais laisser le livre afin que quelqu'un d'autre fasse la lecture à Mr. Timoney ?

Laisse-le. Laisse-le pour l'amour de Jaysus et ne me dérange pas. Je le lui ferai parvenir.

Et il rigole.

Qu'as-tu donc ? demande Maman. Pourquoi fais-tu cette tête ? Alors, je lui raconte comment Oncle Pat ne veut plus de moi et comment ils ont emmené Mr. Timoney au *City Home* pour avoir ri juste parce que Macushla a mordu le facteur et le laitier, plus une bonne sœur qui passait par là. Elle aussi se met à rire et là je suis sûr que tout le monde perd la boule. Puis elle dit : Ah, je suis peinée et c'est une vraie pitié que tu aies perdu deux boulots d'un seul coup. Tant qu'à faire, tu pourrais remettre ça avec la Confraternité histoire d'éloigner la Clique et, surtout, le directeur, le Père Gorey, qui est bien le pire de tous.

Declan me dit de m'asseoir en face de lui. S'il y a le moindre micmac, il me cassera ma putain de nuque vu qu'il m'aura à l'œil aussi longtemps qu'il sera préfet et ce n'est pas une petite merde comme moi qui va l'empêcher de faire sa vie dans le linoléum.

Maman dit qu'elle a du mal à grimper les marches et elle descend son lit à la cuisine. Elle en rit : Je remonterai à Sorrente quand les murs seront humides et que la pluie filera sous la porte. L'école est finie et elle peut rester au lit dans la cuisine aussi longtemps qu'elle veut car elle n'a pas à se lever pour nous. Papa allume le feu, prépare le thé, coupe le pain, vérifie qu'on se débarbouille bien et nous dit d'aller jouer dehors. Il nous laisse rester au lit si on veut mais on n'a jamais envie de rester au lit quand il n'y a pas école. On est prêts à foncer dehors pour jouer dans la ruelle à la seconde où on se réveille.

Puis, un jour de juillet, il nous dit qu'on ne peut pas descendre au rez-de-chaussée. Nous devons rester jouer en haut.

Pourquoi, Papa ?

T'occupe. Joue ici avec Malachy et Michael. Vous pourrez descendre plus tard, quand je vous dirai.

Il se tient à la porte au cas où nous aurions l'idée de nous aventurer dans l'escalier. On monte notre couverture en l'air avec nos pieds et on fait semblant d'être dans une tente comme Robin des Bois et ses joyeux compères. On chasse des puces qu'on écrase entre les ongles de nos pouces.

Puis il y a un cri de bébé et Malachy demande : Papa, est-ce que Maman a un nouveau bébé ?

Och, aye, fiston.

Comme je suis l'aîné, j'explique à Malachy que le lit est dans la cuisine afin que l'ange puisse descendre en vol plané et laisser le bébé sur la septième marche, mais Malachy ne comprend pas car il a seulement huit ans, bientôt neuf, et moi j'en aurai dix le mois prochain.

Maman est au lit avec le nouveau bébé. Il a un visage dodu et il est rouge de partout. Il y a une femme dans la cuisine, en uniforme d'infirmière, et on sait qu'elle est là pour laver les nouveaux bébés qui sont toujours sales après leur long voyage avec l'ange. On va pour chatouiller le bébé mais elle nous fait : Non, non, vous pouvez le regarder mais pas touche du doigt.

Pas touche du doigt. C'est comme ça que les infirmières parlent.

On s'attable avec notre thé et notre pain tout en regardant notre nouveau frère mais, comme il n'ouvre même pas les yeux pour nous regarder à son tour, on s'en va jouer dehors.

Deux ou trois jours plus tard, Maman quitte le lit et s'installe près du feu, le bébé sur les genoux. Ses yeux sont ouverts et, chaque fois qu'on le chatouille, il fait un gargouillis, son ventre remue, et ça nous fait marrer. Papa aussi le chatouille, en fredonnant une chanson écossaise :

Oh, oh, arrête tes chatouilles, Jock
Arrête tes chatouilles, Jock
Arrête tes chatouilles,
Guili-guili guilouille,
Arrête tes chatouilles, Jock.

Comme Papa a un boulot, Bridey Hannon peut venir voir Maman et le bébé à l'heure qu'elle veut, et un jour, pour une fois, Maman ne nous demande pas d'aller jouer dehors afin qu'elles puissent parler de choses secrètes. Elles sont assises près du feu, fumant et parlant de prénoms. Maman dit qu'elle aime bien Kevin et Sean comme prénoms mais Bridey fait : Ah, non, il y en a trop à Limerick. Doux Jésus, Angela, il suffirait que vous passiez votre tête dans cette embrasure et que vous appeliez : *Kevin !* ou *Sean ! Viens prendre ton thé !* pour avoir la moitié de Limerick qui rapplique à votre porte !

Bridey dit que si elle avait un fils, ce qui, plaise à Dieu, lui arrivera un jour, elle l'appellerait Ronald car elle est folle de Ronald Colman qu'on peut voir ces temps-ci sur l'écran du Coliseum. Ou Errol. Tenez, en voilà un autre nom qui a de l'allure, Errol Flynn.

N'allez pas chercher par là, Bridey, dit Maman. Jamais je ne pourrais passer ma tête dans l'embrasure et faire : *Errol ! Errol ! Viens prendre ton thé !* Sûrement que le pauvre mouflet serait la risée de tous.

Ronald, fait Bridey. Ronald. Il est superbe.

Non, dit Maman, il faut que ce soit irlandais. N'est-ce pas pour ça que nous avons lutté toutes ces années ? A quoi bon avoir combattu les Anglais durant des siècles si c'est pour appeler nos enfants Ronald ?

Doux Jésus, Angela ! Vous vous mettez à parler comme lui avec ses Irlandais ceci et ses Anglais cela.

N'empêche qu'il a raison, Bridey.

Soudain, Bridey s'écrie : Doux Jésus ! Angela ! Il y a quelque chose qui ne va pas avec cet enfant !

Maman bondit de sa chaise en serrant le bébé dans ses bras. Oh ! gémit-elle. Doux Jésus ! Bridey ! Il est en train de s'étouffer !

Je cours chercher ma mère, dit Bridey.

Deux secondes plus tard, la voilà qui revient avec Mrs. Hannon.

De l'huile de ricin, fait Mrs. Hannon. En avez-vous ? N'importe quelle huile. De l'huile de foie de morue ? Cela fera l'affaire.

Elle verse l'huile dans la bouche du bébé, le tourne, lui presse le dos, le retourne, lui enfonce une petite cuillère au fond de la gorge et en remonte une boule blanche. Ça y est, dit-elle. Le lait. Il se caille, durcit dans leurs petites gorges, et il faut le ramollir avec n'importe quelle sorte d'huile.

Maman sanglote : Doux Jésus... J'ai failli le perdre... Oh, j'en serais morte, ça oui...

Elle étreint le bébé en pleurant et en essayant de remercier Mrs. Hannon.

De rien, ma petite dame. A votre service. Prenez l'enfant et retournez-moi dans ce lit car vous avez eu un grand choc tous les deux.

Pendant que Bridey et Mrs. Hannon aident Maman à se mettre au lit, je remarque des taches de sang sur sa chaise. Est-ce que ma mère saigne à mort ? Est-ce que, pour bien faire, il faudrait dire : Regardez, il y a du sang sur la chaise à Maman ? Non, vous ne pouvez rien dire parce qu'elles ont toujours leurs secrets. Je sais qu'il suffit de dire quelque chose pour que les grandes personnes vous lancent : T'occupe, t'es toujours en train de bayer aux corneilles ou de fureter partout, pas tes oignons, va jouer dehors.

Je dois garder ça pour moi ou bien je peux en parler à l'ange. Mrs. Hannon et Bridey partent et je vais m'asseoir sur la septième marche. J'essaie d'expliquer à l'ange que Maman saigne à mort. Je voudrais qu'il me réponde : Crainte n'aie point. Mais la marche est froide et il n'y a ni lumière ni voix. Je suis sûr qu'il est parti pour toujours et je me demande si c'est ce qui arrive quand on va de neuf à dix ans.

Maman ne saigne pas à mort. Le lendemain, elle quitte le lit pour préparer le bébé au baptême et elle dit à Bridey qu'elle ne se le pardonnerait jamais si le bébé devait mourir et aller dans les limbes, un lieu pour les bébés non baptisés, peut-être bien beau et bien chaud mais pour toujours plongé dans le noir et d'où on ne peut espérer s'évader même le jour du jugement dernier.

Grand-mère est venue aider et elle dit : C'est exact. Aucun espoir d'aller au ciel pour le marmot qui n'a pas été baptisé.

Bridey dit que ce serait un Dieu bien sévère, Celui qui permettrait ça.

Il faut qu'Il soit sévère, dit Grand-mère. Autrement, vous auriez toutes sortes de marmots qui réclameraient à grands cris d'entrer au ciel, les protestants et tout le bataclan, et pourquoi qu'ils y entreraient après ce qu'ils nous ont fait pendant huit cents ans ?

Ce ne sont pas les bébés qui ont fait ce que vous dites, répond Bridey. Ils étaient trop petits pour ça.

Ils l'auraient fait si l'occasion s'était présentée, dit Grand-mère. Ils étaient entraînés pour.

Elles habillent le bébé de la robe en dentelle au point de Limerick dans laquelle nous tous avons été baptisés. Maman dit qu'on peut tous aller à Saint-Joseph et nous sommes excités car ensuite il y aura de la limonade et des petits pains.

Maman, fait Malachy, c'est quoi le nom du bébé ?

Alphonsus Joseph.

Les mots s'échappent de ma bouche : En voilà un nom à la con. Ce n'est même pas irlandais.

Grand-mère me foudroie du regard avec ses vieux yeux rouges. Ce lascar aurait bien besoin qu'on lui rabatte son caquet, dit-elle. Maman me gifle en travers de la figure et m'envoie valdinguer à travers la cuisine. Mon cœur se met à cogner très fort et j'ai envie de pleurer mais c'est impossible car mon père n'est pas là et je suis l'homme de la famille. Maman me dit : Hisse ta grande gueule là-haut et n'en bouge plus.

Je m'arrête à la septième marche mais elle est toujours froide, sans lumière ni voix.

La maison est tranquille avec tout le monde qui est parti à la chapelle. Je m'assieds en haut et j'attends, assommant les puces sur mes bras et jambes, regrettant de ne pas avoir Papa ici avec moi, pensant à mon petit frère et à son prénom étranger, Alphonsus, qui est plutôt une affliction qu'un prénom.

Un bon moment plus tard, il y a des voix en bas et ça parle thé, sherry, limonade et petits pains. Et cet enfant n'est-il pas le plus adorable petit bonhomme au monde, le petit Alphie, un prénom étranger mais il n'empêche, il n'empêche, on ne l'a pas entendu une seule fois pendant tout le temps vraiment un bon naturel Dieu le bénisse sûr qu'il aura la vie éternelle avec la douceur qu'il a en lui le petit amour le portrait craché de sa mère de son père de sa grand-maman et de ses regrettés petits frères.

Maman appelle du bas de l'escalier : Frank ! Descends prendre de la limonade et un petit pain.

J'en veux pas. Tu peux te les garder.

J'ai dit : Descends ! Et vite car si je dois monter cet escalier je vais te chauffer le derrière et tu vas honnir ce jour.

Honnir ? C'est quoi, honnir ?

T'occupe de ce qu'est honnir et descends ici tout de suite.

Sa voix est sèche et *honnir* sonne dangereusement. Je vais descendre.

Dès que je suis dans la cuisine, Grand-mère dit : Regardez-le qui tire la tronche ! On pourrait croire qu'il serait content pour son petit frère sauf qu'un garçon qui va de neuf ans à dix est toujours casse-cul en diable et je suis bien placée pour le savoir vu que j'en ai eu deux...

La limonade et le petit pain sont un régal et Alphie le nouveau bébé gazouille à n'en plus pouvoir, occupé qu'il est à savourer son jour de baptême et trop innocent pour savoir que son prénom est une affliction.

Grand-père du Nord envoie un mandat télégraphique de cinq livres pour Bébé Alphie. Maman voudrait aller l'encaisser mais elle ne peut pas s'éloigner du lit. Papa dit qu'il va aller l'encaisser au bureau de poste. Elle nous demande à Malachy et moi de l'accompagner. Il encaisse le mandat et nous dit : Très bien, les garçons. Vous rentrez à la maison et dites à votre mère que je suis de retour dans cinq minutes.

Malachy fait : Papa, tu dois pas aller au pub. Maman a dit que tu devais rapporter l'argent à la maison. Tu dois pas aller boire la pinte.

Allons, fiston, allons. Rentrez donc chez votre mère.

Donne-nous l'argent, Papa. Cet argent est pour le bébé.

Allons, Francis, ne sois pas un vilain garçon. Fais ce que ton père te dit.

Il nous laisse et entre chez South.

Maman est assise près de la cheminée avec Alphie dans ses bras. Elle secoue la tête. Il est allé au pub, hein ?

Il y est allé.

Je veux que vous retourniez à ce pub et lui fassiez la leçon pour qu'il en sorte. Je veux que vous vous plantiez au milieu du pub et disiez à chaque homme que votre père est en train de boire les étrennes du bébé. Vous allez dire à tout le monde là-bas qu'il ne reste pas la moindre miette dans cette maison, pas un boulet de charbon pour démarrer le feu, pas une goutte de lait pour le biberon du bébé.

On refait le trajet et Malachy répète sa leçon à tue-tête : Papa, Papa, les cinq livres c'est pour le nouveau bébé. C'est pas pour la boisson. L'enfant est là-haut dans le lit à brailler et hurler pour son lait et toi t'es en train de boire la pinte.

Papa a disparu de chez South. Malachy veut quand même aller faire son discours mais je lui explique qu'on doit se dépêcher de regarder dans les autres pubs avant que Papa boive les cinq livres en entier. On ne le trouve pas non plus dans les autres pubs. Il savait que Maman irait l'y chercher ou nous enverrait et il y a tellement de pubs à ce bout de Limerick et au-delà qu'on pourrait y passer un mois. On est bien obligés d'annoncer à Maman qu'on n'a pas vu trace de lui et elle nous traite de parfaits bons à rien. Oh, Jésus, si seulement j'avais récupéré mes forces, j'irais t'inspecter chaque pub de Limerick. Je lui arracherais le suçoir de sa poire, ah ça oui. Allez, on redescend et on essaie tous les pubs autour de la gare des trains sans oublier de regarder chez Naughton, la baraque de poisson-frites.

Il faut que j'y aille tout seul car Malachy a la courante et ne peut pas rester loin du seau. J'inspecte tous les pubs de Parnell Street et alentour. Je regarde dans chaque salon du fond où boivent les femmes et dans tous les gogues pour hommes. J'ai faim mais je crains de rentrer à la maison sans avoir trouvé mon père. Il n'est pas chez Naughton, la baraque de poisson-frites, mais j'y vois un homme pinté endormi à une table en coin avec son poisson-frites par terre encore enveloppé dans le *Limerick Leader* et si je ne le prends pas ce sera le chat alors je le fourre sous mon tricot je repasse la porte et remonte la rue pour m'asseoir sur les marches de la gare des trains et là je mange mon poisson-frites en regardant les soldats pintés qui passent avec les filles qui gloussent et dans ma tête je remercie l'homme pinté d'avoir noyé le poisson-frites dans le vinaigre avant de l'arroser de sel et puis je me rappelle que si je mourais cette nuit je serais en état de péché pour avoir volé et je pourrais aller droit en enfer gavé de poisson-frites mais c'est samedi et si les prêtres sont encore dans les confessionnaux je vais pouvoir décharger mon âme après mon gueuleton.

L'église dominicaine est juste en haut de Glentworth Street.

Bénissez-moi, mon père, car j'ai péché. Ma dernière confession remonte à quinze jours.

Je lui débite les péchés ordinaires et puis je le dis :

J'ai volé son poisson-frites à un homme qui avait trop bu.

Pourquoi cela, mon enfant ?

J'avais faim, mon père.

Et pourquoi avais-tu faim ?

J'avais le ventre vide, mon père.

Il ne dit rien et, même s'il fait sombre, je sais qu'il est en train de secouer la tête.

Mon cher enfant, pourquoi ne peux-tu rentrer chez toi et demander quelque chose à ta mère ?

Parce qu'elle m'a envoyé dehors chercher mon père dans les pubs, mon père, et je n'ai pas pu le trouver et elle n'a pas une miette dans la maison parce qu'il est en train de boire les cinq livres que Grand-père a envoyées du Nord pour le nouveau bébé et elle rage près du feu parce que je n'arrive pas à trouver mon père.

Je me demande si ce prêtre ne serait pas en train de dormir vu son grand silence mais il finit par dire : Mon enfant, je m'assieds ici pour entendre les péchés des pauvres, assigner les pénitences et donner l'absolution alors que je devrais être à genoux à laver leurs pieds. Me comprends-tu, mon enfant ?

Je lui dis que je comprends mais je ne comprends pas.

Rentre à la maison, mon enfant. Et prie pour moi.

Pas de pénitence, mon père ?

Non, mon enfant.

J'ai volé le poisson-frites. Je suis damné.

Tu es pardonné. Va. Prie pour moi.

Il me bénit en latin, parle tout seul en anglais, et je me demande bien ce que j'ai pu lui faire.

J'aimerais quand même trouver mon père car ainsi je pourrais dire à Maman : Le voici et il lui reste trois livres en poche. Comme maintenant je n'ai plus faim, je peux remonter O'Connell Street par un côté, redescendre par l'autre trottoir, inspecter les pubs des rues moins grandes, et, tiens, le voilà chez Gleeson. Le moyen de le louper, aussi, avec sa façon de chanter :

Je serais seul visé si venait à briller un émoi sublime
Dans les prunelles de quelque étrangère.
Et mes sentiments seraient ma seule affaire
Alors que m'accueilleraient les verts vallons d'Antrim.

Mon cœur cogne à tout berzingue dans ma poitrine et je ne sais pas quoi faire parce que je sais que je rage en dedans comme ma mère près du feu et tout ce que j'imagine faire c'est entrer en courant lui filer un bon coup de pied dans la jambe et ressortir en courant mais je ne le fais pas parce qu'on a les matins près du feu quand il me raconte des histoires sur Cuchulain, De Valera et Roosevelt et puis, s'il est pinté là-dedans à payer des tournées avec les étrennes du bébé, il doit avoir dans les yeux ce regard qu'Eugene avait quand il guettait Oliver alors autant rentrer à la maison dire à ma mère un mensonge comme quoi je ne suis pas arrivé à le trouver vu que je ne l'ai aperçu nulle part.

Elle est au lit avec le bébé. Malachy et Michael sont endormis là-haut en Italie. Je sais que je n'ai pas besoin de dire quoi que ce soit à Maman, que sitôt après la fermeture des pubs il rentrera à la maison en chantant et en nous offrant un penny pour mourir pour l'Irlande et ça ne se passera plus pareil maintenant parce que c'est déjà assez moche de boire l'allocation chômage ou le salaire mais alors un homme qui boit les étrennes d'un nouveau bébé on peut dire qu'il a poussé les bornes au-delà des limites comme dirait ma mère.

VIII

J'ai dix ans et je suis prêt à aller à l'église Saint-Joseph pour ma confirmation. A l'école, le maître, Mr. O'Dea, nous prépare. Nous devons tout savoir de la grâce sanctifiante, une perle de grand prix qui nous fut achetée par Jésus durant Son agonie. Mr. O'Dea roule les yeux en nous déclarant que la confirmation nous fera participer de la Divinité. Nous recevrons les dons du Saint-Esprit : sagesse, intelligence, conseil, force d'âme, savoir, piété, crainte du Seigneur. D'après les prêtres et les maîtres, la confirmation veut dire qu'on est un vrai soldat de l'Eglise, autorisé à mourir et à être un martyr au cas où nous serions envahis par les protestants, les mahométans ou n'importe quelle autre catégorie de païens. Encore mourir. J'ai bien envie de leur dire que je ne pourrai pas mourir pour la Foi vu que je suis déjà invité à mourir pour l'Irlande.

Tu plaisantes, là ? fait Mikey Molloy. Leur histoire de mourir pour la Foi, c'est tout des conneries. C'est juste une façon de dire qu'ils inventent pour te flanquer la frousse. Pareil pour l'Irlande. De nos jours, plus personne ne meurt pour quoi que ce soit. Mourir, c'est fini. Moi, je ne mourrais ni pour l'Irlande ni pour la Foi. Je pourrais mourir pour ma mère, mais c'est tout.

Il sait tout, Mikey. Il va sur ses quatorze ans. Il pique ses crises. Il a des visions.

Les adultes nous racontent que c'est chose glorieuse de mourir pour la Foi, seulement on n'en est pas encore là car le jour de la confirmation, c'est comme le jour de la première communion : vous faites la tournée des rues et ruelles pour avoir des gâteaux, des bonbons et de l'argent. La collecte, quoi.

C'est là qu'arrive le pauvre Peter Dooley. On l'appelle Quasimodo parce qu'il a une bosse sur le dos comme celle du bossu de Notre-Dame, dont le vrai nom, on le sait, est Charles Laughton.

Quasimodo a neuf sœurs et on dit que sa mère ne l'a jamais désiré mais bon, voilà ce que l'ange lui a apporté, et c'est un péché de contester un envoi. Quasimodo est vieux, il a quinze ans. Ses cheveux roux rebiquent dans toutes les directions. Il a les yeux verts, et l'un d'eux est tellement baladeur qu'il est constamment à se taper la tempe pour le remettre en place. Sa jambe droite est plus courte que l'autre, elle est tordue et, quand il marche, ça donne une petite danse virevoltante et on ne sait jamais à quel moment il va tomber. En fait, c'est toujours au moment où ça surprend. Il maudit sa jambe, il maudit le monde, mais il maudit avec un magnifique accent anglais qu'il a pris à force d'écouter la radio, la BBC. Avant qu'il quitte sa maison, il passe toujours sa tête à la porte et annonce aux gens de la ruelle : Voilà ma tête, mon cul arrive ! Quand Quasimodo avait douze ans, il a décidé qu'avec son allure et la façon dont le monde le regardait, la meilleure chose serait de se préparer à un boulot où il pourrait être entendu au lieu d'être vu et, pour ça, quoi de mieux que d'être assis derrière un microphone à la BBC de Londres en train de lire les informations ?

Mais vous ne pouvez pas aller à Londres sans argent et c'est pour ça qu'il sautille vers nous ce vendredi-là, le jour d'avant la confirmation. Il a une idée pour Billy et moi. Il sait que demain nous recevrons l'argent de la confirmation et, si on promet de lui donner chacun un shilling, il nous laissera grimper à la gouttière derrière sa maison ce soir même pour regarder la fenêtre et voir ses sœurs toutes nues au moment de leur toilette hebdomadaire. Je tope sur-le-champ, mais Billy fait : J'ai déjà ma propre sœur. Pourquoi je devrais payer pour voir tes sœurs toutes nues ?

Quasimodo répond que regarder sa propre sœur toute nue est le pire des péchés, et ce n'est pas sûr qu'il existe un prêtre au monde qui puisse pardonner un truc pareil. Si ça se trouve, il faudrait aller voir l'évêque, qui est une sainte terreur comme chacun sait.

Billy tope.

Ce vendredi soir, on escalade le mur de l'arrière-cour de Quasimodo. C'est une belle nuit avec la lune de juin qui flotte tout au-dessus de Limerick et on sent une brise tiède qui souffle du fleuve Shannon. Quasimodo va pour laisser Billy grimper à la gouttière quand rapplique en haut du mur Mikey Molloy la Crise en personne, qui lance d'une voix sifflante à Quasimodo : Voilà un shilling, Quasimodo, laisse-moi monter à la gouttière. Mikey a maintenant quatorze ans, il est plus grand que nous tous, et costaud vu son boulot de livreur de charbon. Il est tout noir à cause du charbon, comme Oncle Pa Keating, et on ne voit de lui que le blanc de ses yeux et l'écume blanche sur sa lèvre du bas, ce qui veut dire qu'il pourrait piquer sa crise d'un moment à l'autre.

Attends, Mikey, fait Quasimodo. Ils sont en premier.

Attends, mon cul, répond Mikey, et le voilà qui escalade la gouttière. Billy rouspète mais Quasimodo secoue la tête. Je n'y peux rien. Il vient chaque semaine avec le shilling. Faut que je le laisse grimper à la gouttière sinon il me cassera la gueule, racontera tout à ma mère et, après, elle m'enfermera toute une journée dans le réduit à charbon avec les rats.

La Crise est en haut, il s'accroche à la gouttière d'une main, l'autre est dans sa poche, elle bouge,

bouge, puis la gouttière bouge aussi et grince. Quasimodo chuchote : Molloy, pas de branlette en haut de la gouttière, on avait dit ! Et il part sautiller dans la cour en poussant des piaillements. Son accent de la BBC s'est envolé et le voilà bien revenu à Limerick : Jaysus, Molloy, descends de cette gouttière ou je vais le dire à ma mère ! La main de Mikey va plus vite dans sa poche, si vite que la gouttière se plie, s'effondre, et Mikey se retrouve à rouler sur le sol en glapissant : J'suis mort ! J'suis foutu ! Bon Dieu ! On voit l'écume sur ses lèvres et le sang de la morsure qu'il vient de se faire à la langue.

La mère de Quasimodo ouvre la porte en hurlant : Au nom de Dieu, que se passe-t-il ? La lumière de la cuisine inonde la cour et les sœurs se mettent à pousser des cris aigus de la fenêtre d'en haut. Billy essaie de s'échapper mais la mère de Quasimodo l'attrape et le fait descendre du mur. Elle lui dit de courir chez O'Connor, le pharmacien du coin de la rue, afin qu'il appelle une ambulance, un docteur ou quelqu'un pour Mikey. Elle nous hurle d'entrer dans la cuisine, pousse Quasimodo dans le vestibule à coups de pied, le tire à quatre pattes sous l'escalier et l'enferme dans le réduit à charbon.

Reste là jusqu'à ce que tu reprennes tes esprits !

Il l'implore avec un accent cent pour cent Limerick : Ah, Môman, Môman, laisse-moi sortir ! Y a les rats. Je veux seulement aller à la BBC, Môman. Oh, Jaysus, Môman, Jaysus ! Je ne laisserai plus jamais personne grimper à la gouttière. J'enverrai de l'argent de Londres, Môman. Môman !

Mikey est toujours dans la cour, à se trémousser et se tortiller sur le dos. L'ambulance l'emmène à l'hôpital avec une épaule cassée et sa langue en lambeaux.

Nos mères sont là en un rien de temps. Je suis déshonorée, fait Mrs. Dooley, ah ça oui, déshonorée. Mes filles ne peuvent pas se laver un vendredi soir sans que le monde entier reluque à la fenêtre et ces garçons que voilà sont en état de péché et devraient être amenés au prêtre pour se confesser avant leur confirmation de demain.

Mais Maman fait : Je ne sais pas pour le reste du monde mais j'ai économisé une année entière pour le costume de confirmation de Frank et je ne vais pas aller voir le prêtre pour l'entendre me dire que mon fils n'est pas apte à la confirmation et que je devrai attendre encore une année pour que ce costume ne lui aille plus et tout ça parce qu'il a grimpé à une gouttière histoire de jeter un innocent coup d'œil aux fesses maigrichonnes de Mona Dooley.

Elle m'entraîne à la maison en me tirant par l'oreille, puis me fait mettre à genoux devant le pape. Jure, dit-elle, jure à ce pape que tu n'as pas regardé Mona Dooley à poil.

Je le jure.

Si tu mens, tu ne seras pas en état de grâce pour la confirmation de demain et il n'y aurait pas pire sacrilège.

J'ai juré.

Seul l'évêque en personne pourrait pardonner pareil sacrilège.

J'ai juré.

Très bien. Va au lit et, à partir de maintenant, reste à distance de ce pauvre diable de Quasimodo Dooley.

Le lendemain, on est tous confirmés. L'évêque me pose une question de catéchisme : Quel est le quatrième commandement ? et je lui réponds : Tes père et mère honoreras. Il me tapote la joue et fait de moi un soldat de la vraie Eglise. Je m'agenouille sur le prie-Dieu, je pense à Quasimodo enfermé dans le réduit à charbon sous l'escalier et je me demande : Devrais-je tout de même lui donner le shilling pour sa carrière à la BBC ?

Mais j'oublie complètement Quasimodo car mon nez commence à saigner et j'ai des vertiges. Les garçons et filles confirmés sont devant Saint-Joseph avec leurs parents, tout le monde se serre et s'embrasse sous les rayons du soleil et ça m'est égal. Mon père est au travail et ça m'est égal. Ma mère m'embrasse et ça m'est égal. Les garçons parlent de la collecte et ça m'est égal. Mon nez ne veut pas s'arrêter et Maman a peur que j'abîme mon costume. Elle se précipite dans l'église pour voir si Stephen Carey, le sacristain, ne se fendrait pas d'un chiffon et il lui file un bout de grosse toile qui me blesse le nez. Veux-tu faire ta collecte ? demande-t-elle, et je lui réponds que ça m'est égal. Fais-la, Frankie, fais-la, dit Malachy d'un ton triste car j'ai promis de l'emmener au Lyric pour voir le film et nous goinfrer de bonbons. J'ai envie de m'allonger. Je pourrais m'allonger là sur les marches de Saint-Joseph et dormir une éternité. Grand-mère est en train de préparer un beau petit déjeuner, dit Maman, et la seule idée de manger me rend si malade que je cours jusqu'au bord du trottoir pour vomir devant tout le monde, ce qui m'est égal. Maman dit qu'elle ferait mieux de m'emmener à la maison pour me mettre au lit, et mes copains paraissent surpris qu'on puisse aller au lit alors qu'il y a une collecte à faire.

Elle m'aide à ôter mon costume de confirmé et me met au lit. Elle mouille un chiffon, le place sous mon cou et, au bout d'un moment, le saignement s'arrête. Elle apporte du thé mais rien que d'en voir me rend malade et je dois vomir dans le seau. Mrs. Hannon vient d'à côté et je l'entends dire : Voilà un enfant bien malade à qui il faudrait un docteur.

C'est samedi et le dispensaire est fermé, fait Maman. Où trouverait-on un docteur ?

Papa revient de son boulot aux Grands Moulins Rank et dit à Maman que je traverse une phase, celle des douleurs de croissance. Grand-mère arrive et dit la même chose. Quand les garçons passent de la dernière année à un chiffre, qui est neuf, à la première année à deux chiffres, qui est dix, ils changent et sont sujets aux saignements de nez. Elle ajoute que, de toute façon, j'avais peut-être du sang en trop, et ce n'était pas une bonne purge qui allait me faire du mal.

La journée passe et tantôt je dors, tantôt non. Le soir, Malachy et Michael viennent au lit et j'entends Malachy dire : Frankie est tout brûlant. Michael dit : Il est en train de saigner sur ma jambe. Maman me met le chiffon mouillé sur le nez et une clef sur le cou mais ça n'arrête pas le saignement. Le dimanche matin, il y a du sang sur ma poitrine et tout autour de moi. Maman dit à Papa que je saigne du derrière et il répond : Il aurait peut-être une de ces coliques qui sont courantes avec les douleurs de croissance.

Le docteur Troy est notre docteur mais il est parti en vacances et l'homme qui vient me voir le lundi sent le whisky. Il m'examine, dit à ma mère que j'ai un mauvais rhume, et me fait garder le lit. Les jours passent, je dors, je saigne. Maman fait du thé normal et du thé de viande, et je n'en veux pas. Elle apporte même de la crème glacée et rien que d'en voir me rend malade. Mrs. Hannon revient et dit que ce docteur ne connaissait rien à rien.

Voyez si le docteur Troy est rentré.

Maman arrive avec le docteur Troy. Il touche mon front, me retrousse les paupières, me retourne pour voir mon dos, puis il me soulève et me transporte en courant jusqu'à son automobile. Maman se dépêche de le suivre et il lui dit que j'ai la fièvre typhoïde. Maman s'écrie : Oh, mon Dieu ! Oh, mon Dieu ! Vais-je les perdre tous ? Cela finira-t-il jamais ? Elle monte dans l'auto, me prend sur ses genoux et gémit tout le long du trajet, jusqu'au Pavillon des Maladies contagieuses du *City Home*.

Le lit a des draps blancs et frais. Les infirmières ont des uniformes blancs et propres, et la religieuse, sœur Rita, est tout en blanc. Le docteur Humphrey et le docteur Campbell ont des blouses blanches et des choses pendues à leur cou, qu'ils collent contre ma poitrine et tout partout. Je dors et dors mais je suis réveillé lorsqu'ils apportent des bocaux remplis d'un machin rouge vif, les accrochent au-dessus de mon lit à de hautes perches puis enfoncent des tubes dans mes chevilles et dans le dos de ma main droite. Sœur Rita dit : Tu vas avoir du sang, Francis. Du sang de soldat de la caserne Sarsfield.

Maman est assise près du lit et l'infirmière lui dit : Vous savez que ce n'est pas l'usage, ma bonne dame. Personne n'est jamais admis au Pavillon des Maladies contagieuses de peur qu'on attrape quelque chose mais ils ont fait une exception pour vous étant donné que sa crise est imminente. S'il la surmonte, il se rétablira sûrement.

Je m'endors. Quand je me réveille, Maman est partie mais il y a du mouvement dans la pièce et c'est le Père Gorey, le prêtre de la Confraternité, qui dit la messe à une table dans le coin. Je replonge dans le sommeil et les voilà qui me réveillent et tirent draps et couvertures. Le Père Gorey m'administre de l'huile et prie en latin. Je sais que c'est l'extrême-onction, ce qui veut dire que je vais mourir, mais ça m'est égal. Ils me réveillent de nouveau pour que je reçoive la communion. Je n'en veux pas, j'ai peur que ça me rende malade. Je garde l'hostie sur ma langue, je m'endors et, à mon réveil, elle a disparu.

Il fait sombre et le docteur Campbell est près de mon lit. Il me tient le poignet et regarde sa montre. Il a les cheveux roux, des lunettes, et il sourit toujours quand il me parle. Maintenant, il s'assied, toussote et regarde par la fenêtre. Ses yeux se ferment et il ronfle un peu. Il s'incline de côté sur sa chaise, pète, sourit tout seul, et là je sais que je vais aller mieux parce que jamais un docteur ne péterait en présence d'un garçon mourant.

L'habit de sœur Rita resplendit au soleil qui vient de la fenêtre. Elle me tient le poignet, regarde sa montre et sourit. Oh, dit-elle, on est réveillé, n'est-ce pas ? Eh bien, Francis, je crois que le pire est passé. Nos prières sont exaucées, et toutes les prières de ces centaines de petits garçons de la Confraternité... Te rends-tu compte ? Des centaines de garçons disant le rosaire pour toi et te faisant offrande de leur communion...

Mes chevilles et le dos de ma main m'élancent à cause des tubes qui apportent le sang et je me fiche pas mal des garçons qui prient pour moi. J'entends le bruissement de l'habit de sœur Rita et le cliquetis de ses perles de chapelet quand elle quitte la chambre. Je m'endors. A mon réveil, il fait sombre et Papa est assis près du lit, sa main sur la mienne.

Tu es réveillé, fiston ?

J'essaie de parler mais, comme j'ai la gorge sèche, rien ne sort et je lui montre ma bouche. Il porte un verre d'eau à mes lèvres et c'est agréable et frais. Il serre ma main, me dit que je suis un bon vieux soldat. Et pourquoi pas ? N'ai-je pas du sang de soldat en moi ?

Les tubes ne sont plus en moi et les bocaux ont disparu.

Sœur Rita entre et dit à Papa qu'il doit partir. Je ne veux pas qu'il parte parce qu'il a l'air triste. Il ressemble à Paddy Clohessy le jour où je lui ai donné le raisin. Quand Papa a l'air triste, il n'y a rien de pire au monde et je me mets à pleurer. Allons qu'est-ce donc ? demande sœur Rita. On pleure avec tout ce sang de soldat qu'on a reçu ? Il y a une grande surprise pour toi demain, Francis. Tu ne devineras jamais. Eh bien, je te le dis, nous allons t'apporter un beau biscuit avec ton thé du matin. C'est-y pas être gâté, ça ? Et ton père reviendra dans un jour ou deux... N'est-ce pas, Mr. McCourt ?

Papa hoche la tête et pose à nouveau sa main sur la mienne. Il me regarde, s'éloigne d'un pas, s'arrête, revient, m'embrasse sur le front pour la première fois de ma vie et je suis si content que j'ai l'impression de flotter au-dessus du lit.

Les deux autres lits de ma chambre sont vides. L'infirmière dit que je suis le seul patient atteint de typhoïde et que je suis un miraculé d'avoir surmonté la crise.

La chambre d'à côté est vide jusqu'à ce que, un matin, une voix de fille fasse : Youhou, y a du monde ?

Je ne sais pas si c'est à moi qu'elle parle ou à quelqu'un de la chambre de l'autre côté.

Youhou, le garçon avec la typhoïde ! Tu es réveillé ?

Oui.

Tu vas mieux ?

Oui.

Alors, pourquoi tu es là ?

Je n'en sais rien. Je suis encore au lit. Ils m'enfoncent des aiguilles et me donnent des médicaments.

De quoi tu as l'air ?

Tu parles d'une question ! me dis-je. Je ne sais pas quoi lui répondre.

Youhou, le garçon à la typhoïde ! Tu es là ?

Oui.

Comment tu t'appelles ?

Frank.

C'est un beau prénom. Moi, je m'appelle Patricia Madigan. Quel âge as-tu ?

Dix ans.

Oh, fait-elle d'une voix déçue.

Mais j'en aurai onze en août, le mois prochain.

C'est toujours mieux que dix. Moi, j'en aurai quatorze en septembre. Veux-tu savoir pourquoi je suis aux Maladies Contagieuses ?

Oui.

J'ai la diphtérie et quelque chose d'autre.

Quelle autre chose ?

Ils ne savent pas. Ils pensent que j'ai une maladie venue de l'étranger parce que mon père était en Afrique. J'ai failli mourir. Vas-tu me dire de quoi tu as l'air ?

J'ai les cheveux noirs.

Comme des millions d'autres.

J'ai les yeux marron, avec un peu de vert. Noisette, ça s'appelle.

Comme des milliers d'autres.
J'ai des agrafes sur le dos de la main droite et sur les deux pieds, là où ils ont fait entrer le sang du soldat.
Oh, mon Dieu, ils ont fait ça ?
Oui.
Tu ne pourras plus t'arrêter de marcher au pas et de saluer.
Il y a un bruissement d'habit, un cliquetis de perles, et puis la voix de sœur Rita : Allons, allons, qu'est-ce donc ? Il ne doit pas y avoir de bavardage d'une chambre à l'autre, surtout quand il s'agit d'un garçon et d'une fille. M'entends-tu, Patricia ?
Je vous entends, ma sœur.
M'entends-tu, Francis ?
Je vous entends, ma sœur.
Vous pourriez rendre grâces pour vos deux remarquables guérisons. Vous pourriez dire le rosaire. Vous pourriez lire *Le Petit Messager du Sacré-Cœur* qui se trouve à votre chevet. Que je ne vous reprenne pas à bavarder !
Elle vient dans ma chambre et me menace du doigt. Surtout toi, Francis, après que des milliers de garçons ont prié pour toi à la Confraternité. Rends grâces, Francis, rends grâces.
Elle s'en va et il y a un moment de silence. Puis Patricia chuchote : Rends grâces, Francis, rends grâces. Dis ton rosaire, Francis, et je ris si fort qu'une infirmière accourt voir si je vais bien. C'est une infirmière très sévère, du comté de Kerry, et elle me fiche la frousse. Qu'est-ce donc, Francis ? On rit ? Qu'y a-t-il là de risible ? Etes-vous en train de bavarder, cette Madigan et toi ? Je vais rapporter ta conduite à sœur Rita. Il ne faut pas rire car tu pourrais gravement endommager ton appareil interne.
Elle s'éloigne d'un pas pesant et Patricia chuchote à nouveau, cette fois avec un fort accent du Kerry : Faut pas rire, Francis, tu pourrais gravement endom-

mager ton appareil interne. Dis ton rosaire, Francis, et prie pour ton appareil interne.

Maman me rend visite le jeudi. J'aimerais bien voir aussi mon père mais je suis hors de danger, la période de crise est passée, et je n'ai droit qu'à un seul visiteur. D'ailleurs, dit-elle, il travaille de nouveau aux Grands Moulins Rank et, s'il plaît à Dieu, ce boulot durera quelque temps avec la guerre en cours et les Anglais qui manquent désespérément de farine. Elle m'apporte une barre de chocolat, ce qui prouve que Papa travaille. Elle n'aurait jamais pu se permettre d'acheter ça avec l'allocation chômage. Papa m'envoie des mots, disant que mes frères sont tous en train de prier pour moi, que je dois être un bon garçon, obéir aux docteurs, aux religieuses, aux infirmières, et que je n'oublie pas de dire mes prières. Il est sûr que saint Jude m'a fait réchapper de cette crise car c'est le patron des cas désespérés et j'étais bel et bien un cas désespéré.

Patricia dit qu'elle a deux livres à son chevet. L'un est un recueil de poésies et c'est celui-là qu'elle aime. L'autre est une brève histoire de l'Angleterre. Est-ce que je le veux ? Elle donne le livre à Seamus, l'homme qui nettoie chaque jour les sols, et il me l'apporte. Il dit : Je ne suis pas supposé passer quoi que ce soit d'une chambre de diphtérique à une chambre de typhoïdien avec tous les germes qui volent de-ci de-là et se cachent entre les pages et si jamais tu attrapes la diphtérie en plus de la typhoïde ils le sauront et je perdrai ma bonne place et je serai à la rue à chanter des ballades patriotiques un gobelet de fer-blanc à la main, ce que je pourrais facilement faire vu qu'il n'y a jamais eu de chanson écrite sur les malheurs de l'Irlande que je ne sache pas, sans compter deux ou trois autres sur les plaisirs du whisky.

Oh, oui, un peu qu'il connaît *Roddy McCorley*. Tiens, il va même me la chanter mais il est à peine dans le premier couplet que l'infirmière du Kerry rapplique dare-dare. Qu'est-ce donc, Seamus ? On pousse la chansonnette ? Parmi toutes les personnes de cet hôpital, vous êtes bien placé pour savoir qu'il est interdit de chanter. J'ai bonne envie de rapporter votre conduite à sœur Rita.

Ah, de Dieu, n'allez pas faire ça, l'infirmière.

Très bien, Seamus. Je laisse passer pour cette fois. Vous savez que la chansonnette pourrait déclencher une rechute chez ces patients.

Une fois qu'elle est partie, Seamus chuchote qu'il m'apprendra deux ou trois chansons car la chansonnette est un bon passe-temps quand on est tout seul dans une chambre de typhoïdien. Il dit que Patricia est une fille épatante vu comment elle lui donne souvent des douceurs sorties du colis que sa mère envoie chaque quinzaine. Il s'arrête de nettoyer le sol et appelle Patricia dans la chambre d'à côté : Je disais à Frankie que vous étiez une fille épatante, Patricia ! Et elle répond : Et vous, vous êtes un homme épatant, Seamus ! Il sourit car c'est un vieil homme de quarante ans qui n'a jamais eu d'enfants sauf ceux avec qui il peut parler ici, au Pavillon des Maladies contagieuses. Voilà le bouquin, Frankie, dit-il. C'est-y pas malheureux que tu doives lire tout ça sur l'Angleterre après tout ce qu'ils nous ont fait, qu'il n'y ait même pas une histoire de l'Irlande disponible dans cet hôpital ?

Le livre me raconte tout sur le roi Alfred, Guillaume le Conquérant et tous les rois et reines jusqu'à Edouard, qui a dû attendre à n'en pas finir que sa mère, Victoria, meure avant de pouvoir être roi. Le livre contient le premier fragment de Shakespeare que j'aie jamais lu :

> *D'impérieuses circonstances m'induisent*
> *A croire que vous êtes mon ennemi*[1].

1. Ces vers se trouvent dans *Henry VIII*, acte II, scène IV, et sont ainsi traduits par François-Victor Hugo : *De puissantes raisons m'induisent à croire que vous êtes mon ennemi.* (*N.d.T.*)

D'après l'historien, c'est ce que Catherine, une épouse d'Henri VIII, dit au cardinal Wolsey, qui veut la faire décapiter. Je ne sais pas ce que ça veut dire et je m'en moque car il s'agit de Shakespeare et c'est comme si j'avais des bijoux plein la bouche quand je dis ces mots-là. Si j'avais un livre entier de Shakespeare, ils pourraient me garder un an à l'hôpital.

Patricia dit qu'elle ne sait pas ce qu'*impérieuses circonstances* veut dire, ni *m'induisent*, et elle n'en a rien à faire de Shakespeare, elle a son livre de poésies et elle me lit à travers le mur un poème sur un chat-huant et une minette qui partirent en mer dans un bateau vert avec de la nonnette et de la galette et ça n'a aucun sens et quand je le dis à Patricia elle prend la mouche et dit que c'est le dernier poème qu'elle me lira jamais. Elle dit que je récite toujours les vers de Shakespeare et qu'eux non plus n'ont aucun sens. Seamus s'arrête à nouveau de nettoyer et nous dit qu'on ne devrait pas se disputer à propos de poésie car on aura assez de quoi se disputer quand on sera grands et mariés. Patricia dit qu'elle est désolée et je suis désolé aussi alors elle me lit une partie d'un autre poème dont je dois me souvenir pour pouvoir la lui redire tôt le matin ou tard le soir quand il n'y a ni religieuses ni infirmières dans les parages :

Le vent était un torrent ténébreux parmi les frondaisons
[venteuses,
La lune était un galion fantôme ballotté sur des mers
[nuageuses,
La route était la faveur d'un clair de lune sur la lande
[violette,
Et le voleur de grand chemin s'en allait chevauchant
Chevauchant chevauchant
S'en allait chevauchant jusqu'au seuil de l'ancienne
[guinguette.
Il avait bicorne au front, jabot de dentelle au menton,

Manteau de velours amarante, culottes en peau de daim
[marron
Tombant sans d'un pli l'apparence, des bottes cachant ses
[genoux,
Et il chevauchait dans une pluie scintillante,
Ses crosses de pistolet toujours miroitantes,
Sa rapière étincelante sous un ciel écrin de tous ces bijoux.

Chaque jour, j'ai hâte que les docteurs et les infirmières me laissent tranquille afin que Patricia m'apprenne une nouvelle strophe et que je découvre ce qui arrive au voleur de grand chemin et à la fille du hobereau aux lèvres vermeilles. J'adore le poème car il est excitant et presque aussi bon que mes deux vers de Shakespeare. Les habits rouges sont après le voleur de grand chemin car ils savent qu'il a dit à la demoiselle : *Je viendrai à toi au clair de lune, l'enfer dût-il me barrer la route.*

J'aimerais bien faire ça moi-même, venir voir Patricia au clair de lune dans la chambre d'à côté sans en avoir rien à péter, l'enfer dût-il me barrer la route. Elle est prête à me lire les deux ou trois dernières strophes quand arrive l'infirmière du Kerry en nous hurlant dessus : Je vous avais dit qu'il ne fallait pas bavarder d'une chambre à l'autre. La diphtérie ne doit jamais communiquer avec la typhoïde et vissa versa. Z'étiez prévenus. Puis elle appelle : Seamus, emmenez celui-ci ! Emmenez le contrevenant ! Sœur Rita l'a dit : encore un mot de lui et ouste ! en haut ! Z'étiez avertis d'arrêter vos parlotes mais z'avez pas voulu. Emmenez le contrevenant, Seamus, emmenez-le.

Allons, l'infirmière, sûr qu'il ne pensait pas à mal. C'était juste un peu de poésie.

Emmenez-moi ce contrevenant, Seamus, emmenez-le tout de suite.

Il se penche sur moi et chuchote : Ah, bon Dieu, je suis désolé, Frankie. Voilà ton histoire de l'Angleterre. Il glisse le livre sous ma chemise et me soulève du lit. Il me souffle que je suis une plume. J'essaie de voir Patricia quand on passe devant sa chambre mais c'est tout juste si j'aperçois une vague tête brune sur un oreiller.

Sœur Rita nous arrête dans le couloir pour me dire que je la déçois beaucoup, qu'elle espérait que je serais un bon garçon après ce que Dieu a fait pour moi, après toutes les prières dites par les centaines de garçons à la Confraternité, après tous les soins des religieuses et des infirmières du Pavillon des Maladies contagieuses, après le droit de visite obtenu par mes père et mère, chose rarement accordée, et c'est ainsi que je les récompense à me vautrer sur le lit en déclamant de la sotte poésie à tour de rôle avec Patricia Madigan sachant fort bien que toute communication entre typhoïde et diphtérie était proscrite. Elle dit que j'aurai tout le temps de méditer sur mes péchés dans la grande salle commune du haut et qu'il me faudra implorer le pardon de Dieu pour ma désobéissance consistant à réciter un poème anglais et païen sur un brigand à cheval et une jouvencelle aux lèvres vermeilles qui commet un horrible péché alors que j'aurais pu prier ou lire une vie de saint. C'est qu'elle s'est fait un devoir de le lire ce poème, ah ça oui, et je serais bien avisé d'en parler au prêtre à confesse.

L'infirmière du Kerry nous suit dans l'escalier. Elle a le souffle court et s'agrippe à la rampe. Elle me dit de ne pas aller m'imaginer qu'elle grimpera tout là-haut chaque fois que j'aurai une petite douleur ou un léger élancement.

Il y a vingt lits dans la salle commune, tous blancs, tous vides. L'infirmière demande à Seamus de m'installer au fond contre le mur histoire d'être sûre que je ne parlerai à personne qui pourrait passer devant la porte, ce qui a peu de chances d'arriver vu qu'il n'y a pas âme qui vive dans tout cet étage. Elle raconte à Seamus que c'était la salle des fiévreux durant la Grande Famine de jadis et Dieu seul sait combien de personnes sont décédées ici, admises trop tard pour qu'on leur fasse autre chose qu'une toilette mortuaire avant l'enterrement et il y a des histoires sur des sanglots et des gémissements qu'on entendrait au plus profond de la nuit. Elle dit que ça vous briserait le cœur de penser à ce que les Anglais nous ont fait, que s'ils n'ont pas introduit le mildiou dans la pomme de terre ils n'ont pas fait grand-chose non plus pour l'enlever. Aucune pitié. Absolument aucun sentiment pour les gens qui mouraient dans cette salle, des enfants qui souffraient et agonisaient ici même tandis que les Anglais se régalaient de rôti de bœuf et lampaient les meilleurs vins dans leurs grandes demeures, des petits enfants avec leur bouche toute verte à force de vouloir manger l'herbe des champs alentour, et que Dieu nous bénisse, nous sauve et nous préserve des famines futures.

Seamus dit que c'était en effet une chose terrible, et il ne voudrait pas parcourir ces couloirs dans l'obscurité avec toutes les petites bouches vertes en train d'essayer de le happer. L'infirmière prend ma température. Elle a monté un peu, tâche de bien dormir maintenant que tu ne peux plus jacasser avec Patricia Madigan qui est en bas et ne saura jamais ce que c'est d'avoir le cheveu gris.

Elle secoue la tête en direction de Seamus et il lui rend la pareille avec tristesse.

Les infirmières et les religieuses ne s'imaginent jamais que vous savez de quoi elles parlent. Si vous avez dix ans et bientôt onze, vous êtes supposé être simplet comme mon oncle Pat Sheehan qui est tombé sur la tête. Vous ne pouvez pas poser de questions. Vous ne pouvez pas montrer que vous comprenez ce que l'infirmière disait de Patricia Madigan, qu'elle va mourir, et vous ne pouvez pas montrer votre envie de pleurer sur cette fille qui vous a appris un ravissant poème déclaré mauvais par la religieuse.

L'infirmière dit à Seamus qu'elle doit y aller et que lui doit balayer la charpie sous mon lit et nettoyer un peu partout dans la salle. Seamus me dit que c'est une fichue vieille garce d'avoir couru chez sœur Rita se plaindre du poème qui allait d'une chambre à l'autre, qu'on ne peut pas attraper de maladie avec un poème à moins que c'en soit un d'amour, ha ha, et que c'est sacrément peu probable quand on a quoi ? dix ans et bientôt onze ? Il n'a jamais entendu une chose pareille, un petit bonhomme expédié en haut pour avoir dit un poème, et il a bien envie d'aller au *Limerick Leader* et de leur dire d'imprimer toute l'histoire sauf qu'il a ce boulot et qu'il le perdrait si jamais sœur Rita venait à savoir. De toute façon, Frankie, tu seras sorti d'ici un de ces beaux matins et tu pourras lire toute la poésie que tu veux quoique je ne sache pas trop pour Patricia qui est en bas, ah ça non, je ne sais pas trop pour Patricia, Dieu nous garde.

Deux jours plus tard, il sait pour Patricia : elle s'est levée pour aller aux cabinets alors qu'elle était supposée utiliser un bassin, puis elle s'est effondrée, morte, dans les cabinets. Seamus nettoie le sol et il y a des larmes sur ses joues quand il dit : C'est salement moche de mourir aux cabinets quand on est belle comme ça en dedans. Elle m'a dit qu'elle était désolée de t'avoir fait déclamer ce poème et de t'avoir fait virer de la chambre, Frankie. Elle a dit que c'était tout de sa faute.

Ce n'était pas sa faute, Seamus.

Je sais et je me suis pas fait faute de lui dire.

Patricia n'est plus et jamais je ne saurai ce qui est arrivé au voleur de grand chemin et à Bess, la fille du hobereau. Je demande à Seamus mais il ne connaît aucune poésie, mais alors aucune, et surtout pas la poésie anglaise. Avant, il connaissait un poème irlandais mais c'était plutôt sur les fées et il n'y avait pas le moindre voleur de grand chemin dedans. N'empêche, il demandera aux habitués du pub de son quartier, là où il y a toujours quelqu'un en train de déclamer quelque chose, et il me rapportera ce qu'il en est. En attendant, pourquoi ne m'occuperais-je pas en lisant ma brève histoire de l'Angleterre afin de tout connaître de sa perfidie? C'est le mot qu'emploie Seamus, *perfidie*, et je ne sais pas ce que ça veut dire, et lui non plus ne sait pas ce que ça veut dire, mais, si c'est quelque chose que font les Anglais, ce doit être terrible.

Il vient nettoyer le sol trois fois par semaine tandis que l'infirmière passe chaque matin pour me prendre la température et le pouls. Le docteur écoute ma poitrine avec la chose qui lui pend au cou. Tous demandent : Et comment se porte notre petit soldat aujourd'hui? Une fille avec une robe bleue apporte le repas trois fois par jour sans jamais me dire un mot. D'après Seamus, elle ne va pas bien dans sa tête et c'est donc inutile de lui parler.

Les jours de juillet sont longs et j'ai peur du noir. Il n'y a que deux plafonniers dans la salle et on les éteint lorsque le plateau à thé est remporté et que l'infirmière m'a donné les pilules. L'infirmière me dit : Endors-toi, mais c'est impossible car je vois des gens dans les dix-neuf autres lits de la salle, tous en train d'agoniser avec la bouche barbouillée de vert pour avoir voulu manger de l'herbe, tous en train de gémir pour avoir de la soupe, de la soupe protestante, n'importe quelle soupe, et je couvre mon visage avec l'oreiller en espérant qu'ils ne vont pas s'approcher, entourer le lit, m'agripper et hurler pour avoir des bouts de la barre de chocolat que ma mère m'a apportée la semaine dernière.

Non, elle ne l'a pas apportée. Elle a dû l'envoyer car je ne peux plus avoir de visiteurs. Sœur Rita m'explique qu'une visite au Pavillon des Maladies contagieuses est un privilège et, par suite de ma mauvaise conduite avec Patricia Madigan et ce poème, il n'est plus question que j'aie ce privilège. Elle dit que je rentrerai à la maison dans quelques semaines, que pour l'instant, ma tâche consiste à me concentrer sur ma guérison, à rapprendre à marcher après six semaines de lit, et que demain je pourrai me lever après le petit déjeuner. Je ne sais pas pourquoi elle dit que je dois apprendre à marcher alors que je marche depuis tout bébé mais, le lendemain, l'infirmière ne m'a pas plutôt fait sortir du lit que je tombe par terre. Tu vois ? fait l'infirmière en riant. Tu es redevenu un bébé !

Je m'entraîne à marcher d'un lit à l'autre, aller et retour, aller et retour. Je n'ai pas envie d'être un bébé. Je n'ai pas envie d'être dans cette salle vide sans Patricia, sans voleur de grand chemin et sans fille de hobereau aux lèvres vermeilles. Je ne veux pas des fantômes de ces enfants à la bouche verte, qui pointent sur moi des doigts décharnés et réclament à hauts cris des bouts de ma barre de chocolat.

Seamus dit qu'un habitué de son pub connaissait toutes les strophes du poème sur le voleur de grand chemin et que la fin est très triste. Ai-je envie qu'il me dise le poème qu'il a dû garder en tête vu qu'il n'a jamais appris à lire ? Il se tient au milieu de la salle, appuyé sur son balai, et récite :

Tlot-tlot ! fit le givre discret, Tlot-tlot ! répondit la nuit
[sonore.
De plus en plus près, il venait ! Elle fit de son visage un
[sémaphore !
Ecarquillant les yeux, elle prit une ultime et profonde
[respiration,
Puis, actionnant son doigt au clair de lune,
Par son mousquet fit voler en éclats le clair de lune,
Fit voler en éclats sa poitrine au clair de lune,
Et l'avertit ainsi du danger — par le moyen de sa
[disparition.

Il entend le coup de feu et s'échappe mais quand, l'aube venue, il apprend comment Bess est morte, il entre en rage, revient se venger et se fait abattre par les habits rouges.

Rouge sang étaient ses éperons dans la clarté dorée du jour,
Lie-de-vin était son manteau de velours
Et non plus clairet

Lorsqu'ils l'abattirent sur la grand-route,
Tel un chien sur la grand-route,
Et il resta gisant dans son sang sur la grand-route,
Un jabot de dentelle à son collet.

Seamus s'essuie le visage avec sa manche et renifle. Puis : Il n'y avait aucune raison de te faire monter ici loin de Patricia alors que tu ne savais même pas ce qui allait arriver au voleur de grand chemin et à Bess. C'est une bien triste histoire et, quand je l'ai contée à ma femme, elle n'a pas arrêté de pleurer de toute la soirée jusqu'à ce qu'on aille se coucher. Elle a dit : Ils n'avaient aucune raison, ces habits rouges, d'abattre ce voleur de grand chemin-là, ils sont la cause de la moitié des problèmes du monde et n'ont jamais eu non plus pitié des Irlandais. Maintenant, Frankie, si tu veux connaître d'autres poèmes, tu me le dis, j'irai les prendre au pub et je les rapporterai dans ma tête.

La fille avec la robe bleue qui ne va pas bien dans sa tête me dit un jour, comme ça : Vous voudriez un livre pour le lire ? Puis elle m'apporte *L'Etonnante Quête de Mr. Ernest Bliss* par E. Phillips Oppenheim. C'est tout sur un Anglais qui en a marre et ne sait pas quoi faire chaque jour de lui-même, même s'il est tellement riche qu'il n'arrive pas à compter son argent. Quand son valet de chambre lui apporte le journal du matin, plus le thé, l'œuf, le toast et la confiture d'oranges, il dit : Remportez ça, la vie est vaine. Il ne peut pas lire son journal, il ne peut pas manger son œuf, il dépérit. Son docteur lui conseille d'aller vivre parmi les pauvres dans l'East End de Londres afin d'apprendre à aimer la vie, ce qu'il fait et alors il tombe amoureux d'une fille qui est pauvre mais honnête et très intelligente et ils se marient et emménagent dans sa maison à lui du West End qui est le quartier riche car c'est plus facile d'aider les pauvres et de ne pas en avoir marre quand on est chouettement installé.

Seamus aime bien que je lui raconte ce que je suis

en train de lire. Il dit que cette histoire sur Mr. Ernest Bliss est inventée de toutes pièces car personne sain d'esprit n'irait voir un docteur parce qu'il a trop d'argent et ne mange pas son œuf. Encore qu'on ne sache jamais. C'est peut-être bien comme ça en Angleterre. On ne verrait jamais la pareille en Irlande. S'il t'arrivait ici de ne pas manger ton œuf, tu serais soit emmené à l'asile d'aliénés soit dénoncé à l'évêque.

J'ai hâte de rentrer à la maison et de raconter à Malachy l'histoire de cet homme qui ne veut pas manger son œuf. Malachy se roulera par terre de rire car c'est impossible qu'une chose comme ça puisse jamais se passer. Il dira que j'ai tout inventé mais il suffira que je lui explique que c'est une histoire sur un Anglais pour qu'il comprenne.

Je ne peux pas dire à la fille en robe bleue que cette histoire était bête car elle risquerait d'avoir une crise. Si vous en avez fini avec ce livre, dit-elle, je vais vous en apporter un autre parce qu'il y a toute une caisse de bouquins laissés par des patients d'autrefois. Elle m'apporte un livre appelé *La Scolarité de Tom Brown*, qui est dur à lire, et une tapée de bouquins par P. G. Wodehouse, qui me fait marrer avec Ukridge, Bertie Wooster, Jeeves et tous les Mulliner. Bertie Wooster est riche mais il mange son œuf chaque matin de peur de ce que Jeeves pourrait dire. J'aimerais pouvoir causer des livres avec la fille en robe bleue ou n'importe qui d'autre mais j'ai peur d'être découvert par l'infirmière du Kerry ou sœur Rita et qu'elles m'expédient encore plus haut dans une salle encore plus grande avec cinquante lits vides et plein de fantômes de la Famine à la bouche verte et aux doigts décharnés qui se pointeraient sur moi. La nuit, je reste couché en pensant à Tom Brown et à ses aventures à Rugby School ainsi qu'à tous les personnages dans P. G. Wodehouse. Je peux rêver de la fille du hobereau avec ses lèvres vermeilles, du voleur de grand chemin, et les infirmières comme les religieuses n'y peuvent rien. C'est bien agréable de savoir que le monde ne peut pas venir se mêler de ce que vous avez dans la tête.

C'est le mois d'août et j'ai onze ans. Ça fait deux mois que je suis dans cet hôpital et je me demande si on va me laisser partir pour Noël. L'infirmière du Kerry me dit que je devrais me mettre sur mes deux genoux et remercier Dieu d'être déjà vivant, oui, déjà, et que je ne devrais pas me plaindre.

Je ne me plains pas, l'infirmière. Je me demande seulement si je serai à la maison pour Noël.

Elle ne veut pas me répondre. Elle me dit de bien me conduire ou elle m'enverra sœur Rita et, là, je me conduirai bien.

Maman vient à l'hôpital pour mon anniversaire et me fait parvenir un paquet avec deux barres de chocolat et un mot signé par les gens de la ruelle me disant : *Rétablis-toi — rentre vite — tu es un grand soldat, Frankie.* L'infirmière me laisse lui parler par la fenêtre, ce qui est difficile car les fenêtres sont hautes et je dois me tenir sur les épaules de Seamus. Je dis à Maman que je veux rentrer à la maison mais elle répond que je suis un peu trop faible, même si je serai sûrement dehors bientôt. Seamus dit : C'est épatant que tu aies onze ans car, un de ces quatre, tu seras un homme qui se rase et tout et tout, tu seras prêt à sortir, à trouver un boulot et à boire ta pinte aussi bien qu'un autre.

Un jour, au bout de quatorze semaines, sœur Rita me dit que je peux rentrer à la maison — et ne suis-je pas un petit veinard que ce soit justement la fête de saint François d'Assise ? Elle me dit que j'ai été un très bon patient, sauf pour ce petit incident avec le poème et Patricia Madigan, que Dieu ait son âme, et je suis invité à revenir pour un grand repas de Noël à l'hôpital. Maman vient me chercher et, avec mes jambes faibles, on met longtemps à marcher jusqu'à Union Cross où se trouve l'arrêt de bus. Prends ton temps, dit-elle. Après trois mois et demi, on n'est pas à une heure près.

Dans Barrack Road et Roden Lane, les gens sont sur le pas de leur porte à me dire que c'est épatant de me voir revenir, que je suis un grand soldat, la fierté de mes père et mère. Malachy et Michael montent la ruelle à ma rencontre et disent : Bon Dieu, qu'est-ce que tu marches lentement ! Tu ne peux donc plus courir ?

Il fait beau et je suis content jusqu'au moment où je vois Papa assis dans la cuisine avec Alphie sur ses genoux et là il y a comme un vide dans mon cœur car je comprends qu'il est à nouveau sans travail. Tout ce temps, j'étais sûr qu'il avait un boulot, Maman me l'avait dit, et je pensais qu'on ne manquerait plus de nourriture ni de chaussures. Il me sourit et dit à Alphie :

Ah, voilà ton grand frère qui nous revient de l'hôpital.

Maman lui explique ce qu'a dit le docteur, que je dois prendre beaucoup d'aliments nourrissants et de repos. Le docteur a déclaré que le bœuf serait l'idéal pour me reconstituer. Papa hoche la tête. Maman prépare du thé de viande à partir d'un cube et Malachy et Mike me regardent le boire. Ils disent qu'ils en veulent aussi mais Maman leur fait : Filez ! Vous n'avez pas la typhoïde ! Elle dit que le docteur veut que j'aille au lit tôt. Elle a bien essayé de nous débarrasser des puces mais celles-ci sévissent plus que jamais avec la chaleur qu'on a ces temps-ci. D'ailleurs, ajoute-t-elle, elles ne vont pas tirer grand-chose de toi qui n'as que la peau sur les os.

Je suis au lit et je pense à l'hôpital où les draps blancs étaient changés chaque jour et où il n'y avait pas une puce à la ronde. Il y avait des cabinets où vous pouviez vous asseoir et lire votre livre jusqu'à ce que quelqu'un vienne vous demander si vous étiez mort. Il y avait une baignoire où vous pouviez vous asseoir dans de l'eau bien chaude aussi longtemps que vous en aviez envie et dire :

D'impérieuses circonstances m'induisent
A croire que vous êtes mon ennemi.

Et de dire ça m'aide à m'endormir.

Quand Malachy et Michael se lèvent pour aller à l'école le matin, Maman me dit que je peux rester au lit. Malachy est maintenant en cinquième division avec Mr. O'Dea et il aime raconter à tout le monde qu'il est en train d'apprendre le gros catéchisme rouge pour la confirmation, et que Mr. O'Dea leur raconte tout sur l'état de grâce, Euclide, et comment les Anglais ont tourmenté les Irlandais durant huit cents longues années.

Je n'ai plus envie de rester au lit. Les jours d'octobre sont magnifiques et j'ai envie de m'asseoir dehors pour regarder la ruelle, observer comment le soleil envoie ses rayons obliques sur le mur en face de notre maison. Mikey Molley m'apporte les livres de P. G. Wodehouse que son père emprunte à la bibliothèque et je passe de bonnes journées avec Ukridge, Bertie Wooster et tous les Mulliner. Papa me laisse lire son livre préféré, le *Journal de prison* de John Mitchel[1], qui est entièrement sur un grand rebelle irlandais que les Anglais ont condamné à l'exil dans la région de Van Diemen en Australie. Les Anglais disent à John Mitchel qu'il est libre d'aller et venir à sa convenance dans toute la région de Van Diemen s'il donne sa parole d'honneur de gentleman qu'il n'essaiera pas de s'évader. Il tient sa parole jusqu'à ce qu'un navire arrive pour l'aider à s'évader et là il se rend au bureau du juge anglais, dit : Je m'évade, saute sur son cheval et se retrouve à New York. Papa dit que ça ne l'embête pas si je lis ces stupides livres anglais de

1. Presbytérien de l'Ulster et farouche nationaliste, Mitchel (1815-1875) fonda le journal *United Irishman* en 1847, avant d'être déporté en Australie. (*N.d.T.*)

P. G. Wodehouse du moment que je n'oublie pas les hommes qui ont payé de leur personne et donné leur vie pour l'Irlande.

Je ne peux pas rester éternellement à la maison et, en novembre, Maman me ramène à Leamy's School. Le nouveau directeur, Mr. O'Halloran, se dit désolé : ayant manqué plus de deux mois de cours, je dois être remis en cinquième division. Maman affirme que je suis apte à la sixième division. Après tout, il n'a manqué que quelques semaines, dit-elle. Mr. O'Halloran se redit désolé. Conduisez le garçon dans la salle voisine, chez Mr. O'Dea.

On suit le couloir et je dis à Maman que je n'ai pas envie de me retrouver en cinquième division. Malachy est dans cette classe-là et je ne veux pas être dans une classe avec mon frère qui a un an de moins que moi. J'ai fait ma confirmation l'an dernier. Pas lui. Je suis le plus âgé. Je ne suis plus le plus grand à cause de la typhoïde mais je suis le plus âgé.

Ce n'est pas ça qui va te tuer, dit Maman.

Tout ça lui est bien égal et on me met dans cette classe avec Malachy et je sais que tous ses amis sont là à se moquer de moi parce qu'on m'a fait redoubler. Mr. O'Dea me fait asseoir au premier rang et me dit de me défaire de cet air morose ou je vais goûter de sa canne de frêne.

Puis un miracle arrive et c'est tout grâce à saint François d'Assise, mon saint préféré, et Notre Seigneur Lui-même. Je trouve un penny dans la rue ce premier jour de retour à l'école et je vais pour foncer chez Kathleen O'Connell afin d'acheter un gros carré de caramel Cleeves mais je ne peux pas courir car mes jambes sont encore faibles à cause de la typhoïde et je dois même m'appuyer de temps en temps contre un mur. J'ai très envie du caramel Cleeves mais j'ai aussi très envie de déguerpir de la cinquième division.

Je comprends que je dois aller voir la statue de saint François d'Assise. Lui seul écoutera mais il est à l'autre bout de Limerick et ça me prend une heure pour marcher jusqu'à là-bas, en m'arrêtant sur des perrons et en m'appuyant contre des murs. Ça coûte un penny d'allumer un cierge et je me demande si je ne devrais pas juste allumer le cierge et garder le penny. Non, saint François le saurait. Il aime l'oiseau des airs et le poisson des rivières mais il n'est pas débile. J'allume le cierge, je m'agenouille devant sa statue et le supplie de me sortir de la cinquième division où je suis coincé avec mon frère, qui est probablement en train de se vanter dans toute la ruelle que son grand frère a pris du retard. Saint François ne dit pas un mot mais je sais qu'il écoute et je sais qu'il va me tirer de cette division. C'est le moins qu'il puisse faire après tout le mal que je me suis donné pour venir devant sa statue, à m'asseoir sur des perrons et à m'appuyer contre des murs, alors que j'aurais pu aller à l'église Saint-Joseph et allumer un cierge pour la Petite Fleur ou le Sacré-Cœur de Jésus Lui-même. A quoi bon avoir été prénommé comme lui si c'est pour qu'il m'abandonne en mon heure de détresse?

Je dois m'asseoir dans la classe de Mr. O'Dea à écouter le catéchisme et tous les autres trucs qu'il enseignait l'an dernier. J'aimerais bien lever la main et donner les réponses mais il dit: Restez tranquille, laissez votre frère répondre. Il leur donne des problèmes d'arithmétique et me fait m'asseoir là — Oui, là — pour les corriger. Il leur lit des dictées en irlandais et me fait corriger ce qu'ils ont écrit. Puis il me donne des compositions particulières à rédiger et me les fait lire devant la classe étant donné tout ce que j'ai appris de lui l'an dernier. A la classe, il déclare: Frank McCourt va vous montrer comme il a bien appris à écrire dans cette classe l'an dernier. Il va rédiger une composition sur Notre Seigneur, n'est-ce pas, McCourt? Il va nous raconter comment ce serait si Notre Seigneur avait grandi à Limerick qui, ville la plus sainte d'Irlande, abrite la Confraternité de l'Arche de la Sainte Famille. Nous savons que, si

Notre Seigneur avait grandi à Limerick, jamais Il n'aurait été crucifié car les gens de Limerick ont toujours été de bons catholiques sans goût particulier pour la crucifixion. Aussi, McCourt, allez-vous rentrer à la maison écrire cette composition et nous l'apporter demain.

Papa dit que Mr. O'Dea a une sacrée imagination. Cependant, Notre Seigneur n'a-t-il pas suffisamment souffert sur la croix sans qu'on Le colle par-dessus le marché à Limerick avec cette humidité émanant du fleuve Shannon ? Il enfile sa casquette, part pour une longue marche, et c'est tout seul que je dois réfléchir à Notre Seigneur et me demander ce que je vais écrire pour demain.

Le jour suivant, Mr. O'Dea me fait : Très bien, McCourt, lisez votre composition à la classe.

Le nom de ma composition est...

Le titre, McCourt, le titre.

Le titre de ma composition est : *Jésus et le temps qu'il fait.*

Comment ?

Jésus et le temps qu'il fait.

Très bien. Lisez.

Ceci est ma composition : Je ne pense pas que Jésus Qui est Notre Seigneur aurait aimé le temps qu'il fait à Limerick car il y pleut toujours et le Shannon maintient la ville entière dans l'humidité. Mon père dit que le Shannon est un fleuve assassin parce qu'il a tué mes deux frères. Quand on regarde des images de Jésus, Il est toujours en train de vagabonder en pagne dans l'ancien Israël. Là-bas, il ne pleut jamais et on n'entend jamais parler de quelqu'un qui tousserait ou qui serait atteint de phtisie ou de quoi que ce soit de ce genre et personne n'a un boulot là-bas car ils ne font que se baguenauder, manger la manne, brandir le poing et aller aux crucifixions.

Chaque fois que Jésus avait faim, tout ce qu'Il avait à faire c'était de monter la route à pied vers un figuier ou un oranger et d'avoir Son content. S'Il voulait une pinte, Il pouvait promener Sa main au-dessus d'un grand verre et la pinte était là. Ou alors Il pouvait rendre visite à Marie Madeleine et sa sœur Marthe, et elles Lui donnaient Son repas sans poser de questions puis Il se faisait laver les pieds que Marie Madeleine séchait ensuite avec sa chevelure pendant que Marthe faisait la vaisselle, ce que je ne trouve pas juste. Pourquoi devait-elle faire la vaisselle tandis que sa sœur était assise là-dehors à bavarder avec Notre Seigneur ? C'est une bonne chose que Jésus ait décidé de naître juif dans cette région chaude car, s'Il était né à Limerick, Il aurait attrapé la phtisie et serait mort au bout d'un mois et il n'y aurait pas eu la moindre Eglise catholique et il n'y aurait pas eu la moindre communion ou confirmation et nous n'aurions pas à apprendre le catéchisme et à écrire des compositions sur Lui. Fin.

Mr. O'Dea est calme, il m'adresse un drôle de regard et je m'inquiète. Quand il est calme comme ça, c'est que quelqu'un va souffrir.

Qui a écrit cette composition, McCourt ?

Moi, monsieur.

Est-ce votre père qui a écrit cette composition ?

Il ne l'a pas écrite, monsieur.

Venez ici, McCourt.

Je le suis jusqu'à la porte, puis le long du couloir jusqu'au bureau du directeur. Mr. O'Dea lui montre ma composition et Mr. O'Halloran m'adresse lui aussi un drôle de regard. Avez-vous écrit cette composition ?

Je l'ai écrite, monsieur.

Je suis sorti de la cinquième division, placé dans la sixième, avec Mr. O'Halloran et tous les garçons que je connais, Paddy Clohessy, Fintan Slattery, Quelle Heure Quigley, et, quand l'école est finie ce jour-là, il me faut retourner devant la statue de saint François d'Assise pour le remercier bien que mes jambes soient encore faibles à cause de la typhoïde et que je doive m'asseoir sur des perrons et m'appuyer contre des murs à me demander si c'était quelque chose de bien que j'ai dit dans cette composition ou quelque chose de mal.

Mr. Thomas L. O'Halloran enseigne trois classes dans une seule salle, les sixième, septième et huitième divisions. Il a une tête comme le président Roosevelt et porte des lunettes dorées. Il s'habille de costumes bleu marine ou gris et il y a une chaîne d'or qui lui pend en travers du ventre d'une poche à l'autre de son gilet. On l'appelle Clocheton parce qu'il a une jambe plus courte que l'autre et qu'il a l'air de sauter à cloche-pied quand il marche. Il sait comment on l'appelle et il dit : Oui, Clocheton je suis et je m'en vais vous sonner les cloches. Il a toujours avec lui sa longue baguette pour le tableau noir et, si vous n'êtes pas attentif ou si vous donnez une réponse bête, il vous file trois tapes sur chaque main ou vous cingle les mollets. Il vous fait tout apprendre par cœur, tout, ce qui fait de lui le maître le plus dur de l'école. Il adore l'Amérique et nous fait apprendre tous les Etats américains par ordre alphabétique. Chez lui, il fait des tableaux sur la grammaire irlandaise, l'histoire de l'Irlande, l'algèbre, puis il les apporte en classe, les place sur un chevalet et il faut qu'on s'y retrouve en récitant une litanie de cas, de conjugaisons et de déclinaisons de l'irlandais, puis ce sont les noms et les batailles célèbres, les règles de proportion, les rapports, les équations. On doit connaître toutes les dates importantes de l'histoire de l'Irlande. Il nous dit ce qui est important et pourquoi. Le pourquoi, aucun maître ne nous l'avait jamais appris avant. Si vous demandiez : Pourquoi ? vous aviez droit à une torgnole. Clocheton ne nous traite pas d'idiots et, si vous posez une question, il ne se met pas en rogne. C'est le seul maître qui s'arrête et demande : Comprenez-vous de quoi je parle ? Désirez-vous poser une question ?

Ça fait un choc à toute la classe quand il dit : Le siège de Kinsale en 1601 fut le plus triste moment de l'histoire de l'Irlande, une bataille corps à corps où il y eut de la cruauté et des atrocités des deux côtés.

De la cruauté des deux côtés ? Du côté irlandais ? Comment c'est possible ? Tous les autres maîtres nous ont raconté que les Irlandais combattirent toujours noblement, toujours à la loyale. Clocheton récite un poème et demande qu'on s'en souvienne :

Ils allaient à la bataille mais tombaient à mi-chemin,
Leurs yeux fixes affleurant les piètres boucliers.
Noblement ils combattaient, et vaillamment, mais en vain,
Et s'effondraient, frappés au cœur d'un sortilège soudain.

S'ils perdirent, ce fut à cause des traîtres et des espions. Mais moi je voudrais savoir quelque chose de ces atrocités irlandaises.

Monsieur, les Irlandais commirent-ils des atrocités lors du siège de Kinsale ?

Certes oui. Il est attesté qu'ils tuèrent des prisonniers mais, en cela, ils ne furent ni meilleurs ni pis que les Anglais.

Mr. O'Halloran ne peut mentir. Il est le directeur. Ainsi, toutes ces années, on nous a dit et répété que les Irlandais se conduisaient toujours en nobles et faisaient de courageux discours avant d'être pendus par les Anglais. Et maintenant voilà Clocheton O'Halloran disant que les Irlandais ont fait de mauvaises choses. La prochaine fois, il dira que les Anglais ont fait de bonnes choses. Il reprend : Vous devez apprendre et étudier afin de vous faire vos propres idées sur l'histoire et tout le reste mais c'est impossible tant qu'on a l'esprit vide. Aussi, meublez votre esprit, meublez-le. C'est la maison qui abrite votre trésor et personne d'autre au monde ne peut s'immiscer à l'intérieur. Si vous gagnez aux courses hippiques et achetez une maison qui a besoin de mobilier, la remplirez-vous de babioles et de rossignols ? Votre esprit est votre maison et, si vous l'encombrez d'immondices rapportées des cinémas, il pourrira dans votre tête. Vous pouvez être pauvres, vos chaussures peuvent être en piteux état, mais votre esprit est un palais.

Il nous fait venir un par un au premier rang de la classe pour examiner nos chaussures. Il veut savoir pourquoi elles sont abîmées ou pourquoi on n'en a carrément pas. Il nous dit que c'est une honte et qu'il va organiser une tombola pour rassembler de l'argent afin qu'on ait des bottes bien solides et bien chaudes pour l'hiver. Il nous donne des carnets de billets et on s'éparpille dans tout Limerick pour lancer l'opération *Fonds des bottes de Leamy's School*, premier prix : cinq livres, puis cinq prix d'une livre chacun. Onze garçons sans bottes en reçoivent des neuves. Malachy et moi n'en recevons pas car on a déjà des chaussures aux pieds même si les semelles sont bien usées et on se demande pourquoi on a couru dans tout Limerick à vendre des billets pour que d'autres garçons aient des bottes. Fintan Slattery dit que nous gagnons des indulgences plénières en accomplissant ces œuvres de bienfaisance et Paddy Clohessy lui fait : Fintan, et si t'allais chier ailleurs une bonne fois pour toutes ?

Je sais quand Papa se conduit mal. Je sais quand il boit l'allocation chômage, lorsque Maman est désespérée et doit aller mendier à la Société de Saint-Vincent-de-Paul ou demander du crédit chez Kathleen O'Connell mais je n'ai pas envie de me détacher de lui pour courir vers Maman. Comment je pourrais faire ça alors que je me lève avec lui de bonne heure chaque matin tandis que tout le monde dort ? Il allume le feu, prépare le thé, chantonne tout seul ou bien il me lit le journal à voix basse pour éviter de réveiller le reste de la famille. Mikey Molloy m'a volé Cuchulain, l'Ange de la Septième Marche s'en est allé quelque part ailleurs, mais mon père le matin m'appartient toujours. Il part très tôt acheter l'*Irish Press* puis il me raconte le monde, Hitler, Mussolini, Franco. Il dit que cette guerre n'est pas notre affaire parce que les Anglais recommencent à faire des leurs. Il me raconte le grand Roosevelt à Washington et le grand De Valera à Dublin. Le matin, on a le monde rien que pour nous et jamais il ne me dit que je devrais mourir pour l'Irlande. Il me raconte l'ancien temps en Irlande, lorsque les Anglais ne laissaient pas les catholiques avoir des écoles car ils voulaient tenir le peuple dans l'ignorance, et que les enfants catholiques se retrouvaient au fin fond du pays, dans ce qu'on appelait alors les écoles buissonnières[1], pour apprendre l'anglais, l'irlandais, le latin et le grec. Le peuple adorait apprendre. Il adorait les histoires et la poésie même si rien de tout ça n'aidait à décrocher un boulot. Hommes, femmes et enfants se rassemblaient dans des fossés pour entendre ces grands maîtres et chacun s'émerveillait de ce qu'un homme pouvait transporter dans sa tête. Les maîtres risquaient leur vie à aller de fossé en fossé et de buisson en buisson, car, si les Anglais les attrapaient à enseigner, ils pouvaient être déportés à l'étranger ou pire. D'après lui, l'école est facile de nos jours, on n'a pas à s'asseoir dans un fossé pour apprendre les tables de calcul ou la glorieuse histoire de l'Irlande. Je devrais être bon en classe et, un jour, je retournerais en Amérique et je dégoterais un boulot dans un bureau, où je serais assis derrière une table, avec deux stylos dans la poche, un rouge et un bleu, à prendre des décisions. Je serais bien planqué, à l'abri de la pluie, j'aurais un costume, des chaussures, un logement douillet et qu'est-ce qu'un homme pourrait vouloir de plus ? Il dit qu'on peut faire n'importe quoi en Amérique, c'est le pays de l'occasion à saisir. Tu peux faire pêcheur dans le Maine ou cultivateur en Californie. L'Amérique, ce n'est pas Limerick, ce bled morne avec son fleuve qui tue.

Quand vous avez votre père pour vous tout seul près du feu le matin, vous n'avez pas besoin de Cuchulain,

1. *Hedge schools*, littéralement : écoles des haies. (*N.d.T.*)

de l'Ange de la Septième Marche ou de quoi que ce soit.

Le soir, il nous aide pour nos exercices. Maman dit que ça s'appelle *devoirs* en Amérique mais ici ce sont les exercices : calcul, anglais, irlandais, histoire. Il ne peut pas nous aider en irlandais car, étant du Nord, il a des lacunes en langue natale. Malachy propose de lui apprendre tous les mots irlandais qu'il connaît mais Papa dit que c'est trop tard, on n'apprend pas un nouvel aboiement à un vieux chien. Avant d'aller au lit, on s'assied en rond autour du feu et il suffit de dire : Papa, raconte-nous une histoire ! pour qu'il en invente une sur quelqu'un de la ruelle et l'histoire nous emmène dans le monde entier, là-haut dans les airs, sous la mer et puis de retour dans la ruelle. Dans l'histoire, chacun a une couleur différente et tout est sens dessus dessous et de travers. Les automobiles et les avions vont sous l'eau et les sous-marins traversent les airs. Les requins perchent dans les arbres et le saumon géant va s'amuser sur la lune avec des kangourous. Les ours polaires se bagarrent avec des éléphants en Australie et les pingouins apprennent aux Zoulous comment jouer de la cornemuse. L'histoire finie, il nous emmène à l'étage et s'agenouille avec nous pendant qu'on dit nos prières. On dit le *Notre Père* et trois *Je vous salue Marie* puis : Dieu bénisse le pape, Dieu bénisse Maman, Dieu bénisse notre regrettée sœur et nos regrettés frères, Dieu bénisse l'Irlande, Dieu bénisse De Valera et Dieu bénisse quiconque donne un boulot à Papa. Après, il dit : Allez dormir, les garçons, car le Bon Dieu vous observe et Il sait toujours si vous n'êtes pas gentils.

Je pense que mon père est comme la Sainte Trinité, avec trois personnes en lui : celle du matin avec le journal, celle du soir avec les histoires et les prières, et puis celle qui se conduit mal, qui rentre à la maison en sentant le whisky et veut que nous mourions pour l'Irlande.

Je suis triste à cause de ses mauvaises actions mais je ne peux pas me détacher de lui parce que la personne du matin est mon vrai père et, si j'étais en Amérique, je pourrais dire : Je t'aime, Papa ! comme ils font dans les films, mais on ne peut pas dire ça à Limerick de peur d'être ridiculisé. On a le droit de dire qu'on aime Dieu, les bébés, les chevaux qui gagnent, mais tout le reste serait d'une tête molle.

Jour et nuit, nous sommes tourmentés dans cette cuisine avec les gens qui vident leurs seaux. Maman dit que ce n'est pas le fleuve Shannon qui nous tuera mais la puanteur de ces cabinets juste à côté de notre porte. C'est déjà assez pénible en hiver quand tout déborde et vient couler sous la porte mais c'est pire par temps chaud quand il y a les mouches, bleues ou non, et les rats.

Plus loin que les cabinets se trouve une écurie où ils gardent le grand cheval de la charbonnerie Gabbett. Son nom est Finn le Canasson et nous l'adorons tous mais le palefrenier de la charbonnerie n'entretient pas l'écurie comme il faudrait et la puanteur voyage jusqu'à notre maison. La puanteur des cabinets et celle de l'écurie attirent les rats et on doit les chasser avec Lucky, notre nouveau chien. Il adore coincer les rats et ensuite on les met en pièces à coups de pierre ou de bâton à moins qu'on ne les transperce avec la fourche à foin de l'écurie. Quant au cheval, il est effrayé par les rats et on doit faire attention à ses ruades. Il sait qu'on n'est pas des rats car on lui apporte des pommes chaque fois qu'on a pillé un verger loin dans la campagne.

Il arrive que les rats s'échappent et foncent dans notre maison, droit au réduit à charbon sous l'escalier où il fait noir comme dans un four, et on n'arrive plus à les voir. Même quand on apporte une bougie, on ne peut pas les repérer car ils creusent des trous partout et on ne sait pas où regarder. Si on a un feu, on peut faire bouillir de l'eau et la verser lentement, ce qui finit par les faire sortir de leur planque entre nos jambes et repasser la porte à moins que Lucky ne soit là pour les choper entre ses crocs et les secouer jusqu'à ce que mort s'ensuive. On s'attendrait qu'il mange les rats mais chaque fois il les laisse dans la ruelle avec leurs tripes pendantes et court vers mon père pour un morceau de pain trempé dans du thé. Les gens de la ruelle disent que c'est un étrange comportement pour un chien mais bon, qu'attendait-on d'un chien des McCourt ?

Dès qu'il y a trace d'un rat ou même si on ne fait qu'en parler, Maman file à la porte et remonte la ruelle au pas de course. Elle préférerait vagabonder sans fin dans les rues de Limerick plutôt que rester une seconde dans une maison où il y a un rat. En plus, elle n'est jamais tranquille car elle sait qu'entre l'écurie et les cabinets il y a toujours un rat non loin avec sa famille qui attend le repas.

On combat les rats et on combat la puanteur de ces cabinets. Par temps chaud, on aimerait laisser notre porte ouverte, mais c'est impossible vu que les gens n'arrêtent pas de descendre la ruelle pour aller vider leurs seaux pleins à ras bord. Certaines familles sont pires que d'autres et Papa les déteste toutes tant qu'elles sont même si Maman lui dit que ce n'est pas leur faute si les entrepreneurs d'il y a cent ans construisaient des maisons sans cabinets à part justement ceux à côté de notre porte. Papa dit que les gens devraient vider leurs seaux au milieu de la nuit, quand nous sommes endormis, afin qu'on ne soit pas dérangés par la puanteur.

Les mouches sont presque aussi pénibles que les rats. Par les jours de grande chaleur, elles envahissent l'écurie et, dès qu'un seau est vidé, elles vont envahir les cabinets. Si Maman prépare quoi que ce soit à manger, elles envahissent la cuisine et Papa dit que c'est dégoûtant de penser que la mouche installée là sur le bol à sucre était sur le siège des cabinets, ou ce qui en reste, il n'y a pas une minute. Si vous avez une plaie ouverte, elles la trouvent et vous tourmentent. Le jour, vous avez les mouches et, la nuit, vous avez les puces. Maman dit qu'il y a un avantage avec les puces, elles sont propres, mais les mouches sont répugnantes, vous ne savez jamais d'où elles viennent et elles trimbalent un tas de maladies.

On peut traquer à mort les rats. On peut taper à mort les mouches et les puces, mais on ne peut rien faire contre les voisins et leurs seaux. Si on est dehors à jouer dans la ruelle et qu'on voie quelqu'un avec un seau, on crie vers notre maison : Seau devant ! Fermez la lourde ! Fermez la lourde ! et celui ou celle qui est à l'intérieur fonce à la porte. Par temps chaud, on passe toute la journée à courir fermer la porte car on sait quelles familles ont les pires seaux. Il y a celles où le père a un boulot et, si elles prennent l'habitude de faire la cuisine au curry, on sait que leurs seaux vont empester jusqu'au septième ciel et nous filer la nausée. Ces temps-ci, avec la guerre en cours et les hommes qui envoient de l'argent d'Angleterre, de plus en plus de familles cuisinent au curry et notre maison pue jour et nuit. On connaît les familles plutôt curry, on connaît celles plutôt chou. Maman est malade sans arrêt, Papa fait des marches de plus en plus longues dans la campagne et nous autres jouons dehors tant que possible et toujours loin des cabinets. Papa a fini de se plaindre du fleuve Shannon. Il sait maintenant que les cabinets sont pires et il m'emmène avec lui à l'Hôtel de Ville pour qu'on dépose plainte. L'homme de là-bas dit : Monsieur, tout ce que je puis vous dire, c'est que vous êtes libre de déménager. Papa dit que nous ne pouvons pas nous permettre de déménager et l'homme dit qu'il n'y peut rien. Papa dit : On n'est pas en Inde, ici. On est en pays chrétien. La ruelle a besoin de cabinets supplémentaires. L'homme demande : Vous voudriez que Limerick commence à installer des cabinets dans des maisons qui sont de toute façon en train de s'écrouler et qui seront démolies après la guerre ? Papa répond que ces cabinets pourraient bien nous tuer tous. L'homme réplique que nous vivons des temps dangereux.

Maman dit que ça va déjà être assez difficile d'entretenir le feu pour cuire le repas de Noël, mais alors, si je vais au Noël de l'hôpital, il va falloir en plus que je sois lavé des pieds à la tête. Elle ne laissera pas sœur Rita dire que je suis négligé ou mûr pour une autre maladie. Tôt matin avant la messe, elle fait chauffer une casserole d'eau et manque m'ébouillanter le scalp avec. Elle me récure à fond les oreilles, puis me frotte la peau si fort que j'ai des picotements. Elle peut se permettre de me donner les deux pence du trajet de bus jusqu'à l'hôpital mais il faudra que je revienne à pinces, ce qui me fera du bien vu que je serai gavé de nourriture et ça y est, il faut encore qu'elle relance le feu pour la tête de cochon, le chou et les pommes de terre blanches et farineuses qu'elle a de nouveau réussi à obtenir par la bienveillante entremise de la Société de Saint-Vincent-de-Paul et elle est résolue à ce que ce soit la dernière fois que nous célébrons la naissance de Notre Seigneur avec de la tête de cochon. L'année prochaine, nous aurons une oie ou un beau jambon. Et pourquoi on n'en aurait pas ? Limerick n'est-elle pas réputée dans le monde entier pour son jambon ?

A ma vue, sœur Rita fait : Tiens donc ! Regardez-moi notre petit soldat qui a l'air en si bonne santé ! Que la peau sur les os, mais bon. Maintenant, dis-moi, es-tu allé à la messe ce matin ?

J'y suis allé, ma sœur.

Et as-tu communié ?

J'ai communié, ma sœur.

Elle m'emmène dans une salle vide et me dit de m'asseoir là — Oui, là — sur cette chaise, que ce ne sera pas long avant que j'aie mon repas. Elle part et je me demande si je vais manger avec les religieuses et les infirmières ou si je vais être dans une salle avec des enfants qui auront aussi leur repas de Noël. Un moment plus tard, mon repas est apporté par la fille en robe bleue qui m'apportait les livres. Elle pose le plateau sur une table à côté d'un lit et je tire la chaise. Elle me regarde de travers et fait la grimace. Vous, dit-elle, c'est là votre repas et je ne vous apporterai aucun livre.

Le repas est délicieux : de la dinde, de la purée de pommes de terre, des petits pois, de la crème renversée et une timbale de thé. Comme la crème renversée paraît délicieuse, je ne résiste pas à commencer par elle car personne n'est là pour voir, mais je suis juste en train de la manger que la fille en robe bleue revient avec du pain. Qu'est-ce que vous faites ? demande-t-elle.

Rien.

Si, vous faites quelque chose ! Vous êtes en train de manger le dessert avant le repas ! Puis elle court vers la porte en appelant : Sœur Rita ! Sœur Rita ! Venez vite ! et la religieuse arrive : Francis ! Vas-tu bien ?

Je vais bien, ma sœur.

Il ne va pas bien, ma sœur. Il était à manger sa crème renversée avant son repas. C'est un péché, ma sœur.

Allons, ma chère, filez donc pendant que j'en touche mot à Francis.

De grâce, ma sœur, touchez-lui mot ou tous les enfants de l'hôpital vont se mettre à manger leur dessert avant leur repas et alors où c'est qu'on en sera ?

Mais oui, mais oui, où en sera-t-on ? Maintenant, vous filez.

La fille s'en va et sœur Rita me sourit. Que Dieu l'ait en affection ! Rien ne lui échappe malgré la confusion de son esprit. Il nous faut être patients à son égard, Francis, car elle est bien atteinte.

Elle s'en va, c'est tout tranquille dans cette salle vide et, quand j'ai fini, je me demande ce que je dois faire car vous n'êtes pas supposé faire quoi que ce soit avant qu'on vous l'ait dit. Les hôpitaux et les écoles vous disent toujours quoi faire. J'attends un long moment jusqu'à ce que la fille en robe bleue vienne prendre le plateau. Vous avez fini ? demande-t-elle.

J'ai fini.

Eh bien, c'est tout ce que vous aurez et maintenant vous pouvez rentrer chez vous.

Ce n'est sûrement pas aux filles qui ne vont pas bien dans leur tête de vous dire de rentrer chez vous et je me demande si je ne devrais pas attendre sœur Rita. Une infirmière passant dans le couloir me dit que sœur Rita prend son repas et ne doit pas être dérangée.

Ça fait une trotte de Union Cross jusqu'à Barrack Hill et quand j'arrive à la maison ma famille est là-haut en Italie et ils ont déjà bien attaqué la tête de cochon, le chou et les pommes de terre blanches et farineuses. Je leur raconte mon repas de Noël. Maman veut savoir si je l'ai pris en compagnie des infirmières et des religieuses et elle se met pas mal en pétard quand je lui explique que j'ai mangé tout seul dans une salle vide car ce ne sont pas des façons de traiter un enfant. Elle me dit de m'asseoir et de prendre un peu de tête de cochon. Alors, je me force et finis si gavé que je dois m'allonger sur le lit avec mon ventre qui a monté d'un bon kilomètre.

C'est tôt le matin et il y a une automobile devant notre porte, la première qu'il nous arrive de voir dans la ruelle. Il y a des hommes en costume qui regardent par la porte de l'écurie de Finn le Canasson et quelque chose doit clocher car on n'a jamais vu non plus d'hommes en costume dans la ruelle.

C'est Finn le Canasson. Il est couché sur le sol de l'écurie, les yeux levés vers la ruelle, et il y a un machin blanc comme du lait autour de sa bouche. Le palefrenier qui s'occupe de Finn le Canasson dit qu'il l'a trouvé comme ça ce matin, ce qui est bizarre car d'habitude il est toujours sur ses pattes et prêt pour sa pitance. Les autres hommes secouent la tête. Mon frère Michael dit à l'un d'eux : Qu'est-ce qu'il a, Finn, m'sieur ?

Un cheval patraque, fiston. File chez toi.

Le palefrenier qui s'occupe de Finn sent le whisky. Ce cheval est fichu, dit-il à Michael. Nous devons l'abattre.

Michael me tire la main. Frank, faut pas qu'ils l'abattent ! Dis-leur ! T'es grand !

File chez toi, le môme ! fait le palefrenier. Ouste !

Michael l'attaque, lui file un coup de pied, lui griffe le dos de la main, et l'homme envoie Michael valdinguer. Reutiens ton frangin, me dit-il. Reutiens-le.

L'un des autres hommes sort d'un sac une chose jaune et marron. Il se dirige vers Finn, pose le truc sur sa tête et on entend une détonation sèche. Finn frissonne. Michael hurle après l'homme et l'attaque aussi, mais l'homme lui fait : Le cheval était patraque, fiston. Il est mieux comme ça.

Les hommes en costume partent dans leur auto et le palefrenier dit qu'il doit attendre le camion qui va emporter Finn. Il ne peut pas le laisser seul sinon les rats vont s'en prendre à lui. Il veut savoir si on pourrait garder un œil sur lui avec notre chien Lucky le temps qu'il aille au pub se requinquer le moral avec une pinte.

Aucun rat n'a une chance d'approcher Finn le Canasson vu comment Michael monte la garde avec un bâton aussi petit que lui. L'homme revient en sentant la *porter* et puis c'est le camion qui arrive pour emporter le cheval, un gros camion avec trois hommes et deux grandes planches qui sont descendues par l'arrière jusqu'à la tête de Finn. Les trois hommes et le palefrenier ligotent Finn, ils le tirent pour le hisser sur les planches, et les gens de la ruelle engueulent les hommes à cause des clous et des échardes qui accrochent Finn, lui déchirent des bouts de peau et laissent sur les planches des raies de sang de cheval rose vif.

Z'êtes en train de le massacrer, ce canasson !

Pouvez pas respecter les morts ?

Mollo avec ce pauv' canasson !

Le palefrenier fait : Pour l'amour de Jaysus, qu'est-ce vous avez à gueuler comme ça ? C'est jamais qu'un cheval mort ! et Michael lui fonce à nouveau dessus tête baissée et ses petits poings volent jusqu'au moment où le palefrenier lui file un marron qui l'envoie sur le dos et du coup Maman fonce sur le palefrenier avec une telle rage qu'il monte les planches et piétine le corps de Finn pour s'échapper. Le soir, il s'en revient ivre, cuve tout ça et, après son départ, une fumée épaisse se dégage du foin et l'écurie brûle et les rats remontent la ruelle en détalant avec tous les garçons et les chiens à leurs trousses jusqu'à ce qu'ils s'échappent dans les rues des gens respectables.

IX

Maman dit: Avec Alphie, ça suffit. Je suis à plat. C'en est fini. Assez d'enfants comme ça.

Papa dit: La bonne épouse catholique doit accomplir son devoir conjugal et se soumettre à son mari ou affronter la damnation éternelle.

Maman dit: Du moment qu'il n'y a plus d'enfants, la perspective de la damnation éternelle me semble assez souriante.

Que va faire Papa? Il y a une guerre en cours. Des agents anglais recrutent des Irlandais pour travailler dans leurs fabriques de munitions, le salaire est bon, il n'y a pas d'emplois en Irlande et, si l'épouse vous tourne le dos, il n'y a pas pénurie de femmes en Angleterre où les hommes valides sont allés combattre Hitler et Mussolini, et vous pouvez faire tout ce que vous voulez du moment que vous vous souvenez que vous êtes irlandais, des basses classes, et que vous n'essayez pas de vous élever au-dessus de votre état.

Dans toute la ruelle, les familles reçoivent des mandats télégraphiques du père parti en Angleterre. Elles se précipitent au bureau de poste pour encaisser les mandats afin de pouvoir faire les magasins et montrer au monde leur sort enviable le samedi soir et le dimanche matin. Les garçons se font couper les cheveux le samedi, les femmes se frisent les leurs avec des petits fers tout juste sortis du feu. Elles vivent désormais sur un grand pied, vu comment elles paient six pence ou même un shilling pour des places au Savoy où vous rencontrerez meilleure compagnie que les basses classes qui occupent les places à deux pence du poulailler du Lyric et n'en ont jamais fini d'interpeller l'écran, des individus qui, le croirez-vous, sont du genre à acclamer les Africains quand ils lancent leurs sagaies sur Tarzan, ou bien à encourager les Indiens quand ils scalpent la cavalerie des Etats-Unis. Après la messe du dimanche, les nouveaux gens riches rentrent chez eux avec leurs grands airs et se gavent de viande et de pommes de terre, sans compter confiseries et gâteaux à la pelle et ça ne leur fait rien de boire leur thé dans de délicates petites tasses qui reposent sur des soucoupes servant à rattraper le thé qui déborde et, quand ils lèvent ces tasses, ils dressent leur petit doigt pour montrer à quel point ils sont raffinés. Certains cessent d'aller aux baraques de poisson-frites car on ne voit dans ces lieux que des soldats pintés, des filles de nuit et des hommes qui boivent leur chômage avec leur épouse qui vient pousser des hauts cris pour qu'ils rentrent à la maison. Les tout nouveaux riches, on les verra au restaurant du Savoy ou à la brasserie Stella, prenant le thé, grignotant de petits cakes, se tamponnant les lèvres avec, notez bien, des serviettes de table, puis rentrant chez eux en autobus et se plaignant que le service n'est plus ce qu'il était. Ils ont maintenant l'électricité, si bien qu'ils peuvent voir des choses qu'ils ne voyaient jamais avant et, à la tombée du soir, ils allument la nouvelle TSF pour entendre comment se déroule la guerre. Ils remercient Dieu pour Hitler car si celui-ci n'avait pas envahi toute l'Europe les hommes d'Irlande seraient encore au pays à se gratter le cul en faisant la queue à la Bourse du Travail. Certaines familles chantent :

Yip aye aidy aye ay aye oh
Yip aye aidy aye ay,
On s'en fiche pas mal de l'Angleterre ou de la France,
Tout ce qu'on veut, c'est que les Allemands avancent.

S'il fait frisquet, elles allument le feu électrique pour le confort que ça offre et elles s'asseyent dans leur cuisine, écoutant les informations, déclarant combien elles sont désolées pour les femmes et les enfants anglais qui meurent sous les bombes allemandes mais voyez ce que l'Angleterre nous a infligé pendant huit cents ans.

Les familles qui ont un père en Angleterre ne se privent pas de le prendre de haut avec les familles qui n'en ont pas. A l'heure du repas ou du thé, les nouvelles mères riches vont sur le pas de leur porte et appellent leurs enfants: Mikey! Kathleen! Paddy! Venez prendre votre repas! Venez prendre les délicieux jarrets d'agneau, les jolis petits pois et les pommes de terre bien blanches et bien farineuses!

Sean! Josie! Peggy! Venez prendre votre thé, venez quand vous voudrez pour le pain frais, le beurre et le magnifique œuf de cane qui est tout bleu et que personne d'autre n'a dans la ruelle!

Brendan! Annie! Patsy! Venez prendre le boudin noir poêlé, les saucisses crépitantes et la délicieuse charlotte imbibée du meilleur sherry espagnol!

A ces moments-là, Maman nous demande de rester à l'intérieur. Nous n'avons rien sauf du pain et du thé et elle n'a pas envie que ces tourmenteurs de voisins nous voient la langue pendante, torturés par les odeurs exquises qui flottent de haut en bas de la ruelle. Elle dit qu'on voit bien qu'ils ne sont pas habitués à avoir la moindre chose vu comment ils se vantent de tout. Il faut vraiment avoir la mentalité des basses classes pour appeler de sa porte et claironner ce qu'on a à dîner. Elle dit que c'est leur façon de nous la bailler belle parce que Papa est un étranger du Nord et qu'il ne veut rien avoir à faire avec aucun d'eux. Papa dit que toute cette nourriture est achetée avec de l'argent anglais et que ça ne portera pas chance à ceux qui la consomment mais bon, que peut-on attendre de Limerick, de ces gens qui tirent profit de la guerre d'Hitler, qui travailleront et combattront pour les Anglais? Il dit qu'il n'ira jamais là-bas aider l'Angleterre à gagner une guerre. Maman dit : Non, tu vas rester ici où il n'y a aucun emploi et à peine un boulet de charbon pour faire bouillir l'eau du thé. Non, tu vas rester ici et boire l'allocation chômage quand l'humeur t'en prendra. Tu vas regarder tes fils traîner avec leurs chaussures bousillées et leurs fesses qui se voient à travers leurs culottes. Chaque maison de la ruelle a l'électricité tandis que nous, on a bien de la chance si on a une chandelle. Juste Dieu! Si j'avais de quoi payer le trajet, j'irais moi-même en Angleterre car je suis sûre qu'ils ont besoin de femmes dans les usines.

Papa dit qu'une usine n'est pas un endroit pour une femme.

Maman dit : Etre assis sur son cul près du feu n'est pas un endroit pour un homme.

Moi, je dis : Papa, pourquoi tu n'y vas pas, en Angleterre? Comme ça, on aurait l'électricité, une TSF, et Maman pourrait se tenir à la porte et claironner ce qu'on a à l'heure du repas...

Tu ne veux pas avoir ton père ici, à la maison, avec toi? demande-t-il.

Si, mais tu pourrais revenir à la fin de la guerre et on pourrait tous partir en Amérique.

Il soupire : *Och, aye, och, aye*. Très bien, il ira en Angleterre après Noël parce que l'Amérique est maintenant en guerre et que la cause doit être juste. Il n'y serait jamais allé si les Américains ne s'étaient pas mis de la partie. Il me dit que je devrai être l'homme de la maison, et il signe avec un agent pour travailler dans une usine de Coventry qui, à ce qu'on raconte, est la ville la plus bombardée d'Angleterre. L'agent dit : Il y a du travail à la pelle pour les hommes qui en veulent. Vous pouvez faire des heures supplémentaires jusqu'à tomber par terre et si vous en mettez à gauche, mon ami, vous serez Rockefeller à la fin de la guerre.

On se lève tôt pour accompagner Papa à la gare des trains. Kathleen O'Connell de la boutique du même nom sait qu'il part pour l'Angleterre et que de l'argent va arriver en retour, aussi s'empresse-t-elle de faire crédit à Maman pour du thé, du lait, du sucre, du pain, du beurre et un œuf.

Un œuf.

Cet œuf est pour votre père, dit Maman. Il a besoin de s'alimenter pour le long voyage qu'il a devant lui.

C'est un œuf dur et Papa décortique la coquille. Il tranche l'œuf en cinq et nous en donne chacun un bout pour mettre sur notre pain.

Ne sois pas si bête, fait Maman.

Qu'est-ce qu'un homme pourrait bien faire d'un œuf entier à lui tout seul ? fait Papa.

Maman a des larmes sur les cils. Elle tire sa chaise près de la cheminée. On mange tous notre pain à l'œuf et on la regarde qui pleure jusqu'à ce qu'elle demande : Qu'est-ce que vous reluquez ? Puis elle se détourne pour contempler les cendres. Son pain et son œuf sont toujours sur la table et je me demande si elle a des projets pour. Ils paraissent délicieux et j'ai encore faim mais Papa se lève et les lui apporte avec du thé. Elle secoue la tête mais il insiste et elle finit par manger et boire tout en pleurant et reniflant. Il s'assied face à elle un moment sans parler jusqu'à ce qu'elle lève les yeux vers la pendule et dise : Il est temps d'y aller. Papa enfile sa casquette et ramasse son sac. Maman emmitoufle Alphie dans une vieille couverture et nous voilà partis dans les rues de Limerick.

Il y a d'autres familles dans les rues. Les pères en partance marchent devant, les mères portent des bébés ou poussent des landaus. Une mère avec un landau dira à d'autres : Juste Dieu, ma petite dame, vous devez être bien fourbue à force de porter cet enfant. Allons, pourquoi vous ne le mettriez pas dans ce landau-là pour reposer vos malheureux bras ?

Les landaus finissent par être remplis de quatre ou

cinq bébés qui braillent à tout va car les landaus sont vieux, les roues voilées, et les bébés sont cahotés jusqu'à avoir la nausée et vomir leur biberon.

Les hommes s'interpellent : C'est un grand jour, Mick !

Une chouette journée pour voyager, Joe !

T'as raison, Mick !

Dis-moi, Joe, on pourrait bien se prendre une pinte avant d'y aller !

On pourrait bien, Mick !

Et pourquoi qu'on se prendrait pas une cuite tant qu'on y est, hein, Joe ?

Ils se marrent et les femmes derrière eux ont les larmes aux yeux et le rouge au nez.

Dans les pubs autour de la gare, les hommes s'entassent pour boire l'argent que les agents leur ont avancé pour manger pendant le voyage. Ils prennent la dernière pinte, la dernière goutte de whisky en terre irlandaise — Car Dieu sait que ça pourrait bien être la dernière que nous prendrons jamais, Mick, vu comment les *Jerries*[1] tapissent l'Angleterre du feu de Dieu et pas une minute trop tôt après ce qu'ils nous ont infligé et n'est-ce pas somme toute tragique qu'on doive aller là-bas sauver les fesses au vieil ennemi ?

Les femmes restent à parler devant les pubs. Maman dit à Mrs. Meehan : Au premier mandat télégraphique que je touche, je file à la boutique acheter un gros petit déjeuner afin que nous puissions tous avoir notre propre œuf du dimanche matin.

Je jette un coup d'œil à mon frère Malachy. T'as entendu ça ? Notre propre œuf du dimanche matin ! Oh, bon Dieu, je sais déjà quoi faire de mon œuf. Le tapoter tout autour du sommet, fêler tout doucement la coquille, la soulever avec une cuillère, une lichette de beurre dans le jaune, du sel, une pause, plonger la cuillère, la ressortir pleine, encore un peu de sel, encore un peu de beurre et on enfourne, oh, Dieu du

1. *Jerry* (de *German*) est l'équivalent de *Boche*. (*N.d.T.*)

ciel, si le paradis a un goût ce doit être celui d'un œuf avec du beurre et du sel et, après l'œuf, y a-t-il quelque chose de plus délicieux au monde que du pain frais et chaud avec un mug de thé sucré et doré ?

Certains hommes sont déjà trop saouls pour marcher et les agents anglais paient des gars sobres pour les traîner hors des pubs et les balancer dans une grande bétaillère tirée par des chevaux qui va être remorquée jusqu'à la gare puis déchargée dans le train. Les agents désespèrent de vider entièrement les pubs. Venez, les hommes ! Loupez ce train et vous louperez un bon boulot ! Venez, les hommes ! On a la Guinness en Angleterre ! On a le Jameson ! Allons, s'il vous plaît, les hommes. Vous êtes en train de boire votre viatique et vous n'en aurez pas d'autre.

Les hommes disent aux agents de baiser leur cul d'Irlandais, que les agents sont veinards d'être encore en vie, veinards de ne pas être en train de se balancer au plus proche réverbère après ce qu'ils ont infligé à l'Irlande. Et les hommes chantent :

Un lundi matin à Montjoie
Tout en haut de la potence
Kevin Barry livra sa jeune existence
Pour en la liberté avoir eu foi.

Le train émet un son plaintif dans la gare, les agents supplient les femmes de faire sortir leurs hommes des pubs, et ils sortent en trébuchant, ils chantent, pleurent, serrent leurs femme et enfants, puis promettent d'envoyer tellement d'argent que Limerick deviendra un second New York. Ils grimpent les marches de la gare et les femmes et les enfants leur crient :

Kevin chéri, fais attention à toi et va pas porter d'ces chemises humides !

Sèche tes chaussettes, Michael, ou les oignons auront ta peau !

Mollo sur la bibine, Paddy ! T'écoutes, Paddy ?

Papa, Papa, pars pas, Papa !

Oublie pas d'envoyer l'argent, Tommy! Les enfants ont que la peau et les os!

Oublie pas de prendre le remède pour ton angine de poitrine, Peter! Que Dieu nous garde!

Gare à ces saloperies d'bombes, Larry!

Va pas conter fleurette à ces Anglaises, Christy! Sont pleines de maladies!

Reviens, Jackie! Sûr qu'on trouvera moyen de s'arranger. Pars pas, Jack-i-i, Jack-i-i, oh, Jésus, pars pas!

Papa nous tapote la tête. Il nous dit de nous rappeler nos devoirs religieux mais, par-dessus tout, d'obéir à notre mère. Il se tient devant elle. Elle a Bébé Alphie dans les bras. Elle dit: Fais attention à toi. Il laisse tomber le sac et l'entoure de ses bras. Ils restent comme ça un moment jusqu'à ce que le bébé piaille entre eux. Il hoche la tête, ramasse son sac, grimpe les marches de la gare, se tourne pour faire signe de la main et le voilà parti.

De retour à la maison, Maman dit: Je m'en fiche. Je sais que ça va paraître extravagant mais je m'en vais allumer le feu et refaire du thé car ce n'est pas tous les jours que votre père part pour l'Angleterre.

On s'assied autour du feu, on boit notre thé et on pleure parce qu'on n'a plus de père jusqu'au moment où Maman fait: Ne pleurez pas, ne pleurez pas. Maintenant que votre père est parti pour l'Angleterre, c'en est sûrement fini de nos malheurs.

Sûrement.

Maman et Bridey Hannon sont assises près du feu là-haut en Italie à fumer des Woodbine et à boire du thé et moi je suis assis dans l'escalier à écouter. Comme on a un père en Angleterre, on peut aller prendre tout ce qu'on veut chez Kathleen O'Connell et payer dans une quinzaine, quand il commencera d'envoyer l'argent. Maman dit à Bridey qu'elle a hâte de quitter cette fichue ruelle pour un endroit avec des cabinets convenables qu'on n'aura pas à partager avec la moitié de la planète. On aura tous de nouvelles bottes et de nouveaux manteaux pour se protéger de la pluie comme ça on ne rentrera pas de l'école avec l'air famélique. On aura des œufs au lard le dimanche au petit déjeuner, et du jambon, du chou et des pommes de terre pour le dîner. On aura la lumière électrique, eh oui, car pourquoi on s'en passerait ? Frank et Malachy ne sont-ils pas nés avec en Amérique où tout le monde l'a ?

Maintenant nous n'avons plus qu'à attendre deux semaines, que le petit télégraphiste vienne frapper à la porte. Comme Papa devra se faire à son boulot en Angleterre, acheter des habits de travail et trouver un logement, le premier mandat ne sera pas énorme, trois livres ou trois livres dix, mais bientôt on sera comme les autres familles de la ruelle, à cinq livres par semaine, remboursant les dettes, achetant des habits neufs, mettant quelque chose à la caisse d'épargne en prévision du moment où on pliera bagage pour aller tous en Angleterre où on économisera de nouveau pour partir en Amérique. Maman elle-même pourrait trouver un boulot dans une usine anglaise, à faire des bombes ou quelque chose, et Dieu sait qu'on ne se reconnaîtrait plus avec ce flot d'argent. Elle ne serait pas contente qu'on prenne des accents anglais en grandissant mais il vaut mieux avoir un accent anglais que le ventre vide.

Bridey dit que peu importe le genre d'accent qu'a un Irlandais vu qu'il n'oubliera jamais ce que les Anglais nous ont infligé durant huit cents longues années.

On sait comment se passent les samedis dans la ruelle. On sait que des familles comme les Downes en face de chez nous ont tôt fait de recevoir leur télégramme car Mr. Downes est un homme raisonnable qui sait s'en tenir à une pinte ou deux le vendredi avant d'aller se coucher. On sait que les hommes comme lui courent au bureau de poste à la minute où ils sont payés de sorte que leurs familles ne connaissent pas une minute d'attente ou d'inquiétude. Les hommes comme Mr. Downes envoient à leurs fils des ailettes de la RAF pour qu'ils les portent au revers de leur manteau. C'est ça qu'on veut et c'est ça qu'on a dit à Papa avant qu'il parte : N'oublie pas les insignes de la RAF, Papa.

On voit les petits télégraphistes prendre le tournant de la ruelle sur leur bicyclette. Ce sont d'heureux petits télégraphistes car les pourboires qu'ils reçoivent dans les ruelles dépassent tout ce qu'ils reçoivent dans les belles rues et avenues où les gens riches vous mégoteront la vapeur de leur pisse.

Les familles qui reçoivent tôt le télégramme ont cet air réjoui. Elles auront tout le samedi pour savourer l'argent. Elles feront les courses, elles mangeront, elles auront la journée entière pour penser aux choses qu'elles feront le soir, ce qui est presque aussi bon que les choses elles-mêmes, vu qu'un samedi soir avec quelques shillings en poche est le soir le plus agréable de la semaine.

Il y a les familles qui n'ont pas le télégramme chaque semaine et on les reconnaît à leur air anxieux. Par exemple, Mrs. Meagher attend à sa porte chaque samedi depuis deux mois. Ma mère dit que ce serait la honte de sa vie d'attendre comme ça sur le pas de sa porte. Tous les enfants jouent dans la ruelle et guettent le petit télégraphiste. Eh, petit télégraphiste ! As-tu quelque chose pour Meagher ? Et quand il répond : Non, ils lui demandent : T'es sûr ? et alors il répondra : Evidemment que je suis sûr. Je sais ce que j'ai dans ma putain de sacoche.

Chacun sait que les petits télégraphistes arrêtent de venir lorsque l'angélus sonne six heures et que la tombée du soir met les femmes et les enfants au désespoir.

Petit télégraphiste, veux-tu encore regarder dans ta sacoche ? S'il te plaît. Ah, de Dieu !

Je l'ai fait. Je n'ai rien pour vous.

Ah, de Dieu ! Regarde encore, s'il te plaît. Notre nom est Meagher. Regarderas-tu ?

Je sais foutrement bien que votre nom est Meagher et j'ai déjà regardé.

Les enfants s'accrochent à lui sur sa bicyclette et il leur donne des coups de pied. Jésus, z'allez me lâcher, oui ?

Quand l'angélus de six heures du soir a sonné, la journée est finie. Les familles avec télégramme dînent toutes lumières électriques allumées et celles qui n'en ont pas eu doivent recourir aux chandelles et voir si Kathleen O'Connell ne pourrait pas leur laisser prendre du thé et du pain jusqu'à cette même heure la semaine prochaine quand le télégramme ne manquera pas d'arriver avec l'aide de Dieu et de Sa Bienheureuse Mère.

Mr. Meehan qui habite en haut de la ruelle est parti pour l'Angleterre en même temps que Papa et, quand le petit télégraphiste s'arrête chez Meehan, on sait que les prochains c'est nous. Maman a son manteau prêt pour aller au bureau de poste mais elle ne quittera pas la chaise près du feu en Italie avant d'avoir le télégramme en main. Le petit télégraphiste descend la ruelle et oblique vers chez les Downes. Il leur tend leur télégramme, empoche le pourboire, tourne sa bicyclette et s'apprête à remonter la ruelle. Malachy appelle : Petit télégraphiste, as-tu quelque chose pour McCourt ? Le nôtre arrive aujourd'hui. Le petit télégraphiste secoue la tête et s'éloigne en danseuse.

Maman tire une bouffée de sa Woodbine. Ma foi, nous avons encore toute la journée, même si j'aurais aimé aller tôt faire les courses, avant que les meilleurs jambons de la boucherie Barry ne soient partis. Elle ne peut pas laisser le feu et on ne peut pas quitter la ruelle de peur que le petit télégraphiste ne vienne et ne trouve personne à la maison car alors il nous faudrait attendre jusqu'au lundi pour encaisser le mandat, ce qui gâcherait complètement le week-end. On aurait à regarder les Meehan et autres parader dans leurs habits neufs et rentrer chez eux croulant sous le poids des œufs, des pommes de terre et des saucisses du dimanche avant de mettre les voiles pour les films du samedi soir. Non, on ne peut pas bouger d'un pouce avant la venue de ce petit télégraphiste. Maman dit qu'on ne s'inquiète pas trop entre midi et deux car beaucoup de petits télégraphistes s'arrêtent pour le déjeuner et il y aura sûrement un coup de bourre entre deux heures et l'angélus. En fait, il ne faut s'inquiéter de rien avant six heures. On arrête chaque petit télégraphiste. On lui dit que notre nom est McCourt, que c'est notre premier télégramme, qu'il devrait être de trois livres ou plus, qu'ils ont peut-être oublié de mettre notre nom dessus, ou l'adresse — Est-ce qu'il est sûr? Sûr et certain? L'un d'eux nous assure qu'il se renseignera au bureau de poste. Il dit qu'il sait ce que c'est d'attendre le télégramme car son vieux saligaud d'ivrogne de père qui se trouve en Angleterre n'envoie jamais un penny. Maman l'entend de la maison et elle nous dit de ne jamais parler de notre père comme ça. Juste avant l'angélus de six heures, le même petit télégraphiste revient nous dire qu'il a demandé à Mrs. O'Connell du bureau de poste s'ils ont eu quelque chose pour McCourt aujourd'hui et c'est non. Maman se tourne vers les cendres mortes et aspire la dernière bouffée fumable du mégot de Woodbine qu'elle tient entre son pouce bruni et son majeur brûlé. Michael qui a seulement cinq ans et ne comprendra rien à rien avant d'en avoir onze comme moi veut savoir si nous aurons du poisson-frites ce soir car il a faim. La semaine prochaine, mon chéri, répond Maman. Et il repart jouer dans la ruelle.

Vous ne savez pas quoi faire de vous-même quand le premier télégramme n'arrive pas. Vous ne pouvez pas rester jouer dans la ruelle avec vos frères toute la soirée car tous les autres enfants sont partis et vous auriez honte de vous attarder dans la ruelle à être tourmenté par des odeurs de saucisses, de tranches de lard frites et de pain grillé. Vous n'avez pas envie de regarder la lumière électrique qui traverse les fenêtres après le crépuscule et vous n'avez pas envie d'entendre les informations de la BBC ou de Radio Eireann par la TSF des autres gens. Mrs. Meagher et ses enfants sont rentrés et seule une faible lueur de chandelle éclaire leur cuisine. Ils ont honte, eux aussi. Ils restent chez eux le samedi soir et ne vont même pas à la messe du dimanche matin. Bridey Hannon a dit à Maman que Mrs. Meagher est dans un état constant de honte à cause des haillons qu'ils portent et sa situation est tellement désespérée qu'elle descend parfois au dispensaire pour l'assistance publique. Maman dit que c'est la pire chose qui puisse arriver à une famille. C'est pire que de pointer au chômage, c'est pire que d'aller à la Société de Saint-Vincent-de-Paul, c'est pire que de mendier dans les rues avec les étameurs et les équarrisseurs. C'est la dernière chose qu'on ferait pour s'éviter l'asile des pauvres et éviter l'orphelinat aux enfants.

Il y a une plaie en haut de mon nez, entre mes sourcils, grise, rouge, et qui gratte. Grand-mère dit : Ne touche pas à cette plaie et ne va pas mettre de l'eau à côté ou ça va s'étendre. Mais elle dirait aussi bien : Si tu t'es cassé le bras, n'y mets pas d'eau, ça va s'étendre. La plaie s'étend quand même à mes yeux et maintenant ils sont rouges et jaunes à cause du machin qui suinte et les fait coller le matin. Ils collent tellement que je suis obligé de forcer mes paupières à s'ouvrir avec mes doigts tandis que Maman doit m'ôter le machin jaune avec un chiffon humide et de la poudre borique. Les cils tombent et chaque grain de poussière de Limerick m'entre dans les yeux par les jours de grand vent. Grand-mère dit que j'ai les yeux pelés et ajoute que c'est ma faute, tout ce problème d'œil vient de rester assis sous le poteau d'éclairage du haut de la ruelle par n'importe quel temps avec mon nez fourré dans les livres et la même chose arrivera à Malachy s'il n'arrête pas avec la lecture. D'ailleurs, on voit bien que le petit Michael est en train de tourner aussi mal, toujours à fourrer son nez dans les livres alors qu'il devrait être dehors à jouer comme un enfant bien portant. Les livres, les livres, les livres! fait Grand-mère. Z'allez complètement vous esquinter les yeux!

Elle est là qui prend le thé avec Maman et je l'entends chuchoter: Ce qu'il faut faire, c'est lui administrer le crachat de saint Antoine.

Qu'est-ce que c'est? demande Maman.

Ta salive à jeun le matin. Tu vas le voir avant son réveil et tu lui craches dans les yeux car le crachat d'une mère à jeun contient de puissantes propriétés curatives.

Mais je suis toujours réveillé avant Maman. Je force mes yeux à s'ouvrir bien avant qu'elle commence à remuer. Je l'entends traverser la pièce et, quand elle se tient au-dessus de moi pour le crachat, j'ouvre les yeux. Mon Dieu! fait-elle. Tes yeux sont ouverts!

Je crois qu'ils vont mieux.

C'est bien, dit-elle avant de retourner se coucher.

Les yeux ne guérissent pas et elle m'emmène au dispensaire où les gens pauvres vont voir des docteurs et chercher leurs médicaments. C'est l'endroit pour demander l'assistance publique lorsqu'un père est mort ou qu'il a disparu et qu'il n'y a ni allocation chômage ni salaire.

Il y a des bancs le long des murs près des cabinets de consultation. Les bancs sont toujours pris par plein de gens qui causent de leurs douleurs. Des vieillards, hommes et femmes, sont assis et gémissent, des bébés hurlent et des mères font: Chut, chéri, chut! Au milieu du dispensaire se trouve une haute estrade entourée d'un comptoir arrivant au niveau de la poitrine. Quand vous voulez quoi que ce soit, vous allez faire la queue devant cette estrade pour voir Mr. Coffey ou Mr. Kane. Les femmes qui font la queue ressemblent aux femmes qui attendent devant la Société de Saint-Vincent-de-Paul. Elles portent des châles et sont très respectueuses envers Mr. Coffey et Mr. Kane car si elles ne l'étaient pas elles pourraient se voir dire de partir et de revenir la semaine prochaine alors que c'est à la minute même que vous avez besoin de l'assistance publique ou d'un bon pour voir le docteur. Mr. Coffey et Mr. Kane aiment bien se payer une tranche de rigolade avec les femmes. C'est à eux de décider si vous êtes en assez mauvaise passe pour avoir l'assistance publique ou si vous êtes assez mal en point pour voir un docteur. Vous devez leur dire devant tout le monde ce qui cloche chez vous et c'est avec ça qu'ils se paient souvent la bonne tranche de rigolade. Par exemple, ils diront :

Et qu'est-ce que vous voulez, Mrs. O'Shea ?

Un bon pour le docteur, hein ?

Et quel est votre problème, Mrs. O'Shea ?

Un bobo, hein ?

Un petit coup de froid, peut-être…

Ou peut-être trop de chou…

Oh, le chou fera ça très bien !

Ils rigolent, Mrs. O'Shea rigole, toutes les femmes rigolent et disent : Mr. Coffey et Mr. Kane sont de joyeux drilles. Z'en donneraient pour leur argent à Laurel et Hardy eux-mêmes.

Mr. Coffey demande : Bon, quel est votre nom, la femme ?

Angela McCourt, monsieur.

Et qu'est-ce que vous avez ?

C'est mon fils, monsieur. Il a les deux yeux malades.

Oh, par Dieu, que oui, la femme. Ce sont des yeux qui ont vraiment l'air en bout de course. On dirait deux soleils levants. Les Japs pourraient les mettre sur leur drapeau, ha ha ha ! Il s'est versé de l'acide sur la figure ou quoi ?

C'est une sorte d'infection, monsieur. Il a eu la typhoïde l'an dernier et puis voilà que c'est ça.

Très bien, très bien, on n'a pas besoin que vous nous racontiez sa vie. Voilà votre bon pour le docteur Troy.

Deux longs bancs sont occupés par des patients pour le docteur Troy. Maman s'assied à côté d'une femme dont le nez a une grosse plaie qui ne veut pas partir. J'ai tout essayé, ma petite dame, chaque remède connu sur cette bonne vieille terre aimée de Dieu. J'ai quatre-vingt-trois ans et j'aimerais autant aller au tombeau en bonne santé. Est-ce trop demander que je me présente devant mon Rédempteur avec un nez bien portant ? Et vous, qu'est-ce qui vous amène, ma petite dame ?

Mon fils. Les yeux.

Ah, que Dieu nous bénisse et nous sauve, regardez-moi ces yeux ! La plus enflammée paire d'yeux que j'aie jamais vue de ma vie ! Jamais vu cette couleur rouge auparavant !

C'est une infection, ma bonne dame.

Sûr qu'il existe un remède à ça. Vous auriez besoin d'une coiffe.

Pardon ?

Certains bébés naissent avec cette chose sur leur tête, une sorte de capuche comme qui dirait, rare et magique. Trouvez une coiffe et posez-la sur sa tête n'importe quel jour comprenant un 3, faites-lui retenir son souffle trois minutes même si vous devez lui coller une main sur la bouche, aspergez-le d'eau bénite trois fois de la tête aux pieds et ses deux yeux seront tout brillants dès l'aube suivante.

Et où est-ce que je trouverais une coiffe ?

Enfin, ma petite dame ! Toutes les sages-femmes n'ont-elles pas une coiffe ? Que serait une sage-femme sans coiffe ? Ça guérit toutes sortes de maladies et ça en éloigne encore plus.

Maman dit qu'elle en parlera à l'infirmière O'Halloran, histoire de voir si elle n'aurait pas une coiffe en trop.

Le docteur Troy me regarde les yeux. Ce garçon doit aller sur-le-champ à l'hôpital ! Emmenez-le dans la salle d'ophtalmologie du *City Home*. Voici un bon d'admission pour lui.

Qu'a-t-il, docteur ?

Le pire cas de conjonctivite qu'il m'ait jamais été donné de voir, plus autre chose à l'intérieur que je n'arrive pas à discerner. Il lui faut l'ophtalmologiste.

Pour combien de temps en aura-t-il, docteur ?

Dieu seul le sait. J'aurais dû voir cet enfant il y a des semaines.

La salle d'ophtalmologie compte une vingtaine de lits et il s'y trouve des hommes et des garçons avec des pansements autour de la tête, des bandeaux noirs sur les yeux, des verres épais. Certains marchent de long en large, frappant les lits de leur canne. Un homme est tout le temps en train de crier que jamais plus il ne reverra, qu'il est trop jeune, que ses enfants sont des bébés, que jamais plus il ne les reverra — Jésus-Christ ! Oh ! Jésus-Christ ! — et les religieuses sont scandalisées vu comment il prononce en vain le nom du Seigneur. Arrêtez ça, Maurice, arrêtez de blasphémer. Vous avez la santé. Vous êtes en vie. Nous avons tous nos problèmes. Faites offrande et songez aux souffrances de Notre Seigneur sur la croix, la couronne d'épines, les clous sur Ses malheureux pieds et Ses malheureuses mains, la blessure à Son flanc. Maurice fait : Oh, Jésus, daignez me considérer et ayez pitié de moi ! Sœur Bernadette l'avertit de surveiller son langage sinon elles le mettront dans une salle tout seul. Alors, il fait : Dieu céleste ! et, comme ce n'est pas aussi choquant que *Jésus-Christ*, elle est contente.

Le matin, je dois descendre pour les gouttes. L'infirmière me dit : Assieds-toi sur cette chaise haute et tiens, voici une belle friandise. Le docteur a une bouteille remplie d'un liquide marron. Il me demande de mettre ma tête en arrière — C'est bien, ouvre maintenant, ouvre les yeux — puis il verse le liquide dans mon œil droit et c'est comme une flamme qui me traverserait le crâne. Ouvre l'autre œil, fait l'infirmière, allons, sois un bon garçon, et elle doit forcer mes paupières à rester ouvertes afin que le docteur puisse mettre le feu à l'autre côté de mon crâne. Elle m'essuie les joues et me dit de filer en haut mais j'y vois à peine et je baignerais bien ma figure dans un ruisseau glacé. Le docteur me fait : File, sois un homme, sois un bon troupier.

Le monde entier est marron et trouble dans l'escalier. Les autres patients sont assis près de leur lit avec les plateaux-repas et le mien y est aussi mais je n'en veux pas vu comment mon crâne fait rage. Je m'assieds près de mon lit et un garçon de l'autre côté me dit : Eh, tu veux pas de ton repas ? Ce sera pour moi. Et il vient le prendre.

Je vais pour me coucher mais une infirmière fait : Holà, holà, on ne s'allonge pas au milieu de la journée. Ton cas n'est pas grave à ce point-là.

Je m'assieds les yeux fermés, bien obligé, et tout devient marron et noir, noir et marron, et je suis sûr que je dois être en train d'avoir un rêve car j'entends : Seigneur Dieu ! Serait-ce pas le petit gars à la typhoïde, le petit Frankie, la lune était un galion fantôme ballotté sur des mers nuageuses, est-ce bien toi, Frankie ? Pardi, un peu que j'ai été promu hors du Pavillon des Maladies contagieuses, Dieu merci, là où il y a toutes sortes d'épidémies, et sait-on jamais les germes qu'on peut rapporter chez soi à l'épouse dans les vêtements, et qu'as-tu donc, Frankie, avec tes deux yeux qui ont tourné tout marron ?

J'ai une infection, Seamus.

Allons donc, tu seras remis avant d'être marié, Frankie. Les yeux, ils ont besoin d'exercice. Le clignement fait beaucoup de bien aux yeux. J'avais un oncle aux yeux malades et le clignement l'a sauvé. Il s'asseyait une heure par jour pour cligner et ça l'a tenu jusqu'au bout. Il a fini avec des yeux du tonnerre, ah ça oui.

Je lui en demanderais bien un peu plus sur le clignement et les yeux du tonnerre mais il continue : Eh, tu te rappelles le poème, Frankie ? Le si beau poème de Patricia ?

Le voilà debout dans l'allée séparant les lits avec

son balai et son seau à déclamer le poème sur le voleur de grand chemin et tous les patients s'arrêtent de gémir et les religieuses et les infirmières sont debout à écouter et il y va de bon cœur, Seamus, jusqu'à ce qu'il arrive à la fin et chacun l'applaudit et l'acclame comme un fou et il déclare à la cantonade qu'il adore ce poème-là, qu'il l'aura éternellement en tête où qu'il aille et s'il n'y avait pas eu Frankie McCourt avec sa typhoïde ici présent et la malheureuse Patricia Madigan avec la diphtérie qui nous a quittés depuis il n'aurait jamais su ce poème et me voilà célèbre dans la salle d'ophtalmologie du *City Home Hospital* et tout ça grâce à Seamus.

Maman ne peut pas me rendre visite chaque jour, ça fait loin pour venir, elle n'a pas toujours l'argent pour l'autobus et la marche est dure avec les cors qu'elle a aux pieds. Elle pense que mes yeux semblent aller mieux quoiqu'on ne puisse pas dire vraiment avec tout ce machin marron qui a l'aspect et l'odeur de la teinture d'iode et, si c'en est, dis donc, ça doit bien brûler. N'empêche, plus amère est la pilule, plus rapide est la guérison à ce qu'on dit. Elle obtient la permission de me promener un peu dans la cour quand il y a une éclaircie et nous voilà face à un étrange spectacle : Mr. Timoney debout contre le mur du pavillon des personnes âgées avec ses yeux levés au ciel. J'ai envie de lui parler et je dois demander à Maman car on ne sait jamais ce qui se fait ou ne se fait pas dans un hôpital.

Mr. Timoney.

Qui est-ce ? Qui va là ?

Frank McCourt, monsieur.

Francis, ah, Francis.

Je suis sa mère, Mr. Timoney, dit Maman.

Eh bien, soyez tous deux bénis, ma foi. Je n'ai personne, ni amis ni parents ni Macushla qui était ma chienne. Et que fais-tu ici, Frankie ?

J'ai une infection à mes yeux.

Ah, Jésus, Francis, pas les yeux ! Pas les yeux ! Sainte Mère du Christ, tu es trop jeune pour ça !

Mr. Timoney, vous aimeriez que je vous fasse la lecture ?

Avec tes yeux, Francis ? Ah, non, fiston, épargne les yeux. Je n'en suis plus à la lecture. J'ai tout ce qu'il me faut dans la tête. J'ai été assez futé pour la remplir durant ma jeunesse et maintenant j'ai toute une bibliothèque en tête. Les Anglais ont flingué mon épouse. Les Irlandais ont abattu ma pauvre et innocente Macushla. N'est-ce pas un monde farce ?

Un monde horrible, mais Dieu est bon, dit Maman.

Vous l'avez dit, madame. Dieu a créé le monde, c'est un monde horrible, mais Dieu est bon. A la revoyure, Francis. Repose tes yeux et ensuite mets-toi à lire jusqu'à ce qu'ils te sortent de la tête. On a passé de bons moments avec Jonathan Swift, hein, Francis ?

Oui, Mr. Timoney.

Maman me ramène dans la salle d'ophtalmologie. Tu ne vas pas commencer à pleurer pour Mr. Timoney, dit-elle. Ce n'est même pas ton père. En plus, tu t'abîmerais les yeux.

Seamus vient dans la salle trois fois par semaine et il apporte de nouveaux poèmes dans sa tête. Tu as fait de la peine à Patricia, Frankie, le jour où tu n'as pas aimé celui sur le chat-huant et la minette.

Je le regrette, Seamus.

J'ai le poème en tête, Frankie, et je m'en vais te le réciter si tu ne dis pas qu'il est bébête.

Je ne le dirai pas, Seamus.

Il récite le poème et toute la salle adore. Chacun voudrait mieux connaître les mots et Seamus le répète trois fois, jusqu'à ce que la salle récite en chœur :

Le chat-huant et la minette partirent en mer
Sur un beau bateau qu'avait tout d'un pois vert.
Ils prirent un peu de nonnette et beaucoup de galette,
Enveloppées dans un billet de cinq livres et non sept.
Le chat-huant leva les yeux vers les planètes

Et chanta en s'accompagnant d'une mandoline :
O mignonne minette, vous êtes bien coquine,
Mais vraiment quelle belle minette vous faites,
Vous faites,
Vous faites.
Quelle belle minette vous faites.

Tous reprennent maintenant avec Seamus. Au final, ils acclament, applaudissent, et Seamus éclate de rire, très content de lui. Après qu'il est parti avec son seau et son balai, on peut entendre les patients à toute heure du jour et de la nuit :

O mignonne minette, vous êtes bien coquine,
Mais vraiment quelle belle minette vous faites,
Vous faites,
Vous faites.
Quelle belle minette vous faites.

Puis un jour Seamus arrive sans seau ni balai et j'ai peur qu'il se soit fait renvoyer pour cause de poésie mais il a le sourire et me dit qu'il part pour l'Angleterre travailler en usine et gagner un salaire correct histoire de changer. Il travaillera deux mois, fera venir l'épouse, et il plaira peut-être à Dieu de leur envoyer des enfants car il va falloir qu'il fasse quelque chose de tous les poèmes qu'il a dans la tête et quoi de mieux que de les réciter à des petiots en mémoire de cette douce Patricia Madigan qui est morte de la diphtérie ?

Au revoir, Francis. Si j'avais la main qu'il faut, je t'aurais écrit, mais je ferai écrire l'épouse quand elle viendra. Peut-être bien que j'apprendrai à lire et à écrire moi-même afin que l'enfant à venir n'ait pas un imbécile pour père.

J'ai envie de pleurer mais vous ne pouvez pas pleurer dans la salle d'ophtalmologie avec le machin marron dans les yeux et les infirmières qui font : Qu'est-ce ? Qu'est-ce ? Sois un homme ! et les religieuses qui n'arrêtent pas de dire : Fais offrande, songe aux souffrances de Notre Seigneur sur la croix, la couronne d'épines, la lance plantée au côté, les mains et les pieds déchiquetés par les clous.

Je reste un mois à l'hôpital puis le docteur dit que je peux rentrer chez moi quoique ce soit encore un peu infecté mais bon, si je garde mes yeux propres avec du savon et des serviettes propres, et si je restaure ma santé avec des aliments nourrissants, quantité de bœuf et d'œufs, j'aurai une paire d'yeux pétillants en un rien de temps, ha ha !

Mr. Downes d'en face est revenu d'Angleterre pour l'enterrement de sa mère. Il parle à Mrs. Downes de mon père. Elle en parle à Bridey Hannon et Bridey en parle à ma mère. Mr. Downes dit que Malachy McCourt est devenu complètement fou à force de boire, qu'il dilapide son salaire dans les pubs de tout Coventry, qu'il chante des ballades de rebelles irlandais, ce dont se moquent les Anglais car ils sont habitués à la manie qu'ont les Irlandais de se monter la tête sur les centaines d'années de souffrance, mais c'est une autre affaire de supporter un homme qui se plante au milieu du pub et insulte le roi et la reine d'Angleterre, leurs deux ravissantes filles et la reine mère en personne. Insulter la reine mère, c'est pousser les bornes au-delà des limites. Qu'a-t-elle jamais fait à quiconque, cette pauvre vieille dame ? On ne compte plus les fois où Malachy boit l'argent de son loyer et se retrouve à dormir dans les parcs quand le propriétaire l'expulse. C'est un vrai scandale ambulant, ah ça oui, et Mr. Downes est content que McCourt ne soit pas de Limerick car sinon la vénérable cité s'en trouverait déshonorée. Les juges de Coventry perdent patience et, si Malachy McCourt n'arrête pas ses satanées conneries, il va se faire expulser du pays une bonne fois pour toutes.

Maman dit à Bridey qu'elle ne sait pas ce qu'elle va

faire après ces échos d'Angleterre. Jamais de sa vie elle ne s'est sentie en aussi mauvaise passe. Elle voit bien que Kathleen O'Connell ne veut plus lui faire crédit à la boutique, sa propre mère la houspille si elle demande le prêt d'un shilling et la Société de Saint-Vincent-de-Paul souhaiterait savoir quand est-ce qu'elle arrêtera de demander la charité, surtout avec un mari en Angleterre. Elle a honte de l'allure qu'on a avec les vieilles chemises sales et toutes déchirées, les gilets en loques, les chaussures bousillées, les mi-bas troués. Elle veille la nuit en pensant que l'initiative la plus heureuse de toutes serait encore de placer les quatre garçons en orphelinat pour qu'elle-même puisse aller en Angleterre et y trouver quelque travail avant de nous faire tous venir dans un an afin de mener une vie meilleure. Peut-être y a-t-il des bombes là-bas mais elle préférerait des bombes à toute heure plutôt que la honte d'aller quémander auprès de tel ou tel.

Non, n'importe comment, elle ne supporte pas la pensée de nous placer à l'orphelinat. Ce pourrait être très bien si on avait ici la même chose que *Boys' Town*[1] en Amérique, avec un chouette prêtre comme Spencer Tracy, mais allez donc vous fier aux Frères Chrétiens de Glin qui se donnent de l'exercice en battant des garçons qu'ils font crever de faim.

Maman dit qu'il ne reste plus que le dispensaire et l'assistance publique, le Secours, et elle ressent déjà la honte de sa vie rien qu'à l'idée d'aller faire la demande. Car ça veut dire que vous êtes au bout du rouleau et peut-être juste à un niveau au-dessus des étameurs, équarrisseurs et mendiants de rue en général. Ça veut dire que vous devez ramper devant Mr. Coffey et Mr. Kane et, Dieu merci, le dispensaire

1. Dans le film éponyme de Norman Taurog (*Des hommes sont nés*, 1938), Tracy joue le rôle du Père Flannagan qui fonde et dirige un orphelinat de la grandeur d'une ville. (*N.d.T.*)

est à l'autre bout de Limerick, de sorte que les gens de notre ruelle ne sauront pas qu'on a le Secours.

Maman sait par d'autres femmes qu'il est sage de se trouver là-bas tôt le matin quand Mr. Coffey et Mr. Kane sont susceptibles d'être de bonne humeur. Si vous y allez en fin de matinée, ils risquent d'être quinteux après avoir vu des centaines de malades, hommes, femmes et enfants, qui demandent de l'aide. Elle va nous emmener afin de prouver qu'elle a quatre enfants à nourrir. Elle se lève tôt et nous demande, pour une fois dans notre vie, de ne pas nous débarbouiller, de ne pas nous peigner, d'enfiler la première guenille venue. A moi, elle dit de frotter un bon coup mes yeux malades et de les rendre aussi rouges que possible car plus on a mauvaise mine au dispensaire, plus on fait pitié et meilleures sont les chances d'obtenir l'assistance publique. Elle se plaint que Malachy, Michael et Alphie paraissent en trop bonne santé et puis on pourrait se demander pourquoi, aujourd'hui entre tous les jours, ils n'ont pas leurs habituels genoux croûteux, ou au moins une coupure, un bleu ou un œil au beurre noir comme si souvent. Si nous rencontrons qui que ce soit dans la ruelle ou les autres rues de Limerick, nous ne devons pas lui dire où nous allons. Elle se sent assez honteuse comme ça sans avoir à prévenir tout le monde et encore moins sa mère.

C'est déjà la queue devant le dispensaire. Il y a des femmes comme Maman avec des enfants dans leurs bras, des bébés comme Alphie, et d'autres qui jouent sur le trottoir. Les femmes consolent les bébés du froid et hurlent après les enfants qui jouent au cas où ils iraient sur la chaussée et se feraient renverser par une automobile ou une bicyclette. Il y a des vieillards agglutinés contre le mur, des hommes et des femmes qui parlent tout seuls ou ne parlent pas du tout. Maman nous avertit de ne pas nous éloigner d'elle et on attend une demi-heure l'ouverture de la grande porte. Un homme nous dit d'entrer selon l'ordre d'arrivée pour refaire la queue, devant l'estrade cette fois. Mr. Coffey et Mr. Kane seront là dans une minute quand ils auront fini leur thé dans la pièce du fond. Une femme se plaint que ses enfants sont gelés de froid et elle demande si Coffey et Kane ne pourraient pas se magner un peu le train avec leur thé. L'homme dit qu'elle est une fautrice de troubles mais il ne prendra pas son nom pour cette fois avec le froid qu'il fait ce matin mais s'il entend encore un mot de sa part elle s'en mordra les doigts.

Mr. Coffey et Mr. Kane montent sur l'estrade sans prêter attention aux gens. Mr. Kane enfile ses lunettes, les enlève, les nettoie, les remet, regarde le plafond. Mr. Coffey lit des papiers, écrit quelque chose, passe les papiers à Mr. Kane. Ils se parlent à voix basse. Ils prennent leur temps. Ils ne nous regardent pas.

Puis Mr. Kane appelle le premier vieillard à venir sur l'estrade. Quel est votre nom ?

Timothy Creagh, monsieur.

Creagh, hein ? Un beau vieux nom de Limerick que vous avez là.

Eh oui, monsieur. C'est ben certain.

Et que voulez-vous, Creagh ?

Ah, pardi, c'est que j'ai encore de ces douleurs à mon estomac et que j'aimerais voir le docteur Feeley.

Dites voir, Creagh, vous êtes sûr que ce ne seraient pas les pintes de *porter* qui vous porteraient sur l'estomac ?

Ah, non, sûrement pas, monsieur. Vrai, j'ai guère touché à la pinte étant donné les douleurs. Ma femme est au lit chez nous et je dois m'occuper d'elle aussi.

Il y en a de la fainéantise sur cette terre, Creagh. Puis Mr. Kane interpelle le reste de la queue : Vous avez entendu ça, mesdames ? De la fainéantise, y en a-t-il ou non ?

Et les femmes répondent : Oh, ça oui, Mr. Kane. La fainéantise, il y en a.

Mr. Creagh obtient son bon pour voir le docteur, la queue avance, et Mr. Kane est prêt pour Maman.

Bon, la femme, c'est l'assistance publique que vous voulez ? Le secours ?

C'est cela, monsieur.

Et où se trouve votre mari ?

Oh, il est en Angleterre, mais...

En Angleterre, vous dites ? Et où c'est qu'il est le mandat hebdomadaire ? Où c'est qu'elles sont, les bonnes grosses cinq livres ?

Il ne nous a pas envoyé un penny depuis des mois, monsieur.

Est-ce avéré ? Bon, on sait pourquoi, hein ? On sait ce que les hommes d'Irlande fabriquent en Angleterre. On sait qu'il y en a parfois de Limerick qui s'affichent avec une traînée de Piccadilly, hein ?

Mr. Kane regarde les gens dans la queue et ils savent qu'ils sont supposés dire : On le sait bien, Mr. Kane, et ils savent qu'ils sont supposés sourire et rire ou les choses vont mal tourner pour eux quand ils atteindront l'estrade. Ils savent que Mr. Kane pourrait bien les confier à Mr. Coffey qui est connu pour dire non à tout.

Maman dit à Mr. Kane que Papa se trouve à Coventry et jamais aux alentours de Piccadilly. Mr. Kane ôte ses lunettes et la dévisage. Qu'entends-je ? Serait-on un rien contredisante ?

Oh, non, Mr. Kane. Mon Dieu, non.

Bon, la femme, je tiens à ce que vous sachiez qu'ici la politique est de n'attribuer aucun secours aux femmes dont les maris sont en Angleterre. Je tiens à ce que vous sachiez que vous êtes en train d'ôter le pain de la bouche à des gens plus méritants qui restent dans ce pays pour remplir leur rôle.

Certes, Mr. Kane.

Et quel est votre nom ?

McCourt, monsieur.

Ce n'est pas un nom de Limerick. Où est-ce que vous avez eu un nom pareil ?

Mon mari, monsieur. Il est du Nord.

Il est du Nord et il vous laisse ici pour obtenir le

secours de l'Etat libre d'Irlande. Est-ce pour cela que nous avons combattu ?

Je ne sais pas, monsieur.

Pourquoi ne montez-vous pas à Belfast voir ce que les Orangistes feront pour vous, hein ?

Je ne sais pas, monsieur.

Vous ne savez pas. Bien sûr que vous ne savez pas. Il y en a de l'ignorance sur cette terre.

Il jette un regard aux gens. J'ai dit qu'il y en avait de l'ignorance sur cette terre.

Et les gens hochent la tête, convenant qu'il y a bien de l'ignorance sur cette terre.

Mr. Kane chuchote quelque chose à Mr. Coffey et ils regardent Maman puis nous regardent. Mr. Kane dit enfin à Maman qu'elle peut avoir l'assistance publique mais, si elle reçoit le moindre penny de son mari, elle devra renoncer à tous ses droits et rendre l'argent au dispensaire. Elle promet que oui et on s'en va.

On la suit chez Kathleen O'Connell pour prendre du thé, du pain et quelques mottes de tourbe pour le feu. On grimpe en Italie, on démarre le feu et c'est tout douillet quand on boit notre thé. On se tient tous très tranquilles, même Bébé Alphie, car on sait ce que Mr. Kane a fait à notre mère.

X

Il fait froid et humide en bas en Irlande mais on est là-haut en Italie. Maman trouve qu'on devrait monter le pauvre pape pour l'accrocher au mur, en face de la fenêtre. Après tout, le pape est un ami du travailleur, c'est un Italien et les gens de ce pays sont habitués au temps chaud. Maman reste assise près du feu, elle frissonne, et on comprend que ça ne va pas car elle ne fait même pas le geste de prendre une cigarette. Elle sent venir un rhume et aurait bien envie d'une boisson acidulée. Une limonade, tiens. Mais il n'y a pas un penny dans la maison, pas même pour acheter le pain du matin. Alors, elle boit son thé et va au lit.

Le lit grince toute la nuit, avec elle qui se tourne et se retourne, et ses gémissements pour avoir de l'eau font qu'on reste éveillés. Le matin venu, elle ne se lève pas, elle continue de frissonner, et on se tient tranquilles. Si elle dort assez longtemps, Malachy et moi serons en retard pour l'école. Des heures s'écoulent, elle ne bouge toujours pas et, une fois sûr qu'il n'est plus temps d'aller à l'école, je démarre le feu pour la bouilloire. Elle remue et appelle pour avoir de la limonade mais je lui donne un pot à confiture d'eau. Je lui demande si elle aimerait du thé et elle fait comme une femme devenue sourde. On dirait qu'elle a la fièvre et c'est curieux qu'elle ne parle même pas de cigarettes.

On s'assied tranquillement près du feu, Malachy,

Michael, Alphie et moi-même. On boit notre thé pendant qu'Alphie mâchonne le dernier bout de pain enduit de sucre. Il nous fait marrer avec sa manière de se barbouiller toute la figure de sucre et de nous sourire avec ses joues dodues et collantes. Mais on ne peut pas trop rire sinon Maman va sauter du lit et nous expédier, Malachy et moi, à l'école où on se fera tuer pour notre retard. De toute façon, on ne se marre pas longtemps car il n'y a plus de pain et on a faim tous les quatre. On n'a plus droit au crédit chez O'Connell. On ne peut pas aller voir Grand-mère non plus : elle est tout le temps à nous engueuler parce que Papa est du Nord et qu'il n'envoie jamais d'argent d'Angleterre où il travaille dans une fabrique de munitions. Grand-mère dit qu'on pourrait aussi bien mourir de faim, pour ce qu'il en a à faire. C'est ça qui lui apprendrait, à Maman, d'avoir épousé un du Nord au teint jaune et au drôle de genre, bref, un homme qui a tout du presbytérien.

N'empêche, il va falloir que j'aille faire une autre tentative avec Kathleen O'Connell. Je vais lui expliquer que ma mère est couchée malade à l'étage, que mes frères crèvent de faim et qu'on va tous mourir faute de pain.

J'enfile mes chaussures et je cavale dans les rues de Limerick pour me tenir chaud malgré la froidure de février. Vous pouvez regarder par les fenêtres des gens et voir comme c'est douillet dans leurs cuisines avec le feu qui flamboie dans la cheminée ou le fourneau noir et brûlant, quand tous les objets brillent à la lumière électrique, et puis il y a les tasses et soucoupes sur les tables avec les assiettes de pain en tranches, les mottes de beurre, les pots de confiture, les odeurs des œufs au lard qui arrivent à travers les fenêtres, juste assez pour vous faire monter l'eau à la bouche, et les familles assises là tout sourires qui piochent dans les plats, la mère pimpante et proprette dans son tablier, tout le monde bien lavé, et le Sacré-Cœur de Jésus là-haut sur le mur qui les regarde, souffrant, triste, mais content quand même de voir toute cette nourriture, cette lumière et ces bons catholiques à leur petit déjeuner.

J'essaie de trouver de la musique dans ma tête mais tout ce qui en ressort c'est ma mère gémissant pour avoir de la limonade.

De la limonade. Justement, une camionnette démarre devant chez South, laissant dehors des caisses de bière et de limonade. Dans la rue, pas un chat. Un instant plus tard, j'ai deux bouteilles de limonade sous mon tricot et je m'éloigne à petits pas en tâchant d'avoir l'air innocent.

Il y a la camionnette d'un boulanger devant la boutique de Kathleen O'Connell. La porte arrière est ouverte sur des cartons de pains fumants, à peine sortis du four. Le chauffeur se trouve dans la boutique, il prend son thé et un petit pain en compagnie de Kathleen et je n'ai aucun mal à me servir une miche. Ce n'est pas bien de voler Kathleen qui se montre toujours si bonne pour nous mais si je rentre lui demander du pain elle sera contrariée et dira que je lui gâche sa tasse de thé du matin, qu'elle aimerait prendre en paix, tranquillement et sans être dérangée, merci bien. C'est plus commode de fourrer la miche sous mon tricot avec la limonade et de promettre de tout dire à confesse.

Mes frères sont retournés au lit pour jouer sous les paletots mais la vue du pain les fait bondir. On déchire la miche à pleines mains parce qu'on a trop faim pour la couper en tranches puis on refait du thé avec les feuilles du matin. Voyant ma mère qui bouge, Malachy porte une des bouteilles de limonade à ses lèvres, et elle ne reprend pas son souffle avant de l'avoir finie. Si elle aime ça à ce point-là, je vais devoir aller en rechercher.

On met le dernier boulet de charbon dans la cheminée et on s'assied en rond devant pour se raconter des histoires qu'on invente comme faisait Papa. Je raconte à mes frères mes aventures avec la limonade et le pain et j'invente que j'ai été pourchassé par des patrons de pub et des marchandes, que je me suis précipité dans l'église Saint-Joseph où personne n'a le droit de vous poursuivre si vous êtes un criminel, pas même si vous avez tué votre propre mère. Malachy et Michael paraissent chiffonnés par ma manière de me procurer le pain et la limonade mais ensuite Malachy déclare que c'est tout simplement ce que Robin des Bois aurait fait : dérober aux riches pour donner aux pauvres. Michael dit que je suis un hors-la-loi et, si on met la main sur moi, on me pendra à l'arbre le plus haut de People's Park, exactement comme les hors-la-loi sont pendus dans les films qu'on voit au Lyric. Malachy fait remarquer que je devrais m'assurer d'être en état de grâce car ça pourrait être dur de trouver un prêtre qui vienne à ma pendaison. Je lui réponds qu'un prêtre serait obligé de venir à ma pendaison. C'est à ça que servent les prêtres. Roddy McCorley disposait d'un prêtre, et Kevin Barry aussi. Malachy affirme qu'il ne se trouvait pas l'ombre d'un prêtre aux pendaisons de Roddy McCorley et de Kevin Barry puisque les chansons n'en parlent pas et il se met à chanter pour le prouver jusqu'au moment où ma mère grogne dans le lit et nous dise : Fermez-la.

Bébé Alphie est endormi par terre près du feu. On le couche avec Maman pour qu'il soit au chaud bien qu'on n'ait pas envie qu'il attrape sa maladie et meure. Si elle se réveille et le trouve mort dans le lit à son côté, ce seront des lamentations sans fin et, en plus de ça, c'est moi qu'elle rendra responsable.

On retourne tous les trois dans notre lit à nous puis on se serre sous les paletots en essayant de ne pas rouler dans le trou du matelas. On s'amuse bien jusqu'à ce que Michael commence à s'inquiéter pour Alphie qui va choper la maladie de Maman et pour moi qui vais me faire pendre comme un hors-la-loi que je suis. Il dit que ce serait injuste car il se retrouverait avec un seul frère au monde alors que tout le monde en a plein. Il tombe de sommeil à force de s'en faire, Malachy ne tarde pas à l'imiter et je reste couché là en pensant à la confiture. Ne serait-ce pas délicieux d'avoir encore une miche de pain et un pot de confiture de fraises ou de toute autre confiture ? Je ne me rappelle pas avoir jamais vu une camionnette de confiture faire une livraison et je ne voudrais pas non plus imiter Jesse James, débouler dans une boutique pistolet fumant au poing en exigeant qu'on me remette la confiture. Là, il se pourrait *vraiment* qu'il y ait pendaison.

Un soleil froid arrive par la fenêtre et je suis sûr qu'il doit faire plus chaud dehors et mes frères ne seraient-ils pas surpris à leur réveil de me trouver là avec encore plus de pain et aussi de la confiture ? A coup sûr, ils bâfreraient tout puis se remettraient à palabrer sur mes péchés et la pendaison.

Maman est toujours endormie bien que son visage soit rouge et qu'il y ait comme un bruit d'étranglement quand elle ronfle.

Je dois faire gaffe dans la rue car c'est un jour d'école et si le garde Dennehy me voit il me traînera à Leamy's et Mr. O'Halloran m'enverra valdinguer aux quatre coins de la classe. Le garde doit veiller à ce qu'on soit présents à Leamy's et, s'il y a un truc qu'il aime bien, c'est vous pourchasser sur sa bicyclette et vous amener à l'école en vous tirant par le bout de l'oreille.

Il y a une caisse posée devant la porte d'une grande maison de Barrington Street. Je fais semblant de frapper à la porte tout en regardant ce que contient la caisse. Voyons : une bouteille de lait, une miche de pain, du fromage, des tomates et, oh, bon Dieu, un pot de marmelade d'oranges. Je ne peux pas fourrer tout ça sous mon tricot. Oh, bon Dieu ! Et si je prenais carrément la caisse ? Les passants ne font pas attention à moi. Je pourrais autant prendre la caisse entière. Ma mère dirait qu'autant vaut être pendu pour un mouton que pour un agneau. Je soulève la caisse et j'essaie d'avoir l'air d'un livreur en plein travail. Personne ne moufte.

Malachy et Michael ne se tiennent plus quand ils voient le contenu de la caisse et bientôt les voilà qui bâfrent d'épaisses tranches de pain tartinées de marmelade dorée. Alphie a de la marmelade plein la figure et les cheveux, plus pas mal sur le ventre et les jambes. On fait passer tout ça avec du thé froid vu qu'on n'a pas de feu pour le réchauffer.

Maman marmonne encore pour avoir de la limonade et je lui donne la moitié de la seconde bouteille, histoire de la faire tenir tranquille. Comme elle en demande plus, je mélange le reste avec de l'eau pour l'allonger car je ne peux pas passer ma vie à courir piquer la limonade des pubs. On s'amuse bien jusqu'au moment où Maman commence à divaguer dans le lit sur son adorable petite fille qui lui a été enlevée et ses jumeaux envolés avant d'avoir trois ans et pourquoi Dieu ne prendrait-il pas les riches pour changer et y aurait-il de la limonade dans cette maison? Michael veut savoir si Maman va mourir et Malachy lui explique qu'on ne peut pas mourir avant l'arrivée d'un prêtre. Puis Michael se demande si on aura encore une fois du feu et du thé brûlant car il gèle au lit même avec les paletots laissés ici depuis autrefois. Malachy dit qu'on devrait aller de maison en maison demander de la tourbe, du charbon et du bois. On pourrait se servir du landau d'Alphie pour le transport. Et puis on devrait prendre Alphie avec nous car il est petit, souriant, les gens le verront et seront peinés pour lui comme pour nous. On va pour lui enlever toute la saleté, les peluches, les plumes, la marmelade collante, mais on ne l'a pas plutôt un peu aspergé qu'il se met à hurler. Michael dit qu'une fois dans le landau il ne fera que se salir à nouveau, alors à quoi bon le laver? Michael est petit mais il est toujours à dire des choses remarquables comme ça.

On pousse le landau dehors, vers les avenues et les routes des riches, mais on a à peine frappé aux portes que les bonnes nous disent de partir ou elles appelleront qui de droit et c'est une honte de traîner un bébé partout dans une poussette qui a tout d'une poubelle et qui empeste jusqu'au septième ciel, une immonde épave dont personne ne voudrait pour trimbaler un cochon à l'abattoir et c'est ici un pays catholique où les bébés devraient être au contraire chéris et gardés en vie pour transmettre la foi de génération en génération. Malachy propose à l'une de ces bonnes de lui baiser le cul et elle lui flanque une telle beigne que les larmes lui sautent aux yeux et il jure de ne plus jamais de sa vie redemander quelque chose aux riches. Il dit que ça ne sert plus à rien de demander, qu'on devrait contourner les maisons, escalader les murs de derrière et prendre ce qu'on veut. Michael peut sonner aux portes de devant afin d'occuper les bonnes tandis que Malachy et moi pouvons balancer le charbon et la tourbe par-dessus les murs puis remplir le landau tout autour d'Alphie.

On se fait trois maisons comme ça mais alors Malachy jette un morceau de charbon par-dessus un mur, atteignant Alphie qui commence à pousser des hauts cris et on est obligés de s'enfuir en oubliant Michael qui est encore à sonner aux portes et à se faire traiter de tous les noms par les bonnes. Malachy dit qu'on devrait d'abord ramener le landau à la maison et puis revenir chercher Michael. On ne peut pas s'arrêter maintenant avec Alphie qui braille tout ce qu'il sait et les gens qui nous regardent d'un mauvais œil et nous disent qu'on fait la honte de notre mère et celle de l'Irlande en général.

De retour à la maison, ça prend un moment pour dégager Alphie de la couche de charbon et de tourbe et il faut croire qu'il n'arrêtera pas ses hurlements tant que je ne lui aurai pas donné du pain et de la marmelade. J'ai peur que Maman bondisse du lit mais elle ne fait que marmonner sur Papa, la boisson et les bébés morts.

Malachy revient avec Michael qui a des aventures à

raconter après avoir sonné à toutes ces portes. Une femme riche lui a ouvert en personne et l'a invité à venir dans la cuisine prendre du cake, du lait, du pain et de la confiture. Elle lui a posé des tas de questions sur sa famille et il lui a répondu que son père avait un boulot important en Angleterre mais que sa mère était au lit avec une horrible maladie et qu'elle réclamait de la limonade matin, midi et soir. La femme riche a voulu savoir qui s'occupait de nous et Michael s'est vanté qu'on s'occupait nous-mêmes de nous, qu'on ne manquait ni de pain ni de marmelade. La femme riche a noté le nom et l'adresse de Michael, puis elle lui a dit d'être un bon garçon et de rentrer chez lui pour retrouver ses frères et sa mère alitée.

Malachy dispute Michael d'avoir été bête au point de dire quoi que ce soit à une femme riche. Maintenant, elle ira nous dénoncer et on n'aura pas le temps de dire ouf que les prêtres du monde entier viendront cogner à notre porte pour nous embêter.

On cogne déjà à la porte. Mais ce n'est pas un prêtre, c'est le garde Dennehy. Il appelle : *Hello, hello,* il y a quelqu'un à la maison ? Etes-vous là, Mrs. McCourt ?

Michael tapote à la vitre et fait un signe au garde. Je lui file un bon coup de savate histoire de lui apprendre, Malachy lui flanque un gnon sur la tronche et il se met à brailler : Je le dirai au garde ! Je le dirai au garde ! Ils sont en train de me tuer, le garde ! Ils filent des gnons et des coups de savate !

Il refuse de la boucler et le garde Dennehy nous crie d'ouvrir la porte. J'appelle par la fenêtre et je lui explique que je ne peux pas ouvrir la porte car ma mère se trouve au lit avec une terrible maladie.

Où est votre père ?

En Angleterre.

Ma foi, je m'en vais entrer pour parler à votre mère.

Vous ne pouvez pas ! Vous ne pouvez pas ! Elle a la maladie ! On a tous la maladie ! C'est peut-être la typhoïde ! C'est peut-être la phtisie galopante ! On est déjà couverts de boutons ! Le bébé a une grosse boule ! Ça peut tuer !

Le garde pousse la porte et grimpe en Italie juste au moment où Alphie rampe de dessous le lit couvert de marmelade et de poussière. Il le regarde, regarde ma mère, nous regarde, ôte sa casquette, se gratte la tête et dit : Jésus, Marie, Joseph, la situation est grave, voire désespérée. Comment se fait-il que votre mère soit mal en point comme ça ?

Je lui conseille de rester éloigné d'elle et, quand Malachy dit qu'on ne pourra peut-être pas aller à l'école d'ici longtemps, le garde dit qu'on ira à l'école quoi qu'il en soit, qu'on est sur terre pour aller à l'école comme lui est sur terre pour s'assurer qu'on y aille. Il demande si nous avons d'autres parents puis il m'envoie dire à Grand-mère et Tante Aggie de venir chez nous.

Elles m'accueillent par des hurlements et me disent que je suis dégoûtant. Je tente d'expliquer que Maman a la maladie et que j'en ai ma claque d'essayer de joindre les deux bouts, d'entretenir le foyer, d'aller chercher de la limonade pour Maman et du pain pour mes frères. Pas la peine de leur raconter pour la marmelade car elles ne feraient que hurler à nouveau. Pas la peine de leur parler de la méchanceté des gens riches et de leurs bonnes.

Elles me poussent tout du long jusqu'à la maison, aboyant après moi et me faisant honte dans les rues de Limerick. Le garde Dennehy est toujours là à se gratter la boule. Regardez ce spectacle ! Du joli ! Vous ne verriez pas chose semblable à Bombay, croyez-moi, ni même sur la Bowery de New York...

Grand-mère s'adresse à ma mère d'un ton plaintif : Sainte Mère de Dieu, Angela, pourquoi es-tu au lit ? Qu'est-ce qu'ils t'ont fait ?

Ma mère passe sa langue sur ses lèvres sèches et demande plus de limonade dans un souffle.

Elle veut de la limonade, dit Michael. On lui en a

déjà trouvé, plus du pain et de la marmelade, et maintenant on est tous des hors-la-loi. Frankie était le premier hors-la-loi jusqu'à ce qu'on aille rafler du charbon dans tout Limerick.

Le garde Dennehy paraît intéressé. Il prend Michael par la main pour l'emmener en bas et, quelques minutes plus tard, on l'entend rire. Tante Aggie dit que c'est honteux de se comporter ainsi alors que ma mère est malade au lit. Le garde remonte et demande à Tante Aggie d'aller chercher un docteur. Il rabat sa casquette sur son visage quand il nous regarde, mes frères ou moi. *Desperados*, dit-il chaque fois. *Desperados*.

Le docteur arrive dans son automobile avec Tante Aggie et il doit transporter d'urgence ma mère à l'hôpital vu sa pneumonie. On aimerait tous monter dans l'auto du docteur mais Tante Aggie dit: Non, z'allez tous venir chez moi jusqu'à ce que vot' mère soit rentrée de l'hôpital.

Je lui dis de ne pas s'en faire. J'ai onze ans et je peux facilement m'occuper de mes frères. Je serais ravi de rester à la maison sans aller à l'école et de veiller à ce que chacun soit nourri et lavé comme il faut. Mais Grand-mère hurle que je n'en ferai rien et Tante Aggie me colle une torgnole, histoire de m'apprendre. Le garde Dennehy dit que je suis trop jeune encore pour être un hors-la-loi et un père de famille mais il ajoute que j'ai un avenir prometteur dans ces deux domaines.

Prenez vos vêtements! dit Tante Aggie. Z'allez venir chez moi jusqu'à ce que vot' mère soit sortie de l'hôpital. Jésus qui êtes aux cieux! Ce bébé fait honte à voir!

Elle trouve une guenille et l'attache au derrière d'Alphie de crainte qu'il ne fasse caca dans tout le landau. Puis elle se tourne vers nous et veut savoir pourquoi on reste plantés là avec nos tronches de six pieds de long après qu'elle nous a dit de prendre nos vêtements. J'ai peur qu'elle me frappe encore ou m'engueule quand je lui réponds que ça va bien, qu'on les a, nos vêtements — même qu'ils sont sur nous. Elle me regarde bien puis secoue la tête. Bon, dit-elle, mets un peu de sucre et d'eau dans le biberon du petit. Elle m'explique que c'est à moi de pousser Alphie dans les rues, qu'elle ne peut pas diriger la poussette avec cette roue voilée qui la fait bringuebaler d'avant en arrière sans compter que c'est une chose ignoble à voir, qu'elle rougirait d'y trimbaler un chien galeux. Elle va prendre les trois paletots sur notre lit et les empile sur le landau jusqu'à ce qu'Alphie disparaisse complètement dessous.

Grand-mère nous accompagne et elle m'aboie après sans arrêt de Roden Lane à l'appartement de Tante Aggie dans Windmill Street. Tu ne peux donc pas pousser correctement cette poussette ? Doux Jésus ! Tu vas le tuer, ce gosse. Arrête d'aller en zigzag ou je vais t'arranger la margoulette. Non, elle n'entrera pas dans l'appartement de Tante Aggie. Elle ne peut pas supporter de nous voir une minute de plus. Elle en a sa claque de tout le clan McCourt depuis l'époque où elle a dû nous envoyer six billets de bateau pour nous faire tous venir d'Amérique, et puis encore allonger de l'argent pour les enterrements des enfants morts, nous donner à manger chaque fois que notre père buvait l'allocation chômage ou la paie, et puis maintenant aider Angela à s'en sortir pendant que ce scélérat du Nord écume l'Angleterre en buvant ses salaires. Oh, elle en a sa claque, ah ça oui, et hop la voilà qui resserre son châle noir autour de sa tête blanche et traverse Henry Street en clopinant dans ses hautes bottines noires à lacets.

Quand vous avez onze ans et vos frères dix, cinq et un, vous ne savez pas quoi faire quand vous allez dans la maison de quelqu'un, même si ce quelqu'un est la sœur de votre mère. Vous vous voyez dire de laisser le landau dans le couloir et d'amener le bébé dans la cuisine mais si ce n'est pas votre maison vous ne savez pas quoi faire une fois dans la cuisine de peur que la tante vous engueule ou vous flanque une taloche. Elle enlève son manteau, l'emporte dans la chambre à coucher et vous restez planté avec le bébé dans vos bras en attendant qu'on vous dise. Si vous faites un pas en avant ou un pas de côté, elle peut arriver et vous demander où vous allez et vous ne savez pas quoi répondre car vous n'en savez rien vous-même. Si vous dites quoi que ce soit à vos frères, elle peut faire : A qui crois-tu parler dans ma cuisine ? Alors, on doit rester debout et se tenir peinards, ce qui est difficile quand il y a un *Gling-gling* qui vient de la chambre à coucher et qu'on sait que la tante est sur le pot de chambre en train de faire pipi à n'en pas finir. Je ne veux pas regarder Malachy. Si je le fais, je sourirai, il sourira, Michael sourira et il y a comme un danger qu'on commence à rire et si ça arrive on ne sera pas capables de s'arrêter pendant des jours avec chacun dans sa tête l'image du gros popotin blanc de Tante Aggie perché sur un petit pot de chambre à fleurs. Je suis capable de me retenir. Je ne rirai pas. Malachy et Michael ne riront pas et c'est visible qu'on est tous fiers de ne pas rire et d'éviter la bisbille avec Tante Aggie jusqu'au moment où Alphie qui est dans mes bras se met à sourire puis à dire *Gou-gou*, ce qui nous fait partir au quart de tour. Nous éclatons de rire tous les trois et Alphie fait un grand sourire avec sa bouille toute sale et il redit *Gou-gou* jusqu'à ce qu'on n'en puisse plus et Tante Aggie sort de la chambre en hurlant et en tirant sur sa robe, puis me colle une torgnole qui m'envoie valdinguer contre le mur, bébé compris. Elle frappe aussi Malachy, puis essaie de frapper Michael mais il court de l'autre côté de la table et elle n'arrive pas à l'attraper. Viens voir un peu là, dit-elle, et je m'en vais t'effacer ce sourire de ta tronche, mais Michael continue de cavaler autour de la table et elle est trop grosse pour le choper. Je t'attraperai plus tard, fait-elle, je te chaufferai les fesses et toi, Maître Cradingue, dit-elle pour moi, pose ce gosse par terre, là, près du poêle. Elle étend les vieux paletots du landau sur le sol et Alphie se couche dessus avec son eau sucrée en continuant de sourire et de faire *Gou-gou*. Elle nous demande d'ôter jusqu'au dernier de nos haillons, d'aller au robinet de l'arrière-cour et de frotter chaque pouce de nos corps. On ne doit pas remettre les pieds dans cette maison avant d'être propres comme des sous neufs. Je lui dirais bien que c'est la mi-février, qu'il gèle dehors, qu'on pourrait tous mourir, mais je sais qu'en l'ouvrant je risque de mourir ici même sur le carreau de la cuisine.

On est dehors tout nus dans la cour à nous asperger avec l'eau glacée du robinet. Elle ouvre la fenêtre de la cuisine, nous balance une brosse de chiendent et un gros pain de savon marron comme celui qui servait pour Finn le Canasson. Elle nous ordonne de nous frotter le dos les uns les autres sans arrêter avant qu'elle nous le dise. Michael répond que ses mains et ses pieds vont tomber de froid mais elle n'en a rien à faire. Elle n'arrête pas de nous dire qu'on est encore sales et que si elle doit sortir nous frotter on va honnir ce jour. Encore ce *honnir*. Je me frotte plus fort. On se frotte tous jusqu'à ce qu'on soit roses et que nos mâchoires claquent. Ce n'est pas suffisant pour Tante Aggie. Elle sort avec un seau et nous arrose complètement d'eau froide. Maintenant, dit-elle, z'allez vous sécher là-dedans. On entre dans le petit appentis près de sa cuisine et on s'y sèche avec une seule serviette. On reste plantés là à frissonner et à attendre car il est hors de question de se pointer dans sa cuisine avant qu'elle l'ait dit. On l'entend à l'intérieur qui démarre le feu, agite le tisonnier dans le poêle puis nous interpelle : Z'allez rester plantés là-dedans toute la journée ? Venez ici vous rhabiller.

Elle nous donne des mugs de thé, des morceaux de pain grillé, et on s'attable pour manger sagement car on n'est pas supposés parler à moins qu'elle ne le dise. Michael lui demande un second morceau de pain grillé et on s'attend qu'elle lui balance une gifle à tomber de sa chaise mais elle se contente de marmonner : Allez, ce n'est pas entre deux toasts que vous avez été élevés, et elle nous donne à chacun un autre morceau. Elle essaie de faire manger à Alphie un bout de pain trempé dans du thé mais il le refuse tant qu'elle ne l'a pas saupoudré de sucre. Une fois qu'il a fini, il sourit puis lui fait pipi sur les genoux et nous sommes ravis. Elle court à l'appentis se tamponner avec une serviette et nous pouvons enfin échanger de grands sourires par-dessus la table et dire à Alphie qu'il est le champion du monde des bébés. Oncle Pa Keating arrive à la porte tout noir de son travail à l'usine à gaz. Oh, crédieu, qu'est-ce ?

Ma mère est à l'hôpital, Oncle Pa, répond Michael.

Ah, oui ? Et qu'a-t-elle donc ?

La pneumonie, répond Malachy.

Ma foi, vaut mieux ça que la vieillomanie.

On se demande ce qui le fait rire alors que Tante Aggie revient de l'appentis et lui explique que Maman se trouve à l'hôpital et que nous allons habiter chez eux jusqu'à sa sortie. Parfait, parfait, dit-il avant d'aller à l'appentis pour se laver lui-même bien qu'à son retour on ne croirait jamais qu'il a touché à l'eau tellement il est noir.

Il s'attable et Tante Aggie lui sert son dîner : pain grillé, jambon et tomates en tranches. Elle nous demande de quitter la table et d'arrêter de le reluquer prendre son thé puis elle lui demande d'arrêter de nous donner des bouts de jambon et de tomate.

Allez, dit-il, pour l'amour de Jaysus, Aggie, ces enfants ont faim.

Ça ne te regarde pas. Ce ne sont pas les tiens.

Elle nous dit de sortir jouer et de rentrer nous mettre au lit à huit heures et demie. On sait qu'il gèle dehors et on aimerait rester bien au chaud près du poêle mais c'est plus commode d'être dans les rues à jouer que dedans à se faire gronder par Tante Aggie.

Plus tard, elle m'appelle et m'envoie à l'étage pour emprunter une toile cirée à une femme qui a eu un enfant et l'a perdu. La femme dit : Tu diras à ta tante que j'aimerais récupérer cette toile cirée pour le prochain enfant. Tante Aggie dit : Douze ans que cet enfant est mort et elle garde encore la toile cirée ! Quarante-cinq ans qu'elle a maintenant ! S'il lui arrive un autre enfant, il faudra qu'on cherche une autre étoile au Levant !

Qu'est-ce que ça veut dire ? demande Malachy.

Mêle-toi de tes affaires. Tu es trop jeune.

Tante Aggie pose la toile cirée sur son lit et place Alphie dessus, entre Oncle Pa et elle. Elle dort tournée du côté mur et Oncle Pa de l'autre côté car il doit se lever le matin pour aller au travail. Quant à nous, on doit dormir par terre près du mur en face avec un paletot sous nous et deux dessus. Elle nous prévient : si elle nous entend dire un mot durant la nuit, elle nous chauffera les fesses, et puis on devra se lever tôt demain matin car c'est le Mercredi des Cendres et ça ne nous ferait aucun mal d'aller à la messe et de prier pour notre pauvre mère avec sa pneumonie.

Le réveil nous tire en sursaut de notre sommeil. Tante Aggie appelle de son lit : Vous trois ! On se lève et on va à la messe ! Vous m'entendez ? Debout ! Débarbouillez-vous et filez chez les Jésuites !

Il y a du gel et du verglas plein son arrière-cour, et l'eau du robinet nous picote les mains. On s'en jette un peu sur la figure et on se sèche avec la serviette encore humide d'hier. Malachy chuchote que Maman dirait qu'on a fait une toilette de chat qui aurait fait un brin de toilette.

Les rues sont gelées et verglacées elles aussi, mais l'église des Jésuites est chaude. Ça doit être épatant d'être jésuite, de dormir dans un lit avec draps, couvertures et oreillers puis de se lever dans une chouette maison chaude avec une église bien chaude elle aussi sans rien à faire sauf dire la messe, entendre les confessions, disputer les gens pour leurs péchés, avoir ses plats servis et lire son bréviaire latin avant d'aller dormir. J'aimerais bien être jésuite un jour mais il ne faut pas trop compter là-dessus quand on a grandi dans une ruelle. C'est très particulier, les Jésuites. Ils n'aiment pas les pauvres gens. Ils aiment les personnes qui ont des automobiles et dressent le petit doigt quand elles tiennent leur tasse de thé.

A la messe de sept heures, l'église est bondée de gens qui se font mettre des cendres sur le front. Malachy chuchote que Michael ne devrait pas se faire mettre de cendres car il n'accomplira pas sa première communion avant le mois de mai et ce serait un péché. Michael commence à pleurnicher : Je veux les cendres, je veux les cendres. Derrière nous, une vieille dame demande : Qu'est-ce que vous faites à cet adorable enfant ? Malachy lui explique que l'adorable enfant n'a jamais fait sa première communion et n'est pas en état de grâce. Malachy se prépare lui-même pour la confirmation, toujours à étaler sa connaissance du catéchisme, toujours à causer de l'état de grâce. Il ne veut pas admettre que je connaissais tout de l'état de grâce il y a un an, même que ça fait tellement longtemps que j'ai commencé à oublier ce que c'était. La vieille dame dit qu'on n'a pas besoin d'être en état de grâce pour recevoir quelques cendres sur son front et elle demande à Malachy d'arrêter de tourmenter son pauvre petit frère. Elle tapote Michael sur la tête, lui dit qu'il est un adorable enfant et : Va là-haut recevoir tes cendres. Michael court à l'autel et à son retour la dame lui donne un penny pour aller avec ses cendres.

Tante Aggie est toujours au lit avec Alphie. Elle demande à Malachy de remplir de lait le biberon d'Alphie et de le lui apporter. Elle me dit de démarrer le feu dans le poêle, qu'il y a du papier et du bois dans une caisse et du charbon dans le seau à charbon. Si le feu refuse de prendre, que j'y verse un peu de pétrole. Le feu est lent, fumeux, j'y verse le pétrole, il s'embrase brusquement avec un *whoosh* et manque m'emporter les sourcils. Il y a plein de fumée et Tante Aggie rapplique dare-dare dans la cuisine. Elle me pousse loin du poêle. Doux Jésus ! Tu ne peux donc rien faire correctement ? Il fallait actionner la tirette, espèce de crétin !

Je n'y connais rien en tirettes. Chez nous, on a une cheminée en bas en Irlande, une cheminée en haut en Italie, et pas la moindre tirette nulle part. Et voilà que vous vous retrouvez chez votre tante et que vous êtes supposé être spécialiste en tirettes. Inutile de lui dire que c'est la première fois de votre vie que vous allumez le feu d'un poêle. Elle vous flanquera juste une autre taloche et vous enverra valdinguer. C'est difficile de comprendre pourquoi les grandes personnes se fâchent tellement pour des petites choses comme les tirettes. Quand je serai un homme, je n'irai pas taper des petits enfants pour des tirettes ou quoi que ce soit d'autre. A présent, elle m'engueule : Voyez-moi Maître Cradingue qui est planté là ! Tu ne penserais jamais à ouvrir la fenêtre pour faire sortir la fumée ? Bien sûr que non ! Tu es bien une tête de lard comme ton père du Nord. Maintenant, crois-tu que tu puisses faire bouillir l'eau pour le thé sans incendier la maison ?

Elle coupe trois tranches d'une miche, les tartine de margarine pour nous, et puis retourne au lit. On boit le thé, on mange le pain, et c'est un matin où on est contents d'aller à l'école car il y fait chaud et il n'y a pas de tantes qui gueulent.

Après l'école, elle me demande de m'asseoir à la table et d'écrire à mon père une lettre sur Maman à l'hôpital et comment nous sommes tous chez Tante Aggie en attendant que Maman rentre à la maison. Je dois dire à Papa que nous sommes tous heureux, en parfaite santé, et aussi qu'il envoie de l'argent car la nourriture coûte cher, les garçons qui poussent mangent beaucoup, ha ha, et Alphie le bébé a besoin d'habits et de couches.

Je ne sais pas pourquoi elle est toujours en pétard. Son appartement est chaud et sec. Elle a la lumière électrique à domicile et ses propres cabinets dans l'arrière-cour. Oncle Pa a un boulot stable et il rapporte son salaire chaque vendredi. Il boit ses pintes chez South mais il ne rentre jamais en chantant des chansons sur la longue et poignante histoire de l'Irlande, non, il dit plutôt : Que la vérole plombe toutes leurs baraques ! avant de raconter le truc le plus marrant du monde : que nous avons tous un cul qui doit être torché et qu'aucun homme n'échappe à ça. Dès qu'un politicien ou un pape commence son baratin, Oncle Pa pense à lui en train de se torcher le cul. Hitler, Roosevelt, Churchill, tous se torchent le cul. De Valera aussi. D'après Oncle Pa, les seuls à qui on peut se fier dans ce domaine sont les mahométans car ils mangent avec une main et se torchent de l'autre. Cela dit, la main de l'homme est elle-même une foutue emmerdeuse — et sournoise avec ça vu qu'on ne sait jamais où elle est allée se fourrer.

On passe de bons moments avec Oncle Pa quand Tante Aggie se rend au Cercle de l'Artisanat pour jouer aux cartes, au trente-et-quarante. Au diable l'avarice ! dit-il avant de s'acheter six bouteilles de *stout* chez South plus six petits pains et une demi-livre de jambon à la boutique du coin. Il fait du thé qu'on boit assis près du poêle avec nos sandwichs au jambon et nos petits pains en se marrant sur sa façon de raconter le monde. Il dit : J'ai avalé les gaz, je bois la pinte, je n'en ai rien à péter du monde et de sa cousine. Si le petit Alphie commence à être fatigué, geignard et pleurnicheur, Oncle Pa remonte sa chemise sur sa poitrine et lui fait : Là ! Viens téter ta tit' môman ! De voir cette poitrine plate et ce téton surprend Alphie et le remet de bonne humeur.

Avant le retour de Tante Aggie, on doit laver les mugs et tout nettoyer pour qu'elle ne sache pas qu'on se gave de petits pains et de sandwichs au jambon. Elle embêterait Oncle Pa pendant un mois si jamais elle s'en rendait compte et c'est justement ça que je ne pige pas. Pourquoi il la laisse l'embêter comme ça ? Il est allé à la Grande Guerre, il a été gazé, il est costaud, il a un boulot, il fait rire tout le monde. Il y a là un mystère. C'est d'ailleurs ce que vous racontent les prêtres et les maîtres : Chaque chose est un mystère et vous devez croire à ce qu'on vous dit.

Je n'aurais pas de mal à avoir Oncle Pa comme père. On passerait de bons moments assis près du poêle ronflant à boire du thé et à se marrer avec sa façon de péter en disant : Gratte une allumette ! V'là un cadeau des Allemands !

Tante Aggie est tout le temps après moi. Le Chassieux, elle m'appelle. Elle dit que je suis l'image crachée de mon père, que j'ai le drôle de genre, la trombine chafouine d'un presbytérien du Nord. D'après elle, quand je serai grand, j'élèverai probablement un autel pour Oliver Cromwell en personne, je filerai épouser une traînée, une poufiasse d'Anglaise, et je couvrirai les murs de ma maison de portraits de la famille royale.

Je veux lui échapper et je ne vois qu'un moyen : me rendre malade et partir à l'hôpital. Je me lève au milieu de la nuit et je vais dans son arrière-cour. Si on me voit, je peux toujours dire que j'allais aux cabinets. Je reste debout en plein air dans le froid glacial et j'espère attraper une pneumonie ou la phtisie galopante pour aller à l'hôpital avec les chouettes draps propres, les plats servis au lit et les livres apportés par la fille en robe bleue. Je pourrais rencontrer une autre Patricia Madigan et apprendre un autre long poème. Je reste une éternité dans l'arrière-cour avec ma chemise et rien aux pieds, les yeux levés vers la lune qui a tout d'un galion fantôme sillonnant des mers nuageuses, et puis je retourne au lit tout frissonnant dans l'espoir de me réveiller le lendemain matin avec une toux horrible et des joues brûlantes. Mais non. Je me sens frais et dispos, et je tiendrais même la grande forme si je pouvais être à la maison avec ma mère et mes frères.

Il y a des jours où Tante Aggie dit qu'elle ne peut

plus nous voir en peinture. Tirez-vous de mes pattes ! Dis donc, le Chassieux ! Sors Alphie dans sa poussette, emmène tes frères, allez jouer au parc, faites ce que vous voulez et ne revenez pas jusqu'à l'heure du thé quand sonne l'angélus, pas une minute plus tard, vous m'entendez, pas une minute plus tard ! Il fait froid mais ça nous est bien égal. On pousse le landau en remontant O'Connell Avenue vers Ballinacurra ou Rosbrien Road. On laisse Alphie ramper dans les champs pour regarder les vaches et les moutons et on se marre quand les vaches viennent le renifler. Je vais sous les vaches et je fais gicler le lait dans la bouche d'Alphie jusqu'à ce qu'il en ait plein la lampe et commence à dégobiller. Les fermiers nous poursuivent jusqu'au moment où ils voient comment Michael et Alphie sont petits. Malachy se moque des fermiers. Il leur fait : Frappez-moi maintenant que j'ai l'enfant dans mes bras ! Puis il a une idée du tonnerre : Pourquoi on n'irait pas dans notre maison à nous pour jouer un peu ? On ramasse brindilles et petit bois dans les champs puis on fonce à Roden Lane. Il y a des allumettes près de la cheminée de l'Italie et on fait partir un bon feu en un rien de temps. Alphie s'endort et bientôt on pique tous du nez jusqu'au moment où l'angélus retentit à l'église rédemptoriste et alors on sait qu'on va être en bisbille avec Tante Aggie à cause du retard.

On s'en fiche pas mal. Elle peut nous engueuler tant qu'elle veut mais on aura passé un grand moment à la campagne avec les vaches sans compter le beau feu là-haut en Italie.

Ça se devine qu'elle n'a jamais vécu de grands moments pareils. La lumière électrique, oui, des cabinets, oui, mais des grands moments, ça non.

Grand-mère passe la prendre les jeudi et dimanche et elles vont en autobus à l'hôpital pour voir Maman. On ne peut pas les accompagner car les enfants ne sont pas admis et si on demande : Comment va Maman ? elles paraissent contrariées et nous répondent qu'elle va très bien, qu'elle vivra. On aimerait savoir quand c'est qu'elle sortira de l'hôpital afin qu'on puisse tous rentrer chez nous, mais on a peur d'ouvrir la bouche.

Un jour, Malachy dit à Tante Aggie qu'il a faim — et est-ce qu'il pourrait avoir un bout de pain ? Elle répond en le frappant avec un *Petit Messager du Sacré-Cœur* roulé et des larmes apparaissent sur les paupières de mon frère. Le jour suivant, il ne rentre pas de l'école et, à l'heure du coucher, toujours pas de Malachy. Ma foi, dit Tante Aggie, je suppose qu'il a fugué. Bon débarras. S'il avait faim, il serait là. Qu'il trouve son bonheur dans un fossé.

Le lendemain, Michael arrive de la rue à toute vitesse. Papa est là ! Papa est là ! s'écrie-t-il avant de ressortir en courant, et il y a Papa assis par terre dans le couloir, qui serre Michael dans ses bras, crie et pleure : Ta pauvre mère ! Ta pauvre mère ! et on dirait bien qu'il sent la boisson. Tante Aggie lui dit : Oh, vous voilà ! puis elle fait du thé, des œufs et des saucisses. Elle m'envoie dehors chercher une bouteille de *stout* pour Papa et je me demande pourquoi elle est tout à coup si gentille et si généreuse. On va aller dans notre maison à nous, Papa ? demande Michael.

On va y aller, fiston.

Alphie retourne dans le landau avec le charbon et le bois pour le feu plus les trois vieux paletots. Tante Aggie se tient sur le pas de sa porte et nous dit d'être de bons garçons, de revenir prendre le thé quand on voudra, et il y a une mauvaise pensée pour elle dans ma tête : Vieille garce. C'est dans ma tête, je n'y peux rien, et il faudra que j'en parle au prêtre à confesse.

Malachy n'est pas dans un fossé, il est là, dans notre maison à nous, en train de manger une portion de poisson-frites qu'un soldat pinté a fait tomber devant le portail de la caserne Sarsfield.

Deux jours plus tard, Maman est rentrée. Elle est faible, toute blanche, et elle marche lentement. Elle explique : Le docteur m'a dit de rester au chaud, de me reposer beaucoup et de prendre des aliments nourrissants, de la viande et des œufs trois fois par semaine. Que Dieu nous garde, ces malheureux docteurs ne savent pas ce que c'est de se trouver démuni. Papa lui prépare du thé et des toasts. Il fait griller du pain pour nous autres et on passe une merveilleuse soirée là-haut en Italie où il fait chaud. Il dit qu'il ne peut pas s'éterniser, qu'il doit retourner travailler à Coventry. Maman se demande comment il ira à Coventry sans un penny en poche. Il se lève tôt le samedi saint et je prends le thé avec lui près du feu. Il fait griller quatre morceaux de pain et les enveloppe dans des feuilles du *Limerick Chronicle*, deux tranches dans chaque poche de son manteau. Maman est encore au lit et il l'appelle du bas de l'escalier : Je vais y aller. Elle répond : Très bien. Ecris quand tu auras débarqué. Mon père part en Angleterre et elle ne sort même pas du lit. Je demande à Papa si je peux l'accompagner à la gare des trains. Non, il ne va pas là-bas. Il va sur la route de Dublin pour voir s'il peut profiter d'une voiture. Il me tapote la tête, me dit de prendre soin de ma mère et de mes frères puis il passe la porte. Je le regarde monter la ruelle jusqu'à ce qu'il tourne au coin. Je monte la ruelle en courant pour le voir descendre Barrack Hill puis Saint-Joseph Street. Je dévale la colline et je le suis aussi loin que je peux. Il doit s'en douter car il se tourne et me lance : Rentre à la maison, Francis. Rentre chez ta mère.

Une semaine plus tard, il y a une lettre disant qu'il est bien arrivé, qu'on doit être de bons garçons, qu'on doit accomplir nos devoirs religieux et, surtout, obéir à notre mère. La semaine d'après, il y a un mandat télégraphique de trois livres et on est fous de joie. On va être riches, on aura du poisson-frites, de la crème renversée, on ira voir des films chaque samedi au Lyric, au Coliseum, au Carlton, à l'Atheneum, au Central et même où c'est le plus chic, au Savoy. On se retrouvera peut-être à prendre du thé et des cakes au Savoy Café avec les rupins et le gratin de Limerick. On veillera à tenir notre tasse de thé avec le petit doigt bien dressé.

Le samedi suivant, pas de mandat, ni le samedi d'après ni plus aucun samedi. Maman retourne quémander à la Société de Saint-Vincent-de-Paul et elle a le sourire au dispensaire quand Mr. Coffey et Mr. Kane blaguent entre eux comme quoi Papa entretiendrait une traînée de Piccadilly. Michael veut savoir ce qu'est une traînée et Maman lui répond que c'est quelque chose qu'on prend avec le thé. Elle passe la plupart du temps près du feu avec Bridey Hannon, à tirer sur ses Woodbine, à boire du thé léger. Les miettes de pain du matin sont toujours sur la table quand on rentre de l'école. Elle ne lave jamais les pots à confiture ni les mugs et il y a des mouches sur le sucre et partout où il y a du sucré.

Elle dit que Malachy et moi devons nous occuper d'Alphie à tour de rôle, le faire sortir en poussette afin qu'il prenne un peu l'air frais. L'enfant ne peut pas rester enfermé en Italie d'octobre à avril. Si on lui dit qu'on veut jouer avec nos copains, elle peut y aller d'une droite à la tête qui cingle l'oreille.

On s'amuse avec Alphie et le landau. Je me tiens en haut de Barrack Hill et Malachy en bas. Je pousse le landau vers le bas de la pente et Malachy est supposé l'arrêter mais au lieu de ça il regarde un copain en patins à roulettes et la voiture d'enfant fonce devant lui, traverse la rue et passe les portes du pub Leniston où les hommes boivent une pinte en paix et ne s'attendent pas à voir débouler un landau avec un gosse à la bouille toute sale qui fait : *Gou-gou ! Gou-gou !* Le barman crie que c'est une honte, qu'il devrait y avoir une loi contre ce genre de conduite, ces bébés qui enfoncent les portes ouvertes dans des poussettes déglinguées, qu'il va nous dénoncer aux gardes, mais, comme Alphie lui fait des signes de la main en souriant, il finit par dire : Ça va bien, ça va bien, le gosse peut avoir une friandise et une limonade, les frères peuvent avoir des limonades aussi, cette paire de déguenillés, juste ciel, c'est un monde, la minute où vous pensez que tout baigne pour vous, voilà qu'une poussette fonce à travers la porte et c'est parti pour distribuer friandises et limonade à droite à gauche, bon, les deux, vous emmenez ce gosse et vous rentrez chez votre mère.

Malachy a une autre idée du tonnerre : on pourrait faire le tour de Limerick comme des étameurs en poussant Alphie avec son landau dans chaque pub pour avoir des friandises et des limonades. Mais moi je n'ai pas envie que Maman s'en rende compte et m'envoie sa droite. Alors, Malachy dit que je ne suis pas sport et il détale. Je pousse le landau dans Henry Street et monte vers l'église rédemptoriste. Il fait gris, l'église est grise comme est grise la petite foule de gens devant la porte de la maison des prêtres. Ils attendent pour mendier les restes du repas des prêtres.

Là, au milieu de la foule, dans son manteau gris sale, se tient ma mère.

Ma propre mère, en train de mendier. C'est pire que la Bourse du Travail, la Société de Saint-Vincent-de-Paul, le dispensaire. C'est la pire sorte de honte, presque aussi moche que de mendier dans les rues où les étameurs montrent leurs enfants galeux en faisant : Donnez-nous un penny pour le pauv' mioche, m'sieur, le pauv' mioche a faim, m'dame.

Ma mère est maintenant une mendiante et, si quelqu'un de la ruelle ou de mon école la voit, toute la famille perdra la face. Mes copains vont inventer de nouveaux noms, me harceler dans la cour de l'école, et je sais ce qu'ils diront :

Frankie McCourt
Le gars de la mendiante
Le Chassieux
Danseur
Gueule chialeuse
Jap.

La porte de la maison des prêtres s'ouvre à la volée et les gens se ruent toutes mains tendues. Je les entends : Frère, frère ! Ici, frère ! Ah, pour l'amour de Dieu, frère ! Cinq enfants à la maison, frère ! Je vois ma propre mère qui joue des coudes. J'aperçois le pincement de sa bouche quand elle s'empare d'un sac, se détourne de la porte, et je me dépêche de pousser le landau en haut de la rue avant qu'elle puisse me voir.

Je ne veux plus rentrer à la maison. Je pousse le landau jusqu'au bas de Dock Road, vers Corkanree où toutes les ordures de Limerick sont déversées et brûlées. Je reste là un moment à regarder des garçons qui pourchassent des rats. Je me demande bien pourquoi ils doivent torturer des rats qui ne se trouvent pas dans leurs maisons. Je pourrais continuer pour toujours dans la campagne si je n'avais pas Alphie qui braille de faim, balance ses jambes potelées et agite son biberon vide.

Maman a lancé le feu et elle fait bouillir quelque chose dans une casserole. Malachy sourit et dit qu'elle a rapporté du corned-beef et quelques patates de chez Kathleen O'Connell. Il ne serait pas si heureux s'il savait qu'il est le fils d'une mendiante. Elle nous fait revenir de la ruelle et, une fois qu'on est attablés, j'ai du mal à regarder ma mère la mendiante. Elle apporte la casserole à table, sert les pommes de terre à la cuillère, une chacun, et utilise une fourchette pour sortir le corned-beef.

Du corned-beef, ce n'en est pas du tout. C'est un gros morceau de graisse grisâtre, toute tremblotante, et la seule trace de corned-beef est une lichette de viande rouge sur le dessus. On regarde fixement ce petit bout de viande en se demandant qui l'aura. C'est pour Alphie, dit Maman. Il est bébé, il grandit vite, il en a besoin. Elle pose le bout dans une soucoupe devant lui. Il le repousse avec le doigt, puis le ramène. Il le porte à sa bouche, lance un regard circulaire dans la cuisine, voit le chien Lucky et le lui jette.

Pas besoin de dire quoi que ce soit. Adieu la viande. On mange nos pommes de terre avec plein de sel et moi mon gras en faisant comme si c'était cette lichette de viande rouge.

XI

Maman nous prévient : Vous avez intérêt à éloigner vos pattes de cette cantine car il n'y a rien là-dedans du moindre intérêt ou qui vous regarde en quoi que ce soit.

Tout ce qu'elle a dans cette cantine, c'est un tas de papiers, des actes de naissance et des extraits de baptême, son passeport irlandais, le passeport anglais de Papa fait à Belfast, nos passeports américains et sa robe de débutante rouge vif à paillettes et volants noirs qu'elle a trimbalée depuis l'Amérique. Elle veut garder pour toujours cette robe afin de se rappeler qu'elle était jeune et qu'elle dansait.

Je ne pense plus à ce qu'elle a dans la cantine jusqu'au jour où je forme une équipe de football avec Billy Campbell et Malachy. On ne peut s'offrir ni tenues ni chaussures, et Billy fait remarquer : Comment est-ce que le monde saura qui on est ? On n'a même pas de nom.

Alors, je me rappelle la robe rouge et un nom me vient : Les Cœurs Rouges de Limerick. Maman n'ouvre jamais la cantine, alors qu'est-ce que ça peut faire si je découpe un morceau de la robe pour fabriquer sept cœurs rouges qu'on pourra se coller sur la poitrine ? Elle-même dit toujours : On ne se tracasse pas pour ce qu'on ne sait pas.

La robe est ensevelie sous les papiers. En regardant ma photo de passeport qui date de quand j'étais petit, je vois pourquoi ils me traitent de Jap. Je tombe sur un papier marqué *Acte de Mariage*, disant que Malachy McCourt et Angela Sheehan furent unis par les saints nœuds du mariage le 28 mars 1930. Comment ça se pourrait ? Je suis né un 19 août et Billy Campbell m'a dit qu'un père et une mère doivent être mariés neuf mois avant qu'un enfant s'annonce. Là, si je me fie à ce que je lis, je suis venu au monde à la moitié du temps. Ça veut dire que je dois être un miracle, que je deviendrai peut-être un saint en grandissant, et qu'il y aura des gens pour fêter la Saint-Francis-de-Limerick.

Il faudra que je demande à Mikey Molloy, toujours expert en Anatomie féminine et Autres Cochonneries.

D'après Billy, on doit s'entraîner si on veut être de grands joueurs de soccer, alors on décide de se retrouver dans le parc. Les garçons râlent quand je présente les cœurs, et je leur explique que si ça ne leur plaît pas ils peuvent aller chez eux découper les robes et les chemisiers de leur propre mère.

Comme on n'a pas l'argent pour un ballon correct, l'un des garçons apporte une vessie de mouton bourrée de chiffons. On se relance la vessie d'un côté à l'autre du terrain jusqu'à ce qu'il y ait des trous par où les chiffons commencent à se barrer et qu'on en ait marre de taper dans une vessie qui ne ressemble plus à rien. Billy dit qu'on se retrouve demain matin samedi pour aller à Ballinaccura voir si on peut défier les garçons riches de Crescent College en match régulier, sept contre sept. Il ajoute qu'on doit agrafer nos cœurs rouges à nos chemises même si ce sont des chiffons rouges.

Malachy rentre à la maison pour le thé mais moi je ne peux pas car je dois voir Mikey Molloy et comprendre pourquoi je suis né à la moitié du temps. Mikey sort justement de sa maison avec son père, Peter. C'est les seize ans de Mikey et son père l'emmène chez Bowles pour sa première pinte. Nora Molloy est chez eux en train de crier après Peter, comme quoi s'ils partent ils peuvent rester partis, elle en a fini de pétrir du pain, elle ne retournera plus jamais à l'asile d'aliénés et s'il ramène cet enfant ivre à la maison elle filera en Ecosse et disparaîtra de la surface de la terre.

Peter dit à Mikey: Ne fais pas attention à elle, Cyclope. Les mères d'Irlande voient toujours la première pinte d'un mauvais œil. Ma propre mère a tenté de tuer mon père d'un coup de poêle à frire quand il m'a emmené pour la première pinte.

Mikey demande à Peter si je peux les accompagner et prendre une limonade.

Peter dit à tous les hommes du pub que Mikey est là pour sa première pinte, mais, comme chacun veut y aller de sa tournée, il proteste: Ah, non, ce serait terrible s'il abusait et s'en dégoûtait complètement.

Les pintes sont tirées et on s'assied contre le mur, les Molloy avec leurs pintes et moi avec ma limonade. Les hommes souhaitent à Mikey tout le meilleur de la vie à venir et n'était-ce pas un bienfait de Dieu qu'il soit tombé de cette gouttière des années de cela et n'ait jamais eu de crise depuis et n'est-ce pas une pitié que ce pauvre petit bougre, Quasimodo Dooley, se soit fait emporter par la phtisie après tout le mal qu'il s'était donné pendant des années pour parler comme un Anglais afin de pouvoir être sur la BBC qui n'est d'ailleurs pas un lieu pour un Irlandais?

Peter va discuter avec les hommes et entre deux petites gorgées de sa première pinte Mikey me chuchote: Je ne crois pas que j'aime ça mais ne le dis pas à mon père. Puis il m'explique comment il pratique l'accent anglais en secret afin de devenir un présentateur de la BBC, ce qui était le rêve de Quasimodo. Il ajoute que je peux reprendre Cuchulain, que celui-ci n'est guère utile quand on lit les informations sur la BBC. Maintenant qu'il a seize ans, il veut aller en Angleterre et, si jamais j'ai un poste de TSF, ce sera lui sur la fréquence nationale de la BBC.

Je lui raconte pour l'acte de mariage, que Billy

Campbell a dit que ça devait être neuf mois, mais, comme je suis né à la moitié du temps, est-ce qu'il saurait si j'ai été un miracle en quelque sorte ?

Nan, dit-il, nan. Tu es un bâtard. Tu es damné.

Tu n'as pas besoin de m'injurier, Mikey.

Je ne t'injurie pas. C'est comme ça qu'on appelle ceux qui naissent avant neuf mois de mariage, ceux qui sont conçus en douce.

C'est quoi, ça ?

Ça, quoi ?

Conçus.

C'est lorsque le sperme atteint l'œuf et que ça grandit et te voilà qui arrive neuf mois plus tard.

Je ne comprends rien à ce que tu dis.

Il murmure : La chose entre tes jambes, c'est la gaule. Je n'aime pas les autres noms, zizi, queue, bite, lance. Bon, ton père il fourre sa gaule dans ta mère et il y a une giclée et ces petits germes montent dans ta mère là où il y a un œuf qui, en grandissant, devient toi.

Je ne suis pas un œuf.

Tu es un œuf. Tout le monde a été un œuf une fois.

Pourquoi je suis damné ? Ce n'est pas ma faute si je suis un bâtard.

Tous les bâtards sont damnés. Ils sont comme les bébés qui n'ont pas été baptisés. Ils sont envoyés dans les limbes pour l'éternité et il n'y a pas moyen d'en sortir et ce n'est pas leur faute. De quoi se poser des questions sur Dieu là-haut sur Son trône, sans aucune miséricorde envers les petits bébés non baptisés. C'est pour ça que je ne vais plus à la chapelle. De toute façon, tu es damné. Ton père et ta mère ont eu la gaule et ils n'étaient pas mariés donc tu n'es pas en état de grâce.

Qu'est-ce que je vais faire ?

Rien. Tu es damné.

Je ne peux pas allumer un cierge ou quelque chose ?

Tu pourrais essayer la Sainte Vierge. C'est elle qui s'occupe des damnés.

Mais je n'ai pas un penny pour le cierge.

Ça va, ça va, voilà un penny. Tu pourras me le rendre dans un million d'années, quand tu auras un boulot. En attendant, ça me coûte une fortune d'être l'expert en Anatomie féminine et Autres Cochonneries.

Le barman est en pleins mots croisés et il demande à Peter : C'est quoi le contraire d'avance ?

Retraite, répond Peter.

C'est ça, dit le barman. Chaque chose a un contraire.

Sainte Mère de Dieu ! fait Peter.

Qu'est-ce que tu as, Peter ? demande le barman.

Qu'est-ce que tu disais avant, Tommy ?

Chaque chose a un contraire.

Sainte Mère de Dieu !

Ça va, Peter ? Elle est bonne, la pinte ?

La pinte est excellente, Tommy, et je suis le champion de descente de pintes toutes catégories confondues, n'est-ce pas ?

Sacrebleu, oui, Peter ! On ne va pas te retirer ça.

Ça veut dire que je pourrais être le champion dans le domaine contraire.

De quoi tu parles, Peter ?

Je pourrais être le champion de pas de pintes du tout.

Allons, Peter, je crois que tu pousses un peu. Ça va bien, la femme à la maison ?

Tommy, enlève-moi cette pinte. Je suis le champion de pas de pintes du tout.

Peter se retourne et prend le verre des mains de Mikey. On rentre chez ta mère, Mikey.

Tu ne m'as pas appelé Cyclope, Papa.

Tu es Mikey. Tu es Michael. On va partir en Angleterre. Plus de pintes pour moi, pas de pintes pour toi, plus de boulange pour ta mère. Allons-y.

On quitte le pub tandis que Tommy le barman nous crie : Tu sais quoi, Peter ? C'est tous ces fichus bouquins que tu lis ! Ils t'ont bousillé le ciboulot !

Peter et Mikey tournent pour rentrer chez eux. Je

dois aller à Saint-Joseph pour allumer le cierge qui me sauvera de la damnation mais je jette un coup d'œil à la vitrine de chez Counihan et là, juste au milieu, je vois une grande plaque de caramel Cleeves et un carton marqué DEUX CARRÉS POUR UN PENNY. Je sais que je suis damné mais l'eau me court des deux côtés de la langue et je pose mon penny sur le comptoir pour Miss Counihan en promettant à la Vierge Marie que mon prochain penny sera pour allumer un cierge, et serait-il possible qu'elle veuille bien en parler à son Fils et retarder la damnation de quelque temps ?

Un penny de caramel Cleeves ne dure pas éternellement et quand il n'y en a plus je dois songer à rentrer à la maison retrouver une mère qui a laissé mon père pousser sa gaule en elle rien que pour que je naisse à la moitié du temps et que je devienne un bâtard. Si jamais elle dit un mot sur la robe rouge ou quoi que ce soit je lui répondrai que je sais tout sur la gaule et elle sera choquée.

Le samedi matin, je retrouve les Cœurs Rouges de Limerick, et on part en vadrouille sur la route à la recherche d'un match de football à gagner. Les garçons sont encore à râler, comme quoi les bouts de robe rouge ne ressemblent pas du tout à des cœurs, et ça jusqu'au moment où Billy leur dit que, s'ils n'ont pas envie de jouer au football, ils peuvent rentrer chez eux et jouer avec les poupées de leurs sœurs.

Il y a des gars qui jouent au football dans un champ de Ballinaccura et Billy les défie. Ils ont huit joueurs et nous seulement sept mais on s'en moque car l'un des leurs est borgne et Billy nous dit de rester du côté où il ne voit rien. D'ailleurs, ajoute-t-il, Frankie McCourt est presque aveugle avec ses deux yeux malades et c'est pire. Nos adversaires sont tous attifés de tricots bleus et blancs, de shorts blancs, et ils ont de bonnes chaussures de football. L'un d'eux fait remarquer que nous avons l'air de ce que rapportent les chats et nous devons empêcher Malachy de leur sauter dessus. Nous nous mettons d'accord pour jouer une demi-heure car les gars de Ballinaccura disent qu'ils doivent aller déjeuner. Déjeuner! Le monde entier dîne au milieu de la journée mais eux ils déjeunent! Si personne ne marque dans la demi-heure, c'est match nul. On avance et on recule jusqu'à ce que Billy ait le ballon, il longe vite fait bien fait la ligne de touche à une telle allure que personne n'arrive à le rattraper et le ballon rentre pour un but. La demi-heure est presque finie mais les gars de Ballinaccura en demandent une autre et ils s'arrangent pour marquer au milieu de cette seconde mi-temps. Puis le ballon part en touche. C'est à nous. Billy se tient sur la ligne avec le ballon au-dessus de sa tête. Il fait semblant de regarder Malachy mais c'est vers moi qu'il lance. Le ballon m'arrive dessus comme si c'était la seule chose qui existe au monde. Il me tombe pile sur le pied et je n'ai plus qu'à pivoter sur la gauche et expédier le ballon droit au but. Il y a comme une blancheur qui m'envahit la tête et j'ai l'impression de monter au ciel. Je plane au-dessus de tout le champ jusqu'au moment où les Cœurs Rouges de Limerick viennent me donner des tapes dans le dos et me dire: C'était un sacré but, Frankie!

Et celui de Billy aussi!

On rentre par O'Connell Avenue et je n'arrête pas de penser à la façon dont le ballon m'est arrivé sur le pied. Sûr qu'il a été envoyé par Dieu ou la Bienheureuse Vierge Marie qui n'aurait jamais adressé pareille bénédiction à quelqu'un de damné pour être né à la moitié du temps et je sais que tant que je vivrai jamais je n'oublierai ce ballon venant de Billy Campbell, ce but.

Maman rencontre Bridey Hannon et sa mère qui remontent la ruelle et elles lui parlent des malheureuses jambes de Mr. Hannon. Pauvre John, c'est une épreuve pour lui de rentrer en pédalant chaque soir à la maison après toute une journée passée sur la grande charrette à livrer le charbon et la tourbe pour les charbonniers de Dock Road. Il est payé de huit heures du matin à cinq heures et demie du soir même s'il doit aller apprêter le cheval bien avant huit heures puis revenir l'installer pour sa nuit bien après cinq heures et demie. Il est toute la journée de-ci de-là sur cette charrette, à lever ces sacs de charbon et de tourbe tout en s'efforçant de garder les pansements sur ses jambes afin que la poussière ne pénètre pas dans les plaies ouvertes. Comme les pansements finissent toujours par coller, ils doivent être arrachés et, quand il rentre à la maison, l'une d'entre nous lui nettoie ses plaies à l'eau chaude et au savon, puis les enduit de pommade et leur applique des pansements propres. Bien sûr, on ne peut pas s'offrir des pansements neufs chaque jour, alors on lave et relave sans cesse les anciens jusqu'à ce qu'ils soient tout gris.

Maman dit que Mr. Hannon devrait voir le docteur et Mrs. Hannon répond : Pardi ! Il a vu le docteur une douzaine de fois, et le docteur dit qu'il doit éviter la station debout. C'est tout. Eviter la station debout. Pensez ! Comment il l'éviterait, la station debout ? C'est qu'il doit travailler. De quoi on vivrait s'il ne travaillait pas ?

Maman dit que Bridey pourrait peut-être trouver un emploi quelconque, et Bridey se vexe. Vous ne savez pas que j'ai une angine de poitrine, Angela ? Vous ne savez pas que j'ai une fièvre rhumatismale et que je pourrais partir à tout moment ? Je dois faire attention.

Maman parle souvent de Bridey, de sa fièvre rhumatismale et de son angine de poitrine. Celle-là ! dit-elle. Elle peut rester assise ici des heures à se plaindre de ses maladies mais ce n'est pas ça qui l'empêche de griller Woodbine sur Woodbine !

Maman dit à Bridey qu'elle est vraiment peinée pour l'angine de poitrine et que c'est terrible comment souffre son père. Mrs. Hannon dit à ma mère que l'état de John empire chaque jour. Et qu'en penseriez-vous, Mrs. McCourt, si votre garçon, Frankie, l'accompagnait sur la charrette quelques heures par semaine et l'aidait avec les sacs ? On peut tout juste se le permettre mais Frankie pourrait gagner un shilling ou deux et John pourrait reposer ses malheureuses jambes.

Maman répond : Je ne sais pas. Il n'a que onze ans, il a eu cette typhoïde, et la poussière de charbon ne serait pas bonne pour ses yeux.

Bridey fait : Il serait dehors, au grand air, et il n'y a rien de tel que l'air frais pour quelqu'un qui a les yeux malades ou qui se remet de la typhoïde, pas vrai, Frankie ?

Si, Bridey.

Je meurs d'envie de partir en tournée avec Mr. Hannon sur la grande charrette comme un vrai travailleur. Si je me débrouillais bien, on pourrait me laisser rester à la maison et me dispenser d'école pour toujours mais Maman dit : Il peut le faire tant que ça n'empiète pas sur l'école et il peut commencer un samedi matin.

Comme je suis maintenant un homme, j'allume le feu tôt le samedi matin, puis je me fais mon propre thé et mon propre pain grillé. J'attends sur le pas de la porte que Mr. Hannon sorte avec sa bicyclette et il y a une délicieuse odeur d'œufs au lard qui arrive de la fenêtre. Maman dit que Mr. Hannon est gâté question nourriture car Mrs. Hannon est aussi folle de lui que le jour où elle l'a épousé. A les voir, on croirait deux amoureux sortis d'un film américain. Bon, le voici qui apparaît, poussant sa bicyclette et tirant des bouffées de sa pipe. Il me dit de grimper sur le cadre de son vélo et hop nous voilà partis pour mon premier boulot d'homme. Sa tête est juste au-dessus de la mienne sur le vélo et l'odeur de la pipe est bien agréable. Ses vêtements sentent le charbon et ça me fait éternuer.

Des hommes marchent ou pédalent dans Dock

Road, vers les charbonneries, les Grands Moulins Rank et la Compagnie de navigation de Limerick. Mr. Hannon ôte sa pipe de sa bouche et me dit que c'est la meilleure matinée de la semaine, celle du samedi, une demi-journée. On commence à huit heures et on a fini quand l'angélus sonne à midi.

D'abord, nous devons apprêter le cheval, le bouchonner bien comme il faut, remplir la mangeoire d'avoine et le seau d'eau. Mr. Hannon me montre comment mettre le harnais puis il me laisse faire reculer le cheval entre les brancards de la charrette. Jaysus! s'exclame-t-il. Tu as le coup, dis-moi, Frankie!

D'entendre ça me rend tellement heureux que j'ai envie de sauter dans tous les sens et de conduire une charrette le reste de ma vie.

Il y a deux hommes qui remplissent les sacs de charbon et de tourbe avant de les peser sur la grande balance en fonte, et chaque sac doit contenir une cinquantaine de kilos. C'est leur boulot d'empiler les sacs sur la charrette pendant que Mr. Hannon va au bureau pour les bons de livraison. Les préposés aux sacs sont rapides et, ça y est, nous sommes prêts pour la tournée. Mr. Hannon s'assied sur le côté gauche de la charrette et m'indique de la mèche de son fouet où je dois m'asseoir sur le côté droit. Comme c'est dur de grimper vu la hauteur de la charrette et l'encombrement des sacs, j'essaie de monter en escaladant la roue. Mr. Hannon me dit de ne jamais refaire un truc pareil. N'approche jamais ta jambe ou ta main d'une roue quand un cheval est attelé aux brancards. L'idée peut lui venir de faire un tour et te voilà avec la jambe ou le bras pris dans la roue et arraché du corps sans que tu puisses faire autre chose que regarder. Puis il fait au cheval: Allez, huhau! et le cheval secoue la tête, agite le harnais, et Mr. Hannon se marre: Cet idiot de canasson adore marner. Dans deux ou trois heures, il n'agitera plus son harnais, je te le garantis.

Dès qu'il commence à pleuvoir, on se couvre avec de vieux sacs à charbon et Mr. Hannon retourne sa pipe dans sa bouche pour garder le tabac au sec. D'après lui, la pluie rend tout plus pénible mais à quoi bon se lamenter ? Autant se plaindre du soleil en Afrique.

On traverse le pont Sarsfield pour faire nos livraisons dans Ennis Road et North Circular Road. Des richards, dit Mr. Hannon, et très lents à mettre la main à la poche pour un pourboire.

On a seize sacs à livrer. Mr. Hannon trouve qu'on a de la veine aujourd'hui car certaines maisons en attendent plus d'un et il ne s'esquintera pas les jambes à force de descendre de cette charrette et de remonter. Quand on s'arrête, il met pied à terre, je tire le sac au bord et le place sur ses épaules. Certaines maisons ont une courette devant la façade où il suffit d'ouvrir une trappe et d'y vider le sac en le tenant par le fond, ce qui est facile. Il y a d'autres maisons avec une arrière-cour tout en longueur et on voit bien que Mr. Hannon souffre des jambes quand il doit transporter les sacs de la charrette à l'appentis près de la porte de service. Ah, Jaysus, Frankie ! Ah, Jaysus ! C'est la seule plainte qu'on entend de lui et ensuite il me demande de lui tendre la main pour remonter dans la charrette. S'il avait une voiturette à bras, dit-il, il pourrait brouetter les sacs de la charrette aux maisons et ce serait une bénédiction mais une voiturette à bras va chercher dans les deux semaines de salaire et qui peut s'offrir ça ?

Les sacs sont livrés, le soleil se montre, la charrette se vide, et le cheval sait que sa journée de travail est finie. C'est épatant d'être assis dans la charrette en laissant flâner son regard le long du flanc du cheval qui ballotte de la queue à la tête sur Ennis Road, au-dessus du Shannon, puis dans la montée de Dock Road. Mr. Hannon déclare que l'homme qui a livré seize fois cinquante kilos de charbon et de tourbe mérite bien une pinte, et que le garçon qui l'a aidé mérite bien une limonade. Il me dit que je devrais aller à l'école, ne pas me retrouver comme lui à toujours travailler avec les deux jambes qui pourrissent sous lui. Va à l'école, Frankie, et tire-toi de Limerick. D'Irlande, même. Cette guerre finira bien un de ces jours et tu pourras aller en Amérique ou en Australie ou dans n'importe quel grand pays libre d'accès où tu n'as qu'à lever les yeux pour voir de la terre à perte de vue. Le monde est vaste et tu pourras vivre de grandes aventures. Si je n'avais pas ces deux jambes, je serais en Angleterre en train de faire ma pelote en usine comme le reste des Irlandais, comme ton père. Non, pas comme ton père. J'ai entendu dire qu'il vous a laissés en plan, hein ? Je me demande comment un homme sain d'esprit peut se carapater ainsi, laissant une épouse et des enfants crever de faim et de froid dans l'hiver de Limerick. L'école, Frankie, l'école ! Les livres, les livres, les livres ! Tire-toi de Limerick avant que tes jambes pourrissent et que ton esprit s'embourbe complètement !

Le cheval va bon train et, de retour à la charbonnerie, on le nourrit, on l'abreuve et on le bouchonne bien. Mr. Hannon lui parle tout le temps. Quand le cheval entend : Mon vieux Segosha, il s'ébroue et presse ses naseaux contre la poitrine de Mr. Hannon. J'aimerais bien ramener ce cheval chez nous et qu'il reste en bas quand on est en Italie mais, même si je pouvais lui faire passer la porte, ma mère me crierait qu'un canasson est bien la dernière chose dont on a besoin dans cette maison.

Comme les rues à partir de Dock Road sont trop raides pour que Mr. Hannon puisse continuer à bicyclette en me portant, nous marchons. Ses jambes sont à vif après cette demi-journée et ça prend du temps pour grimper jusqu'à Henry Street. Parfois, il s'appuie sur le vélo ou s'assied sur les perrons des maisons en mordillant la pipe dans sa bouche.

Je me demande quand je toucherai l'argent de ma demi-journée. C'est que Maman pourrait me laisser aller au Lyric si je rentrais à temps avec mon shilling ou ce que me donnera Mr. Hannon. Nous voilà maintenant devant la porte de chez South et il me dit d'entrer. Ne m'a-t-il pas promis une limonade ?

Oncle Pa Keating est assis dans le pub. Il est tout noir comme d'habitude et se trouve à côté de Bill Galvin qui, tout blanc comme d'habitude, renifle et boit à longues gorgées sa pinte noire. Comment va ? demande Mr. Hannon avant de s'asseoir de l'autre côté de Bill Galvin, ce qui fait marrer toute la salle. Jaysus ! fait le barman. Regardez-moi ça ! Deux boulets de charbon et une boule de neige ! Des hommes viennent d'autres coins du pub pour voir les deux hommes noir charbon encadrant l'homme blanc de chaux et ils enverraient volontiers chercher un photographe du *Limerick Leader*.

Et toi qu'est-ce que tu fais tout noir comme ça, Frankie ? demande Oncle Pa. Tu es tombé dans un puits de mine ?

J'ai aidé Mr. Hannon sur la charrette.

Tes yeux sont atroces à voir, Frankie. De vrais trous de pisse dans la neige.

C'est la poussière de charbon, Oncle Pa.

Lave-les quand tu rentreras.

Oui, Oncle Pa.

Mr. Hannon m'offre la limonade, me donne le shilling pour ma matinée de travail et me dit que je peux rentrer maintenant, que je suis un sacré bosseur et que je pourrai l'aider de nouveau la semaine prochaine après l'école.

Sur le chemin de la maison, je me vois tout noirci de charbon dans la vitrine d'un magasin et j'ai l'impression d'être un homme, un homme avec un shilling dans sa poche, un homme qui a pris une limonade au pub avec deux charbonniers et un chaulier. Je ne suis plus un enfant et il me serait facile de quitter Leamy's School pour toujours. Je pourrais travailler chaque jour avec Mr. Hannon et, quand ses jambes iraient trop mal, je pourrais reprendre la charrette et livrer du charbon aux richards le reste de ma vie et ma mère n'aurait pas besoin d'aller faire la mendiante à la maison des prêtres rédemptoristes.

Les gens dans les rues et les ruelles m'adressent des regards curieux. Des garçons et des filles éclatent de rire et m'interpellent : Tiens, voilà le ramoneur ! Combien tu veux pour nous nettoyer le conduit ? T'es tombé dans une cave à charbon ? T'as bronzé à l'obscurité ?

Ils sont ignorants. Ils ne savent pas que j'ai passé la matinée à livrer des centaines de kilos de charbon et de tourbe.

Ils ne savent pas que je suis un homme.

Maman dort là-haut en Italie avec Alphie et il y a un paletot à la fenêtre pour garder la pièce dans le noir. Je lui dis que j'ai gagné un shilling et elle dit que je peux aller au Lyric, que je le mérite. Prends trois pence et laisse le reste du shilling sur la tablette de la cheminée en bas afin que je puisse faire chercher une miche de pain pour le thé. Le paletot glisse soudain de la fenêtre et la pièce s'éclaire. Maman me regarde. Bon Dieu ! Regarde tes yeux ! File en bas ! Je descends te les laver dans une minute !

Elle met la bouilloire à chauffer, me tamponne les yeux avec de la poudre d'acide borique puis me dit que je ne peux pas aller au Lyric ni aujourd'hui ni un autre jour tant que mes yeux n'iront pas mieux et Dieu sait quand ce sera. Tu ne vas pas livrer du charbon avec l'état de tes yeux, dit-elle. C'est sûr que la poussière te les bousillerait.

Je veux le boulot. Je veux rapporter le shilling à la maison. Je veux être un homme.

Tu n'as pas besoin de rapporter un shilling à la maison pour être un homme. Monte, couche-toi et repose-moi ces deux yeux ou c'est un homme aveugle que tu seras.

Je veux ce boulot. Je me lave les yeux trois fois par jour avec la poudre d'acide borique. Je me rappelle Seamus à l'hôpital, comment les yeux de son oncle ont guéri grâce aux exercices de clignement, et je m'oblige à cligner une heure chaque jour. Rien ne surpasse le clignement pour fortifier l'œil, disait-il. Et me voilà qui cligne et cligne jusqu'au moment où Malachy court voir ma mère qui bavarde dans la ruelle avec Mrs. Hannon. Maman, il y a quelque chose avec Frankie, il est là-haut à cligner sans arrêt.

Elle monte en vitesse. Qu'est-ce que tu as qui ne va pas ?

Je fortifie mes yeux par l'exercice.

Quel exercice ?

Le clignement.

Cligner n'est pas un exercice.

Seamus de l'hôpital disait que rien ne surpasse le clignement pour fortifier l'œil. Son oncle a eu des yeux du tonnerre grâce au clignement.

Elle dit que je deviens bizarre et retourne faire la causette avec Mrs. Hannon. Moi, je continue de cligner, puis je baigne mes yeux dans la poudre d'acide borique mélangée à de l'eau chaude. J'entends Mrs. Hannon par la fenêtre : Votre petit Frankie est un bienfait du ciel pour John car c'était d'avoir à monter et remonter sans arrêt dans cette charrette qui lui démolissait complètement les jambes.

Maman ne répond rien, ce qui veut dire qu'elle est si peinée pour Mr. Hannon qu'elle me laissera de nouveau l'aider lors de sa journée chargée qui tombe le jeudi. Je me lave les yeux trois fois par jour et je cligne jusqu'à en avoir mal aux sourcils. Je cligne à l'école quand le maître regarde ailleurs et tous les garçons de ma classe m'appellent Clignard, ajoutant ça à la liste des noms :

Clignard McCourt
Le fils de la mendiante
Le Chassieux
Gueule chialeuse
Danseur
Jap.

Je ne me soucie plus de comment ils m'appellent du moment que mes yeux vont mieux et que j'ai ce boulot régulier qui consiste à soulever des centaines de kilos de charbon sur une charrette. J'aimerais qu'ils puissent me voir le jeudi après l'école lorsque je suis sur la charrette et que Mr. Hannon me tend les rênes pour fumer tranquillement sa pipe. Hep, Frankie, gentil tout doux car c'est là un bon canasson qui n'a pas besoin d'être retenu.

Il me tend aussi le fouet mais on n'en a jamais besoin avec ce cheval. C'est tout pour la frime et je me contente de faire claquer la mèche dans l'air comme Mr. Hannon à moins que j'assomme une mouche sur la belle croupe dorée du canasson qui balance entre les brancards.

C'est sûr que tout le monde me regarde et admire comment je ne fais qu'un avec la charrette, la facilité que j'ai avec les rênes et le fouet. J'aimerais avoir une pipe comme Mr. Hannon et une casquette en tweed. J'aimerais être un vrai charbonnier à la peau noire comme Mr. Hannon et Oncle Pa Keating pour que les gens disent : Tenez, voilà Frankie McCourt qui livre tout le charbon dans Limerick et qui boit sa pinte chez South. Jamais je ne me laverais la figure. Je serais noir chaque jour de l'année, même à Noël où on est supposé faire sa grande toilette pour la venue de l'Enfant Jésus. Je sais que ça ne Lui ferait rien car j'ai vu les Rois mages dans la crèche de Noël à l'église rédemptoriste et l'un d'eux était plus noir que mon oncle Pa Keating, l'homme le plus noir de Limerick, et si un Roi mage est noir ça veut dire que partout où vous allez dans le monde il y a quelqu'un qui livre du charbon.

Le cheval lève la queue et de grosses crottes jaunes et fumantes lui tombent du derrière. Je commence à tirer les rênes pour qu'il puisse s'arrêter et faire tranquillement son affaire mais Mr. Hannon dit : Non, Frankie, laisse-le trotter. Ils crottent toujours au trot. C'est l'un des avantages qu'ont les chevaux, de crotter au trot, et ils ne sont pas crasseux et puants comme l'espèce humaine, point du tout, Frankie. La pire chose au monde est d'aller aux cabinets après un homme s'étant tapé la veille au soir plein de pieds de porc et de pintes. Ce genre de puanteur pourrait déformer à jamais les narines d'un athlète. Les chevaux sont différents. Ils prennent juste de l'avoine et du foin et ce qu'ils expulsent est propre et naturel.

Je travaille avec Mr. Hannon le mardi et le jeudi après l'école, plus la demi-journée du samedi matin, ce qui fait trois shillings pour ma mère bien qu'elle s'en fasse tout le temps pour mes yeux. A la minute où je rentre, elle les lave et me les fait reposer une demi-heure.

Mr. Hannon dit qu'il m'attendra près de Leamy's School le jeudi après ses livraisons dans Barrington Street. Cette fois, les garçons me verront. Cette fois, ils sauront que je suis un travailleur et plus qu'un Jap danseur à la gueule chialeuse et aux yeux chassieux. Mr. Hannon dit : En voiture ! et je grimpe dans la charrette comme un vrai travailleur. Je regarde les garçons qui me reluquent. Bouche bée, ils restent. Je dis à Mr. Hannon que je vais prendre les rênes s'il veut fumer sa pipe tranquillement et, à l'instant où il me les tend, je suis sûr d'entendre les garçons s'étrangler de surprise. Je fais au cheval : Allez, huhau ! comme Mr. Hannon, on part au trot et je sais qu'en ce moment même des douzaines de garçons de Leamy's commettent le mortel péché d'envie. Allez, huhau ! refais-je au cheval histoire d'être sûr que chacun d'eux a entendu, qu'ils sachent que c'est moi le conducteur de cette charrette et personne d'autre, qu'ils n'oublient jamais que c'est moi qu'ils ont vu sur cette charrette avec les rênes et le fouet. C'est le meilleur jour de ma vie, mieux que le jour de ma première communion, que Grand-mère a gâché, mieux que le jour de ma confirmation, quand j'ai eu la typhoïde.

Ils ne me traitent plus de tous les noms. Ils ne se

moquent pas de mes yeux chassieux. Ils veulent savoir comment j'ai eu un aussi bon boulot à onze ans, et ce que je suis payé, et si j'aurai toujours ce boulot. Ils veulent savoir s'il y a d'autres bons boulots dans les charbonneries et si par hasard je ne pourrais pas glisser un bon mot pour eux.

Et puis il y a les malabars de treize ans qui viennent coller leur visage au mien et disent qu'ils devraient avoir ce boulot car ils sont plus grands et moi je ne suis rien qu'un petit foutriquet maigrichon qui n'a pas la carrure. Ils peuvent dégoiser tant qu'ils veulent. J'ai le boulot et Mr. Hannon me dit que je suis du tonnerre.

Il y a des jours où ses jambes sont si amochées qu'il peut à peine marcher et on devine que Mrs. Hannon s'inquiète. Elle me donne un mug de thé et je la regarde qui lui retrousse les jambes du pantalon et dépiaute les pansements sales. Les plaies sont rouges, jaunes et encrassées de poussière de charbon. Elle les nettoie avec de l'eau savonneuse et leur applique une teinture jaune. Puis elle lui pose les jambes sur une chaise et c'est là qu'il passe le reste de la soirée, à lire le journal ou un livre tiré de l'étagère au-dessus de sa tête.

Ses jambes s'amochent tellement qu'il doit se lever une heure plus tôt le matin pour dissiper la raideur et changer de bandage. Un samedi matin, il fait encore noir quand Mrs. Hannon frappe à notre porte et demande s'il me serait possible d'aller voir un voisin et de lui emprunter sa voiturette à bras pour la monter sur la charrette car Mr. Hannon ne pourra jamais porter les sacs aujourd'hui. Et, pendant que j'y suis, me serait-il possible de les décharger à sa place en me servant de la voiturette à bras? Comme il est également incapable de me prendre sur sa bicyclette, je dois aller le retrouver à la charbonnerie avec la voiturette à bras.

Le voisin dit: Que ne ferait-on pour Mr. Hannon? Dieu le bénisse.

J'attends au portail de la charbonnerie et je le vois

pédaler vers moi, plus lentement que jamais. Il est si raide qu'il peut à peine descendre du vélo. T'es un chic type, Frankie, me dit-il. Puis il me laisse apprêter le cheval bien que j'aie encore du mal à passer le harnais. Ensuite, il me laisse sortir la charrette de la charbonnerie, aller dans les rues verglacées, et j'aimerais pouvoir conduire éternellement, ne jamais rentrer à la maison. Mr. Hannon me montre comment tirer les sacs au bord de la charrette et les faire tomber sur le sol de façon à pouvoir les placer facilement dans la voiturette à bras avant de pousser celle-ci vers les maisons. Il m'explique comment soulever et pousser les sacs sans m'éreinter et voilà nos seize sacs livrés à midi.

J'aimerais que les garçons de Leamy's me voient maintenant, la façon dont je mène le cheval et me débrouille avec les sacs, la façon dont je fais tout tandis que Mr. Hannon se repose les jambes. J'aimerais qu'ils me voient pousser la voiturette à bras jusque devant chez South, puis prendre ma limonade avec Mr. Hannon, Oncle Pa et moi qui sommes tout noirs et Bill Galvin qui est tout blanc. J'aimerais montrer à chacun les pourboires que Mr. Hannon me laisse garder, quatre shillings, plus celui qu'il me donne pour la matinée de travail, ce qui fait cinq shillings au total.

Maman est assise près du feu. Quand je lui tends l'argent, elle me regarde, fait tomber les pièces dans son giron et se met à pleurer. Je suis surpris car l'argent est supposé faire votre bonheur. Regarde tes yeux, dit-elle. Va à ce miroir et regarde tes yeux.

Mon visage est noir et mes yeux sont pires que jamais. Le blanc et les paupières sont rouges, le machin jaune suinte aux coins et sur les cils du bas. Si le suintement reste un peu, il forme une croûte qui doit être grattée ou enlevée à l'eau.

Maman dit que c'en est terminé. Fini avec Mr. Hannon. J'essaie d'expliquer qu'il a besoin de moi. Il ne peut presque plus marcher. Ce matin, j'ai eu tout à faire, conduire la charrette, pousser la voiturette à bras avec les sacs, m'asseoir au pub, boire de la limonade, écouter les hommes discuter de qui est le meilleur, Rommel ou Montgomery.

Elle dit qu'elle est navrée pour les malheurs de Mr. Hannon mais on a nos malheurs à nous et la dernière chose dont elle aurait besoin en ce moment serait un fils aveugle qui irait trébuchant dans les rues de Limerick. C'est déjà assez moche que tu aies failli mourir de la typhoïde, non ? Maintenant, tu veux devenir aveugle par-dessus le marché !

Et voilà que je ne peux pas m'arrêter de pleurer car c'était là ma chance d'être un homme et d'apporter à la maison l'argent que le petit télégraphiste n'a jamais apporté de la part de mon père. Je ne peux pas m'arrêter de pleurer car je ne sais pas ce que va faire Mr. Hannon le lundi matin quand il n'aura personne pour l'aider à tirer les sacs au bord de la charrette et les transporter vers les maisons. Je ne peux pas m'arrêter de pleurer en pensant à sa façon d'être avec ce cheval qu'il appelle *Mon Doux* car il est si gentil lui-même, et que deviendra le cheval si Mr. Hannon n'est pas là pour le sortir, si je ne suis pas là pour le sortir ? Est-ce que ce cheval s'écroulera de faim faute d'avoine et de foin sans compter la pomme qu'on lui donnait de temps en temps ?

Maman dit que je ne devrais pas pleurer, que c'est mauvais pour les yeux. Nous verrons, ajoute-t-elle. C'est tout ce que je peux te dire pour l'instant. Nous verrons.

Elle me nettoie les yeux, puis me donne six pence pour emmener Malachy voir Boris Karloff au Lyric dans *The Man They Could Not Hang*[1] et acheter deux caramels Cleeves. C'est difficile de voir l'écran avec le machin jaune qui suinte de mes yeux et Malachy doit

1. *L'homme qu'ils ne pouvaient pendre*, film américain de Mick Grinde (1939), s'intitulant en français : *Celui qui avait tué la mort*. (*N.d.T.*)

me raconter ce qui se passe. Les gens autour de nous lui disent de la fermer, qu'ils aimeraient bien entendre ce que raconte Boris Karloff et, comme Malachy leur répond, expliquant qu'il ne fait qu'aider son frère aveugle, ils appellent le responsable, Frank Goggin, et celui-ci dit qu'au prochain mot de Malachy il nous vire tous les deux.

Je m'en fiche. J'ai un moyen de dégager mon œil en pressant le machin pour le faire sortir si bien que je peux voir l'écran pendant que l'autre œil se remplit, et je vais de l'un à l'autre, je presse, je regarde, je presse, je regarde, et tout ce que je vois est jaune.

Le lundi matin, Mrs. Hannon revient frapper à notre porte. Elle demande à Maman si Frank voudrait bien descendre à la charbonnerie et dire à l'homme du bureau que Mr. Hannon ne peut se présenter aujourd'hui, qu'il doit voir un docteur pour ses jambes, qu'il se présentera sûrement demain et que ce qu'il ne peut livrer aujourd'hui sera livré demain. Maintenant, Mrs. Hannon m'appelle toujours Frank. Quelqu'un qui livre du charbon par centaines de kilos n'est pas le premier Frankie venu.

L'homme du bureau fait : *Humph*. Je nous trouve très tolérants envers Hannon. Vous, quel est votre nom ?

McCourt, monsieur.

Dites à Hannon qu'il nous faut un mot du docteur. Vous comprenez ça ?

Oui, monsieur.

Le docteur dit à Mr. Hannon qu'il doit aller à l'hôpital ou c'est un cas de gangrène qu'il aura et ce ne sera pas la faute au docteur. L'ambulance emmène Mr. Hannon et mon super boulot s'envole. Maintenant, je vais être blanc comme tous ceux de Leamy's, sans charrette, sans cheval, sans aucun shilling à rapporter à ma mère.

Quelques jours plus tard, Bridey Hannon vient à notre porte. Elle dit que sa mère aimerait que je vienne la voir, prendre une tasse de thé avec elle.

Mrs. Hannon est assise près du feu avec sa main sur le coussin de la chaise de Mr. Hannon. Assieds-toi, Frank, dit-elle, et, quand je vais pour m'asseoir sur l'une des chaises ordinaires de la cuisine, elle ajoute : Non, assieds-toi là. Assieds-toi sur sa chaise à lui. Sais-tu quel âge il a, Frank ?

Oh, il doit être très vieux, Mrs. Hannon. Il doit bien avoir trente-cinq ans.

Elle sourit. Elle a de jolies dents. Il en a quarante-neuf, Frank, et un homme de cet âge ne devrait pas avoir les jambes comme ça.

Il ne le devrait pas, Mrs. Hannon.

Savais-tu que tu faisais sa joie quand vous alliez sur cette charrette ?

Je ne le savais pas, Mrs. Hannon.

Eh bien, tu faisais sa joie. Nous avons eu deux filles, Bridey que tu connais, et Kathleen qui est montée faire infirmière à Dublin. Mais nous n'avons pas eu de fils et, un jour, il a dit que tu lui donnais le sentiment d'en avoir un.

Je sens que les yeux me brûlent et je n'ai pas envie qu'elle me voie pleurer, surtout que je ne sais pas pourquoi je pleure. D'ailleurs, c'est tout ce que je fais ces temps-ci — pleurer. Est-ce le boulot ? Est-ce Mr. Hannon ? Toujours est-il que ma mère dit que j'ai la vessie bien près de l'œil.

Je crois que je pleure à cause du ton paisible de Mrs. Hannon et elle a ce ton-là à cause de Mr. Hannon.

Comme un fils, poursuit Mrs. Hannon, et je suis contente qu'il ait eu ce sentiment. Sa vie de travailleur est derrière lui, tu sais. Il lui faudra rester à la maison à partir de maintenant. Si un remède se présente, il pourra peut-être trouver un boulot de gardien où il n'aura pas de poids à soulever et à traîner.

Je n'aurai plus de boulot, Mrs. Hannon.

Tu as un boulot, Frank. L'école. C'est ça, ton boulot.

Ce n'est pas un boulot, Mrs. Hannon.

Tu n'auras plus jamais un boulot pareil, Frank. Ça

brise le cœur de Mr. Hannon de penser à toi en train de tirer des sacs de charbon hors d'une charrette, ça brise aussi le cœur de ta mère et, en plus, ça t'abîmerait les yeux pour de bon. Dieu sait que je suis navrée de vous avoir embringués là-dedans, toi et ta pauvre mère qui se trouvait prise entre tes yeux et les jambes de Mr. Hannon.

Puis-je aller à l'hôpital voir Mr. Hannon ?

On ne te laissera peut-être pas entrer mais tu pourras venir le voir ici, ça oui. Dieu sait qu'il ne fera pas grand-chose à part lire et regarder par la fenêtre.

Quand je rentre à la maison, Maman me dit : Tu ne devrais pas pleurer mais bon, après tout les larmes sont salées et elles laveront tes yeux de cette saleté.

XII

Il y a une lettre de Papa. Il arrivera à la maison deux jours avant Noël. Il dit que tout sera différent, il est un autre homme, il espère que nous sommes de bons garçons qui obéissons à notre mère et accomplissons nos devoirs religieux, et il nous apportera à tous quelque chose pour Noël.

Maman m'emmène pour qu'on aille l'attendre à la gare des trains. La gare est toujours passionnante avec toutes les allées et venues, les gens penchés aux fenêtres des voitures, qui pleurent, sourient, font des signes d'au revoir, et la locomotive qui siffle, appelle au départ puis s'éloigne en haletant dans des nuages de vapeur, les autres gens qui reniflent sur le quai, les voies ferrées qui s'argentent au loin, vers Dublin et le monde au-delà.

Il est maintenant près de minuit et le froid tombe sur le quai vide. Un homme avec une casquette des chemins de fer nous demande si on ne préférerait pas attendre dans un endroit chaud. Maman répond : Merci mille fois, puis elle rit quand l'homme nous conduit à l'extrémité du quai où on doit grimper une échelle menant à la tour d'aiguillage. Ça lui prend un moment vu sa corpulence et elle n'arrête pas de dire : Oh, mon Dieu, oh, mon Dieu.

On est au-dessus du monde et il fait sombre dans la tour d'aiguillage à l'exception des lumières rouges, vertes et jaunes qui clignotent quand l'homme se penche sur le pupitre. J'allais justement casser la croûte, dit-il. Si le cœur vous en dit...

Ah, non, merci, fait ma mère, nous n'allons pas vous priver de votre casse-croûte.

L'épouse en prépare toujours trop pour moi, voyez-vous. Même si je devais passer une semaine perché dans cette tour, je serais bien incapable de manger tout ça. Pardi, ce n'est pas un travail de force de surveiller les feux et de manœuvrer de temps en temps ce levier.

Il débouche une bouteille Thermos et verse du cacao dans un mug. Tiens, me dit-il, tape-toi ce cacao.

Il tend à Maman la moitié d'un sandwich. Ah, non, fait-elle, vous pourriez sûrement rapporter ça à vos enfants.

J'ai deux fils, ma petite dame, qui sont partis combattre dans les forces de Sa Majesté le roi d'Angleterre. L'un a servi avec Montgomery en Afrique et l'autre est là-bas en Birmanie ou je ne sais quelle autre foutue contrée, excusez le langage. On se libère de l'Angleterre et puis voilà qu'on se retrouve à faire ses guerres. Allez, ma petite dame, prenez de ce sandwich.

Des lumières font clic-clic sur le pupitre et l'homme dit : Votre train qui s'annonce, ma petite dame.

Merci mille fois et joyeux Noël.

Joyeux Noël pour vous-même, ma petite dame, ainsi qu'une bonne et heureuse année. Fais attention sur cette échelle, mon bonhomme. Aide ta mère.

Merci mille fois, monsieur.

On va de nouveau attendre sur le quai pendant que le train fait une entrée grondante en gare. Les portières s'ouvrent, quelques hommes descendent avec des valises et se hâtent vers la sortie. Il y a le cliquetis des bidons de lait qu'on dépose sur le quai. Un homme et deux garçons déchargent journaux et magazines.

Aucun signe de mon père. Maman dit qu'il doit être endormi dans une des voitures mais on sait qu'il ne dort pour ainsi dire jamais, même dans son propre lit.

Elle dit que le bateau de Holyhead a dû être retardé, ce qui lui aura fait manquer le train. La mer d'Irlande est déchaînée en cette période de l'année.

Il ne va pas venir, Maman. Il se fiche bien de nous. Il est juste en train de se saouler là-bas en Angleterre.

Ne parle pas comme ça de ton père.

Je ne lui en dis pas plus. Je ne lui explique pas que j'aimerais avoir un père comme l'homme dans la tour d'aiguillage qui vous donne des sandwichs et du cacao.

Le lendemain, Papa apparaît à la porte. Ses dents du haut ont disparu et il a un bleu sous l'œil gauche. D'après lui, la mer d'Irlande était démontée, et quand il s'est penché au-dessus du bord, ses dents sont tombées. Ce ne serait pas plutôt la bibine, par hasard? demande Maman. Ce ne serait pas plutôt une bagarre?

Ah, non, Angela.

Tu disais que tu aurais quelque chose pour nous, Papa, fait Michael.

Oh, mais j'ai.

Il sort de sa valise une boîte de chocolats qu'il tend à Maman. Elle ouvre la boîte et nous montre l'intérieur où manque la moitié des chocolats.

Tu n'aurais pas pu la garder entière? fait-elle.

Elle ferme la boîte et la pose sur la tablette de la cheminée. Nous mangerons les chocolats demain, après notre repas de Noël.

Puis elle lui demande s'il a rapporté de l'argent. Il répond que les temps sont durs, les emplois rares, et elle lui fait: C'est ma fiole que tu te paies? Il y a une guerre en cours et l'Angleterre a des emplois à ne plus savoir qu'en faire. Tu as bu l'argent, c'est ça, hein?

Tu as bu l'argent, Papa!

Tu as bu l'argent, Papa!

Tu as bu l'argent, Papa!

On crie si fort que le petit Alphie se met à pleurer. Oh, les garçons, fait Papa. Allons, les garçons. Du respect pour votre père.

Il enfile sa casquette. Il a un type à voir. Va voir ton

type, dit Maman, mais ne rentre pas ivre ce soir en chantant *Roddy McCorley* ou quoi que ce soit d'autre.

Il rentre ivre mais silencieux et s'affale par terre près du lit de Maman.

Le lendemain, on a un repas de Noël grâce aux coupons d'alimentation que Maman a obtenus de la Société de Saint-Vincent-de-Paul. On a une tête de mouton, du chou, des pommes de terre blanches et farineuses, et une bouteille de cidre parce que c'est Noël. Papa dit qu'il n'a pas faim, qu'il prendra du thé. Puis il emprunte une cigarette à Maman. Mange quelque chose, dit-elle. C'est Noël.

Il lui répète qu'il n'a pas faim mais bon, si personne d'autre n'en veut, il mangera les yeux du mouton. Il dit que l'œil est très nourrissant et on s'exclame tous de dégoût. Il fait passer les yeux avec son thé et fume le reste de sa Woodbine. Il enfile sa casquette et monte chercher sa valise.

Où est-ce que tu vas ? demande Maman.

A Londres.

En ce jour de Notre Seigneur ? Le jour de Noël ?

C'est le meilleur jour pour voyager. Les gens en auto ne refuseront jamais d'avancer un travailleur vers Dublin. Ils pensent aux tribulations de la Sainte Famille.

Et comment embarqueras-tu sur le bateau pour Holyhead sans un penny en poche ?

Comme je suis venu. Il y a toujours un moment où leur surveillance se relâche.

Il nous embrasse chacun sur le front, nous dit d'être de bons garçons, d'obéir à Maman, de réciter nos prières. Il raconte à Maman qu'il écrira et elle dit : Oh, oui, comme tu l'as toujours fait. Il se tient devant elle avec sa valise. Elle se lève, va prendre la boîte de chocolats et la tend à la ronde. Elle met un chocolat dans sa bouche mais le ressort car il est trop dur et elle est incapable de le mâcher. J'en ai un mou que j'échange contre le dur qui durera plus longtemps. C'est crémeux, riche, et il y a une noix au milieu. Malachy et

Michael se plaignent de ne pas avoir de noix. Et pourquoi c'est toujours Frank qui a la noix ?

Comment, toujours ? demande Maman. C'est bien la première fois que nous avons une boîte de chocolats.

Malachy répond : Il a eu le raisin dans le pain à l'école et tous les garçons ont dit qu'il l'avait donné à Paddy Clohessy, alors pourquoi qu'il ne pourrait pas nous donner la noix ?

Parce que c'est Noël, fait Maman, qu'il a les yeux malades et que la noix est bonne pour les yeux malades.

La noix lui fera du bien aux yeux ? demande Michael.

Tout à fait.

Elle lui fera du bien à un œil ou elle lui fera du bien aux deux yeux ?

Aux deux yeux, je pense.

Si j'avais une noix à moi, déclare Malachy, je la lui donnerais pour ses yeux.

Je sais que tu le ferais, dit Maman.

Papa nous regarde un moment en train de manger nos chocolats. Il lève le loquet, passe la porte et la tire derrière lui.

Maman dit à Bridey Hannon : Les journées sont mauvaises mais les nuits sont pires. Et cette pluie ! Elle ne s'arrêtera donc jamais ? Elle essaie de faire passer les mauvaises journées en restant couchée et en nous laissant, Malachy et moi, allumer le feu le matin pendant qu'elle se redresse un peu dans le lit pour donner des bouts de pain à Alphie et lui porter le mug à la bouche pour le thé qui s'y trouve. On doit descendre en Irlande pour nous laver la figure dans la cuvette sous le robinet et essayer de nous sécher avec la vieille chemise humide qui pend au dossier d'une chaise. Ensuite, elle nous fait venir près du lit pour voir si nous n'aurions pas laissé des colliers de crasse autour de nos cous et si oui retour au robinet et à la chemise humide. Quand une culotte a un trou, elle s'assied dans le lit et la rapièce avec le premier chiffon qui lui tombe sous la main. On va porter des culottes courtes jusqu'à treize ou quatorze ans et nos mi-bas ont toujours des trous qu'il faut repriser. Lorsque Maman n'a pas de laine pour les reprises et que les mi-bas sont de couleur sombre, on peut toujours se noircir les chevilles au cirage, histoire d'y gagner en respectabilité. C'est terrible d'arpenter le monde avec la peau qui se voit par les trous de nos mi-bas. Quand on les porte semaine après semaine, les trous s'agrandissent tellement qu'on doit tirer le mi-bas sous les orteils pour cacher le trou de derrière à l'intérieur de la chaussure. Par temps de pluie, les mi-bas sont trempés à tordre et il faut les suspendre devant le feu le soir dans l'espoir qu'ils seront secs le lendemain matin. Et puis ils durcissent à cause de la croûte de crasse et on craint en tirant dessus pour les passer à nos pieds qu'ils ne tombent en miettes devant nos yeux. Il arrive qu'on soit assez chanceux pour les enfiler correctement, mais alors on doit boucher les trous de nos chaussures et là je me bagarre avec mon frère Malachy pour lui disputer n'importe quel bout de carton ou de papier qui se trouverait dans la maison. Comme Michael a seulement six ans, il est obligé d'attendre qu'il reste quelque chose sauf si Maman nous menace du lit en disant qu'on doit aider notre petit frère. Si vous autres ne rafistolez pas les chaussures de votre frère et que je doive sortir de ce lit, il va y avoir des perruques sur le gazon ! Vous devriez avoir de la peine pour Michael qui est trop âgé pour jouer avec Alphie, trop jeune pour jouer avec vous, et qui ne peut se bagarrer avec personne pour les mêmes raisons.

Le reste de l'habillement est facile : la chemise que je porte au lit est la chemise que je porte à l'école. Je la porte jour après jour. C'est la chemise pour le football, pour escalader des murs, pour piller les vergers. Je vais à la messe ou à la Confraternité dans cette chemise, et les gens reniflent l'air puis changent de place. Si Maman obtient un bon pour une chemise neuve à Saint-Vincent-de-Paul, l'ancienne est promue au rang de serviette et reste pendue humide au dossier de la chaise durant des mois à moins que Maman n'en utilise des bouts pour rapiécer d'autres chemises. Elle peut même la rétrécir et laisser Alphie la porter un certain temps avant qu'elle finisse par terre, poussée contre le bas de la porte pour bloquer la pluie venant de la ruelle.

On se rend à l'école en empruntant des rues et ruelles détournées afin d'éviter les garçons respectables qui vont à l'Ecole des Frères Chrétiens ou les riches qui vont à l'école jésuite, Crescent College. Les garçons des Frères Chrétiens portent des vestes de tweed, des chandails bien chauds, des chemises, des cravates et des bottines flambant neuves. On sait que ce sont eux qui auront les emplois dans la fonction publique et qui aideront les gens qui dirigent le monde. Les garçons de Crescent College portent des blazers et des écharpes à l'insigne de leur école jetées autour du cou et sur les épaules pour montrer qu'ils sont les coqs de la paroisse. Ils ont de longs cheveux qui leur retombent sur le front et les yeux de sorte qu'ils peuvent jouer de l'accroche-cœur comme les Anglais. On sait que ce sont eux qui iront à l'université, qui reprendront l'entreprise familiale, qui dirigeront le gouvernement, qui dirigeront le monde. Pour notre part, nous serons les coursiers à bicyclette qui livreront leurs provisions ou bien nous irons en Angleterre pour travailler sur les chantiers. Nos sœurs garderont leurs enfants et frotteront leurs planchers à moins qu'elles aussi n'aillent en Angleterre. Tout ça, nous le savons. Nous avons honte de notre allure et si les garçons des écoles riches lancent des remarques au passage nous nous bagarrons et nous nous retrouvons le nez en sang ou les habits en lambeaux. Après ça, nos maîtres n'auront aucune patience pour nous et nos bagarres vu que leurs fils vont aux écoles riches et ils diront : Vous n'avez pas le droit de lever la main sur une classe de gens supérieure à la vôtre, ah ça non.

Quand vous rentrez à la maison, vous ne savez jamais si vous n'allez pas trouver Maman assise près du feu à bavarder avec une femme et un enfant inconnus. Toujours une femme et un enfant. Maman les croise en train d'errer dans les rues et son cœur se serre s'ils lui demandent : N'auriez pas trois pence, madame ? Comme elle n'a jamais d'argent, elle les invite à la maison prendre le thé avec du pain grillé et, si la nuit s'annonce mauvaise, elle les laisse dormir au coin du feu sur un amas de frusques. Chaque fois qu'elle leur donne du pain, c'est toujours autant de moins pour nous mais si on se plaint elle répond qu'il y a toujours des gens en pire situation que soi et nous pouvons bien partager un peu ce que nous avons.

Michael est aussi embêtant. Il ramène à la maison des chiens perdus et des vieillards. Vous ne savez jamais si vous n'allez pas trouver un chien dans le lit avec lui. Il y a des chiens avec des plaies, des chiens sans oreilles, sans queue. Il y a un lévrier aveugle qu'il a trouvé dans le parc où des enfants le tourmentaient. Michael a chassé les enfants, a ramassé le lévrier qui était plus gros que lui, et le voilà qui dit à Maman que le chien peut avoir son dîner à lui. Quel dîner ? demande Maman. Encore heureux s'il y a un morceau de pain dans la maison ! Michael répond à Maman que le chien peut avoir son pain à lui. Maman dit que le chien devra partir demain et Michael pleure toute la nuit et de plus belle le matin quand il trouve le chien mort dans le lit à côté de lui. Il n'ira pas à l'école car il doit creuser une tombe dehors, où se trouvait l'écurie, et il veut qu'on aille tous creuser avec lui et dire le rosaire. Malachy dit que c'est inutile de dire des prières pour un chien. Comment tu sais s'il était même catholique ?

Bien sûr que c'était un chien catholique, répond Michael. Je l'ai pas tenu dans mes bras, peut-être ?

Il verse tant de larmes sur le chien que Maman nous laisse tous manquer l'école pour rester à la maison. On est si contents que ça ne nous ennuie pas d'aider Michael pour la tombe, ni même de dire ensuite trois *Je vous salue Marie*. Mais on ne va pas non plus rester plantés là à gâcher une bonne journée sans école en disant le rosaire pour un lévrier mort. Michael a seulement six ans mais, quand il ramène des vieillards, il s'arrange pour démarrer le feu et leur donner du thé. Maman dit que ça la rend folle de rentrer à la maison et de trouver ces vieillards qui boivent dans son mug préféré, qui marmonnent et se grattent près du feu. Elle raconte à Bridey Hannon que Michael a l'habitude de ramener à la maison des vieillards tous un peu fêlés et, s'il n'obtient pas un morceau de pain pour eux, il va frapper chez les voisins et n'a pas honte d'en demander. A la fin, elle dit à Michael : Suffit avec les vieillards. Il y en a un qui nous a laissé des poux et on est infestés.

Les poux sont dégoûtants, pires que les rats. Ils nous grouillent sur la tête, dans nos oreilles, et se nichent dans nos clavicules. Ils creusent dans notre peau. Ils s'insinuent dans les coutures de nos vêtements et envahissent les paletots qui nous servent de couvertures. On doit inspecter chaque pouce du corps d'Alphie car il est bébé et sans défense.

Les poux sont pires que les puces. Les poux s'incrustent, sucent, et on aperçoit notre sang à travers leur peau. Les puces ne font que sautiller et mordre, elles sont propres et on les préfère. Les choses qui sautillent sont plus propres que les choses qui s'incrustent.

On se met d'accord pour qu'il n'y ait plus de femmes, d'enfants, de chiens ni de vieillards errants. On ne veut plus ni maladies ni infections.

Michael pleure.

La voisine de Grand-mère, Mrs. Purcell, est la seule personne de sa ruelle qui ait la TSF. Le gouvernement lui en a fait don car elle est vieille et aveugle. Je veux une radio. Ma grand-mère est vieille mais elle n'est pas aveugle et à quoi bon avoir une grand-mère qui ne veut pas devenir aveugle et se faire donner une radio par le gouvernement ?

Le dimanche soir, je vais m'asseoir sur le trottoir juste sous la fenêtre de Mrs. Purcell pour écouter les pièces de théâtre à la BBC et sur Radio Eireann, la station irlandaise. Vous pouvez entendre des pièces écrites par O'Casey, Shaw, Ibsen et Shakespeare lui-même, le meilleur de tous, même s'il est anglais. Shakespeare, c'est comme les pommes de terre écrasées, vous n'en avez jamais assez. Et vous pouvez aussi entendre d'étranges pièces à propos de Grecs s'arrachant les yeux parce qu'ils ont épousé leur mère par erreur.

Un soir, je suis assis sous la fenêtre de Mrs. Purcell à écouter *Macbeth*. Sa fille Kathleen passe sa tête dans l'embrasure de la porte. Entre, Frankie. Ma mère dit que tu vas attraper la phtisie, assis par terre par ce temps.

Ah, non, Kathleen. Ça va très bien.

Non. Entre.

Elles me donnent du thé et une belle tranche de pain tartinée de confiture de mûres. Aimes-tu le Shakespeare, Frankie ?

J'adore le Shakespeare, Mrs. Purcell.

Oh, il est tout musique, Frankie, et puis ses histoires sont les meilleures du monde. Je ne sais pas ce que je deviendrais le dimanche soir si je n'avais pas le Shakespeare.

Quand la pièce finit, elle me laisse jouer avec le bouton de la radio et je me balade sur le cadran pour attraper des sons lointains sur les ondes courtes, d'étranges chuintements et sifflements, le *whoosh* de l'océan qui va et vient et les *dit dit dit dot* des signaux en morse. J'entends des mandolines, des guitares, des cornemuses espagnoles, les tambours d'Afrique, les plaintes des bateliers sur le Nil. Je vois des marins de quart qui boivent à petites gorgées des mugs de cacao brûlant. Je vois des cathédrales, des gratte-ciel, des chaumières. Je vois les Bédouins dans le Sahara et la Légion étrangère française, des cow-boys dans la prairie américaine. Je vois des chèvres qui gambadent sur les côtes rocheuses de la Grèce où les pâtres sont aveugles vu qu'ils ont épousé leur mère par erreur. Je vois des gens qui bavardent dans des cafés, boivent du vin à lentes gorgées, flânent sur des boulevards et des avenues. Je vois des belles de nuit dans des entrées d'immeuble, des moines chantant les vêpres et puis soudain, après la grosse voix de Big Ben, c'est : *Vous êtes sur la fréquence internationale de la BBC et voici les informations.*

Laisse ça, Frankie, dit Mrs. Purcell, qu'on sache où en est le monde.

Après les informations vient le bulletin des *American Armed Forces* et c'est un régal d'entendre les voix américaines, sereines, veloutées, et en avant la musique, ah, dis donc, la musique de Duke Ellington en personne me disant de prendre le train A pour là où Billie Holiday ne chante que pour moi :

Je ne peux te donner autre chose que de l'amour, chéri.
C'est bien la seule chose dont j'ai toujours, chéri.

Oh, Billie, Billie, j'ai envie d'être en Amérique avec toi et toute cette musique, là où personne n'a les dents gâtées, où les gens laissent à manger dans leurs assiettes, où chaque famille a ses cabinets, où chacun coule des jours heureux.

Et Mrs. Purcell dit : Tu sais quoi, Frankie ?

Quoi, Mrs. Purcell ?

Ce Shakespeare, il est si bon que ce devait être un Irlandais.

Le gérant perd patience. Il dit à Maman : Quatre semaines de retard que vous avez, madame. Il y en a pour une livre et deux shillings. Il va falloir que ça cesse car je dois retourner à l'agence et aviser sir Vincent Nash que les McCourt ont un mois de retard. Où vais-je à ce train-là, madame ? Je vais me retrouver sur le cul, sans travail, avec une mère à entretenir qui a quatre-vingt-douze ans et va communier chaque jour à l'église franciscaine. Le gérant, madame, il perçoit les loyers ou il perd sa place. Je reviendrai la semaine prochaine et si vous n'avez pas l'argent, une livre, huit shillings et six pence au total, c'est sur le trottoir que vous vous retrouverez, avec toute l'eau du ciel qui dégouttera sur vos meubles.

Maman remonte en Italie et s'assied près du feu en se demandant où diable elle va trouver l'argent pour une semaine de loyer sans compter les arriérés. Elle prendrait bien une tasse de thé mais il n'y a pas moyen de faire bouillir l'eau avant que Malachy n'arrache une planche mal fixée de la cloison séparant les deux pièces du haut. Bon, dit-elle, maintenant que c'est fait, on pourrait aussi bien la débiter pour le feu. Nous faisons bouillir l'eau et utilisons le bois restant pour le thé du matin — mais comment faire pour ce soir, demain et après ? Maman dit : Encore une planche de la cloison, une de plus et pas une autre ! Elle dit ça pendant deux semaines, jusqu'au moment où il ne reste plus que les poutres. Elle nous prévient : Il ne faut pas toucher aux poutres maîtresses car elles soutiennent le plafond et même la maison.

Oh, on n'aurait jamais touché à une poutre.

Elle va voir Grand-mère et il fait si froid dans la maison que j'attaque une des poutres à la hache. Malachy m'encourage et Michael tape des mains d'excitation. Je tire sur la poutre, le plafond grince et le lit de Maman reçoit une averse de plâtre, d'ardoises et de pluie. Bon Dieu, on va tous se faire tuer ! fait Malachy tandis que Michael se met à danser partout en chantant : Frankie a cassé la baraque ! Frankie a cassé la baraque !

Nous fonçons sous la pluie pour annoncer la nouvelle à Maman. Elle a l'air intriguée par le refrain de Michael — Frankie a cassé la baraque ! — jusqu'au moment où j'explique qu'il y a un trou dans la maison et que tout s'écroule. Doux Jésus ! fait-elle avant de courir dans les rues avec Grand-mère qui essaie de suivre.

Maman s'arrache les cheveux dès qu'elle voit son lit enseveli sous le plâtre et les ardoises. Qu'allons-nous faire maintenant ? Hein ? Puis elle me hurle dessus pour avoir touché aux poutres. Grand-mère dit : Je vais aller à l'agence leur dire de réparer ça avant que vous soyez tous complètement noyés.

En un rien de temps, elle est de retour avec le gérant. Grand Dieu ! fait-il. Juste ciel ! Où est l'autre pièce ?

Quelle autre pièce ? demande Grand-mère.

Je vous ai loué deux pièces là-haut et il y en a une qui a disparu. Où est cette pièce ?

Quelle pièce ? demande Maman.

Il y avait deux pièces en haut et maintenant il n'y en a plus qu'une. Et qu'est devenu le mur ? Il y avait un mur. Et voilà qu'il n'y en a plus. Je me souviens distinctement d'un mur car je me souviens distinctement d'une pièce. Maintenant, où est ce mur ? Où est cette pièce ?

Je ne me souviens pas d'un mur, dit Grand-mère. Et si je ne me souviens pas d'un mur, comment je me souviendrais d'une pièce ?

Vous ne vous en souvenez pas ? Eh bien, moi je m'en souviens ! Quarante ans de gérance et je n'ai jamais vu une chose pareille ! De Dieu ! C'est une situation complètement impossible quand vous avez à peine tourné le dos que les locataires ne paient pas leur loyer et escamotent murs et pièces par-dessus le marché ! Je veux savoir où est ce mur et ce que vous avez fait de la pièce, ah ça oui !

L'un d'entre vous a-t-il souvenance d'un mur? demande Maman en se tournant vers nous.

Michael lui tire la main. C'est ce mur qu'on a brûlé dans le feu?

Tonnerre de Dieu! s'écrie le gérant. Là, ça dépasse Banagher[1], c'est le fichu bouquet, c'est vraiment pousser les bornes au-delà des limites! Pas de loyer et qu'est-ce que je vais dire à sir Vincent là-bas à l'agence? Dehors, madame, je vous mets dehors! Dans une semaine en huit, je viendrai frapper à cette porte et je ne veux trouver personne dans la maison, tout le monde dehors pour ne jamais revenir. Me comprenez-vous, madame?

Le visage de Maman se crispe. C'est bien dommage que vous ne viviez pas au temps où les Anglais nous chassaient de nos foyers et nous laissaient sur le bas-côté des routes.

Pas d'insolence, madame, ou je fais envoyer les hommes pour vous vider dès demain.

Il passe la porte et la laisse ouverte pour montrer ce qu'il pense de nous. Du diable si je sais ce que je vais faire, dit Maman.

Ma foi, je n'ai pas de place pour vous aut', dit Grand-mère, mais il y a votre cousin, Gerard Griffin, qui habite là-haut à Rosbrien Road dans cette petite maison qu'il tient de sa mère, et il pourra sûrement vous héberger jusqu'à ce que viennent des jours meilleurs. Il est déjà bien tard mais je vais monter voir ce qu'il en dit et Frank n'a qu'à m'accompagner.

Elle me dit d'enfiler un manteau, mais je n'en ai pas. Bon, fait-elle, je suppose que ce n'est pas non plus la peine de te demander si tu as un parapluie. Allons-y.

Elle resserre son châle et je la suis dehors. Après avoir monté la ruelle, on marche sous la pluie trois bons kilomètres jusqu'à Rosbrien Road. Elle cogne à

1. Banagher étant située dans le comté d'Offaly, à environ 150 kilomètres de Limerick. (*N.d.T.*)

la porte d'un petit pavillon situé dans une longue rangée de petits pavillons. Es-tu chez toi, Laman ? Je sais que tu es là-dedans. Ouvre la porte.

Grand-mère, pourquoi tu l'appelles Laman ? Ce n'est pas Gerard, son prénom ?

Comment je le saurais ? Est-ce que je sais pourquoi on appelle Ab ton oncle Pat ? Tout le monde l'appelle Laman, ce bonhomme. Ouvre la porte ! Bon, nous allons entrer. Il doit faire des heures supplémentaires.

Elle pousse la porte. Il fait noir et une vague odeur d'humidité règne dans la première pièce. On dirait que c'est la cuisine et il y a une pièce moins grande à côté. Il y a une petite soupente au-dessus de la chambre à coucher avec une lucarne où bat la pluie. Partout, des caisses, des journaux, des magazines, des restes, des mugs, des boîtes de conserve vides. On voit deux lits qui prennent toute la place dans la chambre à coucher, un qui est immense et un plus petit près de la fenêtre. Grand-mère secoue une forme dans le grand lit. C'est toi, Laman ? Debout, veux-tu bien, debout !

Quoi ? Quoi ? Quoi ? Quoi ?

Il y a un problème. Angela est en train de se faire expulser avec les enfants et il pleut des hallebardes. Il leur faut un toit le temps de se retourner et moi je n'ai pas la place pour eux. Tu peux les mettre en haut dans la soupente si tu veux mais ça n'irait pas vu que les petits ne seraient pas capables de grimper et ils tomberaient et se tueraient, alors toi tu vas en haut comme ça ils peuvent s'installer ici.

D'accord, d'accord, d'accord, d'accord.

Il sort du lit et ça sent le whisky. Il va à la cuisine et tire la table contre le mur afin de pouvoir monter à la soupente. Maintenant c'est bon, dit Grand-mère. Vous aut' pouvez emménager ici dès cette nuit et vous n'aurez pas les expulseurs après vous.

Grand-mère dit à Maman qu'elle rentre à la maison. Elle est fatiguée, trempée, et elle n'a plus vingt-cinq ans. Elle dit qu'on n'a pas besoin d'emporter de lits ou d'autres meubles avec tout le bazar qu'il y a chez Laman Griffin. On met Alphie dans le landau et on entasse autour de lui la casserole, la poêle à frire, la bouilloire, les pots à confiture, les mugs, le pape, deux traversins et les paletots des lits. On tend les paletots au-dessus de nos têtes et on pousse le landau dehors. Maman nous dit de monter sans bruit la ruelle sinon les voisins sauront qu'on est expulsés et ce sera la honte. Le landau a une roue voilée qui le fait pencher et partir dans tous les sens. On essaie de le faire aller droit et on s'amuse bien car minuit doit être passé et c'est sûr que Maman ne nous enverra pas à l'école demain. Ce coup-ci, on emménage si loin de Leamy's School qu'on n'aura peut-être plus jamais à y retourner. Une fois qu'on est loin de la ruelle, Alphie tape sur la casserole avec une cuillère et Michael chante une chanson qu'il a entendue dans un film avec Al Jolson : *Swanee, how I love ya, how I love ya, my dear ol' Swanee*. Il nous fait marrer avec sa façon de vouloir chanter grave comme Al Jolson.

Maman dit qu'elle est contente qu'il soit tard et qu'il n'y ait personne dans les rues pour voir notre honte.

Une fois arrivés à la maison, on sort Alphie et tout le reste du landau afin que Malachy et moi puissions retourner en courant à Roden Lane pour la cantine. Maman dit qu'elle mourrait si elle devait perdre cette cantine et tout ce qu'il y a dedans.

Malachy et moi dormons chacun à un bout du petit lit. Maman occupe le grand lit avec Alphie à son côté et Michael au pied. Tout est humide, moisi, et Laman Griffin ronfle au-dessus de nos têtes. Il n'y a pas d'escalier dans cette maison, ce qui veut dire jamais d'ange de la septième marche.

Mais j'ai douze ans, bientôt treize, et j'ai peut-être passé l'âge des anges.

Il fait encore sombre lorsque le réveil résonne le matin et que Laman Griffin renifle, se mouche le nez et se racle la poitrine. Le plancher grince sous lui et quand il pisse à n'en plus finir dans le pot de chambre on est obligés de plaquer les paletots sur nos bouches pour arrêter de rire tandis que Maman nous chuchote de nous taire. Il grommelle un bon bout de temps au-dessus de nous avant de descendre prendre sa bicyclette et gagner la porte en se cognant partout. Maman murmure : L'alerte est passée, rendormez-vous. Vous pouvez rester à la maison pour aujourd'hui.

On ne peut pas dormir. On est dans une nouvelle maison, on a envie de faire pipi et on veut explorer. Les cabinets sont dehors, à dix pas de la porte de derrière, nos propres cabinets, avec une porte qui ferme et un siège correct où on peut s'asseoir et lire les carrés du *Limerick Leader* que Laman Griffin a laissés pour s'essuyer. Il y a une arrière-cour tout en longueur, un jardin envahi de mauvaises herbes, une vieille bicyclette qui a dû appartenir à un géant, des boîtes de conserve en pagaille, des vieux journaux et magazines pourrissant dans la terre, une machine à coudre rouillée, un chat mort avec une corde autour du cou que quelqu'un a dû balancer par-dessus la clôture.

Michael se met en tête que c'est l'Afrique et il n'arrête pas de demander : Où est Tarzan ? Où est Tarzan ? Il cavale d'un bout à l'autre de l'arrière-cour sans culotte en essayant d'imiter Tarzan chantant à la tyrolienne d'arbre en arbre. Malachy regarde les autres cours par-dessus les clôtures et nous dit : Ils ont des jardins. Ils font pousser des trucs. On pourra faire pousser des trucs. On pourra avoir nos propres patates et tout et tout.

Maman appelle de la porte de derrière : Voyez si vous pouvez trouver quelque chose pour démarrer le feu là-dedans !

Il y a un appentis en bois à l'arrière de la maison. Il est tout croulant et on pourrait sûrement utiliser de son bois pour le feu. Maman est dégoûtée du bois qu'on rapporte. Elle dit qu'il est pourri et plein de vers blancs mais bon, quand on n'a pas de quoi on ne choisit pas. Le bois crépite au-dessus d'un papier enflammé et nous regardons les vers blancs qui essaient de s'échapper. Michael dit qu'il a de la peine pour les vers blancs mais on sait que tout ce qui passe dans le monde lui fait de la peine.

Maman nous raconte que cette maison était autrefois une boutique, que la mère de Laman Griffin vendait des articles d'épicerie par la petite fenêtre, et c'est ainsi qu'elle a été en mesure d'envoyer Laman à Rockwell College afin qu'il puisse finir officier dans la *Royal Navy* et c'est d'ailleurs bien comme ça qu'il a fini, officier dans la *Royal Navy*, et voilà une photographie de lui avec d'autres officiers, tous en train de dîner avec une célèbre vedette du cinéma américain, Jean Harlow. Il n'a plus jamais été le même après sa rencontre avec Jean Harlow. Il est tombé fou amoureux d'elle mais à quoi bon ? Elle était Jean Harlow, lui n'était rien qu'un officier dans la *Royal Navy*, ça l'a poussé à boire et ils l'ont viré de la *Navy*. Et maintenant le voilà bien, simple manœuvre pour l'*Electricity Supply Board* avec une maison qui fait honte à voir. Vous pourriez regarder cette maison du dehors sans jamais vous douter qu'un être humain l'habite. On voit que Laman n'a pas changé un objet de place depuis la mort de sa mère et maintenant il va nous falloir faire le ménage si on veut pouvoir vivre dans cet endroit.

Il y a des caisses remplies de flacons d'huile capillaire violette. Pendant que Maman est sortie pour aller aux cabinets, on ouvre un des flacons et on s'en asperge la tête. Malachy dit que l'odeur est épatante mais, de retour, Maman demande : Qu'est-ce qui pue comme ça ? et elle veut savoir pourquoi nos cheveux sont soudainement tout graisseux. Elle nous fait coller nos têtes sous le robinet du dehors et nous sécher avec une vieille serviette tirée de dessous une pile de magazines appelés *The Illustrated London News*, tellement vieux qu'ils ont des photographies de la reine Victoria et du prince Edouard en train de faire coucou. Il y a des pains de savon de marque Pear et un gros livre intitulé *Pear's Encyclopedia* qui m'occupe jour et nuit car il vous raconte tout sur tout et c'est tout ce que je veux savoir.

Il y a des flacons de Sloan's Liniment, dont Maman dit qu'ils seront bien pratiques quand on aura des crampes et des douleurs dues à l'humidité. Les flacons disent : *La douleur est là. Où est le Sloan ?* Il y a des boîtes d'épingles de sûreté et des sacs pleins à ras bord de chapeaux de femme qui tombent en poussière dès qu'on y touche. Il y a d'autres sacs remplis de corsets, de jarretières, de hautes bottines à boutons pour femmes et de différents purgatifs promettant des joues vermeilles, des yeux brillants et une ondulation des cheveux. Il y a des lettres du général Eoin O'Duffy à Mr. Gerard Griffin, disant bienvenue dans les rangs du *National Front*, au sein des *Irish Blueshirts*, que c'est un plaisir d'apprendre qu'un homme de la trempe de Gerard Griffin s'intéresse au mouvement étant donné son excellente éducation, son instruction à la *Royal Navy*, sa réputation d'illustre rugbyman de l'équipe du *Young Munster* qui a remporté le championnat, la coupe Bateman. Le général O'Duffy forme actuellement une brigade irlandaise qui fera bientôt voile vers l'Espagne pour combattre avec cet illustre catholique qu'est le généralissime Franco en personne, et Mr. Griffin serait d'un puissant renfort pour la Brigade.

Maman dit que la mère de Laman n'a pas voulu le laisser partir. Elle ne s'était pas échinée toutes ces années dans une petite boutique afin de l'envoyer à l'université, pour le voir filer en Espagne se mettre au service de Franco. Alors, il est resté au pays et a trouvé ce boulot consistant à creuser des trous pour les poteaux de l'*Electricity Supply Board* le long des routes de campagne et sa mère était contente de l'avoir pour elle seule à la maison chaque soir sauf le vendredi quand il partait boire sa pinte et se lamenter à propos de Jean Harlow.

Maman est contente qu'on ait des masses de papier pour allumer le feu bien que le bois de cet appentis croulant laisse une odeur écœurante après combustion. De plus, elle craint que les vers blancs s'échappent et fassent des petits.

On travaille toute la journée à transporter caisses et sacs dans l'appentis. Maman ouvre toutes les fenêtres pour aérer la maison, chasser l'odeur d'huile capillaire et dissiper les années de renfermé. Elle dit que ça soulage d'apercevoir enfin le plancher et maintenant on peut s'asseoir, prendre une bonne tasse de thé en paix, tranquillement, confortablement, et est-ce que ce ne sera pas agréable lorsque viendra le temps chaud et qu'on pourra avoir un jardin et s'asseoir dehors pour le thé comme font les Anglais ?

Chaque soir sauf le vendredi, Laman Griffin rentre à six heures pour prendre son thé, puis il se couche jusqu'au lendemain matin. Le samedi, il va au lit à une heure de l'après-midi et y reste jusqu'au lundi matin. Il tire la table de la cuisine contre le mur au-dessous de la soupente, monte sur une chaise, grimpe sur la table, tire la chaise sur la table, remonte sur la chaise, attrape un pied du lit et se hisse enfin. S'il a trop bu le vendredi, il me fait grimper pour lui prendre son oreiller et ses couvertures puis il dort par terre dans la cuisine près du feu ou bien il s'affale dans le lit à côté de mes frères et moi puis il ronfle et pète toute la nuit.

Quand nous sommes arrivés chez lui, il s'est plaint d'échanger sa pièce du bas contre la soupente et maintenant ça le fatigue de sans cesse monter et descendre pour aller aux cabinets de l'arrière-cour. Il appelle d'en haut : Je vais descendre ! Avancez table et chaise ! et on doit débarrasser la table puis la tirer contre le mur. Il en a sa claque, il en a soupé de la grimpette, il va utiliser le mignon pot de chambre de sa mère. Il lui arrive de rester au lit toute la journée à lire des livres de la bibliothèque, à fumer des cigarettes Gold Flake et à lancer quelques shillings à Maman afin qu'elle envoie l'un de nous à la boutique lui chercher des petits pains au lait cuits en galettes pour accompagner son thé ou un beau morceau de jambon avec de la tomate en tranches. De temps en temps, il appelle Maman : Angela ! Ce pot de chambre est plein ! et la voilà qui déplace table et chaise, monte prendre le pot de chambre, descend le vider dehors aux cabinets, le rince puis remonte à la soupente. Son visage se crispe et elle demande : Y aurait-il autre chose que Votre Seigneurie désirerait aujourd'hui ?

Une touche féminine, Angela ! fait-il en riant. Touche féminine et loyer minime !

Laman jette sa carte de bibliothèque de la soupente et me dit d'aller lui chercher deux livres, un sur la pêche à la ligne, l'autre sur l'art du jardinage. Il écrit un mot pour la bibliothécaire comme quoi ses jambes sont en capilotade à force de creuser des trous pour l'*Electricity Supply Board* et à partir de maintenant ce sera Frank McCourt qui ira chercher ses livres. Il sait que le garçon a seulement treize ans, bientôt quatorze, et il sait que le règlement est strict concernant l'admission des enfants dans la section *Adultes* de la bibliothèque, mais le garçon se lavera les mains, aura un comportement correct et fera ce qu'on lui dira, merci bien.

La bibliothécaire lit le mot et dit qu'en voilà un vilain malheur pour Mr. Griffin, authentique gentleman et homme de grande culture, on n'a pas idée des livres qu'il lit, parfois quatre par semaine, et ce jour où il a emprunté un livre en français — en français, notez bien — sur l'histoire de la godille — la godille, notez bien — et elle donnerait n'importe quoi pour jeter un coup d'œil dans sa cervelle car elle doit être regorgeante d'érudition — regorgeante, notez bien.

Elle sort un superbe livre avec des images en couleurs sur les jardins anglais. Je sais ce qu'il apprécie dans le domaine de la pêche, dit-elle avant de choisir un autre bouquin : *A la recherche du saumon irlandais* par le général de brigade Hugh Colton. Oh, il lit des centaines d'ouvrages sur les militaires anglais qui pêchent en Irlande. J'en ai lu moi-même quelques-uns par pure curiosité et on comprend aisément pourquoi ces militaires sont heureux d'être en Irlande après tout ce qu'ils ont dû endurer en Inde, en Afrique et autres régions déshéritées. Ici, au moins, les gens sont polis. On est réputés pour ça, la politesse, et pas pour courir partout en criblant les gens de sagaies.

Laman est couché dans la soupente, il lit ses livres, parle du jour où ses jambes guériront, lorsqu'il sera dehors là dans la cour à planter un jardin qui sera réputé à la ronde pour ses couleurs et sa beauté et, quand il ne sera pas à jardiner, il écumera les rivières autour de Limerick et rapportera du saumon à vous mettre l'eau à la bouche. Sa mère a laissé une recette pour le saumon, un secret de famille, et, s'il avait le temps, si ses jambes n'étaient pas en capilotade, il finirait bien par la retrouver quelque part dans cette maison. Il dit que maintenant que je suis digne de confiance, je peux prendre un livre pour moi chaque semaine mais pas question de rapporter des obscénités à la maison. Je demande ce que sont les obscénités mais comme il refuse de me répondre il faudra que je trouve ça tout seul.

Maman dit qu'elle voudrait s'inscrire elle aussi à la bibliothèque mais ça fait une longue marche de chez Laman, plus de trois kilomètres, et cela m'embêterait-il de lui prendre un livre chaque semaine, un roman sentimental par Charlotte M. Brame ou n'importe quel autre bon écrivain ? Elle ne veut rien sur les militaires anglais en quête de saumon ni aucun livre avec des gens qui se tirent les uns sur les autres. Il y a assez de malheur dans le monde sans qu'on ait à lire des livres sur les gens qui embêtent les poissons et leur prochain.

Grand-mère a attrapé un refroidissement le soir où on a eu le problème dans la maison de Roden Lane et le refroidissement s'est transformé en pneumonie. On l'a emmenée au *City Home Hospital* et maintenant elle est morte.

Son fils aîné, mon oncle Tom, pensait aller travailler en Angleterre comme les autres hommes des ruelles de Limerick mais sa phtisie a empiré, il est revenu à Limerick et maintenant il est mort.

Son épouse, Jane de Galway, l'a suivi, et quatre de leurs six enfants ont dû être mis dans des orphelinats. L'aîné des garçons, Gerry, s'est enfui pour s'engager dans l'armée irlandaise, puis il a déserté et maintenant il est dans l'armée anglaise. L'aînée des filles, Peggy, est allée chez Tante Aggie et maintenant elle vit dans la misère.

L'armée irlandaise recrute des garçons qui ont l'oreille musicale et aimeraient faire leurs classes à l'Ecole militaire de musique. Ils acceptent mon frère, Malachy, et le voilà parti pour Dublin faire le soldat et jouer de la trompette.

Maintenant je n'ai plus que deux frères à la maison et Maman dit que sa famille se défait sous ses propres yeux.

XIII

Les garçons de ma classe à Leamy's School partent pour un week-end de randonnée cycliste à Killaloe. Ils me disent que je devrais emprunter une bicyclette et venir. Tout ce qu'il me faut, c'est une couverture, quelques cuillerées de thé et de sucre, et quelques morceaux de pain pour tenir le coup. J'apprendrai à pédaler sur la bicyclette de Laman Griffin chaque soir quand il sera couché et il me la prêtera sûrement pour les deux jours à Killaloe.

Le meilleur moment pour lui demander quoi que ce soit, c'est le vendredi soir, quand il est de bonne humeur après son début de soirée au pub et son dîner. Il rapporte toujours le même dîner dans ses poches de pardessus : un grand steak gorgé de sang, quatre pommes de terre, un oignon, une bouteille de *stout*. Maman fait bouillir les pommes de terre et grille le steak à la poêle avec l'oignon en tranches. Il garde son pardessus, s'attable et mange le steak à pleines mains. La graisse et le sang dégoulinent sur son menton puis sur le pardessus où il s'essuie les mains. Il boit sa *stout* et se marre, comme quoi il n'y a rien de tel qu'un bon gros steak bien saignant le vendredi soir, et si c'est le pire péché qu'il commette jamais il s'en ira planer au ciel corps et âme, ha ha ha.

Bien sûr que tu peux avoir mon vélo, dit-il. Un garçon doit pouvoir prendre l'air et voir la campagne. Bien sûr. Mais il faut que tu le mérites. On n'a rien sans rien, pas vrai ?

Si.

Et moi j'ai un boulot pour toi. Ça ne t'ennuierait pas de boulonner un peu, n'est-ce pas ?

Ben non.

Et tu aimerais bien aider ta mère ?

Ben oui.

Ma foi, justement, il y a que ce pot de chambre est plein depuis ce matin. Si tu voulais bien grimper le chercher, le descendre, l'emporter aux cabinets, le rincer sous le robinet dehors et remonter avec...

Je n'ai aucune envie de lui vider son pot de chambre mais je rêve de pédaler des kilomètres sur la route de Killaloe, je rêve des champs et du ciel loin de cette maison, d'une baignade dans le Shannon, d'une nuit dans une grange. J'installe chaise et table contre le mur, je monte et, sous le lit, voilà le pot de chambre blanc zébré de marron et de jaune, plein à ras bord de pisse et de merde. Je le tire au bord de la soupente, doucement pour qu'il ne se renverse pas, je retourne sur la chaise, je me hausse pour saisir le pot de chambre, je le descends, je détourne mon visage, je le tiens bon en revenant sur la table, je le pose sur la chaise, je mets pied à terre, je saisis le pot, je l'emporte aux cabinets, je le vide et je vomis derrière les cabinets en attendant de me faire à ce boulot.

Laman dit que je suis un bon garçon et que le vélo est à ma disposition, aussi longtemps que le pot de chambre sera vidé et que je serai là pour courir lui chercher ses cigarettes à la boutique, aller prendre des livres à la bibliothèque et satisfaire toutes ses autres demandes. Pas à dire, tu sais t'y prendre avec un pot de chambre, fait-il. Il se marre et Maman fixe les cendres froides dans l'âtre.

Un jour, il pleut si fort que Miss O'Riordan, la bibliothécaire, me dit : Ne sors pas avec ce qui tombe ou tu vas abîmer les livres que tu emportes. Assieds-toi là-bas et sois sage. Tu peux t'instruire sur les saints en attendant.

Il y a quatre gros livres intitulés *Vies des saints* et c'est Butler qui les a écrits. Je n'ai pas envie de passer ma vie à m'instruire sur les saints mais dès que j'ai commencé je voudrais que la pluie ne s'arrête jamais. Chaque fois que vous voyez des tableaux représentant des saints, hommes ou femmes, ils sont toujours à lever les yeux au ciel où il y a des nuages pleins de petits anges dodus qui tiennent des fleurs ou des harpes et chantent des louanges. Oncle Pa Keating dit qu'il n'arrive pas à imaginer un seul saint au ciel avec qui il aimerait s'asseoir et boire une pinte. Les saints de ces livres-là sont différents. Il y a des histoires sur des vierges, des martyrs, des vierges et martyres, et elles sont pires que n'importe quel film d'horreur au Lyric.

Je dois regarder dans le dictionnaire pour trouver ce qu'est une vierge. Je sais que la Mère de Dieu est la Vierge Marie et on l'appelle ainsi car elle n'a pas eu un vrai époux, seulement ce pauvre vieux saint Joseph. Dans les *Vies des saints,* les vierges sont toujours en train de s'attirer des ennuis et je me demande bien pourquoi. Le dictionnaire dit : *Vierge : femme (d'ordinaire une jeune femme) qui est et demeure en état de chasteté inviolée.*

Maintenant il faut que je regarde *inviolée* et *chasteté* et tout ce que j'arrive à trouver ici c'est que *inviolée* veut dire *non violée* et que *chasteté* veut dire *chaste,* c'est-à-dire *s'abstenant par souci de pureté de tout commerce charnel illicite*. Maintenant il faut que je regarde *commerce charnel* ce qui mène à *rapport sexuel* ce qui mène à *intromission, l'introduction du membre copulateur du mâle. Copulateur* mène à *copulation, l'union des sexes dans le processus de la génération* et je ne sais pas ce que ça veut dire et j'en ai marre d'aller d'un mot à l'autre dans cet énorme dictionnaire qui me fait chasser l'oie sauvage de ce mot-ci à ce mot-là et tout ça parce que ceux qui ont écrit le dictionnaire ne veulent pas que les gens comme moi sachent quoi que ce soit.

Tout ce que je veux savoir, c'est d'où je viens, mais si vous demandez ça à quelqu'un, il vous dira d'aller demander à quelqu'un d'autre ou bien il vous enverra de mot en mot.

Toutes ces vierges et martyres se font dire par des juges romains qu'elles doivent abjurer leur foi et accepter les dieux romains mais elles disent : Nenni, et les juges les font torturer et tuer. Ma préférée, c'est sainte Christine la Mirifique qui met un temps fou à mourir. Le juge dit : Coupez-lui sa mamelle, mais quand ils le font, elle la lui jette à la figure et il devient sourd, aveugle et muet. On met un autre juge sur l'affaire, il dit : Coupez-lui l'autre mamelle, et la même chose se passe. Ils essaient de la tuer avec des flèches mais elles ne font que ricocher sur elle et tuer les soldats qui les ont décochées. Ils essaient de la faire bouillir dans de l'huile mais elle se balance dans le chaudron et pique un roupillon. Là, les juges en ont assez, ils la font décapiter et on n'en parle plus. La fête de sainte Christine la Mirifique est le 24 juillet et je crois que je vais garder cette date pour moi avec la fête de saint François d'Assise le 4 octobre.

La bibliothécaire dit : Il faut que tu rentres maintenant, la pluie a cessé, mais, comme je vais pour passer la porte, elle me rappelle. Elle veut écrire un mot à ma mère et ça ne la dérange pas du tout si je le lis. Le mot dit : *Chère Mrs. McCourt, juste quand vous pourriez croire l'Irlande livrée aux chiens, vous trouvez un garçon assis dans la bibliothèque, tant absorbé dans les* Vies des saints *qu'il ne se rend pas compte que la pluie a cessé, et il vous faut l'arracher aux* Vies *susmentionnées. Je pense, Mrs. McCourt, qu'il se pourrait bien que vous ayez un futur prêtre entre les mains et j'irai allumer un cierge dans l'espoir que cela s'avère. Je vous prie de croire en mes sentiments les meilleurs, Catherine O'Riordan, bibliothécaire adjointe.*

Clocheton O'Halloran est le seul maître de Leamy's National School qui s'asseye jamais. C'est parce qu'il est le directeur ou parce qu'il doit se reposer du cloche-pied que lui fait faire sa jambe courte. Les autres maîtres vont et viennent devant le tableau noir ou bien ils parcourent les rangées et vous ne savez jamais quand vous allez prendre un coup de canne ou de lanière pour avoir donné la mauvaise réponse ou écrit quelque chose d'incorrect. Si Clocheton en a après vous, il vous appellera au tableau pour vous punir devant les trois classes réunies.

Il y a les bons jours, quand il s'assied au bureau et parle de l'Amérique. Mes garçons, dit-il, des friches gelées du Dakota du Nord aux odoriférantes orangeraies de la Floride, les Américains bénéficient de tout l'éventail des climats. Puis il aborde l'histoire de l'Amérique : Si le fermier américain armé de ses seuls fusil à pierre et mousquet a pu arracher un continent aux Anglais, nous autres, guerriers depuis toujours, pouvons sûrement recouvrer notre île.

Si nous n'avons pas envie qu'il nous tourmente avec l'algèbre ou la grammaire irlandaise, nous n'avons qu'à lui poser une question sur l'Amérique et le voilà si échauffé qu'il pourrait y passer la journée entière.

Il s'assied à son bureau et énumère les tribus et les chefs qui font son adoration : *Arapaho, Cheyenne, Chippewa, Sioux, Apache, Iroquois.* Quelle poésie, mes garçons, quelle poésie ! Et maintenant écoutez-moi les chefs : Ours-qui-Rue, Pluie-au-Visage, Bison-Assis, Cheval-Fou et le génie, Geronimo.

Il donne un petit livre à tous les garçons de la septième division, un poème qui va sur des pages et des pages, *Le village abandonné* d'Oliver Goldsmith[1]. Il dit que ça semble être un poème sur l'Angleterre, mais, en vérité, il s'agit d'une complainte dédiée à la terre natale du poète, notre propre terre natale, l'Irlande. Nous devons apprendre ce poème par cœur, une vingtaine de vers par soir à réciter chaque matin. Six garçons sont appelés au tableau pour la récitation et si vous oubliez un vers vous avez droit à deux tapes sur chaque main. Après, il nous dit de mettre les livres sous les pupitres et toute la classe déclame le passage sur le maître d'école du village :

Près du chemin que borde une longue haie de ronces,
Que le genêt en fleur jamais vraiment ne défronce,
Là donc, en sa bruyante masure, habile à gouverner,
Le maître du village instruisait ses petits écoliers.
La vue de cet homme sévère, d'apparence si austère,
M'était, comme à chaque garnement, bien familière.
Craintivement on discernait vite ce qu'aurait de fatal
Le déroulement de la journée sur son visage matinal.
On riait bien aussi, mais avec quelle joie contrefaite,
De ses mots d'esprit dont jamais il n'était en quête.
Puis on commentait rondement d'un chuchotement
[soucieux
Chacune des calamités s'annonçant sur son front
[sourcilleux.

Il ferme toujours les yeux en souriant quand nous arrivons aux derniers vers de l'extrait choisi :

Il était bon cependant, et seul l'amour de l'étude
Lui conférait cette sévérité parfois un peu rude.
Le village vantait à l'unisson l'étendue de son savoir,
Certes il pouvait écrire, pour le calcul c'était notoire,
Et les terres mesurer, les termes et marées prévoir,
Et même jauger — du moins en courait l'histoire.

1. Ecrivain anglais né en Irlande (1728-1774), auteur du *Vicaire de Wakefield*. Le poème en question date de 1770. (*N.d.T.*)

Pour les débats également, le prêtre vantait son talent;
En effet, quoique vaincu, il pouvait arguer encore
[longtemps;
Des mots d'une longueur savante lancés avec impétuosité
Etourdissaient les paysans faisant cercle par curiosité;
Et plus ils étaient là à le contempler, plus ils s'étonnaient
De ce qu'une seule petite tête pût contenir tout ce qu'il
[savait.

Nous savons qu'il adore ces vers parce qu'ils sont sur un maître d'école, sur lui, et il a raison car nous nous demandons comment une seule petite tête peut contenir tout ce qu'il sait et nous nous souviendrons de lui grâce à ces vers. Il dit: Ah, les garçons, les garçons, vous pouvez vous faire vos propres opinions, mais d'abord meublez vos esprits. Vous m'écoutez? Meublez vos esprits et vous pourrez vous mouvoir en un monde resplendissant. Clarke, définissez *resplendissant*.

Je pense que c'est brillant, monsieur.

Succinct, Clarke, mais suffisant. McCourt, donnez-nous une phrase avec *succinct*.

Clarke est succinct mais suffisant, monsieur.

Habile, McCourt. Vous avez un esprit tourné pour la prêtrise, mon garçon. Ou pour la politique. Songez-y.

J'y songerai, monsieur.

Et dites à votre mère de venir me voir.

Je le lui dirai, monsieur.

Maman dit: Non, jamais je ne pourrai approcher Mr. O'Halloran. Je n'ai pas une robe convenable ni le manteau qu'il faut. Pour quelle raison veut-il me voir?

Je ne sais pas.

Eh bien, demande-lui.

Je ne peux pas. Il me tuerait. Quand il dit de faire venir sa mère, il faut faire venir sa mère ou bien paraît la férule.

Elle vient le voir et il lui parle dans le couloir. Il lui dit que son fils Frank doit poursuivre l'école. Il ne doit pas se fourvoyer chez les coursiers. Cela ne mène nulle part. Amenez-le là-haut chez les Frères Chrétiens, dites-leur que vous venez de ma part, dites-leur que c'est un brillant sujet qui devrait aller dans un établissement d'enseignement secondaire puis, de là, à l'université.

Il lui explique qu'il n'est pas devenu directeur de Leamy's National School pour présider une académie de coursiers.

Merci, Mr. O'Halloran, dit Maman.

J'aimerais autant que Mr. O'Halloran s'occupe de ses affaires. Je n'ai pas envie d'aller chez les Frères Chrétiens. Je veux quitter l'école pour toujours et trouver un boulot, recevoir mon salaire chaque vendredi et aller au cinéma le samedi soir comme tout le monde.

Quelques jours plus tard, Maman me dit de bien me laver la figure et les mains car on va rendre visite aux Frères Chrétiens. Je lui dis que je n'ai pas envie d'y aller, que je veux travailler et être un homme. Elle me dit d'arrêter de geindre, que je vais aller dans le secondaire et qu'on s'arrangera d'une manière ou d'une autre. Je vais continuer l'école même si elle doit pour ça frotter des planchers — et c'est sur mes oreilles qu'elle s'entraînera.

Elle frappe à la porte des Frères Chrétiens et dit qu'elle désire voir le supérieur, frère Murray. Celui-ci vient à la porte, regarde ma mère, me regarde, et dit : Qu'est-ce ?

Voici mon fils, Frank. Mr. O'Halloran de Leamy's dit qu'il est brillant et y aurait-il une chance de le faire entrer ici pour l'école secondaire ?

Nous n'avons pas de place pour lui, répond frère Murray avant de nous fermer la porte au nez.

Maman se détourne de la porte et c'est une longue marche silencieuse jusqu'à la maison. Elle enlève son manteau, fait du thé, s'assied près du feu. Ecoute-moi, dit-elle. Tu écoutes ?

J'écoute.

C'est la seconde fois qu'une porte t'est claquée au nez par l'Eglise.

Ah oui ? Je ne me souviens pas.

Stephen Carey vous a dit, à ton père et toi, que tu ne pouvais pas être un enfant de chœur, et il vous a fermé la porte au nez. Tu m'entends ?

Je m'en souviens.

Et maintenant c'est frère Murray qui te claque la porte au nez.

Ça m'est égal. Je veux trouver un boulot.

Son visage se crispe et elle est toute fâchée. Jamais plus tu ne dois laisser quelqu'un te claquer la porte au nez. M'entends-tu ?

Elle commence à pleurer près du feu. Oh, mon Dieu, je ne t'ai pas mis au monde pour fonder une famille de coursiers.

Je ne sais que faire ou que dire. Je suis tellement soulagé de ne pas avoir à rester à l'école cinq ou six années de plus.

Je suis libre.

J'ai treize ans, bientôt quatorze, et c'est juin, le tout dernier mois d'école pour moi. Maman m'emmène voir le prêtre, le Dr. Cowpar, à propos d'un boulot de petit télégraphiste. La directrice du bureau de poste, Mrs. O'Connell, me demande : Savez-vous aller à bicyclette ? et je mens que oui. D'après elle, je ne peux pas commencer avant d'avoir quatorze ans et il me faut donc revenir en août.

Mr. O'Halloran dit à la classe que c'est une honte que des garçons comme McCourt, Clarke et Kennedy soient condamnés à de basses besognes, couper le bois et puiser l'eau. Il est dégoûté de cette Irlande libre et indépendante qui maintient un système scolaire qui nous fut imposé par les Anglais, révolté de voir que nous jetons au fumier nos enfants talentueux. Vous devez quitter ce pays, les garçons. Allez en Amérique, McCourt. Vous m'entendez ?

Je vous entends, monsieur.

Des prêtres viennent à l'école nous recruter pour les missions étrangères, des Rédemptoristes, des Franciscains, des Pères du Saint-Esprit, tous occupés à convertir les lointains païens. Je les ignore. Je suis partant pour l'Amérique jusqu'au moment où un des prêtres attire mon attention. Il dit venir de l'ordre des Pères Blancs, qui sont missionnaires auprès des tribus nomades des Bédouins et aumôniers de la Légion étrangère française.

Je demande comment postuler.

Il me faut une lettre du prêtre de ma paroisse et un examen médical par mon médecin de famille. Le prêtre de ma paroisse écrit la lettre sur-le-champ. Il aurait été content de me voir partir l'an dernier. Le docteur, lui, dit : Qu'est-ce donc ?

C'est une candidature pour entrer chez les Pères Blancs qui sont missionnaires auprès des tribus nomades du Sahara et aumôniers de la Légion étrangère française.

Ah, ouais ? La Légion étrangère française, hein ? Sais-tu quel est le principal moyen de transport dans le désert du Sahara ?

Les trains ?

Non. C'est le chameau. Sais-tu ce qu'est un chameau ?

Ça a une bosse.

Ça a plus qu'une bosse. Ça a un caractère mauvais, méchant, ses dents sont vertes de gangrène, et ça mord. Sais-tu où ça mord ?

Dans le Sahara ?

Non, espèce d'*omadhaun*. Ça te mord en plein dans l'épaule, ça te l'arrache net, d'un coup. Ça te laisse planté de guingois au beau milieu du Sahara. Qu'est-ce que tu dirais de ça, hein ? Et quel genre de spectacle offrirais-tu en flânant tout déjeté dans les rues de Limerick ? Quelle jeune fille saine d'esprit voudra bien s'intéresser à un ex-Père Blanc avec une seule épaule toute misérable et maigrichonne ? Et regarde un peu tes yeux ! Ils sont déjà assez abîmés ici à Limerick. Dans le Sahara, ils s'infecteront, pourriront et te tomberont de la tête. Quel âge as-tu ?

Treize ans.

Rentre chez ta mère.

Ce n'est pas notre maison et on ne s'y sent pas libres comme on l'était à Roden Lane, là-haut en Italie ou en bas en Irlande. Quand Laman revient du travail, il veut lire dans son lit ou dormir et nous devons nous tenir tranquilles. On reste dans les rues tant que le soir n'est pas tombé et quand on rentre il n'y a rien à faire sauf aller au lit et lire un livre si on a une chandelle ou du pétrole pour la lampe.

Maman nous demande d'aller au lit, elle sera à nous dans une minute, dès qu'elle aura grimpé à la soupente avec le dernier mug de thé de Laman. On s'endort souvent avant qu'elle monte mais il y a des nuits où on les entend parler, grogner, gémir. Il y a des nuits où elle ne redescend jamais et Michael et Alphie ont le grand lit pour eux tout seuls. Malachy dit qu'elle reste là-haut parce que c'est trop difficile pour elle de descendre dans le noir.

Il a seulement douze ans et il ne comprend pas.

Moi qui en ai treize, je crois bien qu'ils ont la gaule là-haut.

Je sais pour la gaule et je sais que c'est un péché mais comment ça peut être un péché alors que ça m'arrive dans un rêve où des filles américaines posent en maillot de bain sur l'écran du Lyric et que je me réveille en plein pompage ? C'est un péché lorsqu'on est bien réveillé et qu'on se tripote comme les garçons en parlaient dans la cour de Leamy's après que Mr. O'Dea nous avait hurlé le sixième commandement : Tu ne commettras pas d'adultère, autrement dit pas de pensées impures, de paroles impures, d'actes impurs, et c'est d'ailleurs ça l'adultère : les fameuses Autres Cochonneries.

Un des prêtres rédemptoristes est tout le temps à nous aboyer dessus à propos du sixième commandement. Il dit que l'impureté est un péché si grave que la Vierge Marie détourne son visage et fond en larmes.

Et pourquoi fond-elle en larmes, les garçons ? Elle fond en larmes à cause de vous et de ce que vous faites à son Fils bien-aimé. Elle fond en larmes lorsqu'elle contemple la longue et morne perspective du Temps et découvre avec horreur le spectacle des garçons de Limerick qui se déshonorent, se polluent, se tripotent, s'avilissent et souillent leurs jeunes corps, lesquels sont les habitacles du Saint-Esprit. Notre Dame pleure sur ces abominations, sachant qu'à chacun de vos tripotages vous clouez à la croix son Fils bien-aimé, qu'une fois de plus vous plantez la couronne d'épines dans Sa chère tête, que vous rouvrez Ses effroyables plaies. Proie d'une soif suppliciante, Le voilà en croix et que se voit-Il offrir par ces perfides Romains ? Une éponge de latrines imbibée de vinaigre et de fiel qu'on enfonce de force dans Sa pauvre bouche, une bouche qui s'anime rarement sauf pour prier — pour prier, oui, même pour vous, les garçons, même pour vous qui L'avez cloué à cette croix. Représentez-vous la souffrance de Notre Seigneur. Représentez-vous la couronne d'épines. Représentez-vous une petite épingle vrillant votre crâne, le supplice du percement. Puis représentez-vous une vingtaine d'épines vrillant votre tête. Réfléchissez, méditez sur les clous déchiquetant Ses mains, Ses pieds. Pourriez-vous endurer une fraction de ce supplice ? Prenez à nouveau cette épingle, cette simple épingle. Enfoncez-la dans votre flanc. Augmentez cette sensation au centuple et vous voilà pénétré de cette affreuse lance. Oh, les garçons, le diable veut vos âmes. Il vous veut avec lui en enfer et, sachez-le, chaque fois que vous vous touchez, chaque fois que vous succombez au vil péché d'Onan, non seulement vous clouez le Christ à la croix mais vous vous rapprochez encore d'un pas de l'enfer même. Reculez-vous de l'abîme, les garçons. Résistez au diable et gardez vos mains pour vous !

Je ne peux pas arrêter de me toucher. Je prie la Vierge Marie et lui dis que je suis désolé d'avoir remis son Fils en croix et je ne le referai jamais plus mais je ne peux pas m'en empêcher et je jure d'aller à confesse et ensuite, sûrement ensuite, je ne le referai jamais plus. Je ne veux pas aller en enfer avec des diables qui me harcèleraient l'éternité durant à coups de fourche chauffée à blanc.

Les prêtres de Limerick n'ont guère de patience pour les garçons comme moi. Je vais à confesse et ils disent d'une voix sifflante que je ne suis pas dans une disposition d'esprit propice au repentir, que si je l'étais je renoncerais à ce péché hideux. Je vais d'église en église à la recherche d'un prêtre coulant jusqu'au moment où Paddy Clohessy m'en indique un dans l'église dominicaine qui a quatre-vingt-dix ans et qui est sourd comme un pot. Toutes les deux ou trois semaines, ce vieux prêtre entend ma confession et marmonne que je devrais prier pour lui. Il lui arrive de s'endormir et comme je n'ai pas le cœur de le réveiller je vais communier le lendemain sans avoir fait pénitence ou reçu d'absolution. Ce n'est pas ma faute si j'endors les prêtres et rien que d'être allé à confesse doit suffire à me mettre en état de grâce. Puis, un jour, le petit panneau du confessionnal s'ouvre en coulissant et ce n'est pas du tout mon homme mais un jeune prêtre avec une grande oreille en forme de coquille de mer. Lui va sûrement tout entendre.

Bénissez-moi, mon père, car j'ai péché. Ma dernière confession remonte à une quinzaine de jours.

Et qu'avez-vous fait depuis lors, mon enfant ?

J'ai frappé mon frère. J'ai séché l'école. J'ai menti à ma mère.

Oui, mon enfant, et quoi d'autre ?

J'ai... Je... J'ai fait des cochonneries, mon père.

Ah, mon enfant, fut-ce en solitaire, en compagnie d'une autre personne ou avec quelque bête ?

Quelque bête ! Jamais entendu parler d'un péché pareil. Ce prêtre doit être de la campagne et, si oui, on peut dire qu'il m'ouvre de nouveaux paysages.

La veille de la randonnée à Killaloe, Laman Griffin rentre pinté le soir et s'installe à table pour manger une grande portion de poisson-frites. Il dit à Maman de faire bouillir de l'eau pour le thé et quand elle répond qu'elle n'a ni charbon ni tourbe il l'engueule et la traite de gros tas vivant gratis sous son toit avec sa bande de chiards. Puis il me jette de l'argent pour aller à la boutique chercher deux ou trois mottes de tourbe et du petit bois. Je ne veux pas y aller. J'aurais même envie de le frapper vu comment il traite ma mère mais si je moufte il ne me laissera pas avoir la bicyclette demain après que j'ai attendu trois semaines.

Une fois que Maman a lancé le feu et fait bouillir l'eau, je rappelle à Laman sa promesse de me prêter le vélo.

As-tu vidé le pot de chambre aujourd'hui ?

Oh, j'ai oublié. Je le fais tout de suite.

Il crie : Tu n'as pas vidé mon foutu pot de chambre ! Je te promets le vélo, je te file trois pence par semaine pour acheminer mes messages et vider le pot de chambre et tu es planté là avec ta tronche d'abruti à me dire que tu ne l'as pas fait !

Je suis désolé. J'ai oublié. Je vais le faire maintenant.

Tu vas le faire ? Ah, oui ? Et comment crois-tu que tu vas grimper à la soupente ? Vas-tu tirer la table de dessous mon poisson-frites ?

Allons, fait Maman. Il était à l'école toute la journée et il devait aussi aller chez le docteur pour ses yeux.

Ma foi, tu peux faire une putain de croix sur la bicyclette. Tu n'as pas respecté le marché.

Mais il ne pouvait pas ! s'exclame Maman.

Il lui dit de la fermer, de s'occuper de ses affaires,

et elle va s'asseoir près du feu en silence. Il revient à son poisson-frites mais j'insiste : Vous m'avez promis. J'ai vidé ce pot de chambre et j'ai acheminé vos messages pendant trois semaines.

Ferme-la et va au lit !

Vous ne pouvez pas me dire d'aller au lit. Vous n'êtes pas mon père et en plus vous m'avez promis.

Je te le garantis, aussi sûrement que Dieu fit les petites pommes, si jamais je dois me lever de cette table, tu auras intérêt à appeler ton saint patron !

Vous m'avez promis.

Il tire sa chaise et se lève de table. Il titube vers moi et me colle son doigt entre les yeux. Je te dis de fermer ton clapet, le chassieux !

Je ne le fermerai pas. Vous m'avez promis.

Il me cogne les épaules puis, comme je ne veux pas arrêter, il passe à ma tête. Ma mère se dresse d'un bond, crie et tente de l'éloigner. Il me pousse dans la chambre à coups de poing et de pied mais je continue de dire : Vous m'avez promis. Il m'expédie sur le lit de ma mère et frappe jusqu'à ce que je sois obligé de me protéger le visage et la tête avec mes bras.

Je vais te crever, espèce de petit merdeux !

Maman hurle et s'agrippe à lui jusqu'à ce qu'il recule dans la cuisine. Allez, oh, allez ! Mangez donc votre poisson-frites. Ce n'est qu'un enfant. Ça lui passera.

Je l'entends qui retourne à sa chaise et la rapproche de la table. Je l'entends faire *sniff* et *slurp* pendant qu'il mange et boit. Je peux avoir les allumettes ? demande-t-il. Crénom, j'ai bien besoin d'une sèche après ça. Il y a un *pout-pout* quand il tire sur la cigarette, puis un soupir de ma mère.

Il dit : Je vais au lit, et, vu ce qu'il a bu, ça lui prend un moment pour aller de la chaise à la table, hisser la chaise puis grimper à la soupente. Le lit grince sous lui. Il ôte ses bottes dans un grognement et les balance par terre.

J'entends Maman pleurer quand elle souffle dans le globe de la lampe à pétrole puis tout devient noir.

Après ce qui s'est passé, elle va sûrement vouloir aller dans son propre lit et je suis prêt à me coucher dans le petit côté mur. Au lieu de ça, il y a le bruit habituel qu'elle fait en montant sur la chaise, sur la table, de nouveau sur la chaise, puis la voilà qui sanglote dans la soupente, disant à Laman Griffin : Ce n'est qu'un petit garçon qui a très mal à ses yeux, et quand Laman répond : C'est un petit merdeux et je ne veux pas de lui dans cette baraque, elle éclate en larmes et supplie jusqu'à ce qu'il y ait des chuchotements, des grognements, des gémissements et puis plus rien.

Un moment plus tard, ils ronflent dans la soupente et mes frères sont endormis autour de moi. Je ne peux pas rester dans cette maison car si Laman Griffin s'en reprend à moi je lui planterai un couteau dans le cou. Je ne sais pas quoi faire ni où aller.

Je quitte la maison et je suis les rues de la caserne Sarsfield au Monument Café. Je rêve à comment je retrouverai Laman un jour. Je vais aller en Amérique et je verrai Joe Louis. Je lui raconterai mes ennuis et il comprendra car il vient d'une famille pauvre. Il me montrera comment développer mes muscles, comment tenir ma garde et utiliser mes pieds. Il me montrera comment rentrer mon menton dans mon épaule à sa façon et comment lâcher l'uppercut droit qui enverra Laman au tapis. Laman, je le traînerai jusqu'au cimetière de Mungret où sa famille et la famille de Maman sont enterrées, je l'ensevelirai jusqu'au menton pour qu'il ne puisse plus bouger, il demandera grâce et, là, je dirai : Terminus, Laman, prépare-toi à rencontrer ton créateur, et il suppliera et suppliera tandis que je verserai tout doucement de la terre sur sa figure jusqu'à ce qu'elle soit entièrement couverte et il étouffera et demandera pardon à Dieu de m'avoir refusé le vélo et cogné dans toute la maison et d'avoir eu la gaule avec ma mère et je rirai bien car il ne sera pas en état de grâce après la gaule et il ira en enfer aussi sûrement que Dieu fit les petites pommes comme il disait lui-même.

Les rues sont noires et je dois ouvrir l'œil au cas où je serais chanceux comme Malachy autrefois, quand il avait trouvé du poisson-frites paumé par des soldats pintés. Il n'y a rien par terre. Si je déniche mon oncle, Ab Sheehan, il pourra me donner un peu de son poisson-frites du vendredi soir mais au café on me dit qu'il est déjà venu et reparti. Comme j'ai maintenant treize ans, je ne l'appelle plus Oncle Pat. Je l'appelle Ab ou l'Abbé comme tout le monde. Sûrement que, si je vais à la maison de Grand-mère, il me donnera un morceau de pain ou quelque chose et peut-être même qu'il me laissera rester pour la nuit. Je peux lui dire que dans quelques semaines je serai occupé à porter des télégrammes et à me faire de gros pourboires au bureau de poste et prêt à payer mes propres dépenses.

Il est assis au lit en train de finir son poisson-frites. Par terre, juste devant lui, il y a le *Limerick Leader* où c'était emballé. Il s'essuie la bouche et les mains avec sa couverture puis me regarde. T'as la figure bien enflée. T'es tombé dessus ou quoi ?

Je lui dis que oui vu que ça ne sert à rien de lui répondre autre chose. Il ne comprendrait pas. Tu peux prendre le lit de ma mère pour cette nuit, dit-il. Tu ne vas pas traîner les rues avec cette figure et cette paire d'yeux rouges.

Il ajoute qu'il n'y a rien à manger dans la maison, pas une miette de pain, et il n'est pas plutôt endormi que je me baisse pour ramasser le journal graisseux. Je lèche la première page où il n'y a rien que des annonces pour les films et les bals en ville. Je lèche les gros titres. Je lèche les grandes offensives de Patton et de Montgomery en France et en Allemagne. Je lèche la guerre dans le Pacifique. Je lèche les avis de décès et les tristes poèmes commémoratifs, les pages sportives, le prix officiel des œufs, du beurre et du bacon. Je tète le papier jusqu'à ce qu'il n'y ait plus un pet de graisse.

Je me demande ce que je vais faire demain.

XIV

Le matin, l'Abbé me donne de l'argent pour aller chez Kathleen O'Connell chercher du pain, de la margarine, du thé et du lait. Il fait bouillir de l'eau sur le réchaud à gaz et me dit que je peux prendre un mug de thé. Vas-y mollo avec le sucre, je ne suis pas millionnaire. Et prends une tranche de pain, mais sans la faire trop épaisse.

C'est juillet et l'école est finie pour toujours. Dans quelques semaines, je serai à porter des télégrammes au bureau de poste, à travailler comme un homme. D'ici là, je peux faire tout ce que je veux, me lever le matin, rester au lit, partir pour de longues marches dans la campagne comme mon père, me balader dans les environs de Limerick. Si j'avais de l'argent, j'irais faire un tour au Lyric histoire de manger des bonbons en regardant Errol Flynn tomber tout ce qui bouge. Et puis je peux lire les journaux anglais et irlandais que l'Abbé rapporte à la maison ou alors je peux utiliser les cartes de lecteur de Laman Griffin et de ma mère jusqu'à ce qu'on découvre mon manège.

Maman m'envoie Michael avec une bouteille de lait remplie de thé chaud, deux ou trois tranches de pain frottées d'un genre de graisse et un mot pour dire que Laman Griffin n'est plus fâché et que je peux revenir. Tu vas rentrer à la maison, Frankie ? demande Michael.

Non.

Allez, Frankie. Viens.

J'habite ici maintenant. Je ne reviendrai jamais.

Mais Malachy est parti à l'armée, toi t'es ici, et j'ai pas de grand frère. Tous les garçons ont des grands frères et moi j'ai seulement Alphie. Il a même pas quatre ans et il arrive pas à parler bien.

Je ne peux pas revenir. Je ne reviendrai jamais. Tu peux venir ici quand tu veux.

Des larmes brillent dans ses yeux et ça me fait tellement mal au cœur que j'ai envie de dire : Très bien, je vais venir avec toi, c'était juste pour dire. Mais je sais qu'il me sera impossible de me retrouver face à Laman Griffin et je ne sais pas si je pourrai regarder ma mère en face. Je suis des yeux Michael qui monte la ruelle avec la semelle de sa chaussure bousillée qui claque sur le pavé. Quand je commencerai ce boulot au bureau de poste, je lui en achèterai des chaussures, ah ça oui. Je lui paierai un œuf et l'emmènerai au Lyric pour le film et les bonbons et puis nous irons chez Naughton manger du poisson-frites jusqu'à ce que nos bides dépassent d'un bon kilomètre. Un jour, j'aurai l'argent pour une maison ou un appartement avec la lumière électrique, des cabinets et des lits avec draps, couvertures et oreillers comme le reste du monde. On prendra le petit déjeuner dans une cuisine bien éclairée, avec des fleurs qui dansent dans un jardin tout proche, des tasses et des soucoupes raffinées, des coquetiers, des œufs mollets avec le jaune moelleux à faire fondre le bon beurre industriel, une théière équipée d'un molleton, des toasts avec plein de beurre et de marmelade. On prendra notre temps et on écoutera de la musique à la BBC avec, en plus, l'émission des *American Armed Forces.* J'achèterai des vêtements convenables pour toute la famille afin que nos derrières ne se voient pas à travers nos culottes courtes et qu'on n'ait pas la honte. Penser à la honte me serre le cœur et j'en renifle. Qu'est-ce que t'as ? me demande l'Abbé. T'as pas eu ton pain ? T'as pas eu ton *tay* ? Qu'est-ce tu veux de plus ? La fois prochaine, c'est un œuf que tu voudras !

Pas la peine de répondre à quelqu'un qui est tombé sur la tête et qui vend des journaux pour gagner sa vie.

Il se plaint comme quoi il ne peut me nourrir éternellement et il faudrait que j'aie mon propre pain et mon propre thé. Il ne veut pas rentrer à la maison et me trouver à lire dans la cuisine avec l'ampoule électrique qui brûle à tout va. Il sait chiffrer, ah ça oui, et quand il sortira vendre les journaux il déchiffrera le compteur électrique comme ça il verra combien j'ai dépensé et si je n'arrête pas de mettre cette lumière il ôtera le fusible et le trimbalera dans sa poche et si je place un autre fusible il fera carrément couper l'électricité et reviendra au gaz, qui était bien suffisant pour feu sa pauvre mère et qui lui conviendra sûrement car tout ce qu'il fait c'est s'asseoir sur le lit pour manger son poisson-frites et compter son argent avant de s'endormir.

Je me lève tôt comme Papa et je pars pour de longues marches dans la campagne. Je me promène dans le cimetière de la vieille abbaye de Mungret où est enterrée la famille de ma mère puis je monte l'étroit sentier jusqu'au château normand de Carrigogunnel où Papa m'a emmené deux fois. Je grimpe au sommet et voilà que l'Irlande s'étend devant moi, avec le Shannon qui suit son cours brillant vers l'Atlantique. Papa m'a raconté que ce château a été construit il y a des centaines d'années et si on attend que les alouettes arrêtent leur chanson là-haut on peut entendre les Normands tout en dessous qui battent le fer, discutent et se préparent à livrer bataille. Une fois, il m'a amené ici après la tombée du soir afin qu'on puisse entendre les voix normandes et irlandaises à travers les siècles et je les ai entendues. Si, si.

Des fois, quand je me trouve seul sur les hauteurs de Carrigogunnel, il y a des voix de filles normandes d'antan qui rient et chantent en français et il me suffit de les imaginer pour être tenté et grimper au sommet du château où se trouvait jadis une tour et là, à la face de l'Irlande entière, je me touche et gicle sur tout Carrigogunnel et les champs au-delà.

C'est un péché que je ne pourrai jamais raconter à un prêtre. Escalader de grandes hauteurs et se tripoter face à toute l'Irlande est sûrement pire que de faire pareil dans un lieu privé en solitaire ou en compagnie d'une autre personne ou avec quelque bête. Quelque part là-bas dans les champs ou le long des berges du Shannon, un garçon de ferme ou une laitière pourrait avoir levé les yeux et m'avoir surpris à pécher et si c'est le cas je suis damné car les prêtres disent toujours que quiconque expose un enfant au péché sera jeté à la mer avec une meule de moulin attachée autour du cou.

N'empêche que l'idée d'être observé fait revenir la gaule. Je ne voudrais pas que ce soit un petit garçon qui m'observe. Non, non, ça me vaudrait sûrement la meule, mais s'il y avait une laitière qui matait par en dessous, elle aurait sûrement la gaule et se tripoterait bien que je ne sois pas sûr que les filles puissent se tripoter vu qu'elles n'ont rien à tripoter. Manque d'outillage, comme disait Mikey Molloy.

J'aimerais bien que ce vieux prêtre dominicain dur de la feuille revienne pour que je puisse lui raconter mes malheurs avec la gaule mais maintenant il est mort et je vais devoir affronter un prêtre qui me bassinera sur la meule et la damnation.

Damnation. C'est le mot favori de chaque prêtre de Limerick.

Je reviens par O'Connell Avenue et Ballinaccura où les gens ont leur pain et leur lait livrés chaque jour sur leur perron et il n'y a sûrement aucun mal à ce que j'emprunte une miche ou une bouteille avec toute intention de la rendre quand j'aurai mon boulot au bureau de poste. Je ne vole pas, j'emprunte, et ce n'est pas un péché mortel. Du reste, je suis allé ce matin au sommet du château et j'ai commis un péché bien pire que voler du pain et du lait et si vous commettez un péché vous pouvez aussi bien en commettre quelques autres vu que vous écoperez de la même sentence en enfer. Un péché, l'éternité. Une douzaine de péchés, l'éternité.

Autant vaut être pendu pour un mouton que pour un agneau, comme dirait ma mère. Je me bois donc le demi-litre de lait et laisse la bouteille histoire qu'on ne reproche pas au laitier d'avoir oublié sa livraison. J'aime bien les laitiers car un jour l'un d'eux m'a donné deux œufs cassés que j'ai gobés crus avec les bouts de coquille et tout et tout. Il a dit que je deviendrais costaud si je ne prenais rien d'autre chaque jour que deux œufs dans une pinte de *porter*. Tout ce dont on a besoin est dans l'œuf et tout ce dont on a envie est dans la pinte.

Certaines maisons ont droit à du meilleur pain que les autres. Il coûte plus cher et c'est celui que je prends. Je me sens peiné pour les gens riches qui vont se lever le matin, aller à la porte et s'apercevoir qu'ils n'ont plus de pain, mais je ne peux pas non plus me laisser crever de faim. Si je suis affamé, jamais je n'aurai la force de faire mon boulot de petit télégraphiste au bureau de poste, ce qui veut dire que je n'aurai pas d'argent pour rembourser tout ce pain et ce lait et aucun moyen d'économiser pour aller en Amérique et si je ne peux pas aller en Amérique autant me jeter tout de suite dans le Shannon. C'est seulement une question de semaines avant que je touche mon premier salaire au bureau de poste et ces gens riches ne vont sûrement pas tomber d'inanition d'ici là. Ils peuvent toujours envoyer la servante chercher davantage. Là est la différence entre les pauvres et les riches. Les pauvres ne peuvent pas envoyer la servante chercher davantage parce qu'il n'y a pas d'argent pour ça et même s'il y en avait ils n'auraient pas de servante à envoyer. C'est des servantes qu'il faut que je me méfie. Je dois faire attention lorsque j'emprunte le lait et le pain et qu'elles sont sur le pas des portes à astiquer les poignées, les heurtoirs, les boîtes aux lettres. Si elles me voient, elles fonceront le dire à la maîtresse de maison. Oh, madame, madame, il y a un chenapan par-delà qui chaparde tout le lait et tout le pain !

Par-delà. Les servantes parlent comme ça car elles viennent toutes de la campagne, ces génisses de Mullingar qui sont vaches jusqu'aux talons, comme disait l'oncle de Paddy Clohessy. Même qu'elles ne vous donneraient pas la vapeur de leur pisse.

Je rapporte le pain à la maison et l'Abbé a beau être surpris, il ne demande pas : Où est-ce que tu l'as eu ? car il est tombé sur la tête et ça vous ôte la curiosité. Il se contente de me regarder avec ses grands yeux qui sont bleus au milieu et jaunes tout autour puis il avale bruyamment son thé dans le chouette mug fêlé que sa mère lui a laissé. C'est mon mug à moué et va pas boire ton *tay* là-dans, dit-il.

Là-dans. C'est ça le langage des taudis de Limerick qui souciait toujours Papa. Il disait : Je ne veux pas que mes fils grandissent dans une ruelle de Limerick pour dire : *Là-dans.* C'est commun et vulgaire. Dites : *Là-dedans,* comme il faut.

Et Maman disait : J'espère que ça va comme il faut pour toi mais tu ne fais pas grand-chose pour nous en tirer, de là-dans.

Passé Ballinaccura, j'escalade les murs des vergers pour prendre des pommes. S'il y a un chien, je me trisse car je ne sais pas leur parler comme Paddy Clohessy. Les fermiers me courent après mais ils sont toujours ralentis par leurs bottes de caoutchouc et même s'ils sautent sur une bicyclette afin de me pourchasser moi je saute par-dessus des murs ce qui leur est impossible à vélo.

L'Abbé sait où je trouve les pommes. Si vous grandissez dans les ruelles de Limerick, vous êtes amené tôt ou tard à piller un bon vieux verger. Même si vous détestez les pommes vous devez piller des vergers sinon vos potes diront que vous êtes une lopette.

Je propose toujours une pomme à l'Abbé mais il n'en veut pas vu la rareté de ses dents. Il lui en reste cinq et il ne va pas prendre le risque de les laisser dans une pomme. Si je coupe la pomme en tranches il ne voudra toujours pas en manger car ce n'est pas la bonne façon de manger une pomme. C'est ce qu'il dit et si je fais : Tu tranches bien le pain avant de le manger, non ? il répond : Les pommes est les pommes et le pain est le pain.

C'est comme ça qu'on parle quand on est tombé sur la tête.

Michael revient avec du thé chaud dans une bouteille de lait et deux tranches de pain grillé. Je lui explique que je n'ai plus besoin de ça. Dis à Maman que je m'occupe de moi et que je n'ai besoin ni de son thé ni de son pain grillé, merci bien. Michael est ravi quand je lui donne une pomme en lui disant de venir tous les deux jours pour en avoir d'autres. Du coup, il arrête de me demander de revenir chez Laman Griffin et je suis bien content car il arrête même de pleurer.

Il y a un marché dans le quartier d'Irishtown où les fermiers viennent le samedi avec leurs légumes, leurs poules, leurs œufs, leur beurre. Si je m'y trouve de bonne heure, ils me donnent quelques pence pour aider au déchargement de leurs charrettes ou de leurs camionnettes. A la fin de la journée, ils me donnent les légumes invendables, tout ce qui est écrasé, taché ou en partie pourri. Une fermière me donne toujours des œufs fêlés en me disant : Fais-moi frire d'ces œufs d'main quand tu reviendras d'messe en état d'grâce car si tu boulottes d'ces œufs avec un péché sur ta côscience ils t'colleront au cornet, heulà ouais.

C'est une fermière et elles parlent toutes comme ça.

Moi-même ne vaux guère mieux qu'un mendiant vu comment je me tiens à la porte des vendeurs de poisson-frites quand ils ferment, dans l'espoir qu'il leur reste des frites brûlées ou des bouts de poisson surnageant dans la graisse. S'ils sont pressés, ils me donnent les frites et une feuille de papier journal pour les envelopper.

C'est *News of the World* que j'aime comme journal. Il est interdit en Irlande mais les gens le rapportent en douce d'Angleterre pour les photos choquantes des filles en maillot de bain qui n'y sont presque jamais. Mais bon, il y a quand même de ces histoires sur des gens commettant toutes sortes de péchés que vous ne trouveriez pas à Limerick : obtenir des divorces, commettre l'adultère.

Adultère. Il faut encore que je trouve ce que veut dire ce mot, que je le cherche à la bibliothèque. Je suis sûr que c'est pire que ce que les maîtres nous en apprenaient, les mauvaises pensées, les mauvaises paroles, les mauvaises actions.

J'emporte mes frites à la maison et je m'installe au lit comme l'Abbé. S'il a bu deux ou trois pintes, il s'assied sur le lit et picore ses frites dans le *Limerick Leader* en chantant *La Route de Rasheen*. Je mange mes frites. Je lèche le *News of the World*. Je lèche les histoires sur les gens qui font des choses choquantes. Je lèche les filles dans leurs costumes de bain et quand il ne reste rien à lécher je mate les filles jusqu'au moment où l'Abbé éteint la lumière et là je commets le péché mortel sous la couverture.

Je peux aller à la bibliothèque quand je veux avec la carte de Maman ou celle de Laman Griffin. Jamais je ne me ferai attraper car Laman est trop paresseux pour sortir du lit le samedi et Maman ne s'approchera jamais de la bibliothèque avec ses vêtements qui lui font honte.

Miss O'Riordan sourit. Les *Vies des saints* t'attendent, Frank. Des volumes et des volumes. Butler, O'Hanlon, Baring-Gould. J'ai longuement parlé de toi à la chef bibliothécaire et elle est si contente qu'elle est prête à te délivrer ta propre carte d'adulte. N'est-ce pas merveilleux ?

Merci, Miss O'Riordan.

Je suis en train de tout lire sur sainte Brigid, vierge, fêtée le 1er février. Elle était si belle que tous les hommes d'Irlande brûlaient de l'épouser, et son père voulait qu'elle épouse quelqu'un d'important. Comme elle ne voulait épouser personne, elle pria Dieu de l'aider et Il fit fondre son œil de sorte qu'il coula sur sa joue et laissa une marque tellement grande que les hommes d'Irlande ne s'intéressèrent plus à elle.

Puis il y a sainte Wilgefortis, vierge et martyre, fêtée le 20 juillet. Sa mère eut neuf enfants, tous en même temps, quatre couples de jumeaux et Wilgefortis la seulette, qui tous finirent martyrs de la foi. Wilgefortis était belle et son père voulait la marier au roi de Sicile. Wilgefortis fut au désespoir et Dieu l'aida en lui faisant pousser barbe et moustache sur le visage, ce qui fit réfléchir à deux fois le roi de Sicile mais mit son père dans une telle rage qu'il la fit crucifier, barbe et tout et tout.

Sainte Wilgefortis est celle qu'on prie si on est une Anglaise flanquée d'un mari emmerdant.

Les prêtres ne nous parlent jamais des vierges et martyres comme sainte Agathe, fêtée le 5 février. Février est un mois du tonnerre pour les vierges et martyres. Les païens de Sicile ordonnèrent à Agathe d'abjurer sa foi en Jésus et, comme toutes les vierges et martyres, elle dit : Nenni. Ils la torturèrent, l'étendirent sur le chevalet, lui déchirèrent les flancs avec des crochets de fer, la brûlèrent avec des flambeaux, et elle dit : Nenni, point ne renierai Notre Seigneur. Ils broyèrent ses mamelles et les lui tranchèrent mais quand ils la firent rouler sur des charbons ardents c'en fut plus qu'elle ne pouvait supporter et elle expira en rendant grâces.

Les vierges et martyres mouraient toujours en chantant louanges et en rendant grâces, pas du tout gênées si des lions leur arrachaient de gros morceaux de leurs flancs et les boulottaient sur place.

Comment se fait-il que les prêtres ne nous aient jamais parlé de sainte Ursule et de ses onze mille pucelles et martyres, fêtées le 21 octobre ? Son père voulait la marier à un roi païen mais elle dit : Je vais partir quelque temps, trois ans, pour y réfléchir. Et la voilà partie avec ses mille demoiselles d'honneur et leurs dix mille suivantes. Elles naviguèrent quelque temps et traversèrent divers pays jusqu'à ce qu'elles fassent halte à Cologne où le chef des Huns demanda Ursule en mariage. Nenni, dit-elle, et les Huns les tuèrent, elle et les pucelles qui l'accompagnaient. Pourquoi ne pouvait-elle dire oui et sauver les vies de onze mille pucelles ? Pourquoi les vierges et martyres doivent-elles être aussi entêtées ?

J'aime bien saint Moling, un évêque irlandais. Contrairement à l'évêque de Limerick, il n'habitait pas un palais, non, il habitait un arbre et, quand les autres saints venaient lui rendre visite à l'heure du repas, ils se perchaient en rond sur les branches comme des oiseaux et se régalaient de pain sec et d'eau. Un jour qu'il marchait le long d'une route, un lépreux lui dit : Ohé ! saint Moling ! Où allez-vous de ce pas ?

Je vais à la messe, répondit saint Moling.

Ma foi, j'irais bien moi-même à la messe, aussi pourquoi ne me hissez-vous pas sur votre dos pour m'y amener ?

Saint Moling en fit ainsi mais le lépreux ne fut pas plutôt sur son dos qu'il commença de se plaindre.

Votre chemise de crin est pénible pour mes plaies, ôtez-la donc.

Saint Moling ôta la chemise et les voilà repartis. Puis le lépreux dit : Il faut que je me mouche.

Je n'ai aucun mouchoir, servez-vous de votre main.

Je ne puis m'accrocher à vous et me moucher en même temps.

Fort bien. Mouchez-vous dans ma main.

Impossible. La lèpre m'ayant laissé à peine une main, je ne puis m'accrocher et me moucher dans votre main. Si vous étiez un bon saint, vous vous tourneriez par ici et aspireriez cette chose pour la sortir de ma tête.

Saint Moling n'avait guère envie d'aspirer la morve du lépreux mais il s'y employa, en fit offrande et loua Dieu pour ce privilège.

J'ai pu comprendre mon père aspirant le mauvais truc pour le faire sortir de la tête de Michael quand il était bébé et en danger mais je ne comprends pas pourquoi Dieu voulut que saint Moling aille dégager de leur morve des têtes de lépreux. Je ne comprends pas du tout Dieu et même si j'aimerais être un saint adoré de tout le monde, jamais je n'irais sucer la morve d'un lépreux. J'aimerais être un saint mais si c'est ça qu'il faut faire je crois que je vais rester comme je suis.

N'empêche, je suis prêt à passer ma vie dans cette bibliothèque à m'instruire sur les vierges et pucelles, martyres ou non, jusqu'à ce que je me mette en bisbille avec Miss O'Riordan à propos d'un livre laissé par quelqu'un sur la table. L'auteur est Lin Yütang. N'importe qui devinerait que c'est un nom chinois et je suis curieux de savoir de quoi parlent les Chinois. C'est un recueil d'essais sur l'amour et le corps, et l'un des mots qu'il contient me fait prendre le dictionnaire. *Turgide*. L'auteur dit : *L'organe copulateur du mâle devient turgide et s'insère dans l'orifice réceptif de la femelle*.

Turgide, donc. Le dictionnaire dit : *Enflé*, et c'est bien ça que je suis, planté là devant le dictionnaire, car je comprends maintenant de quoi parlait Mikey Molloy tout ce temps-là, qu'on n'est pas différents des chiens qui se collent l'un à l'autre dans les rues et c'est choquant de penser à tous les père et mère faisant pareil.

Mon père m'a menti pendant des années sur l'Ange de la Septième Marche.

Miss O'Riordan veut savoir quel mot je cherche. Comme elle paraît toujours soucieuse quand je feuillette le dictionnaire, je lui dis que je regarde pour *Canoniser* ou *Béatifique* ou un autre de ces mots religieux.

Et qu'est-ce que c'est que ça ? fait-elle. Pas les *Vies des saints*, en tout cas !

Elle se penche sur la table pour prendre Lin Yütang et se met à lire la page à laquelle j'ai laissé le livre ouvert face en dessous. Sainte Mère de Dieu ! Est-ce cela que tu lis ? Je t'ai vu le tenir en main.

Eh ben... je... je... je voulais juste voir si les Chinois... si les Chinois, euh... s'ils avaient des saints.

Allez, je te crois ! C'est honteux. Répugnant. Pas étonnant que les Chinois soient comme ils sont. Mais aussi, qu'attendre de gens aux yeux obliques et à la peau jaune ? Et toi ! Eh bien, maintenant que je te regarde, figure-toi que tu as pas mal l'œil oblique toi-même ! Quitte cette bibliothèque sur-le-champ !

Mais je suis en train de lire les *Vies des saints*.

Dehors ou j'appelle la chef bibliothécaire et elle te fera chasser par les gardes. Dehors ! Tu devrais courir voir le prêtre et confesser tes péchés. Dehors ! Mais auparavant donne-moi les cartes de lecteur de ta pauvre mère et de Mr. Griffin. J'ai bien envie d'écrire à ta malheureuse mère et je le ferais si je ne pensais pas la bouleverser complètement. Lin Yütang, voyez-vous ! Dehors !

Pas la peine de parler aux bibliothécaires quand elles sont dans un état pareil. Vous pourriez rester là une heure à leur raconter tout ce que vous avez lu sur Brigid, Wilgefortis, Agathe, Ursule et les pucelles et martyres mais tout ce qui leur importe c'est un seul mot dans une seule page de Lin Yütang.

People's Park se trouve derrière la bibliothèque. Il fait soleil, l'herbe est sèche et je suis fatigué de mendier des frites et de supporter des bibliothécaires qui se mettent dans tous leurs états à cause de *turgide* et je regarde les nuages qui vagabondent au-dessus du monument et je vagabonde moi-même en pensée tout turgide jusqu'à ce que je rêve de vierges et martyres en costume de bain dans *News of the World* rossant des écrivains chinois à coups de vessies de mouton et je me réveille en état de gaule avec quelque chose de brûlant et collant qui est comme pompé hors de moi oh bon Dieu mon organe copulateur de mâle dépasse d'un bon kilomètre les gens dans le parc m'adressent de curieux regards et les mères disent à leurs enfants : Venez ici, mes chéris, éloignez-vous de cet individu qu'il faudrait que quelqu'un signale aux gardes !

La veille de mes quatorze ans, je me vois dans la glace de l'armoire de Grand-mère. Avec mon allure, comment pourrais-je jamais commencer mon boulot au bureau de poste ? Tout est en loques, la chemise, le gilet, les culottes courtes, les mi-bas, et mes chaussures sont prêtes à partir complètement en pièces. Reliques d'ancienne grandeur, dirait ma mère. Si mes vêtements sont en mauvais état, moi je suis pire. Peu importe comment je trempe mes cheveux sous le robinet, ils rebiquent dans toutes les directions. Le crachat est le meilleur remède pour faire tenir les cheveux, mais c'est dur de cracher sur votre propre tête. Vous devez en envoyer un bon en l'air et vous courber vite fait pour le choper sur votre boule. Mes yeux sont rouges et suintent jaune, il y a des boutons assortis sur ma figure, rouges et jaunes, et mes dents de devant sont si noires à force de caries que jamais je ne pourrai sourire de ma vie.

Je n'ai pas d'épaules et je sais que tout le monde admire les épaules. Quand un homme meurt à Limerick, les femmes disent toujours : Quel bel homme c'était ! Des épaules si grandes et si larges qu'il ne pouvait pas passer votre porte de face, fallait toujours qu'il entre de biais. Quand ce sera moi qui mourrai, elles diront : Le pauvre petit diable, il est mort sans rien qui annonçait une épaule. J'aimerais bien avoir une épaule qui s'annonce, comme ça les gens sauraient que j'avais au moins quatorze ans. Tous les garçons de Leamy's ont des épaules sauf Fintan Slattery et je n'ai pas envie d'être comme lui, sans épaules et les genoux usés par les prières. S'il me restait de l'argent, j'allumerais un cierge pour saint François et je lui demanderais s'il y aurait une chance que Dieu puisse être persuadé d'accomplir un miracle sur mes épaules. Ou alors, si j'avais un timbre, je pourrais écrire à Joe Louis et dire : Cher Joe, y a-t-il une chance que vous puissiez me dire où vous avez eu vos épaules du tonnerre alors que vous étiez pauvre ?

Comme je dois pourtant avoir bonne allure rapport à mon boulot, j'enlève tous mes vêtements et je vais nu dans l'arrière-cour pour les laver sous le robinet avec un pain de savon au phénol. Je les suspends à la corde à linge de Grand-mère, la chemise, le gilet, les culottes courtes, les mi-bas, et je prie Dieu qu'il ne pleuve pas, je prie qu'ils soient secs pour demain, jour qui sera le commencement de ma vie.

Comme je ne peux aller nulle part dans cette tenue, je reste au lit toute la journée à lire de vieux journaux, à m'exciter sur les filles du *News of the World* et à remercier Dieu pour l'action séchante du soleil. L'Abbé rentre à cinq heures, il fait du thé en bas et même si j'ai faim je sais qu'il bougonnera si je lui demande quoi que ce soit. Il sait qu'une seule chose me soucie : qu'il aille voir Tante Aggie et se plaigne que je loge dans la maison de Grand-mère et dors dans son ancien lit. Si Tante Aggie entend ça, elle rappliquera dare-dare et me jettera à la rue.

Il cache le pain quand il a fini et je n'arrive jamais à le trouver. On pourrait croire que celui qui n'est jamais tombé sur la tête serait capable de trouver le pain caché de celui qui est tombé sur la tête. Puis je pige que si le pain n'est pas dans la maison c'est qu'il doit le prendre avec lui dans la poche du pardessus qu'il porte été comme hiver. A la seconde où je l'entends quitter la cuisine d'un pas lourd pour aller aux cabinets dans l'arrière-cour, je dévale l'escalier, je tire la miche de la poche, me coupe une tranche bien épaisse, replace le reste dans la poche, grimpe les marches quatre à quatre et file au lit. Il ne peut rien dire et encore moins m'accuser. Il faudrait être un voleur de la pire espèce pour voler une seule tranche de pain et personne ne le croirait jamais, pas même Tante Aggie. D'ailleurs, elle lui aboierait après et dirait : De toute façon, qu'est-ce que tu fais à vadrouiller avec une miche de pain dans la poche ? Ce n'est pas un endroit pour une miche de pain.

Je mâche le pain avec lenteur. Une bouchée chaque quart d'heure le fera durer et si je fais passer avec de l'eau le pain gonflera dans mon ventre et me donnera l'impression de l'avoir plein.

Je regarde par la fenêtre sur cour pour m'assurer que le soleil du soir sèche mes vêtements. Les autres arrière-cours ont des étendoirs avec des vêtements aux teintes vives et multicolores qui dansent dans le vent. Les miens pendouillent à la corde comme des chiens crevés.

Le soleil est vif mais la maison est froide, humide, et j'aimerais bien porter quelque chose le temps que je suis au lit. Je n'ai pas d'autres vêtements et si je touche à la moindre affaire de l'Abbé il foncera à coup sûr chez Tante Aggie. Tout ce que j'arrive à trouver dans l'armoire c'est la vieille robe noire en laine de Grand-mère. Vous n'êtes pas supposé porter la vieille robe de votre grand-mère lorsqu'elle est défunte et que vous êtes un garçon mais quelle importance quand ça vous tient chaud et que vous êtes au lit sous les couvertures là où personne ne s'en rendra jamais compte ? La robe sent la grand-mère défunte et j'ai peur que la mienne puisse sortir de sa tombe et me maudire devant la famille rassemblée au grand complet. Je prie saint François, je lui demande de la garder dans la tombe où est sa place, je promets de lui allumer un cierge dès que j'aurai commencé mon boulot, je lui rappelle que le froc qu'il portait lui-même ressemblait pas mal à une robe et que personne ne l'a jamais ennuyé avec ça et puis je m'endors avec l'image de son visage dans mon rêve.

La pire chose au monde est d'être endormi dans le lit de votre défunte grand-mère habillé de sa robe noire lorsque votre oncle l'Abbé tombe sur le cul devant chez South après une soirée passée à boire des pintes et que des gens qui ne peuvent se mêler de leurs affaires se précipitent dans la maison de Tante Aggie pour la prévenir de sorte qu'elle va chercher Oncle Pa Keating pour l'aider à transporter l'Abbé chez lui, plus précisément à l'étage, où vous dormiez, et là elle vous hurle dessus : Qu'est-ce que tu fabriques dans cette maison, dans ce lit ? Debout et va mettre la bouilloire à chauffer pour ton pauvre oncle Pat qui a fait une chute, et là, comme vous ne bougez pas, elle tire les couvertures puis recule comme une qui aurait vu un fantôme et se met à bramer : Sainte Mère de Dieu ! Qu'est-ce que tu fabriques dans la robe de ma défunte mère ?

C'est la pire chose de toutes car il est déjà difficile d'expliquer que vous vous apprêtez au grand boulot de votre vie, que vous avez lavé vos vêtements, qu'ils sèchent dehors sur la corde, et qu'il faisait si froid que vous avez dû mettre la seule chose que vous avez trouvée dans la maison, mais c'est encore plus difficile de parler à Tante Aggie lorsque l'Abbé est au lit à gémir : J'ai les pieds en feu, mettez de l'eau sur mes pieds ! et que l'Oncle Pa Keating presse sa main sur sa bouche et s'écroule de rire contre le mur avant de vous dire que vous êtes superbe, que le noir vous va bien et qu'il vous faudrait juste rajuster l'ourlet. Vous ne savez pas quoi faire quand Tante Aggie vous fait : Sors de ce lit et descends mettre la bouilloire à chauffer pour ton pauvre oncle. Devez-vous ôter la robe et enfiler une couverture ou devez-vous y aller comme vous êtes ? Un coup, elle est là à hurler : Qu'est-ce que tu fabriques dans la robe de ma pauvre mère ? Le coup d'après, elle vous demande d'aller mettre cette satanée bouilloire à chauffer. Je lui dis que j'ai lavé mes vêtements en vue du grand boulot.

Quel grand boulot ?

Petit télégraphiste au bureau de poste.

Elle dit que si la Poste en est à engager des comme moi, elle doit être dans une sacrée mauvaise passe. Descends et mets cette bouilloire à chauffer !

La pire chose qui vient après est de se trouver dehors dans l'arrière-cour à remplir la bouilloire au robinet avec une lune radieuse et Kathleen Purcell de la porte à côté perchée sur le mur à la recherche de son chat. Mon Dieu, Frankie McCourt, que fais-tu dans la robe de ta grand-mère ? Et vous devez rester planté là en robe, la bouilloire à la main, et expliquer comment vous avez lavé vos vêtements qui sont là sur la corde où tout le monde peut les voir et que vous aviez si froid dans le lit que vous avez mis la robe de votre grand-mère avant que votre oncle Pat, l'Abbé, se ramasse un gadin et soit ramené à la maison par Tante Aggie et son mari, Pa Keating, et que celle-ci vous a expédié dans l'arrière-cour pour remplir cette bouilloire et que maintenant vous comptez ôter cette robe dès que vos vêtements seront secs car vous n'avez jamais eu la moindre envie de passer votre vie dans la robe de votre défunte grand-mère.

A la seconde d'après, Kathleen Purcell laisse échapper un hurlement, saute du mur, oublie le chat, et vous pouvez l'entendre d'ici qui glousse à l'oreille de sa mère aveugle : Mam, Mam, attends que je te dise pour Frankie McCourt qui est au milieu de l'arrière-cour dans la robe de sa défunte grand-mère ! Et là, comme vous savez qu'il suffit d'un ragot parvenu à Kathleen Purcell pour que toute la ruelle en soit informée avant le lendemain matin, vous pourriez aussi bien vous mettre à la fenêtre et faire une annonce publique sur vous-même et vos problèmes vestimentaires.

Le temps que siffle la bouilloire, l'Abbé est déjà endormi pour cause de boisson et Tante Aggie dit que Oncle Pa et elle vont prendre un petit thé et ça ne la dérange pas si j'en prends moi-même une goutte. Oncle Pa dit que, à bien y réfléchir, la robe noire pourrait être la soutane d'un prêtre dominicain et le voilà qui s'agenouille en disant : Bénissez-moi, mon père, car j'ai péché. Et Tante Aggie de gueuler aussitôt : Lève-toi, espèce de vieux taré, et arrête de te foutre de la religion ! Puis, se tournant vers moi : Vas-tu enfin expliquer ce que tu fabriques dans cette maison ?

Je ne peux pas lui dire pour Maman, Laman Griffin et la gaule dans la soupente. Je lui réponds que je pensais rester ici quelque temps à cause de la grande distance qu'il y a entre la maison de Laman Griffin et le bureau de poste et aussitôt que je volerai de mes propres ailes on trouvera sûrement un logement correct et on déménagera tous, ma mère, mes frères et tout et tout.

Ma foi, dit-elle, c'est plus que n'en ferait ton père.

XV

C'est dur de dormir quand vous savez que le lendemain vous aurez quatorze ans et commencerez votre premier boulot en tant qu'homme. L'Abbé se réveille à l'aube en gémissant. Est-ce que je voudrais bien lui faire du *tay* ? Si oui, je peux avoir un gros bout de la demi-miche de pain qui se trouve dans sa poche où il l'avait mise hors d'atteinte du rat baladeur, et puis, si je regarde près du gramophone de Grand-mère, là où elle rangeait ses disques, je trouverai un pot de confiture.

Il ne sait ni lire ni écrire mais il sait où cacher la confiture. J'apporte à l'Abbé son thé et son pain puis j'en fais pour moi. J'enfile mes vêtements humides et je me remets au lit dans l'espoir qu'en restant là un moment les vêtements sécheront grâce à ma propre chaleur avant que j'aille au travail. Maman dit toujours que ce sont les vêtements humides qui vous donnent la phtisie et vous amènent au tombeau avant l'heure. L'Abbé est assis dans son lit à me dire qu'il a terriblement mal à la tête à cause d'un rêve où je portais la robe noire de sa pauvre mère et elle volait dans la pièce en hurlant : Un péché ! Un péché ! C'est un péché ! Il finit son thé, se rendort, et j'attends que son réveil dise huit heures et demie pour me lever afin d'être au bureau de poste à neuf heures même si mes vêtements sont encore humides sur ma peau.

En sortant, je m'étonne de rencontrer Tante Aggie

qui descend la ruelle. Sans doute vient-elle voir si l'Abbé est mort ou s'il a besoin d'un docteur. A quelle heure dois-tu être à ce boulot ?

Neuf heures.

Très bien.

Elle fait demi-tour et m'accompagne au bureau de poste de Henry Street. Elle ne dit pas un mot et je me demande si elle vient à la Poste pour me dénoncer d'avoir dormi dans le lit de ma grand-mère avec sa robe noire. Monte leur dire que ta tante est en bas à t'attendre et que tu auras une heure de retard. Si elles veulent discuter, je monterai discuter.

Pourquoi dois-je avoir une heure de retard ?

Fais ce qu'on te dit, sacredieu !

Il y a des petits télégraphistes assis sur un banc le long d'un mur. Il y a deux femmes derrière des bureaux, une grosse, une maigre. Oui ? fait la maigre.

Mon nom est Frank McCourt, Miss, et je suis ici pour commencer le travail.

Quel genre de travail ce serait-y donc ?

Petit télégraphiste, Miss.

La maigre minaude : Oh, mon Dieu, je pensais que vous veniez ici pour nettoyer les cabinets.

Non, Miss. Ma mère a apporté un mot du prêtre, le Dr. Cowpar, et il devrait y avoir un boulot.

Ah oui ? Et savez-vous quel jour sommes-nous ?

Je le sais, Miss. C'est le jour de mon anniversaire. J'ai quatorze ans.

C'est-y pas beau, ça ? fait la grosse.

Aujourd'hui, c'est jeudi, fait la maigre. Votre boulot commence lundi. Allez-vous-en, débarbouillez-vous et revenez le jour dit.

Le long du mur, les petits télégraphistes se marrent. Je ne sais pas pourquoi mais je sens mon visage devenir brûlant. Merci, dis-je aux femmes, et, en sortant, j'entends la maigre qui dit : Doux Jésus, Maureen, qui est-ce qui nous a amené ce spécimen ? Puis elles rigolent avec les petits télégraphistes.

Alors ? demande Tante Aggie, et je lui raconte que

je ne débute pas avant lundi. Elle dit que mes vêtements sont une honte. Et dans quoi les as-tu lavés ?

Dans le savon au phénol.

Ils sentent le pigeon crevé et tu couvres de ridicule toute la famille.

Elle m'emmène aux Grands Magasins Roche et m'achète une chemise, un gilet, des culottes courtes, deux paires de mi-bas et une paire de chaussures d'été au rabais. Elle me donne deux shillings afin que j'aie du thé et un petit pain pour mon anniversaire. Elle prend l'autobus pour remonter O'Connell Street vu qu'elle est trop grosse et trop paresseuse pour marcher. Grosse et paresseuse, et sans fiston à elle, mais ça n'empêche : elle m'a acheté les vêtements pour mon nouveau boulot.

Je tourne vers Arthur's Quay avec le paquet d'habits neufs sous le bras et je dois me tenir un moment au bord du fleuve Shannon pour que nul au monde ne voie les larmes d'un homme le jour de ses quatorze ans.

Le lundi matin, je me lève tôt pour me débarbouiller la figure et aplatir mes cheveux avec de l'eau et du crachat. L'Abbé me voit dans mes habits neufs. Jaysus ! C'est-y que tu vas te marier ? fait-il avant de se rendormir.

La grosse femme, Mrs. O'Connell, me dit : Ma foi, ma foi, nous voilà-t-y pas à la pointe de l'élégance ? et la maigre, Miss Barry, me demande : Avez-vous dévalisé une banque ce week-end ? et il y a un éclat de rire venant des petits télégraphistes assis sur le banc le long du mur.

On me dit de m'asseoir au bout du banc et d'attendre mon tour pour partir avec les télégrammes. Les petits télégraphistes en uniforme sont les permanents qui ont passé l'examen. Ils peuvent rester à la Poste pour toujours s'ils veulent, passer le prochain examen pour faire facteur et celui d'après pour être guichetier, qui leur permettra de travailler dedans à vendre des timbres et des mandats derrière le comptoir du rez-de-chaussée. La Poste fournit aux permanents de grandes capotes pour le mauvais temps et ils ont droit à deux semaines de congé par an. Chacun dit que ce sont là de bons emplois, stables, respectables, donnant droit à une pension de retraite, et si vous décrochez une place pareille vous n'avez plus jamais à vous faire du souci de toute votre vie, ah ça non.

Les petits télégraphistes intérimaires n'ont pas le droit de continuer le boulot passé seize ans. Il n'y a pas d'uniforme, pas de congés, le salaire est plus bas, et, si vous manquez un jour pour cause de maladie, vous pouvez être viré. Aucune excuse. Il n'y a pas non plus de capotes. Apportez votre propre imperméable ou passez entre les gouttes.

Mrs. O'Connell m'appelle à son bureau pour me donner une ceinture-sacoche de cuir noir. Elle dit qu'il y a une grande pénurie de bicyclettes, aussi devrai-je faire à pied ma première distribution de télégrammes. Je dois me rendre d'abord à l'adresse la plus éloignée, faire le reste du travail en m'en revenant et ne pas mettre toute la journée. Elle est à la Poste depuis assez longtemps pour savoir combien de temps ça prend de porter six télégrammes, même à pied. Je ne dois m'arrêter ni dans les pubs ni chez les preneurs de paris ni même chez moi pour avaler une tasse de thé et si je le fais je serai découvert. Je ne dois pas faire halte dans les chapelles pour dire une prière. S'il me faut prier, que ce soit à pinces ou sur la bicyclette. S'il pleut, n'en ayez cure. Portez les télégrammes et ne faites pas votre chochotte.

Un télégramme est adressé à Mrs. Clohessy demeurant Arthur's Quay et ça ne peut être que la mère de Paddy.

C'est toi, Frankie McCourt ? demande-t-elle. Mon Dieu, je te remettais pas tellement t'es grand. Entre, veux-tu bien.

Elle porte une blouse de couleur vive avec des fleurs tout partout et des souliers flambant neufs. Il y a deux enfants par terre, qui jouent avec un train miniature. Sur la table, il y a une théière, des tasses avec soucoupes, une bouteille de lait, une miche de pain, du beurre, de la confiture. Il y a deux lits près de la fenêtre, là où avant il n'y en avait aucun. Le grand lit dans le coin est vide et elle doit se douter que je me pose des questions. Il est parti, dit-elle, mais il n'est pas mort. Il est parti en Angleterre avec Paddy. Prends donc une tasse d'*tay* et un bout d'pain. T'en as bien b'soin, que Dieu nous garde. T'as l'air d'un reste laissé par la Famine en personne. Mange-moi c'pain avec c'te confiote et r'prends des forces. Paddy causait toujours de toi, et Dennis, mon pauvre mari qu'était alité, il s'est jamais remis du jour où ta mère est venue et a chanté c'te ballade sur les bals du Kerry. Maintenant, l'est en Angleterre à préparer des sandwichs dans une cantine et il m'envoie deux trois picaillons chaque semaine. On pourrait se demander à quoi qu'y pensent les Anglais quand y engagent un homme qu'a la phtisie et lui donnent un boulot de faiseur de sandwichs. Paddy a un boulot du tonnerre dans un pub de Cricklewood, quelque part en Angleterre[1]. Dennis serait encore ici si Paddy l'avait pas grimpé le mur pour la langue.

La langue ?

Dennis, il avait la fringale, ah ça oui, il voulait une belle tête de mouton avec un bout d'chou et une patate alors hop que j'vais à la boucherie Barry avec les derniers shillings que j'avais d'reste. J'ai fait bouillir c'te tête et malade comme tout qu'il était le Dennis l'en pouvait plus d'attendre qu'elle soit prête. L'était comme un démon là dans le lit à appeler pour la tête et quand je la lui ai donnée sur une assiette l'en pouvait plus de bonheur tellement qu'il a sucé la

1. Cricklewood fait actuellement partie du « grand Londres ». (*N.d.T.*)

moelle sur toutes les coutures de c'te tête. Puis il a fini et m'a demandé : Mary, où elle est la langue ?

Quelle langue ? je fais.

La langue de c'mouton, qu'il me répond. Chaque mouton naît avec une langue qui lui fait faire *bê bê bê* et y a un sacré manque de langue dans c'te tête-là. Retourne à la boucherie Barry et exige-la.

Et que j'te r'tourne à la boucherie Barry où on m'dit : Ce satané mouton est arrivé ici en bêlant et en criant si fort qu'on lui a coupé la langue et on l'a balancée au chien qui l'a bouffée aussi sec et depuis il fait *bê bê* comme un mouton et s'il la met pas en veilleuse j'vais lui couper sa langue à lui et la j'ter au chat.

Je vais r'trouver Dennis et le v'là qui s'agite comme un fou sur le lit. Je veux c'te langue, qu'il fait. Tout ce qu'est nourrissant s'trouve dans la langue. Et qu'est-ce que tu crois qu'il s'est passé ensuite à part que mon Paddy, qu'était ton ami, l'est allé à la boucherie Barry après la tombée d'la nuit, l'a grimpé le mur, l'a coupé la langue d'une tête de mouton qu'était à un crochet sur le mur et il l'a rapportée pour son pauvre père alité. Moi, pardi, faut que j'fasse bouillir c'te langue avec plein de sel et Dennis, que Dieu le garde, il la mange, se recouche une minute, repousse la couverture, se dresse sur ses deux pieds et déclare haut et fort que, phtisie ou pas phtisie, il va pas mourir dans ce lit, que même s'il allait mourir autant que ce soit sous une bombe allemande avec lui en train de gagner deux trois livres pour sa famille au lieu d'se plaindre sur ce grabat-là.

Elle me montre une lettre de Paddy. Il travaille dans le pub de son oncle Anthony douze heures par jour pour vingt-cinq shillings par semaine plus une soupe et un sandwich quotidiens. Il est ravi quand les Allemands rappliquent avec les bombes car il peut dormir tant que le pub est fermé. La nuit, il dort par terre dans la salle du haut. Il enverra à sa mère deux livres chaque mois et il économise le reste pour les faire venir, elle et la famille, en Angleterre où ils seront beaucoup mieux dans un une pièce de Cricklewood que dans un dix pièces sur Arthur's Quay. Elle pourra sans problème trouver un boulot. Faudrait vraiment être un triste cas pour pas être fichu de dégoter un boulot dans un pays en guerre, surtout avec les amerloques qu'affluent de partout et dépensent à droite comme à gauche. Paddy lui-même compte trouver un boulot au centre de Londres, là où les amerloques laissent de gros pourboires qui suffisent à nourrir une famille irlandaise de six pendant une semaine.

Mrs. Clohessy conclut : Enfin, nous avons assez d'argent pour la nourriture et les chaussures, que Dieu en soit remercié ainsi que Sa Bienheureuse Mère. Tu ne devineras jamais qui c'est que Paddy a rencontré là-bas en Angleterre, qu'a quatorze ans et qui travaille comme un homme. Brendan *Kiely*, celui que vous aut' appeliez Quelle Heure. A marner qu'il est, ah ça oui, et il épargne afin d'pouvoir partir s'engager chez les *Mounties* et chevaucher dans tout le Canada comme Nelson Eddy chantant : *I'll be callin' you ooh ooh ooh ooh ooh ooh.* Bref, y aurait pas eu Hitler qu'on serait tous morts et c'est-y pas malheureux à dire ? Et comment se porte ta pauvre mère, Frankie ?

A merveille, Mrs. Clohessy.

Oh, que non. Je l'ai vue au dispensaire et elle paraît pire que mon Dennis quand il était alité. Il faut que tu t'occupes de ta pauvre mère. Tu m'as l'air en bien mauvaise passe aussi, Frankie, avec c'te paire d'yeux rouges qui te sortent de la tête. V'là un p'tit pourboire pour toi. Trois pence. Achète-toi une douceur.

Je vais le faire, Mrs. Clohessy.

Fais-le.

A la fin de la semaine, Mrs. O'Connell me tend le premier salaire de ma vie, une livre, ma première livre. Je dévale l'escalier puis grimpe vers O'Connell

Street, la rue principale, où les réverbères sont allumés et où les gens rentrent du travail, des gens comme moi avec leur salaire en poche. Je veux qu'ils sachent que je suis comme eux, que je suis un homme, que j'ai une livre à moi. Je monte O'Connell Street puis je redescends en changeant de trottoir dans l'espoir qu'ils me remarquent. Ils ne me remarquent pas. J'ai envie d'agiter mon billet d'une livre aux yeux du monde afin qu'on se dise à l'avenir : Tiens, voilà Frankie McCourt le travailleur, avec sa livre en poche.

C'est vendredi soir et je peux faire tout ce que je veux. Je peux manger du poisson-frites et aller ensuite au Lyric. Non, fini le Lyric. Je n'ai plus besoin d'être perché au poulailler, entouré de gens qui encouragent les Indiens à tuer le général Custer et les Africains à pourchasser Tarzan dans toute la jungle. Je peux maintenant aller au Savoy, payer six pence pour une place devant à l'orchestre où il y a des gens aisés mangeant des boîtes de chocolat et plaçant la main devant leur bouche quand ils rient. Et, après le film, je peux aller prendre le thé avec un petit pain dans le restaurant de l'étage.

Michael est de l'autre côté de la rue à m'appeler. Il a faim et se demande s'il n'y aurait pas une chance qu'il puisse aller chez l'Abbé pour avoir une bouchée de pain et passer la nuit là-bas au lieu de se taper toute la trotte jusqu'à la maison de Laman Griffin. Je lui dis qu'il n'a pas besoin de s'en faire pour une bouchée de pain. On va aller au Coliseum Café, on mangera du poisson-frites, tout ce qu'il veut, plein de limonade, et puis on ira voir *Yankee Doodle Dandy*[1] avec James Cagney en grignotant deux barres de chocolat. Après le film, nous prenons du thé avec des petits pains puis nous chantons et dansons comme Cagney tout le chemin jusqu'à chez l'Abbé. A l'arrivée, Michael dit que ça doit être vraiment bien d'être

1. *La Glorieuse Parade*, film américain de Michael Curtiz (1942). (*N.d.T.*)

en Amérique où les gens n'ont rien d'autre à faire que de chanter et danser. Il dort à moitié mais dit qu'un jour il ira là-bas pour chanter et danser et est-ce que je l'aiderai à y aller ? Une fois qu'il est endormi, je me mets à penser à l'Amérique, comment je dois épargner l'argent pour le prix de mon voyage au lieu de le dilapider en poisson-frites, thés et petits pains. Il faudrait que j'économise quelques shillings sur ma livre car sinon je resterai éternellement à Limerick. J'ai maintenant quatorze ans et si je mets quelque chose de côté chaque semaine je devrais pouvoir partir pour l'Amérique quand j'en aurai vingt.

Il y a des télégrammes pour des bureaux, des magasins et des usines où il n'y a aucun espoir de pourboire. Les commis prennent les télégrammes sans vous accorder un regard ou un merci. Il y a des télégrammes pour les gens respectables qui ont des bonnes à leur service et habitent Ennis Road et North Circular Road où il n'y a aucun espoir de pourboire non plus. Les bonnes sont comme les commis : elles ne vous regardent pas et vous remercient encore moins. Il y a des télégrammes pour les maisons des prêtres et des religieuses qui ont des bonnes eux aussi, même s'ils disent que la pauvreté est noble. Si vous aviez attendu des pourboires de la part des prêtres ou des religieuses, vous seriez mort devant leur porte. Il y a des télégrammes pour des gens demeurant à des kilomètres en dehors de la ville, des fermiers avec des cours boueuses et des chiens qui veulent vous bouffer les jambes. Il y a des télégrammes pour les gens riches qui habitent de grandes demeures avec des pavillons d'entrée et des kilomètres de terrain entourés de murs. Le gardien vous fait signe d'y aller et vous devez pédaler des kilomètres sur de longues allées en passant devant pelouses, plates-bandes et fontaines avant d'atteindre la grande demeure. Si le temps est au beau, les gens font des parties de croquet, le jeu protestant, ou bien ils flânent en devisant gaiement, parés de robes à fleurs et de blazers avec écusson et boutons dorés et jamais vous n'auriez cru qu'il y avait une guerre. Il y a des Bentley et des Rolls-Royce garées devant l'immense porte de façade où une servante vous dira : Pour l'entrée des domestiques, faites donc le tour, espèce de malappris.

Les gens des grandes demeures ont des accents anglais et ne donnent pas la pièce aux petits télégraphistes.

Les meilleures personnes pour les pourboires sont les veuves, les épouses de pasteurs protestants et les pauvres en général. Les veuves savent exactement quand le gouvernement anglais doit envoyer le mandat et elles guettent à la fenêtre. Vous devez faire attention si elles vous demandent d'entrer prendre une tasse de thé car l'un des garçons intérimaires, Scrawby Luby, a dit qu'une vieille veuve de trente-cinq ans l'a fait entrer pour le thé et là elle a voulu lui descendre le pantalon et il a dû s'enfuir de la maison alors qu'il était vraiment tenté et puis il a dû aller à confesse le samedi suivant. D'après lui, c'était bien embarrassant de sauter en selle et de filer en danseuse avec son machin dressé mais si on pédale très vite en pensant aux souffrances de la Vierge Marie on se ramollit en moins de rien.

En fait, jamais les épouses de pasteurs protestants ne se conduiraient comme la vieille veuve de Scrawby Luby à moins qu'elles ne soient veuves elles-mêmes. D'après Christy Wallace, qui est un petit télégraphiste permanent et va devenir facteur d'un jour à l'autre, les protestantes n'en font qu'à leur tête même si elles sont épouses de pasteurs. Elles sont damnées dans tous les cas, alors qu'est-ce que ça peut faire si elles se donnent du bon temps avec un petit télégraphiste ? Tous les petits télégraphistes apprécient les épouses de pasteurs protestants. Elles ont peut-être des bonnes mais elles viennent elles-mêmes à la porte et disent : Un moment, je vous prie, avant de vous donner six pence. J'aimerais bien parler avec elles et leur demander comment ça fait d'être damné mais elles pourraient se vexer et reprendre les six pence.

Les Irlandais qui travaillent en Angleterre envoient leurs mandats le vendredi soir ainsi que toute la journée du samedi et c'est là qu'on a les bons pourboires. A la minute où on a fini une distribution, on repart déjà pour une autre.

Les ruelles les pires se trouvent dans Irishtown, vers High Street ou Mungret Street, et elles sont bien pires que Roden Lane, O'Keeffe's Lane ou n'importe quelle ruelle où j'ai habité. Il y a des ruelles avec la rigole qui court au milieu. Les mères se tiennent devant les portes et elles vident leur tinette en gueulant : Gare la flotte ! Les enfants fabriquent des bateaux en papier ou font flotter des boîtes d'allumettes avec des petites voiles sur l'eau graisseuse.

Quand vous entrez dans une ruelle, les enfants crient : V'là le petit télégraphiste, v'là le petit télégraphiste ! Ils accourent vers vous et les femmes attendent sur leur seuil. Si vous confiez à un petit enfant un mandat pour sa mère, vous en faites le héros de la famille. Les petites filles savent qu'elles sont supposées attendre que les garçons tentent leur chance bien qu'il leur soit possible d'obtenir le télégramme si elles n'ont aucun frère. Les femmes devant les portes vous crieront qu'elles n'ont pas d'argent pour l'instant mais : Si vous êtes demain dans c'te ruelle, frappez donc à la lourde pour vot' pourboire, que Dieu vous bénisse, vous et tous les vôtres !

Chaque jour, Mrs. O'Connell et Miss Barry du bureau de poste nous disent que notre travail est de porter les télégrammes et rien d'autre. On n'a pas à faire des choses pour les gens, aller leur acheter des trucs à la boutique ou tout autre genre de courses. Elles n'en ont rien à faire si les gens sont en train de mourir au lit. Elles n'en ont rien à faire si les gens ont perdu leurs jambes, leur raison ou sont à ramper par terre chez eux. On doit porter le télégramme, un point c'est tout. Je sais tout ce que vous faites, dit

Mrs. O'Connell, oui, tout, car les gens de Limerick vous ont à l'œil et il y a des rapports que j'ai ici pardevers moi, sous le coude.

Du moment que c'est pas sous le cul, fait Toby Mackey entre ses dents.

Mais Mrs. O'Connell et Miss Barry ne savent pas comment ça se passe dans les ruelles lorsque vous frappez à une porte et qu'on vous dit : Entrez, et alors vous entrez et il n'y a pas de lumière et il y a un tas de frusques sur un lit dans un coin et le tas de frusques fait : Qui est-ce ? et alors vous répondez : Télégramme ! et alors le tas de frusques vous demande : Pourriez-vous aller à la boutique pour moi qui crève la faim et donnerais mes deux yeux pour une tasse de thé ? Et alors qu'est-ce que vous allez faire ? Dire : J'suis occupé, puis filer sur votre vélo et laisser le tas de frusques là avec un mandat qui ne sert à rien du tout vu que le tas de frusques est incapable de quitter le lit pour aller au bureau de poste afin d'encaisser le fichu mandat ?

Qu'est-ce que vous êtes supposé faire ?

Vous avez pour consigne de ne jamais aller au bureau de poste encaisser un de ces mandats pour qui que ce soit ou bien vous perdrez définitivement votre boulot. Mais qu'est-ce que vous êtes supposé faire quand un vieil homme qui a fait la guerre des Boers il y a des centaines d'années vous dit qu'il n'a plus ses jambes et qu'il vous serait éternellement reconnaissant si vous alliez voir Paddy Considine au bureau de poste et lui expliquer la situation et Paddy encaissera sûrement le mandat et il y aura deux shillings pour le gentil garçon que vous êtes. Paddy Considine dit : Pas de problème, mais n'en parle à personne ou bien je me retrouverai sur le cul et toi aussi, fiston. Le vieil homme de la guerre des Boers dit qu'il sait que vous avez des télégrammes à porter maintenant mais si vous vouliez bien repasser ce soir et peut-être aller à la boutique pour lui car il n'a vraiment rien à la maison et avec ça il est en train de geler sur place. Il est assis dans un vieux fauteuil dans le coin sous des lambeaux de couvertures avec un seau derrière lui qui empeste assez pour vous donner la nausée et quand vous regardez ce vieil homme dans le coin sombre vous voudriez avoir un tuyau avec arrivée d'eau très chaude et lui ôter ses vêtements et le laver de haut en bas avant de lui servir une énorme assiette d'œufs au lard et de pommes de terre écrasées avec des masses de beurre salé et d'oignons.

Je voudrais emmener l'homme de la guerre des Boers et le tas de frusques toujours alité pour les installer dans une grande maison de campagne tout ensoleillée avec des oiseaux qui roucoulent à la fenêtre et un ruisseau qui gazouille.

Mrs. Spillane demeurant Pump Lane près de Carey's Road a des jumeaux infirmes avec de grosses têtes blondes, des petits corps et des moignons de jambes qui se balancent au bord des chaises. Toute la journée, ils regardent le feu et font : Où est Papa ? Ils parlent anglais comme tout le monde mais babillent entre eux dans une autre langue qu'ils ont inventée, *Hung sup tea tea sup hung*, ce qui, d'après Mrs. Spillane, veut dire : Quand c'est qu'on aura not' souper ? Elle me dit qu'elle a de la veine quand son mari lui envoie quatre livres par mois et ça la met hors d'elle d'être insultée au dispensaire tout ça parce qu'il est en Angleterre. Les enfants ont seulement quatre ans et ils sont très éveillés même s'ils ne peuvent pas marcher ou prendre soin d'eux-mêmes. S'ils pouvaient marcher, s'ils étaient rien qu'un peu normaux, elle ferait ses valises et partirait pour l'Angleterre, loin de ce pays abandonné de Dieu qui a combattu si longtemps pour la liberté et voyez où nous en sommes, De Valera dans son manoir là-haut à Dublin le sale vieux bâtard et le reste des politiciens qui peuvent tous aller au diable, Dieu me pardonne. Les prêtres aussi peuvent aller au diable et là je ne demanderai pas à Dieu de me pardonner de dire des choses pareilles. Ils sont là, prêtres et religieuses, à nous raconter que Jésus était pauvre et n'est-ce pas une honte ces camions qui montent à leurs maisons chargés à craquer de caisses et de tonneaux de vin et de whisky, plus des œufs et des jambons à foison, et eux qui nous expliquent de quoi on devrait se priver pour le carême ! Au cul, le carême ! De quoi on va se priver quand on a le carême toute l'année ?

Je voudrais emmener Mrs. Spillane et ses deux blondinets infirmes pour les installer dans cette maison de campagne avec le tas de frusques et l'homme de la guerre des Boers. Après une grande toilette, je les ferais tous s'asseoir au soleil avec les oiseaux qui chantent et les ruisseaux qui gazouillent.

Je ne peux pas laisser le tas de frusques seul avec un mandat inutile car le tas est une vieille femme, Mrs. Gertrude Daly, toute déformée par chaque maladie qu'on peut attraper dans une ruelle de Limerick, l'arthrite, le rhumatisme, la chute des cheveux, une narine à moitié partie à force d'y trifouiller avec son doigt, et on pourrait se demander quel genre de monde c'est quand cette vieille femme se dégage des frusques, se redresse et vous adresse un sourire découvrant des dents étincelantes de blancheur dans le noir, des dents bien à elle et en parfait état.

Oui, dit-elle, ce sont mes propres dents et, dans cent ans, lorsque je serai à pourrir dans la tombe et qu'ils découvriront mes dents si blanches et si luisantes, je serai déclarée sainte.

Le mandat, trois livres, vient de son fils. Un message y est joint : *Joyeux Anniversaire, Maman, Ton tendre fils, Teddy*, et elle dit : Un miracle qu'il ait pu économiser ça, le petit merdeux qui ne pense qu'à cavaler après chaque traînée de Piccadilly ! Elle me demande si je pourrais lui rendre un service : encaisser le mandat, aller au pub lui chercher une flasque de whisky

Baby Powers et puis passer à la boutique prendre une miche de pain, une livre de saindoux, sept pommes de terre, une pour chaque jour de la semaine. Et ensuite pourrais-je lui faire bouillir une des pommes de terre, l'écraser avec une motte de saindoux, lui couper un bout de pain et lui apporter une goutte d'eau pour accompagner le whisky ? Est-ce que j'irais aussi chez O'Connor le pharmacien pour un onguent pour ses plaies et pendant que j'y serais rapporter un bout de savon afin qu'elle puisse donner un bon décrassage à son corps et elle m'aura une reconnaissance éternelle et dira une prière pour moi et voilà deux shillings pour toutes mes peines.

Ah, non merci, madame.

Prends l'argent. Un petit pourboire. Tu m'as rendu de fiers services.

Je ne pourrais pas, madame, vu comment vous êtes.

Prends l'argent ou je demanderai à la Poste que ce ne soit plus toi qui me portes mon mandat.

Oh, très bien, madame. Merci beaucoup.

Bonne nuit, fiston. Sois gentil avec ta mère.

Bonne nuit, Mrs. Daly.

L'école commence en septembre et, certains jours, Michael fait halte chez l'Abbé avant de rentrer à pied chez Laman Griffin. Je peux rester ici ce soir ? demande-t-il les jours de pluie et, bientôt, il n'a plus du tout envie de retourner chez Laman Griffin. Il est crevé et affamé à force de se taper ces trois kilomètres aller et ces trois kilomètres retour.

Quand Maman vient le chercher, je ne sais pas quoi lui dire. Je ne sais pas comment la regarder et je garde mes yeux tournés d'un côté. Alors, c'est comment le boulot ? demande-t-elle comme s'il ne s'était jamais rien passé chez Laman Griffin et je réponds : Epatant, comme si rien ne s'était jamais passé chez Laman Griffin. Si la pluie tombe trop fort pour qu'elle rentre à la maison, elle reste dans la petite pièce de l'étage avec Alphie. Elle retourne chez Laman le lendemain mais Michael reste et bientôt elle-même s'installe petit à petit jusqu'à ne plus rentrer du tout chez Laman.

L'Abbé paie le loyer chaque semaine. Maman reçoit le Secours et les bons d'alimentation jusqu'à ce qu'on la dénonce et qu'elle soit radiée des listes du dispensaire. Elle se fait dire que si son fils rapporte une livre par semaine c'est plus que l'allocation chômage de certaines familles et elle devrait être bien contente qu'il ait un boulot. Maintenant, il faut que je tende mon salaire. Une livre ? s'étonne ma mère. C'est tout ce que tu gagnes pour te trimbaler partout qu'il pleuve ou qu'il vente ? Ce serait quatre dollars en Amérique. Quatre dollars. Et tu ne pourrais pas nourrir un chat pour quatre dollars à New York. Si tu livrais des télégrammes pour Western Union à New York, tu gagnerais vingt-cinq dollars la semaine et tu vivrais dans le luxe. Elle calcule toujours ce que fait l'argent irlandais en monnaie américaine pour ne pas oublier et tente de convaincre chacun que les temps étaient moins durs là-bas. Certaines semaines, elle me laisse garder deux shillings mais, si je vais voir un film ou acheter un livre d'occasion, il ne reste rien et, à ce train-là, je ne serai pas capable d'économiser pour mon voyage et je vais rester en carafe à Limerick jusqu'à ce que je sois un vieillard de vingt-cinq ans.

Malachy écrit de Dublin pour dire qu'il en a marre et ne veut pas passer le reste de sa vie à jouer de la trompette dans l'orchestre du régiment. Il est à la maison une semaine plus tard et se plaint de devoir partager le grand lit avec Michael, Alphie et moi. Là-haut à Dublin, il avait son propre lit de camp avec draps, couvertures et oreiller. Maintenant le voilà revenu aux paletots, avec un traversin qui envoie un nuage de plumes dès qu'on y touche. C'est affreux pour toi et je suis navrée de tes malheurs, dit Maman. L'Abbé a son propre lit et ma mère a la petite pièce. Nous sommes tous à nouveau réunis, sans Laman pour nous casser les pieds. Nous faisons du thé, du pain grillé, et nous nous asseyons par terre dans la cuisine. L'Abbé dit qu'on n'est pas supposés s'asseoir sur les sols des cuisines. Les tables et les chaises, c'est fait pour quoi ? Il ajoute pour Maman que Frankie n'est pas bien dans sa tête et Maman dit que nous allons tous attraper la mort avec ce plancher humide. Nous sommes assis par terre à chanter et Maman et l'Abbé s'asseyent sur des chaises.

L'Abbé chante *La Route de Rasheen* et on ne sait toujours pas de quoi cause la chanson. On est assis par terre et on raconte des histoires sur les choses qui sont arrivées, les choses qui ne sont pas arrivées et les choses qui arriveront quand on ira tous en Amérique.

Les jours où la Poste marche au ralenti, nous nous asseyons sur le banc et nous discutons. Nous pouvons discuter mais nous ne devons pas rire. Miss Barry dit que nous devrions nous réjouir d'être payés pour rester assis là, comme un ramassis de fainéants et de vagabonds que nous sommes, et qu'il ne doit y avoir aucune hilarité d'aucune sorte. Etre payés pour rester assis à bavarder n'a rien de risible et au premier d'entre nous qui glousse, tous dehors jusqu'à ce que nous reprenions nos esprits et si les gloussements se poursuivent nous serons signalés aux autorités compétentes.

Les garçons parlent d'elle entre leurs dents. Toby Mackey murmure : Ce qu'il lui faudrait à cette vieille garce, c'est se faire reluire un bon coup la relique, se faire démêler un bon coup le nid à broussailles. Sa mère était une saute-au-paf ambulante et son père s'est échappé de l'asile de dingues avec des cors aux couilles et des pustules à la pine.

Ça se gondole le long du banc et Miss Barry nous interpelle : Je vous ai prévenus de ne pas rire. Qu'est-ce que vous étiez en train de susurrer, Mackey ?

Je disais qu'on serait tous mieux dehors à prendre

l'air frais par cette belle journée en portant des télégrammes, Miss Barry.

Sûr que vous avez dit ça, Mackey. Ce n'est pas une bouche que vous avez, mais un égout. M'avez-vous entendue ?

Je vous ai entendue, Miss Barry.

On vous a entendu dans l'escalier, Mackey.

Oui, Miss Barry.

Fermez-la, Mackey.

Je la fermerai, Miss Barry.

Pas un autre mot, Mackey.

Non, Miss Barry.

J'ai dit : La ferme, Mackey.

Très bien, Miss Barry.

Ça suffit comme ça, Mackey. Ne me poussez pas à bout.

Non, Miss Barry.

Sainte Mère de Dieu ! Faites que je garde patience !

Oui, Miss Barry.

Ayez le dernier mot, Mackey. Ayez-le, ayez-le, ayez-le.

Je l'aurai, Miss Barry.

Toby Mackey est petit télégraphiste intérimaire comme moi. Il a vu un film appelé *The Front Page*[1] et maintenant il veut aller un jour en Amérique pour faire le reporter dur de dur avec le chapeau et la cigarette. Il garde un carnet dans sa poche car un bon reporter doit consigner ce qui se passe. Les faits. Il doit consigner les faits et pas des tonnes de fichue poésie, même qu'on n'entend que ça à Limerick avec les hommes dans les pubs toujours à dégoiser sur nos grandes souffrances sous les Anglais. Les faits, Frankie. Il note le nombre de télégrammes qu'il porte et les distances qu'il parcourt. On est assis sur le banc en faisant gaffe à ne pas rire et il m'explique que si on porte quarante télégrammes par jour ça fait deux cents par semaine, dix mille par an et vingt mille pour

1. Film américain de Lewis Milestone (1931). (*N.d.T.*)

nos deux années de travail. Si on pédale deux cents kilomètres par semaine, ça fait vingt mille huit cents kilomètres en deux ans, ce qui représente la moitié du tour du monde, Frankie, et guère étonnant qu'il ne nous reste pas bézef de bidoche au derche.

Toby dit que personne ne connaît Limerick comme le petit télégraphiste. On connaît chaque route, avenue, rue, ruelle, allée, square, passage, ancienne écurie. Jaysus, fait Toby, il n'y a pas une porte de Limerick qu'on ne connaisse pas. On cogne à toutes sortes de portes, en fer, en chêne, en contre-plaqué. Vingt mille portes, Frankie. On toque, on savate, on pousse. On tire et on presse des sonnettes. On siffle et on crie : C'est le petit télégraphiste ! C'est le petit télégraphiste ! On glisse des télégrammes dans les boîtes aux lettres, on les passe sous les portes, on les jette par-dessus l'imposte. On grimpe aux fenêtres des gens cloués au lit. On repousse tous les chiens qui veulent faire de nous leur pâtée du soir. On ne sait jamais ce qui va se passer quand on tend leur télégramme aux gens. Ils rient, chantent, dansent, pleurent, hurlent, s'écroulent de faiblesse et on se demande s'ils vont finir par se réveiller et nous filer le pourboire. Ce n'est pas du tout comme de porter des télégrammes en Amérique où Mickey Rooney se trimbale dans un film appelé *The Human Comedy*[1] où les gens sont agréables, se mettent en quatre pour vous donner un pourboire et vous invitent à prendre une tasse de thé avec un petit pain.

Toby Mackey dit qu'il a des faits plein son carnet et qu'il n'en a rien à péter de rien et c'est ainsi que j'aimerais être moi-même.

Mrs. O'Connell sait que j'aime bien les télégrammes pour la campagne et, quand il fait soleil, elle me confie une liasse de dix qui me prendra toute la matinée, de sorte que je n'aurai pas besoin de revenir avant midi, heure du déjeuner. Il y a de beaux jours

1. *Et la vie continue*, film américain de Clarence Brown (1943). (*N.d.T.*)

d'automne lorsque le Shannon miroite et que les champs sont verts, tout scintillants avec la rosée argentée du matin. Le vent souffle de la fumée à travers champs et il y a la douce odeur des feux de tourbe. Vaches et brebis broutent dans les prés et je me demande si ce sont là les bêtes dont causait le prêtre. Je ne serais pas surpris car ça n'arrête pas de se grimper, les taureaux sur les vaches, les béliers sur les brebis, les étalons sur les juments, et ils ont tous un si grand machin que j'en ai des suées à les regarder et je me sens peiné pour toutes les créatures femelles au monde qui doivent souffrir ainsi quoique ça ne m'ennuierait pas d'être un taureau moi-même vu qu'ils peuvent faire ce qu'ils veulent et que ce n'est jamais un péché pour un animal. D'ailleurs, ça ne m'ennuierait pas non plus de me tripoter ici même mais vous ne savez jamais si un fermier conduisant vaches et brebis à une foire ou dans un autre champ ne va pas se ramener sur la route, lever son bâton et vous saluer : Bonjour, mon petit gars, une belle matinée que nous avons là, grâces en soient rendues à Dieu ainsi qu'à Sa Bienheureuse Mère. Un fermier aussi pieux pourrait prendre offense de vous voir enfreindre le sixième commandement dedans son champ. Les chevaux aiment passer la tête par-dessus les clôtures et les haies pour voir qui vient là et je m'arrête pour leur parler car ils ont de grands yeux et de longs nez qui montrent combien ils sont intelligents. Parfois, deux oiseaux commencent à chanter l'un pour l'autre à travers un champ et je dois m'arrêter pour les écouter et, si je reste assez longtemps, d'autres oiseaux s'y mettent aussi jusqu'à ce que leur pépiement anime chaque arbre et chaque fourré. Pour peu qu'il y ait un ruisseau gazouillant sous un pont de la route qui s'ajoute aux oiseaux qui serinent, aux vaches qui meuglent et aux brebis qui bêlent, c'est mieux que n'importe quel orchestre de film. L'odeur du bacon et du chou de midi venant d'une ferme me fait tellement trembler de fringale que j'escalade la clôture d'un champ et me gave de mûres une bonne demi-heure. Puis je me baque la figure dans le ruisseau et je bois l'eau glacée, meilleure que la limonade de n'importe quelle baraque de poisson-frites.

Quand j'ai fini la distribution des télégrammes, il me reste assez de temps pour aller au cimetière de l'ancien monastère où sont enterrés les parents de ma mère, les Guilfoyle et les Sheehan, et où elle veut être enterrée aussi. De là, je peux voir les hautes ruines du château de Carrigogunnell et j'ai tout le temps de m'y rendre à vélo, de m'asseoir sur la plus haute muraille, de regarder le Shannon qui coule vers l'Atlantique, vers l'Amérique, et de rêver du jour où je mettrai moi-même les voiles.

Les garçons de la Poste me disent que je suis veinard d'avoir le télégramme pour la famille Carmody. Un shilling de pourboire, un des plus gros pourboires que tu toucheras jamais à Limerick. Alors, pourquoi c'est moi, le plus jeune, qui l'ai ? A ça, ils répondent : Ben, des fois, c'est Theresa Carmody qui ouvre la porte. Elle a la phtisie et ils ont peur de l'attraper à son contact. Elle a dix-sept ans, elle va tout le temps au sanatorium et elle ne verra jamais ses dix-huit ans. Les garçons de la Poste disent que les personnes malades comme Theresa savent que le temps est compté et ça leur donne la folie d'aimer, de flirter, etc. *Etc.* C'est ça que te fait la phtisie, disent les garçons de la Poste.

Je roule dans les rues mouillées de novembre en pensant à ce shilling de pourboire et, comme je tourne dans la rue de la famille Carmody, la bicyclette dérape sous moi et je pars en glissade, m'éraflant le visage et m'écorchant le dos de la main. Theresa Carmody ouvre la porte. Elle est rousse. Elle a des yeux verts comme les champs autour de Limerick. Ses joues sont rose vif et sa peau est d'une blancheur intense. Oh ! fait-elle. Vous êtes tout mouillé et ensanglanté !

J'ai dérapé avec mon vélo.

Entrez, je vais mettre quelque chose sur vos plaies.

Je me demande si je dois entrer. C'est que je pourrais attraper la phtisie et c'en serait fini de moi. Je veux être en vie pour mes quinze ans et je veux le shilling de pourboire.

Entrez donc. Vous allez mourir à rester planté là.

Elle met à chauffer la bouilloire pour le thé. Puis elle tamponne mes plaies avec de la teinture d'iode et j'essaie d'être un homme et de ne pas me plaindre. Ah, mais! Vous n'êtes pas la moitié d'un homme, hein? Allez au salon et séchez-vous devant le feu. Dites, pourquoi vous ne retireriez pas votre pantalon pour le mettre à sécher sur le paravent?

Ah, non.

Ah, si.

D'accord.

Je pose mon pantalon sur le paravent. Je reste là à regarder monter la vapeur, je me vois qui monte aussi et j'ai peur qu'elle revienne maintenant et m'aperçoive avec la gaule.

Justement la voilà de retour, avec deux tasses de thé et une assiette de pain et de confiture. Seigneur! fait-elle. Vous êtes peut-être un brin maigrichon mais c'est un bel engin que vous avez là.

Elle pose l'assiette et les tasses sur une table près du feu et elles y restent. Elle saisit le bout de ma gaule entre son pouce et son index et me fait traverser la pièce vers un sofa de couleur verte contre le mur et tout ce temps-là je pense au péché à la teinture d'iode à la peur de la phtisie au shilling de pourboire à ses yeux verts et elle est sur le sofa n'arrête pas ou je meurs et elle crie et je crie car je ne sais pas ce qui m'arrive si je ne suis pas en train de me tuer en attrapant la phtisie par sa bouche je monte au ciel je tombe d'une falaise et si c'est un péché je n'en ai rien à péter.

On se repose un moment sur le sofa jusqu'à ce qu'elle demande: Pas d'autres télégrammes à porter?

Et puis, quand on se redresse, elle pousse un petit cri : Oh, me voilà qui saigne !

Que se passe-t-il ?

Je crois que c'est parce que c'est la première fois.

Une seconde, lui dis-je. Je vais dans la cuisine prendre le flacon et j'asperge sa blessure de teinture d'iode. Elle bondit du sofa, saute dans tout le salon comme une folle et court dans la cuisine pour se mettre de l'eau. Après s'être séchée, elle dit : Seigneur, vous êtes vraiment innocent ! Il ne faut pas arroser comme ça les jeunes filles de teinture d'iode !

J'ai cru à une coupure.

Durant des semaines après ça, je porte le télégramme. Parfois, on a la gaule sur le sofa mais il y a d'autres jours où elle tousse et on voit bien qu'elle est prise d'affaiblissement. Jamais elle ne me dit qu'elle s'affaiblit. Jamais elle ne me dit qu'elle a la phtisie. Les garçons de la Poste disent que je dois m'en payer avec le shilling de pourboire et Theresa Carmody. Jamais je ne leur raconte que j'ai arrêté de prendre le shilling de pourboire. Jamais je ne leur parle du sofa vert et de la gaule. Jamais je ne leur parle de la douleur qui se déclenche quand elle ouvre la porte et que je la vois prise d'affaiblissement et qu'une seule envie me vient : lui préparer du thé puis l'enlacer sur le sofa vert.

Un samedi, on me dit d'aller donner le télégramme à la mère de Theresa à son travail chez Woolworth's. J'essaie d'avoir l'air de rien.

D'habitude, Mrs. Carmody, je donne le télégramme à votre… je crois que c'est votre fille… Theresa, non ?

Oui. Elle est à l'hôpital.

Au sanatorium ?

Je viens de vous dire qu'elle est à l'hôpital.

Elle est comme tout le monde à Limerick, elle a honte de la tuberculose, et elle ne me donne pas un shilling ni aucun genre de pourboire. Je pédale jusqu'au sanatorium pour voir Theresa. On me dit qu'il faut être un parent et qu'il faut être adulte. Je dis que je suis son cousin et que j'aurai quinze ans en août. On me dit de m'en aller. Je pédale jusqu'à l'église franciscaine afin de prier pour Theresa. Saint François, si vous vouliez bien parler à Dieu. Dites-Lui que ce n'était pas la faute de Theresa. J'aurais pu refuser de porter ce télégramme samedi après samedi. Dites à Dieu que Theresa n'était pas responsable de la gaule sur le sofa parce que c'est la phtisie qui vous fait ça. De toute façon, saint François, peu importe vu que j'aime Theresa. Je l'aime autant que vous aimez n'importe quel oiseau ou mammifère ou poisson et voulez-vous bien demander à Dieu de faire disparaître la phtisie et je promets de ne plus jamais m'approcher d'elle.

Le samedi suivant, on me donne le télégramme pour la famille Carmody. Parvenu à la moitié de la rue, je vois que les stores sont tirés. J'aperçois la couronne de crêpe noir sur la porte. Je distingue le faire-part de deuil blanc bordé de violet. A travers porte et murs, je nous revois Theresa et moi nous ébattant nus et échevelés sur le sofa vert et maintenant je sais qu'elle est en enfer et tout ça à cause de moi.

Je glisse le télégramme sous la porte et descends à l'église franciscaine pour demander le repos de l'âme de Theresa. Je prie devant chaque statue, devant les vitraux, devant les stations du chemin de la Croix. Je jure de mener une vie régie par la foi, l'espérance et la charité, la pauvreté, la chasteté et l'obéissance.

Le lendemain, dimanche, je vais à quatre messes. Je fais trois fois le chemin de la Croix. Je dis des rosaires toute la journée. Je m'abstiens de manger et de boire et partout où je trouve un endroit tranquille je pleure et supplie Dieu et la Vierge Marie de faire miséricorde à l'âme de Theresa Carmody.

Le lundi, je suis le convoi funèbre jusqu'au cimetière sur ma bicyclette de télégraphiste. Je me tiens derrière un arbre, loin de la tombe. Mrs. Carmody sanglote et gémit. Mr. Carmody renifle et paraît perplexe. Le prêtre récite les prières latines et répand de l'eau bénite sur le cercueil.

J'ai envie d'aller trouver le prêtre et Mr. et Mrs. Carmody. J'ai envie de leur expliquer comment c'est moi qui ai envoyé Theresa en enfer. Ils peuvent faire de moi ce qu'ils veulent. M'insulter. M'injurier. Me jeter de la terre de la tombe. Mais je reste derrière l'arbre jusqu'à ce que l'assistance se disperse et que les fossoyeurs comblent la tombe.

Déjà le gel blanchit la terre fraîche de la tombe et je pense à Theresa froide dans le cercueil, aux cheveux roux, aux yeux verts. Je n'arrive pas à comprendre les sentiments qui me traversent mais je sais une chose : avec tous les gens de ma famille qui sont morts et tous mes voisins des ruelles qui sont morts et tous ceux qui s'en sont allés, jamais je n'ai eu le cœur aussi serré et j'espère que je ne l'aurai plus jamais ainsi.

Il commence à faire noir. Je quitte le cimetière en poussant ma bicyclette. J'ai des télégrammes à porter.

XVI

Mrs. O'Connell me donne une liasse de télégrammes pour Mr Harrington, l'Anglais dont l'épouse morte était née et avait grandi à Limerick. Les garçons de la Poste disent que les télégrammes de condoléances sont une perte de temps. Les gens ne font que pleurer, gémir de chagrin, et ils se croient dispensés du pourboire. Ils te demandent si ça te dirait d'entrer pour jeter un coup d'œil au défunt et faire une prière près du lit. Passe encore s'ils t'offraient une goutte de sherry et un sandwich au jambon. Oh, non, ils sont bien contents d'avoir ta prière mais bon, finalement tu n'es jamais qu'un petit télégraphiste et tu as de la veine si tu obtiens un biscuit sec. Les anciens de la Poste disent qu'il faut mettre le paquet pour avoir le pourboire de deuil. Si tu es invité à dire une prière, tu dois t'agenouiller au chevet du cadavre, pousser un fort soupir, te signer, presser ton front contre les draps pour qu'ils ne voient pas ton visage, trembler des épaules comme un qui s'effondrerait de douleur, t'accrocher au lit des deux mains comme s'ils allaient devoir t'en arracher pour que tu ailles porter le reste de tes télégrammes, t'assurer que tes joues sont brillantes de larmes ou du crachat que tu viens d'y mettre, et si après tout ça tu n'as pas un pourboire la prochaine fois tu pousses la liasse de télégrammes sous la porte ou tu la balances par-dessus l'imposte et tu les laisses tous à leur chagrin.

Ce n'est pas la première fois que je porte des télégrammes à la maison Harrington. Mr. Harrington était toujours parti en voyage d'affaires pour la compagnie d'assurances et Mrs. Harrington avait le pourboire généreux. Mais maintenant elle n'est plus et c'est Mr. Harrington qui répond à la sonnette. Ses yeux sont rouges et il renifle. Etes-vous irlandais ? demande-t-il.

Irlandais ? Que serais-je d'autre, planté là sur ce perron de Limerick une liasse de télégrammes à la main ? Je le suis, monsieur. Entrez, dit-il. Posez les télégrammes sur le guéridon du vestibule. Il ferme la porte, la verrouille, met la clef dans sa poche et je me dis : Ils sont vraiment bizarres, ces Anglais.

Vous voudrez la voir, bien sûr. Vous voudrez voir ce que vous autres lui avez fait avec votre maudite tuberculose. Race de vampires. Suivez-moi.

Il me conduit d'abord à la cuisine, où il prend une assiette de sandwichs au jambon et deux bouteilles, puis à l'étage. Mrs. Harrington paraît ravissante dans le lit, blonde, rose, paisible.

Voici mon épouse. Elle est peut-être irlandaise mais elle n'en a pas l'air, Dieu merci. Comme vous. Irlandais. Vous voudrez boire quelque chose, bien sûr. Vous autres Irlandais biberonnez au moindre prétexte. A peine sevrés que vous voilà à réclamer la bouteille de whisky, la pinte de *stout*. Que prendrez-vous ? Whisky, sherry ?

Oh, une citronnade serait très bien…

Je suis en train de pleurer mon épouse et pas en train de célébrer le putain de citronnier. Vous prendrez un sherry. De la vinasse de cette saloperie d'Espagne catholique et fasciste.

Je bois le sherry d'un trait. Il me ressert et va pour reprendre du whisky. Bordel ! Séché, le whisky ! Restez ici. Vous m'entendez ? Je vais au pub chercher une autre bouteille de whisky. Restez jusqu'à mon retour. Ne bougez pas.

Je suis tout ahuri et étourdi à cause du sherry. Je ne sais pas comment on doit se conduire avec les Anglais en deuil. Mrs. Harrington, que vous paraissez ravissante ainsi couchée ! Mais vous êtes une protestante, déjà damnée, en enfer, comme Theresa. Hors de l'Eglise il n'est point de salut, disait le prêtre. Attendez, je puis peut-être sauver votre âme. Vous baptiser catholique. Rattraper ce que j'ai fait à Theresa. Je vais aller prendre un peu d'eau. Oh, bon Dieu, la porte est verrouillée. Pourquoi ? Peut-être que vous n'êtes pas du tout morte… Peut-être que vous êtes en train de m'observer… Etes-vous morte, Mrs. Harrington ? Je n'ai pas peur. Votre visage est glacé. Bon, d'accord, vous êtes morte. Je vais vous baptiser avec le sherry de cette saloperie d'Espagne catholique et fasciste. Je vous baptise au nom du Père, du Fils et du…

Qu'est-ce que vous foutez donc ? Voulez-vous bien laisser ma femme, espèce d'ignoble crétin papiste ! Quel est ce rituel de primate irlandais ? L'avez-vous touchée ? Oui ? Je m'en vais tordre votre cou de poulet.

Je… Je…

Holà ! Parle anglais, espèce de raclure.

C'était juste… euh… un peu de sherry pour l'envoyer au ciel.

Au ciel ? Mais nous y étions au ciel, Ann, notre fille Emily et moi. Jamais plus vos yeux de goret albinos ne se poseront sur elle. Oh, Christ, je ne puis le supporter. Allez, encore un coup de sherry.

Ah, non, merci.

Ah-non-merci ! Cet aigre geignement celtique ! Vous autres l'aimez votre alcool, hein ! Vous aide à mieux ramper et geindre. Et bien sûr, ça voudrait à manger. Vous avez cette dégaine effondrée du crevard irlandais. Là. Jambon. Mangez.

Ah, non, merci.

Ah-non-merci ! Redites ça et je vous enfonce le jambon dans le fion !

Il agite un sandwich au jambon dans ma direction.

L'instant d'après, il l'enfourne dans ma bouche avec sa paume.

Puis il s'effondre sur une chaise. Oh, mon Dieu, mon Dieu, que vais-je faire ? Il faut que je me repose un moment.

Mon estomac se soulève. Je cours à la fenêtre, sors ma tête et dégobille. Il bondit de la chaise et se précipite vers moi.

Vous ! Vous ! Que Dieu vous envoie en enfer ! Vous avez vomi sur le rosier de ma femme !

Il se jette sur moi, me manque, s'étale sur le plancher. Je monte sur la fenêtre et me suspends au rebord. Il est à la fenêtre et m'empoigne les mains. Je lâche prise et atterris sur le rosier, en plein dans le sandwich au jambon et le sherry que je viens de dégobiller. Les épines de rose me piquent, me transpercent, ma cheville se tord. Il est toujours à la fenêtre et hurle : Reviens ici, avorton d'Irlandais ! Il me dénoncera à la Poste. Il m'atteint au dos avec la bouteille de whisky puis me lance d'un ton suppliant : Ne vas-tu pas veiller une heure avec moi ?

Il me bombarde de verres à sherry, de verres à whisky, d'un assortiment de sandwichs au jambon, puis de divers objets pris sur la coiffeuse de feu son épouse, poudriers, boîtes de crème, brosses.

Je saute sur mon vélo et zigzague dans les rues de Limerick, hébété par le sherry et la douleur. Mrs. O'Connell m'attaque d'entrée : Sept télégrammes, une seule adresse, et vous voilà disparu toute la journée !

J'étais... J'étais...

Z'étiez. Z'étiez. Ivre, voilà ce que vous étiez. Ivre, voilà ce que vous êtes. Puant. Oh, c'est qu'on est au courant. Ce brave Mr. Harrington a téléphoné ici, un bien aimable Anglais, ma foi, à la voix comme James Mason. Il vous a laissé entrer pour dire une prière à l'intention de sa pauvre épouse et l'instant d'après vous sautiez par la fenêtre en emportant le sherry et le jambon. Votre pauvre mère. Qu'a-t-elle mis au monde ?

Il m'a obligé à manger le jambon et à boire le sherry.

Obligé ? Doux Jésus, elle est bonne, celle-là ! Obligé ! Mr. Harrington est un Anglais distingué et il n'y a aucune raison pour qu'il mente et nous n'avons pas besoin de gens comme vous dans ce bureau de poste, d'individus qui ne peuvent s'empêcher de chaparder jambon et sherry, alors vous allez restituer vos sacoche et bicyclette de télégraphiste car vous avez fait votre temps dans ce bureau de poste.

Mais j'ai besoin du boulot. Je dois économiser pour aller en Amérique.

En Amérique ! Triste époque que celle où l'Amérique ouvre ses portes à vos semblables.

Je clopine dans les rues de Limerick. Je retournerais bien balancer une brique à travers la fenêtre de Mr. Harrington. Non. Respect pour les morts. Je vais traverser le pont Sarsfield et suivre la berge pour trouver à m'allonger quelque part dans les taillis. Je ne me vois pas rentrer à la maison et dire à ma mère que j'ai perdu mon boulot. Mais il faut que je rentre. Il faut que je lui dise. Impossible de rester toute la nuit sur la berge. Elle serait folle d'inquiétude.

Maman supplie la Poste de me reprendre. On lui dit : Non. On ne connaît aucun précédent à ça. Un petit télégraphiste qui moleste un cadavre. Un petit télégraphiste qui se tire des flûtes avec jambon et sherry. Non, jamais plus il ne remettra un pied dans la Poste.

Maman obtient une lettre du prêtre de la paroisse. Reprenez le garçon, dit le prêtre de la paroisse. Oh, oui, mon père, tout à fait, répond la Poste. On me laissera y rester jusqu'à mes seize ans, pas une minute de plus. Cela dit, fait Mrs. O'Connell, quand on songe à ce que les Anglais nous ont infligé durant huit cents ans, cet homme n'avait pas le droit de se plaindre pour un peu de jambon et de sherry. Mettez un peu de jambon et de sherry sur un plateau de balance, la Grande Famine sur l'autre, et vous obtenez quoi ? Si mon pauvre mari était encore vivant, et que je lui raconte ce que vous avez fait, il dirait : Vous avez frappé fort, Frank McCourt, très, très fort.

Chaque samedi matin, je jure d'aller à confesse et de raconter au prêtre les actes impurs auxquels je me livre, que ce soit à la maison, sur les sentiers déserts autour de Limerick avec les vaches et les brebis qui reluquent, ou sur les hauteurs de Carrigogunnell au vu du monde entier.

Je lui raconterai pour Theresa Carmody, comment je l'ai envoyée en enfer, et c'en sera fini de moi. Chassé de l'Eglise, je serai.

Theresa est un tourment pour moi. Chaque fois que je vais porter un télégramme dans sa rue, chaque fois que je passe devant le cimetière, je sens le péché grandir en moi comme un abcès et, si je ne vais pas bientôt à confesse, je ne serai plus rien qu'un abcès allant à bicyclette avec les gens qui me montreront du doigt et se diront : Le voilà, Frankie McCourt, le salopard qui a envoyé Theresa Carmody en enfer.

Je regarde les gens qui vont communier le dimanche : chacun retourne à sa place en état de grâce avec Dieu en bouche, paisiblement, sereinement, prêt à mourir à tout moment pour monter droit au ciel ou prêt à aller chez lui s'asseoir devant ses œufs au lard sans un souci au monde.

J'en ai ma claque d'être le pire pécheur de Limerick. Je veux me débarrasser de ce péché et pouvoir prendre des œufs au lard sans culpabilité ni tourment. Je veux être ordinaire.

Les prêtres nous disent tout le temps que la miséricorde de Dieu est infinie mais comment un prêtre quel qu'il soit peut-il donner l'absolution à quelqu'un comme moi qui porte des télégrammes et se retrouve en état de gaule sur un sofa vert au côté d'une jeune fille se mourant de phtisie galopante ?

Je sillonne tout Limerick à vélo avec mes télégrammes et je m'arrête à chaque église. Je vais des Rédemptoristes aux Jésuites, des Jésuites aux Augustins, des Augustins aux Dominicains puis des Dominicains aux Franciscains. Je m'agenouille devant la statue de saint François d'Assise et le supplie de m'aider mais je crois qu'il est trop dégoûté de moi. Je m'agenouille avec d'autres gens sur les prie-Dieu près des confessionnaux mais, quand vient mon tour, je ne peux plus respirer, mon cœur se met à cogner, mon front devient glacé, moite, et je m'enfuis de l'église.

Je jure d'aller à confesse à Noël. Impossible. A Pâques. Impossible. Les semaines, les mois passent, et voilà un an que Theresa est morte. Je vais y aller pour son anniversaire. Impossible. J'ai maintenant quinze ans et je passe devant les églises sans m'arrêter. Il va falloir que j'attende d'aller en Amérique où il y a des prêtres genre Bing Crosby dans *Going My Way*[1] qui ne m'éjecteront pas du confessionnal à coups de pied comme les prêtres de Limerick.

J'ai encore le péché en moi, l'abcès, et j'espère qu'il ne va pas complètement me tuer avant que je voie le prêtre américain.

Il y a un télégramme pour une vieille femme, Mrs. Brigid Finucane. Quel âge as-tu, mon gars ? me demande-t-elle.

Quinze ans et demi, Mrs. Finucane.

Assez jeune pour te fourrer dans le pétrin et assez âgé pour y voir clair. Es-tu dégourdi, mon gars ? Un tant soit peu intelligent ?

Je sais lire et écrire, Mrs. Finucane.

Pardi ! C'est qu'il y en a là-haut, à l'asile d'aliénés,

1. *La Route semée d'étoiles*, film américain de Leo McCarey (1943). (*N.d.T.*)

des qui savent lire et écrire. Peux-tu rédiger une lettre ?

Je peux.

Elle veut que j'écrive des lettres à ses clientes. Si vous avez besoin d'un costume ou d'une robe pour votre enfant, vous pouvez aller la voir. Elle vous donne un bon d'achat pour une boutique où on vous donnera les vêtements. Elle-même a un rabais mais vous fait payer le prix fort et des intérêts par-dessus le marché. Vous la remboursez chaque semaine. Certaines de ses clientes sont en retard dans leurs paiements et il faudrait leur envoyer des lettres d'intimidation.

Je te donnerai trois pence pour chaque lettre rédigée et encore trois pence si paiement s'ensuit. Au cas où le boulot t'intéresse, viens ici le jeudi soir et le vendredi soir sans oublier d'apporter tes propres feuilles et enveloppes.

Il me faut absolument ce boulot. Je veux aller en Amérique. Mais je n'ai pas d'argent pour le papier et les enveloppes. Le lendemain, je porte un télégramme au magasin Woolworth et la solution m'apparaît : un rayon entier rien que pour le papier et les enveloppes. Comme je n'ai pas d'argent, je vais devoir me servir. Mais comment ? Deux chiens m'arrangent le coup, deux chiens à la porte du magasin Woolworth collés ensemble après la gaule. Ils glapissent et courent en traçant des cercles. Clientes et vendeuses gloussent en faisant semblant de regarder ailleurs et pendant qu'elles sont occupées à faire semblant je glisse le papier et les enveloppes sous mon chandail, je passe la porte et hop sur mon vélo loin des chiens à la colle.

Mrs. Finucane paraît soupçonneuse. C'est de la bien belle papeterie que tu as là, mon gars. C'est-y à ta mère ? Tu rendras ça quand tu auras l'argent, hein, mon gars ?

Oh ben oui.

A partir de maintenant, je ne dois plus arriver par sa porte de devant. Il y a une ruelle qui passe derrière sa maison et je dois emprunter la porte de service de peur que quelqu'un me voie.

Elle ouvre un large registre et me donne les noms et adresses de six clientes en retard dans leurs paiements. Intimide-les, mon gars. Fiche-leur la frousse de leur vie.

Ma première lettre :

Chère Mrs. O'Brien,

Attendu que vous n'avez point jugé bon de me régler ce que vous me devez, je puis être amenée à intenter des poursuites judiciaires. Il y a votre fils, Michael, qui se pavane au vu de tous dans son nouveau costume que j'ai payé alors que moi-même ai à peine de quoi me cheviller l'âme au corps. Je suis sûre que vous n'avez nulle envie de languir dans les cachots de la prison de Limerick loin des amis et de la famille.

Veuillez agréer l'expression de mes sentiments litigieux,

Mrs. Brigid Finucane.

Après lecture, elle me dit : En voilà une lettre énergique, mon gars, mieux que tout ce qu'on peut lire dans le *Limerick Leader* ! Ces deux mots-là, *Attendu que*, suffisent à inspirer une sainte terreur. Qu'est-ce que ça veut dire ?

C'est votre dernière chance, je crois.

Je rédige cinq autres lettres et elle me donne l'argent pour les timbres. En route vers le bureau de poste, je pense : Pourquoi devrais-je gaspiller de l'argent en timbres alors que j'ai mes deux jambes pour porter les lettres en pleine nuit ? Quand on est pauvre, une lettre d'intimidation est une lettre d'intimidation, peu importe comment elle passe la porte.

Je cours dans les ruelles de Limerick, glissant les lettres sous les portes et priant que personne ne me voie.

La semaine d'après, Mrs. Finucane ne se tient plus de joie : Quatre qui ont payé ! Oh, ça ! Assieds-toi donc pour en écrire d'autres, mon gars ! Fiche-leur une frousse de Dieu !

Au fil des semaines, mes lettres d'intimidation gagnent en mordant. Je commence à balancer des mots que je comprends à peine moi-même :

Chère Mrs. O'Brien,

Attendu que vous ne vous êtes point rendue à l'imminente mise en demeure incluse en notre précédente missive, soyez avisée que nous sommes en consultation avec notre avocat sis dessus à Dublin.

Mrs. O'Brien paie dès la semaine suivante. Ah, mon gars ! Elle est arrivée tremblotante, les larmes aux yeux, et elle a promis de ne plus jamais rater un paiement.

Le vendredi soir, Mrs. Finucane m'envoie dans un pub chercher une bouteille de sherry. Tu es trop jeune pour le sherry, mon gars. Tu peux te faire une bonne tasse de thé mais il faudra te débrouiller avec les feuilles restant de ce matin. Non, tu ne peux pas avoir un morceau de pain ! Avec les prix qu'ils pratiquent ! Du pain et puis quoi ? La prochaine fois, c'est un œuf que tu demanderas !

Elle se balance près du feu, sirotant son sherry, comptant l'argent dans le porte-monnaie posé sur ses genoux, inscrivant les paiements dans son registre avant d'aller tout verrouiller dans le coffre qu'elle a sous son lit à l'étage. Après deux ou trois sherries, elle m'explique combien c'est délicieux d'avoir quelque argent à léguer à l'Eglise afin que des messes soient dites pour le repos de votre âme. Ça la réjouit vraiment de penser que des prêtres diront des messes pour elle des années et des années après qu'elle sera morte et enterrée.

Il lui arrive de s'endormir et, si le porte-monnaie tombe par terre, je me prends deux ou trois shillings en rab pour les heures supplémentaires et l'emploi de tous les grands mots nouveaux. Ça fera moins d'argent pour les prêtres et leurs messes mais combien de messes faut-il à une âme? Et puis j'ai bien droit à un peu d'oseille vu comment l'Eglise m'a claqué ses portes au nez, non? Ils n'ont pas voulu de moi comme enfant de chœur, ni comme élève de secondaire, ni comme missionnaire avec les Pères Blancs. Je m'en fous. J'ai un compte d'épargne postale et, si je continue d'écrire de bonnes lettres d'intimidation pour Mrs. Finucane, de prélever deux ou trois shillings dans son porte-monnaie et de garder l'argent des timbres, j'aurai mon pécule d'évasion pour l'Amérique. Toute ma famille pourrait crever de faim que je ne toucherais pas à cet argent mis à la Poste.

Il m'arrive souvent de devoir écrire des lettres d'intimidation à des voisines ou amies de ma mère et je m'inquiète qu'elles puissent me découvrir. Elles se plaignent à Maman: Cette vieille garce, Finucane, là-bas dans Irishtown, elle m'a envoyé une lettre de menaces. On se demande quel est ce démon vomi de l'enfer qui tourmente les siens avec ce genre de courrier qui est de toute façon sans queue ni tête à mon égard avec des mots jamais entendus sur terre ou sur mer. L'individu qui rédige ces lettres-là est pire que Judas ou n'importe quel mouchard des Anglais.

Ma mère dit que quiconque écrit de pareilles lettres devrait être jeté dans de l'huile bouillante puis avoir les ongles des mains arrachés par des aveugles.

Je suis désolé pour leurs malheurs mais je n'ai aucun autre moyen d'économiser l'argent pour l'Amérique. Je sais qu'un jour je serai un riche amerloque qui enverra au pays des centaines de dollars et ma famille n'aura plus jamais à s'en faire pour des lettres d'intimidation.

Certains des petits télégraphistes intérimaires vont passer l'examen des permanents au mois d'août. Vous devriez passer cet examen, Frank McCourt, me dit Mrs. O'Connell. Vous avez un brin de jugeote dans votre tête et vous le décrocherez haut la main. Vous serez facteur en un rien de temps, ce qui aidera bien votre malheureuse mère.

Maman dit elle aussi que je devrais passer l'examen, devenir facteur, économiser, partir en Amérique et faire le facteur là-bas et ça ne serait-y pas la belle vie ?

Un samedi, je porte un télégramme chez South et Oncle Pa Keating s'y trouve, tout noir comme d'habitude. Prends donc une limonade, Frankie, ou est-ce une pinte que tu veux maintenant que tu approches tes seize ans ?

Une limonade, Oncle Pa, s'il te plaît.

Tu voudras bien de ta première pinte le jour de tes seize ans, quand même ?

Oui, mais mon père ne sera pas là pour me la commander.

T'inquiète. Je sais que ce ne sera pas pareil sans ton père mais c'est moi qui te la commanderai, ta première pinte. Comme je l'aurais fait si j'avais eu un fils. Viens ici la veille au soir de tes seize ans.

Je viendrai, Oncle Pa.

Dis-moi, il paraît que tu vas passer cet examen des Postes ?

Je vais le passer.

Pourquoi que tu ferais ça ?

C'est un bon boulot, je serai facteur en un rien de temps et puis ça donne droit à la retraite.

Au cul la retraite ! Seize balais et ça te cause retraite ! C'est ma fiole que tu te paies ? T'as entendu ce que j'ai dit, Frankie ? Au cul la retraite ! Si tu réussis à l'examen, tu resteras à la Poste bien peinard et pépère pour le restant de tes jours. T'épouseras une Brigid, t'auras cinq petits catholiques et tu feras pousser des petites roses dans ton jardin. Tu seras mort dans ta tête avant tes trente ans et je ne te parle pas des burettes à sec l'année d'avant. Fais-toi ta putain de propre idée, et au diable avec les pantouflards et les mégoteurs. M'entends-tu, Frankie McCourt ?

Je t'entends, Oncle Pa. C'est ce que disait Mr. O'Halloran.

Il disait quoi ?

De se faire ses propres idées.

Autant pour Mr. O'Halloran. C'est ta vie, fais tes propres choix et au diable avec les mégoteurs, Frankie. Nom de Dieu de bordel à queue, tu vas tout de même bien y aller en Amérique, oui ou merde ?

J'irai, Oncle Pa.

Le jour de l'examen, je suis dispensé de travail. En passant par O'Connell Street, j'aperçois une pancarte à la fenêtre d'un bureau : ON DEMANDE UN GARÇON DÉGOURDI — ÉCRITURE SOIGNÉE — BON EN CALCUL — POUR POSTULER S'ADRESSER ICI AU DIRECTEUR MR. MCCAFFREY EASONS LTD.

Je me tiens devant le lieu de l'examen, l'immeuble de la *Limerick Protestant Young Men's Association*. Il y a des garçons de tout Limerick qui montent les marches pour passer l'examen et un homme à la porte leur tend des feuilles et les crayons tout en gueulant — Dépêchons ! Dépêchons ! Je regarde l'homme à la porte, je pense à Oncle Pa Keating et à ce qu'il a dit, je pense à la pancarte d'Easons, ON DEMANDE UN GARÇON DÉGOURDI. Je n'ai pas envie de franchir cette porte ni de réussir cet examen car sinon je serai un petit télégraphiste permanent avec un uniforme, puis un facteur, puis un guichetier qui vendra des timbres pour le restant de mes jours. Je serai pour toujours en carafe à Limerick à faire pousser des roses avec ma tête morte et mes burettes toutes desséchées.

L'homme à la porte fait : Vous, là ! Vous entrez ou vous comptez rester planté ici le bec ouvert ?

Je dirais bien au type de me baiser le cul, mais j'ai encore quelques semaines à tirer au bureau de poste et il pourrait me dénoncer. Je secoue la tête et je remonte la rue où un garçon dégourdi est demandé.

Le directeur, Mr. McCaffrey, me dit : J'aimerais voir un échantillon de votre écriture, histoire de vérifier que vous avez une main correcte. Installez-vous à cette table. Ecrivez vos nom et adresse et rédigez-moi un paragraphe expliquant pourquoi vous êtes venu ici pour cet emploi et comment vous vous proposez de gravir les échelons d'Eason & Son Ltd à force de persévérance et d'assiduité car cette société présente de grandes possibilités pour un garçon qui saura garder l'œil droit sur le guidon et prémunir ses flancs du chant des sirènes du péché.

J'écris :

Frank McCourt,
4, Little Barrington Street,
Limerick City,
County Limerick,
Ireland.

Je postule pour cet emploi en vue de pouvoir m'élever aux échelons suprêmes d'Easons Ltd à force de persévérance et d'assez de doigté sachant qu'en gardant mes yeux droit devant et en protégeant mes flancs je serai à l'abri de toute tentation et un motif de fierté pour Easons et l'Irlande en général.

Qu'est-ce donc ? fait Mr. McCaffrey. Aurions-nous là une altération de la vérité ?

Je ne sais pas, Mr. McCaffrey.

Little Barrington Street. C'est une ruelle. Pourquoi l'appeler une rue ? Vous demeurez dans une ruelle et non dans une rue.

On l'appelle une rue, Mr. McCaffrey.

Ne vous poussez pas du col, mon garçon.

Oh, j'en serais bien incapable, Mr. McCaffrey.

Vous demeurez dans une ruelle, ce qui veut dire que vous n'avez d'autre choix que de monter. Comprenez-vous cela, McCourt ?

Je le comprends, monsieur.

Vous devez vous extraire de la ruelle à la force du poignet, McCourt.

C'est ce que je fais, Mr. McCaffrey.

Vous avez l'allure et la tournure d'un garçon des ruelles, McCourt.

Oui, Mr. McCaffrey.

Toute votre personne respire la ruelle. Toute votre personne, de la tête aux pieds. N'essayez pas de berner la populace, McCourt. Il faudrait que vous vous leviez tôt pour berner des gens de ma trempe.

Oh, j'en serais bien incapable, Mr. McCaffrey.

Et puis il y a les yeux. Des yeux bien amochés que vous avez là. Y voyez-vous ?

J'y vois, Mr. McCaffrey.

Vous savez lire et écrire mais savez-vous additionner et soustraire ?

Oui, Mr. McCaffrey.

Ma foi, j'ignore quelle est la politique en vigueur concernant les yeux amochés. Il faudrait que j'appelle Dublin et sache leur position touchant les yeux amochés. Mais votre écriture est lisible, McCourt. Une belle main. Nous vous engageons en attendant qu'on ait statué sur les yeux amochés. Lundi matin. Six heures et demie à la gare des trains.

Le matin ?

Le matin. Nous n'allons pas livrer ces satanés journaux du matin le soir, non ?

Certes non, Mr. McCaffrey.

Autre chose. Nous distribuons l'*Irish Times*, un journal protestant, dirigé par les francs-maçons de Dublin. Nous allons en accuser réception à la gare. Nous comptons les exemplaires. Nous le livrons aux marchands de journaux. Mais nous ne le lisons pas. Je ne veux pas vous voir en train de le lire. Vous pourriez perdre la Foi et, à en juger par l'état de vos yeux, vous pourriez même y perdre la vue. M'entendez-vous, McCourt ?

Je vous entends, Mr. McCaffrey.

Point d'*Irish Times* donc, et, quand vous viendrez la semaine prochaine, je vous aviserai de tous les torchons anglais que vous ne devrez pas lire dans ce bureau. M'entendez-vous ?

Je vous entends, Mr. McCaffrey.

Mrs. O'Connell a la bouche pincée et elle ne veut pas me regarder. Elle dit à Miss Barry : Paraît-il qu'un certain parvenu des ruelles n'a pas daigné passer l'examen des Postes. Trop bien pour ça, il faut croire.

Vous l'avez dit, fait Miss Barry.

Trop bien pour nous, il faut croire.

Vous l'avez dit.

Et croyez-vous qu'il nous l'aurait dit, qu'il ne passait pas l'examen ?

Oh, il l'aurait fait, répond Miss Barry. Si nous nous étions mises à genoux.

Moi : Je veux aller en Amérique, Mrs. O'Connell.

Vous avez entendu ça, Miss Barry ?

J'ai bien entendu, Mrs. O'Connell.

Il a parlé.

Pour parler, il a parlé.

Il honnira ce jour, Miss Barry.

Il le honnira, Mrs. O'Connell.

Mrs. O'Connell fait comme si je n'étais pas là et s'adresse aux garçons qui attendent leurs télégrammes sur le banc : C'est Frankie McCourt qui se croit trop bien pour la Poste.

Je ne crois pas ça, Mrs. O'Connell.

Et qui c'est qui vous a permis de l'ouvrir, Môssieur ? Il est trop honorable pour nous, n'est-ce pas, les garçons ?

Pour sûr, Mrs. O'Connell.

Et après tout ce que nous avons fait pour lui ! Lui donner les télégrammes avec bons pourboires à la clef, l'envoyer à la campagne quand le temps était au beau, le reprendre après son inqualifiable conduite vis-à-vis de Mr. Harrington, l'Anglais, lorsqu'il a maltraité le corps de la malheureuse Mrs. Harrington et s'est empiffré de sandwichs au jambon, s'est saoulé de sherry, a sauté par la fenêtre en détruisant chaque rosier sur son chemin, a rappliqué ici les trois pans de sa chemise au vent, et qui sait ce qu'il a fait d'autre en portant des télégrammes pendant deux ans, qui le sait vraiment, hein ? Quoiqu'on s'en doute un peu, n'est-ce pas, Miss Barry ?

On s'en doute bien, Mrs. O'Connell, mais c'est un sujet qu'il ne serait pas décent d'aborder.

Mrs. O'Connell chuchote quelque chose à Miss Barry et les deux femmes me regardent en secouant la tête.

Quelle honte pour l'Irlande et sa pauvre mère ! Espérons qu'elle ne saura jamais rien de tout ça. Mais aussi, qu'attendre d'un individu né en Amérique et dont le père est du Nord ? Enfin, nous avons supporté tout ça... Nous l'avons même repris...

Mrs. O'Connell recommence à s'adresser aux garçons du banc comme si je n'étais pas là.

Travailler pour Easons, c'est ça qu'il va faire, travailler pour cette bande de francs-maçons et de protestants là-haut à Dublin. Trop bien pour la Poste mais tout à fait disposé à inonder Limerick de toutes sortes de revues anglaises plus ordurières les unes que les autres. Chaque revue qu'il touchera représentera un péché mortel. Enfin ! Maintenant il s'en va, ah ça oui, et c'est un triste jour pour sa malheureuse mère, elle qui priait pour avoir un fils qui toucherait une pension de retraite et serait aux petits soins avec elle pendant ses vieux jours. Bon, allez, prenez votre salaire et disparaissez de notre vue.

C'est un mauvais garçon, hein, les garçons ? fait Miss Barry.

Pour sûr, Miss Barry.

Je ne sais pas quoi dire. Je ne vois pas ce que j'ai fait de mal. Dois-je dire : Désolé ? Au revoir ?

Je dépose ma ceinture-sacoche sur le bureau de

Mrs. O'Connell. Elle me lance un regard noir. Allez. Filez travailler chez Easons. Quittez-nous. Le suivant, montez prendre vos télégrammes.

Elles se sont remises au travail et je dévale l'escalier vers la prochaine partie de ma vie.

XVII

Je ne sais pas pourquoi Mrs. O'Connell devait me faire honte devant tout le monde, et je ne me crois pas trop bien pour la Poste ou quoi que ce soit d'autre. Comment je pourrais, avec mes cheveux qui rebiquent, ma figure toute boutonneuse, mes yeux rouges et suintant jaune, mes dents gâtées à force de caries, pas d'épaules et pas bézef de bidoche au derche après avoir pédalé vingt mille huit cents kilomètres pour porter vingt mille télégrammes à chaque porte de Limerick et alentour ?

Il y a longtemps, Mrs. O'Connell disait qu'elle savait tout de chaque petit télégraphiste. Elle doit savoir les fois où je me suis touché en haut de Carrigogunnell, avec les laitières qui regardaient par en dessous et les petits garçons qui levaient les yeux par hasard.

Elle doit savoir pour Theresa Carmody et le sofa vert, comment je l'ai mise en état de péché et envoyée en enfer, le pire péché de tous, mille fois pire que Carrigogunnell. Elle doit savoir que je ne suis jamais allé à confesse après Theresa, que je suis moi-même voué à l'enfer.

Une personne qui commet un péché pareil n'est jamais trop bien pour la Poste ou quoi que ce soit d'autre.

Chez South, le barman me rappelle le temps où je m'asseyais avec Mr. Hannon, Bill Galvin, Oncle Pa Keating, noir blanc noir. Il se rappelle mon père, comment il dépensait son salaire et son allocation chômage tout en chantant ses ballades patriotiques et en débitant ses discours comme un rebelle sur le banc des condamnés.

Et qu'est-ce que tu voudrais ? demande-t-il.

Je suis venu pour voir Oncle Pa Keating et prendre ma première pinte.

Oh, crédieu, est-ce vrai ? Il sera là dans une minute et il n'y a sûrement pas de raison que je ne tire pas sa pinte et peut-être aussi ta première. Y en a-t-il une, présentement ?

Il n'y en a pas, monsieur.

Oncle Pa arrive et me fait m'asseoir à côté de lui contre le mur. Le barman apporte les pintes, Oncle Pa règle, lève son verre et interpelle les autres hommes dans le pub : Y a ici mon neveu, Frankie McCourt, fils d'Angela Sheehan, la sœur de ma femme, qui prend sa première pinte. Santé et longue vie, Frankie, et puisses-tu vivre en appréciant la pinte mais point trop n'en faut.

Les hommes lèvent leurs pintes, hochent la tête, boivent, et ça fait des lignes crémeuses sur leurs lèvres et leurs moustaches. Je prends une grande gorgée de ma pinte et Oncle Pa me dit : Ralentis, pour l'amour de Jaysus, ne va pas tout boire, il y en aura encore d'où ça vient tant que la famille Guinness aura bon pied bon œil.

Je lui dis que je veux lui offrir une pinte avec mon dernier salaire de la Poste, mais il fait : Non, confie l'argent à ta mère et tu pourras m'offrir une pinte quand tu rentreras d'Amérique ivre de succès et grisé par la chaleur d'une blonde pendue à ton bras.

Les hommes dans le pub parlent de la terrible situation du monde et se demandent comment, au nom de Dieu, Hermann Goering a pu échapper au bourreau une heure avant la pendaison. Les amerloques sont là-bas à Nuremberg à déclarer qu'ils ne savent pas comment le bâtard de nazi a fait pour planquer cette pilule. L'avait-il dans son oreille ? Dans une narine ?

Dans son fion ? Sûr que les amerloques examinaient sur toutes les coutures chaque nazi qu'ils capturaient, mais n'empêche que le Hermann leur a mis la berlue. Et voilà ! Ça montre qu'on peut traverser l'Atlantique, débarquer en Normandie, rayer l'Allemagne de la surface de la terre à force de bombardements, mais, au bout du compte, pas être foutu de trouver une petite pilule enfoncée au fin fond du gros cul de Goering.

Oncle Pa me paie une autre pinte. Celle-là est plus difficile à boire car elle me remplit et fait gonfler mon ventre. Les hommes parlent des camps de concentration et des malheureux Juifs qui n'avaient jamais fait de mal à personne, les hommes, les femmes et les enfants entassés dans les fours, les enfants, notez bien, on se demande quel mal ils pouvaient faire, des petites chaussures éparpillées partout, entassés qu'ils étaient, et soudain le pub est comme embrumé, les voix parviennent tantôt distinctes, tantôt assourdies. Ça va ? fait Oncle Pa. T'es blanc comme un linge. Il m'emmène aux gogues et on pisse tous les deux longuement contre le mur qui n'arrête pas de se rapprocher et de s'éloigner. Je ne peux pas retourner dans le pub, la fumée des cigarettes, la Guinness éventée, le gros cul de Goering, les petites chaussures éparpillées, je ne peux pas y retourner, bonne nuit, Oncle Pa, merci bien, et il me dit de filer droit chez ma mère, droit à la maison, oh, il ne sait rien de la gaule dans la soupente ou de la gaule sur le sofa vert, il ne sait rien sur moi qui suis dans un tel état de damnation que si je mourais maintenant je serais en enfer en un clin d'œil.

Oncle Pa s'en retourne à sa pinte. Je me retrouve dans O'Connell Street et pourquoi je ne monterais pas les quelques marches pour aller chez les Jésuites leur raconter tous mes péchés ce dernier soir de mes quinze ans ? Je sonne à la maison des prêtres et un homme costaud ouvre. Oui ?

Je désire aller à confesse, mon père.

Je ne suis pas prêtre. Ne me donnez pas du père. Je suis un frère.

Très bien, mon frère. Je désire aller à confesse avant d'avoir mes seize ans demain. Etat d'grâce pour mon anniversaire.

Partez, dit-il. Vous êtes ivre. Un jeunot comme vous ivre comme un lord qui sonne pour un prêtre à une heure pareille! Partez ou j'appelle les gardes.

Ah ben non! Ah ben non! Je désire seulement aller à confesse. J'suis damné.

Vous êtes ivre et vous ne vous trouvez pas dans une disposition d'esprit propice au repentir.

Il me ferme la porte au nez. Encore une porte fermée au nez mais bon, comme après tout j'ai seize ans demain, je sonne à nouveau. Le frère ouvre la porte, me fait faire volte-face, me botte le cul et m'envoie valdinguer au bas des marches.

Sonne encore une fois et j'te casse la pogne.

Les frères jésuites ne sont pas supposés parler comme ça. Ils sont supposés être comme Notre Seigneur et n'ont pas à courir le monde en menaçant les mains des gens.

J'ai la tête qui tourne. Je vais rentrer me coucher. Je tiens bon la rampe tout le long de Barrington Street et serre bien le mur en descendant la ruelle. Maman fume une Woodbine près du feu, mes frères sont couchés à l'étage. En voilà un bel état pour rentrer à la maison, dit-elle.

C'est dur de parler mais je lui raconte que j'ai pris ma première pinte avec Oncle Pa. Et pas de père pour me commander la première pinte.

Ton oncle Pa aurait pu avoir une meilleure idée.

Je titube jusqu'à une chaise et elle dit: Exactement comme ton père.

J'essaie de bien tourner ma langue dans ma bouche. J'préfère être... J'préfère... J'préfère être comme mon père que comme Laman Griffin.

Elle se détourne de moi et regarde les cendres du poêle mais je ne vais pas lui foutre la paix vu que j'ai eu ma pinte, deux pintes, et que demain j'aurai seize ans et je serai un homme.

Tu m'as entendu ? J'préfère être comme mon père que comme Laman Griffin.

Elle se lève et me fait face. Surveille ta langue, dit-elle.

Surveille ta foutue langue toi-même.

Ne me parle pas de cette façon. Je suis ta mère.

Je te parlerai de la putain de façon que je voudrai.

Tu as le langage d'un coursier.

Ah, ouais ? Ah, ouais ? Eh ben je préfère être un coursier qu'un vieil ivrogne comme Laman Griffin avec son nez morveux, sa soupente et des qui grimpent là-haut avec lui.

Elle s'éloigne de moi et je la suis à l'étage jusqu'à la petite pièce. Elle se tourne, me lance : Laisse-moi tranquille ! Laisse-moi tranquille ! et je me mets à lui hurler dessus : Laman Griffin ! Laman Griffin ! jusqu'à ce qu'elle me pousse en criant : Sors de cette pièce ! et je la gifle si fort que les larmes lui sautent aux yeux et qu'un faible gémissement lui échappe : Jamais plus tu n'auras l'occasion de refaire ça, et je recule devant elle car ça ajoute encore un péché à ma longue liste et j'ai honte de moi.

Je tombe dans mon lit, habillé et tout, et je m'éveille au milieu de la nuit en train de dégueuler sur mon oreiller. Mes frères se plaignent que ça pue et me disent de nettoyer, que je leur fais honte. J'entends ma mère qui pleure et je lui dirais bien que je suis désolé mais pourquoi je devrais après ce qu'elle a fait avec Laman Griffin ?

Le matin, mes petits frères sont partis à l'école, Malachy est allé voir pour un boulot, Maman boit du thé assise près du feu. Je pose mon salaire sur la table près de son coude et m'apprête à sortir. Veux-tu une tasse de thé ? demande-t-elle.

Non.

C'est ton anniversaire.

M'en fous.

Elle m'appelle dans la ruelle : Tu devrais avoir quelque chose dans le ventre, mais je lui présente obstinément mon dos et tourne au coin sans répondre. J'ai encore envie de lui dire que je suis désolé mais si je le fais il faudrait que je lui explique qu'elle est la cause de tout ça, qu'elle n'aurait pas dû grimper à la soupente cette nuit-là et puis je n'en ai rien à péter de toute façon vu que je suis toujours à écrire des lettres d'intimidation pour Mrs. Finucane et à économiser pour aller en Amérique.

J'ai toute la journée avant d'aller chez Mrs. Finucane pour écrire les lettres d'intimidation et je traîne dans Henry Street jusqu'au moment où la pluie me mène à l'église franciscaine où saint François se tient avec ses oiseaux et ses agneaux. Je le regarde et je me demande pourquoi il m'est arrivé de le prier. Non, pas de le prier, de le supplier.

Je l'ai supplié d'intercéder pour Theresa Carmody mais il n'a jamais fait le moindre geste, il est resté là sur son socle avec le petit sourire, les oiseaux, les agneaux, et il n'en a rien eu à péter de Theresa ou de moi.

J'en ai fini avec toi, saint François. Il est temps de passer à autre chose. François. Francis. Je me demande bien pourquoi on m'a donné ce prénom-là. Je me serais mieux trouvé si on m'avait appelé Malachy, comme l'un qui fut un roi et l'autre un grand saint[1]. Pourquoi n'as-tu pas guéri Theresa ? Pourquoi l'as-tu laissée aller en enfer ? Tu as laissé ma mère grimper à la soupente. Tu m'as laissé me mettre en état de damnation. Les chaussures des petits enfants éparpillées dans les camps de concentration. J'ai à nouveau l'abcès. Il est niché dans ma poitrine et j'ai faim.

Saint François n'est d'aucun secours, il n'arrêtera pas les larmes qui jaillissent de mes deux yeux, le

1. Malachie le Grand (948-1022) et saint Malachie d'Armagh (1094-1148). (*N.d.T.*)

reniflement et l'étouffement et le Dieu oh grands dieux me voilà à genoux avec ma tête sur le dossier du banc devant moi et je suis si affaibli par la faim et le chagrin que je pourrais m'affaler par terre et si vous vouliez bien m'aider Dieu ou saint François car j'ai seize ans aujourd'hui et j'ai frappé ma mère et j'ai envoyé Theresa en enfer et je me suis branlé dans tout Limerick, la ville et le comté, et j'ai une peur bleue d'avoir la meule autour du cou.

Il y a un bras qui m'entoure les épaules, un froc marron, un cliquetis de perles noires, un prêtre franciscain.

Mon enfant, mon enfant, mon enfant.

Je suis un enfant et je m'appuie contre lui, le petit Frankie sur les genoux à son père, raconte-moi tout sur Cuchulain, Papa, mon histoire que Malachy ne peut pas avoir ni Freddie Leibowitz sur les balançoires.

Mon enfant, asseyez-vous ici avec moi. Dites-moi ce qui vous tourmente. Seulement si vous le désirez. Je suis le Père Gregory.

J'ai seize ans aujourd'hui, mon père.

Oh, merveilleux, merveilleux, et pourquoi cela devrait-il vous tourmenter ?

J'ai bu ma première pinte hier soir.

Oui ?

J'ai frappé ma mère.

Que Dieu nous aide, mon enfant. Mais Il vous pardonnera. Y a-t-il autre chose ?

Je ne puis vous le dire, mon père.

Voudriez-vous faire votre confession ?

Je ne le puis, mon père. J'ai fait des choses horribles.

Dieu pardonne tous ceux qui se repentent. Il a envoyé Son unique Fils Bien-aimé au trépas pour nous.

Je ne puis le dire, mon père. Je ne le puis.

Mais vous pourriez vous confier à saint François, n'est-ce pas ?

Il ne m'aide plus.

Mais vous l'aimez, n'est-ce pas ?

Oui. Mon prénom est Francis.

Eh bien, confiez-vous à lui. Nous allons nous installer là et vous allez lui dire les choses qui vous tourmentent. Si je m'assieds et que j'écoute, ce sera seulement pour être l'oreille de saint François et de Notre Seigneur. Cela ne sera-t-il pas de quelque secours ?

Je parle à saint François et lui raconte pour Margaret, Oliver, Eugene, mon père chantant *Roddy McCorley* et ne rapportant aucun argent à la maison, mon père n'envoyant aucun argent d'Angleterre, Theresa et le sofa vert, mes horribles péchés à Carrigogunnell, et pourquoi ils n'ont pas pu pendre Hermann Goering pour ce qu'il a fait aux petits enfants avec les chaussures éparpillées dans les camps de concentration, le Frère Chrétien qui m'a fermé la porte au nez, la fois où ils n'ont pas voulu de moi comme enfant de chœur, mon petit frère Michael qui montait la ruelle avec sa semelle décousue qui claquait par terre, mes yeux malades dont j'ai honte, le frère jésuite qui m'a fermé la porte au nez, les larmes aux yeux de Maman quand je l'ai giflée.

Le Père Gregory me dit : Voudriez-vous vous asseoir et garder le silence ? Prier quelques minutes, peut-être ?

Son froc marron est rêche contre ma joue et il y a une odeur de savon. Il regarde saint François et le tabernacle, il hoche la tête et je suppose qu'il est en train de parler à Dieu. Puis il me dit de m'agenouiller, il me donne l'absolution, me demande de dire trois *Je vous salue Marie*, trois *Notre Père*, trois *Gloria*. Il me dit que Dieu me pardonne et que je dois me pardonner moi-même, que Dieu m'aime et que je dois m'aimer moi-même car ce n'est que quand on aime Dieu en soi-même qu'on peut aimer toutes les créatures de Dieu.

Mais je veux savoir pour Theresa Carmody en enfer, mon père.

Non, mon enfant. Elle est sûrement au ciel. Elle a souffert comme les martyrs d'antan et Dieu sait que c'est là une pénitence suffisante. Vous pouvez être sûr que les sœurs de l'hôpital ne l'ont pas laissée mourir sans l'assistance d'un prêtre.

En êtes-vous sûr, mon père ?

J'en suis sûr, mon enfant.

Il me bénit à nouveau, me demande de prier pour lui, et me voilà qui fends joyeusement la pluie dans les rues de Limerick sachant que Theresa est au ciel et délivrée de la toux.

Lundi matin à l'aube dans la gare. Journaux et magazines sont empilés en ballots contre le mur du quai. Mr. McCaffrey est là avec un autre garçon, Willie Harold, ils coupent les ficelles des ballots, comptent, inscrivent le total sur un registre. Les journaux anglais et l'*Irish Times* doivent être livrés tôt, les magazines plus tard dans la matinée. On refait des ballots et on les étiquette pour qu'ils soïent livrés chez les marchands de la ville.

Mr. McCaffrey conduit la camionnette et reste au volant pendant que Willie et moi courons porter les ballots chez les marchands et prendre commande pour le lendemain, avant d'ajouter ou de soustraire dans le registre. Une fois les journaux livrés, nous déposons les magazines au bureau et avons cinquante minutes pour prendre notre petit déjeuner à la maison.

Quand je retourne au bureau, il y a deux autres garçons, Eamon et Peter, qui sont déjà à trier les magazines, les compter et les placer dans des casiers à journaux alignés le long du mur. Les petites livraisons sont faites par Gerry Halvey sur son vélo de coursier, les grosses en camionnette. Mr. McCaffrey me demande de rester au bureau pour apprendre à compter les magazines et à les entrer dans le registre. Mr. McCaffrey n'est pas plutôt parti que Eamon et Peter ouvrent un tiroir qui leur sert à cacher des mégots de cigarettes. Ils en allument chacun un. Ils n'arrivent pas à croire que je ne fume pas. Ils veulent savoir ce qui ne va pas chez moi. Les yeux malades ? La phtisie, peut-être ? Mais le moyen de sortir avec une fille si on ne fume pas ? Ecoute, dit Peter, t'aurais pas l'air d'un vrai con si t'étais en train d'te balader sur la route avec la fille et quand elle te d'mande une sèche tu lui réponds que tu fumes pas, t'aurais pas l'air d'un vrai con, là ? Comment que tu l'amènerais dans le pré pour la p'tite séance, hein ?

C'est comme dit mon père sur les hommes qui boivent pas, fait Eamon. Faut pas se fier à eux.

Attends ! fait Peter. Si t'as affaire à un homme qui fume pas et boit pas, c'est que ce type s'intéresse même pas aux filles et là t'as intérêt à garder ta main devant ton trou du cul, ah ouais, t'as vraiment intérêt !

Ils se marrent et ça les fait tousser et plus ils se marrent plus ils toussent jusqu'au moment où ils se tiennent l'un l'autre, se frappant entre les omoplates et essuyant les larmes de rire sur leurs joues. Une fois la quinte passée, on sort les magazines anglais et américains, puis on regarde les réclames pour sous-vêtements féminins, soutiens-gorge, petites culottes et longs bas en nylon. Eamon feuillette un magazine américain appelé *See* où il y a des photos de Japonaises qui maintiennent le moral des soldats si loin de chez eux et Eamon dit qu'il doit aller aux cabinets et Peter m'adresse un clin d'œil dès qu'il est parti. Tu te doutes de ce qu'il est allé faire là-dedans, hein ?

Il arrive que Mr. McCaffrey se fâche quand les garçons s'attardent à se toucher aux cabinets, gâchant ainsi le temps précieux pour lequel Easons les paie et mettant par-dessus le marché leur âme immortelle en péril. Pour autant, Mr. McCaffrey ne viendra pas dire carrément : On arrête la branlette ! car c'est impossible d'accuser quelqu'un d'un péché mortel à moins d'avoir des preuves, alors des fois il va fouiner aux cabinets quand un garçon en sort puis il s'en revient avec l'air menaçant et dit à tous : Vous n'êtes pas censés zieuter ces magazines cochons venus de l'étranger. Vous êtes censés les compter, les mettre dans les casiers, et c'est marre.

Eamon revient des cabinets et Peter y va avec un magazine américain, *Collier's*, où il y a des photos de filles passant un concours de beauté. Eamon dit : Tu sais ce qu'il est en train de faire là-dedans ? Il se touche. Cinq fois par jour, il y va. Chaque fois qu'arrive un nouveau magazine américain avec les sous-vêtements de femme dedans, il y va. Jamais il en a fini. Il rapporte des magazines chez lui sans que Mr. McCaffrey le sache et Dieu sait ce qu'il fabrique toute la nuit avec. S'il tombait raide mort à ce moment-là, les mâchoires de l'enfer s'ouvriraient toutes grandes pour lui.

J'irais bien moi-même aux cabinets quand Peter en sort mais je n'ai pas envie qu'ils disent : Il y va, l'nouveau, premier jour de boulot et déjà à la tâche ! Il allumera pas une sèche, oh non, mais se branler à tout va comme un vieux bouc, ça ouais !

Mr. McCaffrey revient de sa tournée en camionnette et il voudrait bien savoir pourquoi tous les magazines ne sont pas comptés, dûment emballés et prêts à partir. Peter lui dit : On était occupés à affranchir McCourt, la nouvelle recrue. Bon Dieu, il était un peu lambin au début avec les yeux malades vous savez mais on l'a pas lâché et maintenant il est plus rapide.

Gerry Halvey, le coursier, ne sera pas là pendant une semaine car ce sont ses congés et il veut les passer avec sa petite amie, Rose, qui va justement revenir d'Angleterre. Etant le nouveau, c'est moi qui dois faire le coursier en son absence, me taper tout Limerick avec la bicyclette qui a le grand porte-bagages en métal à l'avant. Gerry me montre comment répartir journaux et magazines afin que la bicyclette ne se casse pas la gueule avec moi en selle et qu'un camion passant par là ne roule pas sur moi, me laissant aplati sur la chaussée comme une tranche de saumon. Une fois, il a vu un soldat se faire passer dessus par un camion de l'armée et après c'était bien de ça qu'il avait l'air, d'une tranche de saumon.

Samedi midi, Gerry fait une dernière distribution au kiosque d'Easons à la gare et c'est pratique car je peux le retrouver là-bas pour prendre la bicyclette et il peut aller chercher Rose à la descente du train. On attend au portillon et il me dit qu'il n'a pas vu Rose depuis un an. Elle est là-bas à trimer dans un pub de Bristol et il n'aime pas trop ça vu que les Anglais sont toujours à peloter les Irlandaises, les mains sous la jupe et pire, et les Irlandaises ont peur de dire quoi que ce soit de crainte de perdre leur boulot. Chacun sait que les Irlandaises se gardent pures, surtout les filles de Limerick réputées dans le monde entier pour leur pureté et d'autant plus celles qui ont un homme auquel revenir comme Gerry Halvey lui-même. Il sera capable de deviner si elle lui a été fidèle rien que par la démarche. Si une fille revient au bout d'un an avec une certaine sorte de démarche qui est différente de celle avec laquelle elle est partie tu peux être sûr qu'elle a fricoté avec ces sales bâtards en rut que sont les Anglais.

Le train entre en gare avec un sifflement. Gerry agite la main et montre Rose qui descend de la dernière voiture et se dirige vers nous, Rose souriant de toutes ses dents blanches et ravissante dans une robe verte. Soudain, Gerry s'arrête d'agiter la main. Regarde-moi la démarche qu'elle a, marmonne-t-il entre ses dents. La garce, la pute, la grue, la saute-au-paf, la roulure !

Puis il quitte la gare en courant tandis que Rose arrive droit sur moi.

C'était pas Gerry Halvey qui se trouvait avec vous ?

Si.

Il est passé où ?

Oh ben il est parti.

Je sais qu'il est parti. Où il est allé ?

Je ne sais pas. Il ne m'a pas dit. Il a juste pris ses jambes à son cou.

Il n'a rien dit ?
Je ne l'ai rien entendu dire.
Vous travaillez avec lui ?
Oui. Je venais prendre le vélo.
Quel vélo ?
Le vélo de coursier.
Il est sur un vélo de coursier ?
Oui.
Il m'a dit qu'il travaillait chez Easons, comme commis, dans un bureau, non ?
Je suis bien ennuyé. Je ne veux pas faire passer Gerry Halvey pour un menteur, le mettre en bisbille avec la ravissante Rose. Oh, c'est qu'on se relaie tous sur le vélo de coursier. Une heure au bureau, une heure à vélo. Le directeur dit que c'est bon de prendre l'air frais.
Bon ben je vais rentrer chez moi pour poser ma valise et puis je vais aller chez lui. Je pensais qu'il la porterait pour moi.
Euh... Puisque j'ai le vélo, vous pouvez coller la valoche dans le porte-bagages et je vais vous accompagner.
Pendant le trajet jusqu'à sa maison de Carey's Road, elle me dit combien elle est émue de revoir Gerry. Elle a bien économisé en Angleterre et maintenant elle veut renouer avec lui et se marier même s'il n'a que dix-neuf ans et elle seulement dix-sept. Qu'importe quand on est amoureux ? J'ai vécu comme une nonne en Angleterre et j'ai rêvé de lui chaque nuit. Merci beaucoup d'avoir porté ma valise.
Je vais pour sauter sur le vélo et retourner au bureau quand Gerry me tombe dessus par-derrière. Son visage est rouge et il souffle des naseaux comme un taureau. Qu'est-ce que tu fabriquais avec ma gonzesse, le petit merdeux ? Hein ? Quoi ? Si jamais je sais que t'as fait un truc avec ma gonzesse, quoi que ce soit, j'te tue.
J'ai rien fait. J'ai porté sa valoche qu'était lourde.
La regarde plus jamais ou t'es mort.

Je le ferai pas, Gerry. J'ai pas envie de la regarder.
Ah, ouais ? C't' histoire ! Elle est moche ou quoi ?
Non, non, Gerry, elle est à toi et elle t'aime.
Comment tu l'sais ?
Elle me l'a dit.
Elle te l'a dit ?
Elle me l'a dit, juré.
Nom de Dieu !
Il cogne à sa porte. Rose ! Rose ! Tu es là ?
Bien sûr que je suis là, dit-elle en sortant pendant que je me tire vite fait sur la bicyclette de coursier avec la petite pancarte marquée *Easons* sur le porte-bagages en songeant à la façon dont il est en train de l'embrasser maintenant vu les horreurs qu'il a dites sur elle à la gare et je me demande aussi comment Peter a pu débiter un tel mensonge à Mr. McCaffrey sur moi et mes yeux alors que pendant tout ce temps Eamon et lui regardaient des filles en sous-vêtements puis allaient se toucher aux cabinets.

Au bureau, Mr. McCaffrey est dans une rogne terrible. Où étiez-vous ? Nom de Dieu du ciel, ça vous prend donc toute la journée pour pédaler de la gare ? Ça urge ici et on devait avoir Halvey mais il est absent à cause de ses putains de congés, Dieu me pardonne le langage, et vous allez devoir pédaler aussi vite que vous pourrez, une bonne chose que vous ayez été petit télégraphiste car vous connaissez donc Limerick par cœur, et vous rendre chez chaque putain de marchand que nous fournissons et là vous entrez carrément, vous saisissez tous les exemplaires du *John O'London's Weekly* que vous verrez, vous déchirez la page 16 et s'il y en a qui essaient de vous en empêcher vous leur dites que ce sont les ordres du gouvernement, qu'ils n'ont pas à se mêler des affaires du gouvernement et que le fait de porter la main sur vous pourrait leur valoir d'être arrêtés, emprisonnés et condamnés à verser une lourde amende et allez-y maintenant pour l'amour de Dieu et rapportez toutes les pages 16 que vous aurez déchirées afin qu'on puisse les brûler dans le feu ici même.

Chaque marchand, Mr. McCaffrey ?

Je ferai les grands, vous ferez les petits d'ici jusqu'à Ballinaccura plus la totalité d'Ennis Road et au-delà. Que Dieu nous aide. Allons-y. Partez !

Je suis en train de sauter en selle quand Eamon dévale le perron. Eh, McCourt, attends ! Ecoute ! Lui donne pas toutes les pages 16 quand tu reviendras.

Pourquoi ?

On peut les vendre, Peter et moi.

Pourquoi ?

Ça parle du contrôle des naissances et c'est interdit en Irlande.

C'est quoi, le contrôle des naissances ?

De Dieu ! Tu sais donc rien ? Les préservatifs, tu piges, les machins en caoutchouc, les capotes, les trucs comme ça qui empêchent les filles d'être en cloque.

En cloque ?

Enceinte. Seize balais et tu connais rien à rien. Magne-toi et rapporte les pages avant que tout le monde commence à courir au marchand pour acheter le *John O'London's Weekly*.

Je suis sur le point de décarrer à vélo quand Mr. McCaffrey dévale le perron. Stop, McCourt ! Nous prenons la camionnette. Eamon, vous venez avec nous.

Et Peter ?

Laissons-le. De toute façon, il finira aux cabinets avec un magazine.

Mr. McCaffrey parle tout seul dans la camionnette : Bien le bonjour le bordel quand on se fait sonner ici de Dublin par un beau samedi pour nous envoyer nous farcir tout Limerick afin d'arracher les pages d'un magazine anglais alors que je pourrais être chez moi avec une tasse de thé et un chouette petit pain les pieds calés comme il faut à lire l'*Irish Press* sous l'image du Sacré-Cœur vraiment bien le bonjour le bordel je ne vous dis que ça.

Mr. McCaffrey fonce chez chaque marchand avec nous derrière. Il chope les magazines, nous tend chacun une pile et nous dit de commencer à déchirer. Il y a des marchandes pour lui hurler dessus : Qu'est-ce que vous faites ? Jésus, Marie et sacro-saint Joseph ! Z'êtes complètement toqué ou quoi ? Reposez ces magazines ou j'appelle les gardes.

Ordres du gouvernement, madame. Il y a des obscénités dans le *John O'London* de cette semaine qu'aucun œil irlandais ne doit voir et nous sommes ici en mission divine.

Quelles obscénités ? Quelles obscénités ? Montrez-moi ces obscénités avant que vous ne m'esquintiez ces magazines. En tout cas, je ne paierai pas Easons pour ces magazines, ah ça non.

Madame, sachez que nous, Easons, n'en avons cure. Nous aimons mieux perdre de vastes sommes plutôt que corrompre les habitants de Limerick et de toute l'Irlande avec ces obscénités.

Mais quelles obscénités ?

Peux pas vous le dire. Allons, les gars.

On jette les pages sur le plancher de la camionnette et, quand Mr. McCaffrey reste à discutailler dans une boutique, Eamon et moi en cachons quelques-unes sous nos chemises. Dans la camionnette se trouvent d'anciens magazines dont nous déchirons les pages avant de les éparpiller afin que Mr. McCaffrey les prennent toutes pour des pages 16 du *John O'London*.

Le plus gros client pour le magazine, Mr. Hutchinson, dit à Mr. McCaffrey : Fichez le camp de chez moi ou j'vous assomme, bas les pattes avec ces magazines ! Et comme Mr. McCaffrey continue de déchirer les pages, Mr. Hutchinson l'éjecte dans la rue, Mr. McCaffrey gueulant que c'est ici un pays catholique et que le seul fait que Hutchinson soit protestant ne lui donne pas le droit de vendre des obscénités dans la ville la plus sainte d'Irlande. Là, Mr. Hutchinson répond : Ah, baise mon cul ! et Mr. McCaffrey nous fait : Voyez, les garçons ? Voyez ce que ça donne quand on n'est pas membre de la vraie Eglise ?

Certains marchands disent qu'ils ont déjà vendu tous leurs exemplaires du *John O'London* et Mr. McCaffrey s'exclame : Oh ! Sainte Mère de Dieu ! Qu'allons-nous tous devenir ? A qui les avez-vous vendus ?

Il exige les noms et adresses des clients qui sont en danger de perdre leur âme immortelle s'ils lisent des articles sur le contrôle des naissances. Il se rendra chez eux et déchirera la page obscène mais les marchands disent : C'est samedi soir, McCaffrey, et le temps commence à s'assombrir. Voudriez pas décaniller vite fait ?

Durant le trajet de retour au bureau, Eamon me chuchote à l'arrière de la camionnette : J'ai vingt-deux pages. Combien t'en as, toi ?

Quatorze, je lui réponds, mais en fait j'en ai plus de quarante et je ne vais pas le lui dire car on n'est pas tenu de dire la vérité aux gens qui mentent à propos de vos yeux malades. Mr. McCaffrey nous demande de lui sortir les pages de la camionnette. On ramasse tout ce qui traîne sur le plancher et il est bien content d'aller s'asseoir à son secrétaire au fond du bureau pour téléphoner à Dublin afin de leur raconter comment il est parti à l'assaut des marchands tel un Dieu vengeur et a sauvé Limerick des horreurs du contrôle des naissances, tout ça en regardant une jolie flambée de pages qui n'ont rien à voir avec le *John O'London's Weekly*.

Le lundi matin, je roule dans les rues pour livrer des magazines et les gens apercevant la pancarte *Easons* sur le vélo m'arrêtent pour voir s'il y aurait une chance qu'ils puissent mettre la main sur un exemplaire du *John O'London's Weekly*. Ce sont tous des gens de riche allure, certains en automobile, des hommes portant chapeau, col et cravate, plus deux stylos dans la poche de devant, des femmes chapeautées avec de petits bouts de fourrure qui se balancent à leurs épaules, des gens qui prennent le thé au Savoy ou à la brasserie Stella et dressent le petit doigt pour montrer comme ils sont bien élevés, et maintenant voilà qu'ils veulent lire cette page sur le contrôle des naissances.

Plus tôt ce jour-là, Eamon m'a dit : Ne vends pas les putains de pages pour moins de cinq shillings. Je lui ai demandé s'il blaguait. Non, il ne blaguait pas. Chacun à Limerick n'a que cette page à la bouche et ils meurent tous d'envie de mettre la main dessus.

Cinq shillings ou rien, Frankie. S'ils sont riches, tu montes, mais c'est ce que moi je demande, alors ne va pas te balader sur ta bicyclette à me couper l'herbe sous le pied en baissant les prix. Faut qu'on donne quelque chose à Peter sinon il ira aussi sec cracher le morceau à McCaffrey.

Certains veulent bien payer sept shillings et six pence et, en deux jours, je suis riche avec plus de dix livres en poche moins une pour Peter la langue de vipère qui pourrait nous dénoncer à Mr. McCaffrey. Je dépose huit livres à la Poste pour mon voyage en Amérique et, ce soir-là, on se tape un copieux dîner avec du jambon, des tomates, du pain, du beurre et de la confiture. Maman veut savoir si j'ai gagné aux courses et je lui raconte que les gens me donnent des pourboires. Elle n'est pas contente que je sois coursier car on ne peut pas tomber plus bas à Limerick mais bon, si ça donne du jambon comme ça, on devrait allumer un cierge par reconnaissance. Elle ne sait pas que l'argent de mon voyage fait des petits à la Poste et elle mourrait si elle savait ce que j'ai gagné à écrire des lettres d'intimidation.

Malachy a trouvé un boulot de magasinier dans un garage et il passe ses journées à tendre des pièces détachées aux mécaniciens. Quant à Maman, elle s'occupe de Mr. Sliney, un vieillard habitant South Circular Road, pendant que ses deux filles vont à leur travail chaque jour. Au cas où tu livrerais des journaux par là-bas, dit-elle, viens à la maison prendre le thé et un sandwich. Les filles n'en sauront rien et le vieux monsieur ne fera pas attention vu qu'il est à demi conscient la plupart du temps, usé par toutes ses années dans l'Armée des Indes.

Elle paraît tranquille dans la cuisine de cette maison avec son tablier sans tache, tout bien propre et astiqué autour d'elle, les fleurs frémissant là-bas dans le jardin, les oiseaux pépiant à tout va, la musique de Radio Eireann à la TSF. Elle est assise à table devant une théière pleine, des tasses avec soucoupes, quantité de pain, de beurre et de viandes froides de toutes sortes. Elle peut me faire le sandwich que je veux mais moi je ne connais que le jambon et le fromage de cochon. Elle n'a pas de fromage de cochon car c'est le genre de chose qu'on mange dans les ruelles et pas dans une maison de South Circular Road. Elle dit que les riches ne mangeront jamais de fromage de cochon vu que c'est fait à partir de ce qu'on ramasse sur les planchers et les comptoirs des charcuteries et qu'on ne sait jamais à quoi s'attendre. Les riches sont très regardants sur ce qu'ils collent entre deux tranches de pain. En Amérique, le fromage de cochon s'appelle fromage de tête et elle ne sait pas pourquoi.

Elle me donne un sandwich au jambon avec les tranches d'une tomate bien juteuse et du thé dans une tasse avec des petits anges roses qui volent de partout en tirant des flèches sur d'autres petits anges volant eux aussi mais de couleur bleue et je m'étonne qu'on ne puisse pas fabriquer des tasses à thé et des pots de chambre sans toutes sortes d'anges et de demoiselles qui gambadent dans le vallon. Maman dit que les riches sont comme ça, ils adorent tout ce qui décore et n'en ferait-on pas autant si on avait l'argent ? Elle donnerait ses deux yeux pour avoir une maison pareille avec des fleurs et des oiseaux plein le jardin, la TSF qui passe ce merveilleux *Concerto de Varsovie* ou *Le Rêve d'Olwyn*, et une infinité de tasses avec soucoupes décorées d'anges tirant des flèches.

Elle dit qu'elle doit aller voir Mr. Sliney. Il est si

âgé et si faible qu'il oublie d'appeler pour le pot de chambre.

Le pot de chambre ? Tu dois vider son pot de chambre ?

Bien sûr que je le dois.

Là il y a un silence car je crois qu'on se rappelle la cause de toutes nos bisbilles, le pot de chambre de Laman Griffin. Mais c'était il y a longtemps et maintenant c'est le pot de chambre de Mr. Sliney, ce qui n'a rien d'offensant vu qu'elle est payée pour et que le monsieur est inoffensif. A son retour, elle me dit que Mr. Sliney aimerait bien me voir. Viens donc pendant qu'il est réveillé.

Il est alité dans le salon de devant qui est tout obscurci par un drap noir accroché à la fenêtre. Soulevez-moi un peu, madame, dit-il à ma mère, et ôtez-moi ce satané truc de la fenêtre afin que je puisse voir le gaillard.

Il a de longs cheveux blancs qui lui tombent jusqu'aux épaules. Maman me murmure qu'il refuse de les laisser couper par quiconque. Il me parle : J'ai toutes mes dents, fiston. Le croirais-tu ? As-tu toutes tes dents, fiston ?

Je les ai, Mr. Sliney.

Ah ! J'étais en Inde, tu sais. Timoney et moi sur la brèche. Une flopée d'hommes de Limerick que nous étions en Inde. Connais-tu Timoney, fiston ?

Je le connaissais, Mr. Sliney.

Il est mort, tu sais. Le pauvre bougre était devenu aveugle. Moi, il me reste la vue. Et les dents. Garde tes dents, fiston.

Je les garderai, Mr. Sliney.

Je commence à être fatigué, fiston, mais il y a une chose que je veux te dire. Tu m'écoutes ?

Je vous écoute, Mr. Sliney.

Il m'écoute, madame ?

Oh ça oui, Mr. Sliney.

Bien. Maintenant, voilà ce que je veux te dire.

Penche-toi par ici que je puisse chuchoter à ton oreille. Ce que je veux te dire c'est : Ne fume jamais la pipe d'un autre homme.

Halvey se tire en Angleterre avec Rose, et moi je dois rester en selle pendant tout l'hiver. C'est un hiver glacial, partout du verglas, et je ne sais jamais quand le vélo va déraper sous moi et nous envoyer valdinguer sur la chaussée ou le trottoir, les magazines, les journaux et moi. Les marchands se plaignent à Mr. McCaffrey de ce que l'*Irish Times* leur arrive parfois décoré de glaçons et de crottes de chien et il nous marmonne que c'est bien ainsi que ce torchon protestant devrait être livré.

Chaque jour après mes livraisons, je rapporte un *Irish Times* à la maison et je le lis pour voir où est le danger. Maman trouve que c'est une bonne chose que Papa ne soit pas là. Il dirait : Est-ce pour ça que les hommes d'Irlande ont combattu jusqu'à la mort ? Pour que mon propre fils soit installé à la table de la cuisine en train de lire le journal des francs-maçons ?

Des gens de toute l'Irlande écrivent au rédacteur en chef pour déclarer qu'ils ont entendu le premier coucou de l'année et on peut lire entre les lignes que ces gens se traitent les uns les autres de menteurs. Il y a des comptes rendus sur les mariages protestants avec des photos où les femmes paraissent toujours plus ravissantes que celles qu'on croise dans les ruelles. Il est certain que les femmes protestantes ont des dents parfaites même si la Rose de Halvey en avait de ravissantes.

Je continue de lire l'*Irish Times* et me demande s'il n'y a pas là matière à pécher quoiqu'en réalité je m'en fiche. Tant que Theresa Carmody sera au ciel et débarrassée de la toux, je n'irai plus à confesse. Je lis donc l'*Irish Times* et aussi le *Times* de Londres car on m'y raconte ce que fait le roi chaque jour et ce que fabriquent Elisabeth et Margaret.

Je lis également les magazines féminins anglais pour tous les articles sur l'alimentation et les réponses aux questions de femmes. Peter et Eamon prennent l'accent anglais et font semblant de lire le courrier des lectrices des magazines féminins anglais.

Peter dit : Chère Miss Hope, je sors avec un gars d'Irlande nommé McCaffrey qui est toujours à me peloter et à cogner son machin contre mon nombril et je suis affolée ne sachant que faire. Anxieusement vôtre, Miss Lulu Smith, Yorkshire.

Eamon répond : Chère Lulu, si ce McCaffrey est si grand qu'il cogne son palan contre votre nombril, je vous suggère de trouver un homme plus petit qui vous le glissera entre les cuisses. Vous pouvez certainement dénicher un brave petit homme de ce genre dans le Yorkshire.

Chère Miss Hope, j'ai treize ans, les cheveux noirs, quelque chose de terrible est arrivé et je ne peux en parler à personne, pas même à ma mère. Toutes les trois ou quatre semaines je saigne où vous savez et j'ai peur d'être découverte. Miss Agnes Fibule, Petit-Bidule-sur-Mandibule, Devon.

Chère Agnes, vous avez droit à des félicitations. Vous êtes maintenant une femme et vous pouvez vous faire faire une indéfrisable car ce sont vos menstrues que vous avez là. N'appréhendez point vos menstrues car toutes les Anglaises en ont. Elles constituent un don de Dieu pour nous purifier afin que nous puissions avoir des enfants toujours plus robustes pour l'Empire, et des soldats pour garder les Irlandais à leur place. Dans certaines parties du monde, une femme avec une menstrue est impure mais nous autres Britanniques chérissons nos femmes ayant leurs menstrues et plutôt deux fois qu'une.

Au printemps arrive un nouveau coursier et je retrouve le bureau. Peter et Eamon se barrent en Angleterre. Peter en a marre de Limerick, pas de filles et t'es réduit à toi-même, branlette branlette branlette, c'est tout ce qu'on fait à Limerick. Puis il y a d'autres nouveaux. C'est moi l'ancien et le boulot est plus facile car je suis rapide et, lorsque Mr. McCaffrey est parti en camionnette et que ma tâche est finie, je lis les magazines et journaux anglais, irlandais et américains. Jour et nuit, je rêve de l'Amérique.

Malachy part en Angleterre travailler dans un pensionnat pour riches garçons catholiques et il s'y promène gai et souriant comme s'il était l'égal des élèves quand chacun sait qu'une personne travaillant dans un pensionnat anglais est supposée marcher à pas comptés et la tête basse comme de juste pour un domestique irlandais. Quand ils renvoient Malachy pour son attitude, il leur dit de baiser son auguste cul irlandais et ils répondent que ce sont bien là le langage grossier et l'ignoble comportement qu'on attendait de lui. Il trouve un boulot dans une usine à gaz de Coventry et se retrouve à pelleter du charbon dans les fourneaux comme Oncle Pa Keating, à pelleter du charbon et à attendre le jour où il pourra partir en Amérique après moi.

XVIII

J'ai dix-sept ans, dix-huit, bientôt dix-neuf, je travaille toujours chez Easons et j'écris des lettres d'intimidation pour Mrs. Finucane, qui déclare n'en avoir plus pour longtemps en ce monde et plus il y aura de messes dites pour son âme mieux elle s'en trouvera. Elle met de l'argent dans des enveloppes et m'envoie faire la tournée des églises de la ville pour frapper aux portes des prêtres et leur tendre l'enveloppe contenant la demande de messes. Elle veut des prières de tous les prêtres sauf des Jésuites. Des vauriens, dit-elle, tout cervelle et point de cœur. C'est ça qu'ils devraient mettre en latin au-dessus de leur porte et je ne leur donnerai pas un penny car chaque penny donné à un jésuite va dans un livre luxueux ou une bouteille de vin.

Elle envoie l'argent dans l'espoir que les messes seront dites mais elle n'en est jamais vraiment sûre et si elle n'en est pas vraiment sûre pourquoi devrais-je filer tout cet argent aux prêtres alors que j'en ai besoin, d'argent, pour aller en Amérique ? Et si je garde quelques livres par-devers moi et les dépose à la Poste, qui verra jamais la différence ? Et si je dis une prière à l'intention de Mrs. Finucane et si j'allume des cierges pour son âme quand elle mourra, Dieu n'écoutera-t-Il pas même si j'ai beaucoup péché depuis ma dernière confession qui remonte à loin ?

J'aurai dix-neuf ans dans un mois. Il me faut seulement quelques livres pour compléter le prix du voyage et quelques livres en poche pour quand je débarquerai en Amérique.

Le vendredi soir précédant mon dix-neuvième anniversaire, Mrs. Finucane m'envoie chercher du sherry. A mon retour, elle est morte sur la chaise avec les yeux grands ouverts, et son porte-monnaie est sur le plancher, grand ouvert lui aussi. Je ne peux pas la regarder mais je me prends une liasse d'argent. Dix-sept livres. Je prends la clef du coffre d'en haut. Je prends quarante livres sur la centaine contenue dans le coffre et je prends aussi le registre. J'ajoute ça à ce que j'ai déjà à la Poste et j'ai assez pour aller en Amérique. En sortant, j'emporte la bouteille de sherry histoire qu'elle ne soit pas perdue pour tout le monde.

Je m'assieds au bord du Shannon près des bassins de radoub et je bois à petites gorgées le sherry de Mrs. Finucane. Le nom de Tante Aggie est dans le registre. Elle doit neuf livres. C'est peut-être l'argent qu'elle a dépensé pour m'acheter des vêtements il y a longtemps mais maintenant elle n'aura jamais à le rembourser car je balance le registre à la flotte. Je regrette de ne jamais pouvoir dire à Tante Aggie que je lui ai fait économiser ses neuf livres. Je regrette d'avoir écrit toutes ces lettres d'intimidation aux pauvres gens des ruelles de Limerick, jusqu'à ma propre famille, mais, le registre ayant disparu, personne ne saura jamais ce qu'ils devaient et ils n'auront pas à régler leur dû. J'aimerais pouvoir leur dire : C'est moi votre Robin des Bois.

Une autre gorgée de sherry. Je vais consacrer une ou deux livres à faire dire une messe pour l'âme de Mrs. Finucane. Son registre est bien parti pour descendre le Shannon jusqu'à l'Atlantique et je sais que je vais le suivre un de ces prochains jours.

L'homme de l'agence de voyages O'Riordan dit qu'il ne peut me faire aller en Amérique par avion à moins que je n'aille d'abord à Londres, ce qui coûterait une fortune. En revanche, il peut m'avoir une place sur un bateau appelé l'*Irish Oak*, qui appareillera de Cork dans quelques semaines. Neuf jours de mer, dit-il, entre la fin septembre et le début octobre, la meilleure période de l'année, votre propre cabine, treize passagers, nourriture excellente, comme qui dirait des vacances pour vous, et ça coûtera cinquante-cinq livres, vous êtes preneur ?

Je suis preneur.

Je dis à Maman que je pars dans quelques semaines et elle pleure. Est-ce qu'on partira tous un jour ? demande Michael.

Oui.

Alphie demande : Tu m'enverras un chapeau de cow-boy et un truc qu'on jette et qui vous revient ?

Michael lui dit que ce truc est un boomerang et qu'il faut aller jusqu'en Australie pour trouver des trucs comme ça, que c'est introuvable en Amérique.

Alphie soutient qu'on peut en trouver en Amérique — Oui, on peut — et ils se disputent sur l'Amérique, l'Australie et les boomerangs jusqu'au moment où Maman dit : Pour l'amour de Dieu, votre frère nous quitte et vous deux êtes là à vous chamailler sur ces boomerangs. Vous allez cesser, oui ?

Maman dit qu'on devra faire une petite fête la veille au soir de mon départ. Jadis, les gens donnaient des fêtes chaque fois que quelqu'un partait pour l'Amérique, pays alors si lointain que ces fêtes s'appelaient des veillées d'Amérique car la famille s'attendait à ne jamais revoir ici-bas celui qui s'en allait. Elle ajoute que c'est bien dommage que Malachy ne puisse pas revenir d'Angleterre mais qu'un jour nous serons réunis en Amérique avec l'aide de Dieu et de Sa Bienheureuse Mère.

Les jours de congé, je me balade dans Limerick pour regarder tous les endroits où nous avons habité, Windmill Street, Hartstonge Street, Roden Lane, Rosbrien Road et Little Barrington Street (qui est bien une ruelle). Ensuite, je vais regarder la maison de Theresa Carmody jusqu'à ce que sa mère sorte et me demande : Qu'est-ce que vous voulez ? Après, je me recueille devant les tombes d'Oliver et d'Eugene dans l'ancien cimetière Saint-Patrick puis je traverse la route pour me rendre au nouveau, Saint-Lawrence, où Theresa est enterrée. Où que j'aille, j'entends les voix des morts et je me demande si elles peuvent vous suivre à travers l'océan Atlantique.

Je veux me coller en tête des images de Limerick au cas où je ne reviendrais jamais. Je vais m'asseoir dans l'église Saint-Joseph puis dans celle des Rédemptoristes, et je m'incite à bien regarder car je ne reverrai peut-être plus jamais tout cela. Je descends Henry Street pour faire mes adieux à saint François bien que je sois sûr de pouvoir lui parler en Amérique.

Il y a des jours où je n'ai plus envie de partir pour l'Amérique. J'aimerais aller à l'agence de voyages O'Riordan et reprendre mes cinquante-cinq livres. Si j'attends d'avoir vingt et un ans, Malachy pourra m'accompagner et je connaîtrai au moins une personne à New York. J'ai d'étranges sentiments et, des fois, quand je suis assis près du feu avec Maman et mes frères, je sens des larmes qui arrivent et j'ai honte de me sentir si faible. Maman commence par en rire et elle me dit : Tu as la vessie bien près de l'œil, mais quand Michael fait : On ira tous en Amérique, Papa sera là, Malachy sera là et on sera tous réunis, elle-même a les larmes qui viennent et nous voilà assis là tous les quatre à sangloter comme des imbéciles.

Maman dit que c'est bien la première fois que nous faisons une fête et elle ajoute : N'est-ce pas somme toute assez triste que ça ait lieu quand les enfants s'en vont un à un, Malachy en Angleterre, Frank en

Amérique ? Elle économise quelques shillings sur le salaire gagné à s'occuper de Mr. Sliney, et elle achète du pain, du jambon, du fromage de cochon, du fromage tout court, de la limonade et quelques bouteilles de *stout*. Oncle Pa Keating apporte de la *stout*, du whisky et un peu de sherry pour l'estomac délicat de Tante Aggie qui, pour sa part, a préparé un cake aux groseilles et aux raisins secs. L'Abbé apporte six bouteilles de *stout* et me dit : Ça va bien, Frankie, tu peux tout boire du moment qu'il m'en reste une ou deux pour m'aider à chanter ma chanson.

Il chante *La Route de Rasheen*. Il tient bon sa *stout*, ferme les yeux, et la chanson sort en une plainte aiguë. Les paroles n'ont ni queue ni tête et chacun se demande pourquoi des larmes s'échappent de ses yeux clos. Alphie me chuchote : Pourquoi il pleure à cause d'une chanson qui veut rien dire ?

Je ne sais pas.

L'Abbé finit sa chanson. Il ouvre les yeux, s'essuie les joues, nous explique que c'était une chanson triste sur un garçon irlandais qui alla en Amérique, se fit abattre par des gangsters et mourut avant qu'un prêtre puisse parvenir auprès de lui, et il me dit : Ne te laisse pas abattre si tu n'es pas près d'un prêtre.

Oncle Pa dit que c'est la chanson la plus triste qu'il ait jamais entendue. Est-ce qu'on ne pourrait pas avoir quelque chose d'un peu plus enjoué ? Il en appelle à Maman et elle répond : Ah, non, Pa, je n'ai sûrement pas le coffre qu'il faut.

Allez, Angela, allez. Une voix maintenant, une seule et unique voix.

Très bien. Je vais tâcher.

On reprend tous le refrain de sa triste chanson :

L'amour d'une mère est une bénédiction
Où que vous mènent vos pérégrinations.
Veillez sur elle tant qu'elle est à votre côté,
Vous la regretterez quand elle s'en sera allée.

Oncle Pa dit que cette chanson est pire que celle d'avant. Va-t-on faire de cette soirée une veillée carrément funèbre ? Quelqu'un pourrait-il chanter une chanson qui égaie un peu la compagnie, ou va-t-il devoir s'enivrer pour noyer sa tristesse ?

Oh, mon Dieu, fait Tante Aggie, j'avais oublié. La lune a une éclipse là-haut en ce moment même.

On va dans la ruelle pour regarder la lune disparaître derrière une ombre ronde et noire. C'est très bon signe pour toi qui pars en Amérique, Frankie, dit Oncle Pa.

Non, dit Tante Aggie, c'est mauvais signe. J'ai lu dans le journal que la lune s'entraînait pour la fin du monde.

Et mon cul, c'est la fin du monde ? fait Oncle Pa. C'est le début pour Frankie McCourt. Dans quelques années, il nous reviendra avec un costume neuf et de la bidoche sur les os comme tout amerloque qui se respecte, sans oublier une beauté aux dents blanches pendue à son bras.

Ah, non, Pa, ah, non ! se récrie Maman avant qu'ils la fassent rentrer et la réconfortent avec une goutte de vin d'Espagne.

C'est en fin de journée que l'*Irish Oak* quitte le port de Cork, passe Kinsale, Cape Clear, et il fait noir quand les lumières scintillent sur la pointe de Mizen, la dernière terre irlandaise que je verrai avant Dieu sait combien de temps.

J'aurais sûrement dû rester, passer le concours des Postes, m'élever dans le monde. J'aurais pu rapporter suffisamment d'argent pour que Michael et Alphie aillent à l'école avec de bonnes chaussures et des ventres bien remplis. On aurait pu quitter la ruelle pour emménager dans une rue, voire une avenue, où les maisons ont des jardins. J'aurais dû passer ce concours et Maman n'aurait plus jamais eu à vider les pots de chambre de Mr. Sliney ou autres.

Maintenant, il est trop tard. Je suis sur le bateau et voilà l'Irlande qui se fond dans la nuit et c'est bête d'être planté là sur ce pont à regarder en arrière et à penser à ma famille, à Limerick, à Malachy et mon père en Angleterre, et plus bête encore d'avoir ces chansons qui me trottent dans la tête Roddy *McCorley va à son trépas* et Maman s'époumonant à chanter *Oh le temps du bal Kerry* avec le pauvre Mr. Clohessy toussant à fendre l'âme dans le lit et maintenant je veux que l'Irlande me revienne là-bas au moins j'avais Maman et mes frères et Tante Aggie aussi teigne qu'elle était et Oncle Pa m'offrant ma première pinte et ma vessie bien près de l'œil et voici un prêtre se tenant à mon côté sur le pont et on le devine curieux.

Il est de Limerick mais a gardé un accent américain de ses années à Los Angeles. Il sait ce que c'est de quitter l'Irlande, lui-même l'a fait et ne s'en est jamais remis. Vous vivez à Los Angeles avec le soleil et les palmiers du matin au soir et vous demandez à Dieu s'Il pourrait vous octroyer un petit jour de bruine cuvée Limerick.

Le prêtre est mon voisin à la table du second, lequel nous avise que les ordres de navigation ont été changés et qu'au lieu de mettre le cap sur New York nous faisons route vers Montréal.

Trois jours passent et il y a un nouveau changement d'ordres. En définitive, nous allons à New York.

Trois passagers américains se plaignent : Foutus Irlandais ! Peuvent pas aller droit ?

La veille de l'arrivée à New York, troisième changement d'ordres. Nous nous dirigeons vers un endroit en amont du fleuve Hudson appelé Albany.

Albany ? font les Américains. Putain d'Albany ? Pourquoi il a fallu qu'on embarque sur un foutu rafiot irlandais ? Merde !

Le prêtre me dit de ne pas faire attention. Tous les Américains ne sont pas comme ça.

Quand nous arrivons en vue de New York, c'est l'aube et je me tiens sur le pont. Je suis sûr d'être dans un film, ça va finir et les lumières vont se rallumer dans le Lyric. Le prêtre veut me montrer des choses mais ce n'est pas la peine. J'arrive à repérer la statue de la Liberté, Ellis Island, l'Empire State Building, le Chrysler Building, le pont de Brooklyn. Il y a des milliers de voitures qui foncent sur les routes et le soleil transforme tout en or. De riches Américains en haut-de-forme, cravate blanche et queue-de-pie doivent être en train de rentrer chez eux se coucher avec les superbes femmes aux dents blanches. Les autres vont aller travailler dans des bureaux bien chauffés et confortables et nul n'a le moindre souci au monde.

Les Américains s'engueulent avec le capitaine et un homme qu'un petit remorqueur vient d'amener. Pourquoi on ne peut pas débarquer là ? Pourquoi faut-il qu'on se tape toute la foutue croisière jusqu'à cette putain d'Albany ?

L'homme : Parce que vous n'êtes que les passagers du navire, que le capitaine est le capitaine et que nous n'avons pas pour consigne de vous emmener à terre.

Ah, ouais. N'empêche que c'est un pays libre et qu'on est citoyens américains.

Vous m'en direz tant. Il se trouve que vous êtes sur un navire irlandais, avec un capitaine irlandais, et vous ferez comme putain de bon lui semble ou vous débarquerez à la nage.

Il descend l'échelle, le petit remorqueur s'éloigne en faisant teuf-teuf et on remonte l'Hudson en passant devant Manhattan, sous le pont George Washington, devant des centaines de cargos qui ont bien servi pendant la guerre, désormais à l'ancre et prêts à pourrir.

Le capitaine annonce que la marée va nous forcer à mouiller toute la nuit en face d'un endroit appelé — et là, le prêtre doit épeler pour moi — Poughkeepsie. Le prêtre dit que c'est un nom indien et les Américains disent : Putain d'Poughkeepsie !

Après le crépuscule, un canot hoquette jusqu'au navire et une voix irlandaise retentit : Ohé du bateau !

De Dieu ! J'ai vu le pavillon irlandais, ah ça ouais ! Pas pu en croire mes deux yeux ! Ohé du bateau !

Il invite le second à venir prendre un verre à terre. Amenez donc un ami. Et vous aussi, mon père. Amenez un ami.

Le prêtre m'invite et nous descendons l'échelle jusqu'au canot avec le second et le radio. L'homme du canot dit que son nom est Tim Boyle — Du Mayo, que Dieu nous garde ! — et nous avons mouillé ici au bon moment car il y a une petite fête où nous sommes tous invités. Il nous conduit dans une maison avec une pelouse, une fontaine et trois oiseaux roses debout sur une patte. Il y a cinq femmes dans une pièce appelée *salle de séjour*. Les femmes ont le cheveu raide, la robe impeccable. Elles ont chacune un verre en main, elles sont accueillantes et sourient de toutes leurs belles dents. Entrez donc, fait l'une d'elles. Vous arrivez pile pour la sauterie !

Sauterie. C'est ainsi qu'elles parlent et je suppose que je parlerai pareil dans quelques années.

Tim Boyle nous explique que ces dames se donnent un peu de bon temps pendant que leurs maris sont allés camper de nuit pour chasser le cerf, et une des femmes, Betty, ajoute : Ouais. Entre potes de guerre. Cette guerre est finie depuis presque cinq ans mais comme ils n'arrivent pas à s'en remettre ils partent tirer des animaux chaque week-end et boire de la Rheingold jusqu'à plus voir. Foutue guerre si vous me passez l'expression, le père.

Le prêtre me souffle : Ce sont là des femmes de mauvaise vie. Nous n'allons pas nous attarder ici.

Les femmes de mauvaise vie disent : Qu'aimeriez-vous boire ? On a de tout. C'est quoi ton nom, coco ?

Frank McCourt.

Joli nom. Ça va me boire un petit quelque chose. Tous les Irlandais boivent un petit quelque chose. Une bière, ça te dirait ?

Oui, s'il vous plaît.

Holà ! Poli et tout ! J'aime bien les Irlandais. Ma

grand-mère était demi-irlandaise alors moi ça me fait quoi, une moitié, un quart ? Sais pas. Mon nom est Frieda. Bon, voilà ta bière, coco.

Le prêtre s'assied au coin du sofa qu'elles appellent *canapé* et deux femmes viennent lui faire la conversation. Betty demande au second s'il aimerait faire le tour du propriétaire et il répond : Oh, je voudrais bien, c'est qu'on n'a pas de maisons comme ça en Irlande. Une autre femme dit au radio qu'il devrait venir voir ce qu'elles font pousser dans le jardin. Des fleurs que c'en est pas croyable. Frieda me demande si je suis *okay* et je réponds : Oui, avant d'ajouter : Auriez-vous l'obligeance de m'indiquer où se trouvent les cabinets ?

Les quoi ?

Les cabinets.

Oh, tu veux dire la salle de bains. Tout droit, coco, en suivant le couloir.

Merci.

Elle pousse la porte, allume, m'embrasse sur la joue et me chuchote qu'elle est juste là-dehors au cas où j'aurais besoin de quoi que ce soit.

Je me tiens devant la cuvette à lansquiner et me demande de quoi je pourrais avoir besoin à un moment pareil et si c'est chose courante en Amérique que des femmes attendent dehors le temps que vous pissiez un coup.

Je termine, tire la chasse et sors. Elle me prend par la main et me conduit dans une chambre à coucher. Elle pose son verre, verrouille la porte, me pousse sur le lit. La voilà qui me bricole la braguette. Fichus boutons ! Vous n'avez donc pas de fermetures Eclair en Irlande ? Elle me sort la gaule, grimpe sur moi, commence à gigoter, à se trémousser de haut en bas de haut en bas Jésus je suis au ciel et il y a un coup à la porte le prêtre Frank êtes-vous là-dedans Frieda porte son doigt à ses lèvres et ses yeux roulent au ciel Frank êtes-vous là-dedans mon père ne voudriez-vous pas prendre vos jambes à votre cou une bonne fois et oh

Dieu oh Theresa voyez-vous ce qui m'arrive en fin de compte je n'en aurais rien à péter si le pape en personne frappait à cette porte et si le Collège des cardinaux se rassemblait pour reluquer aux fenêtres oh Dieu tout ce que j'avais en moi est parti en elle qui s'affaisse sur moi et me dit que je suis une merveille et si jamais j'envisageais de m'installer à Poughkeepsie...

Frieda explique au prêtre que j'ai eu un petit vertige après être allé à la salle de bains, chose qui arrive quand on a voyagé et qu'on boit une bière particulière comme la Rheingold qui d'ailleurs ne se trouve pas en Irlande à ce qu'on lui a dit. Je devine que le prêtre ne la croit pas et je n'arrive pas à empêcher mon visage de s'empourprer. Il a déjà noté les nom et adresse de ma mère et maintenant je redoute qu'il lui écrive pour dire : Votre mignon fiston a passé sa première nuit en Amérique dans une chambre à coucher de Poughkeepsie à s'en donner avec une femme dont le mari se trouvait au loin chassant le cerf histoire de se détendre après avoir payé de sa personne pour l'Amérique en guerre et n'est-ce pas là traiter cavalièrement des hommes ayant combattu pour leur pays ?

Le second et le radio reviennent de leur visite, l'un de la maison, l'autre du jardin, et ils évitent de regarder le prêtre. Les femmes disent que nous devons être affamés et se rendent à la cuisine. Nous nous installons sans mot dire dans la salle de séjour et nous écoutons les femmes qui chuchotent et rient dans la cuisine. Le prêtre recommence avec ses murmures : Femmes de mauvaise vie ! Femmes de mauvaise vie ! Matière à pécher ! et je ne sais que lui dire.

Les femmes de mauvaise vie apportent des sandwichs, resservent de la bière et quand nous avons fini de manger elles mettent des disques de Frank Sinatra et demandent s'il y en a qui aimeraient danser. Comme personne ne dit oui vu qu'il est hors de question de se lever pour danser avec des femmes de mauvaise vie en présence d'un prêtre, les femmes dansent entre elles et rient comme si elles avaient toutes leurs petits secrets. Tim Boyle boit du whisky et s'endort dans un coin jusqu'au moment où Frieda le réveille et lui demande de nous ramener au bateau. Quand nous prenons congé, Frieda se penche vers moi comme pour m'embrasser sur la joue mais le prêtre fait brusquement : Bonne nuit, et personne ne se serre la main. En descendant la rue vers le fleuve, nous entendons les rires perlés des femmes s'égrener dans l'air nocturne.

Nous grimpons l'échelle et Tim nous hèle de son canot : Faites gaffe en montant cette échelle ! Dites, les gars, c'était pas une soirée épatante, les gars ? Allez, bonne nuit, les gars. Et bonne nuit, mon père.

Nous observons son canot jusqu'à ce qu'il disparaisse dans la pénombre des rives de Poughkeepsie. Le prêtre dit : Bonne nuit, puis il descend vers la coursive et le second le suit.

Debout sur le pont avec le radio, je regarde scintiller les lumières de l'Amérique. Bon Dieu ! fait-il. Parlez-moi d'une chouette soirée ! Eh, Frank, c'est quand même un sacré pays, non ?

XIX

Si.